8120 Bio H.

NOUVELLE
DESCRIPTION
DES
CURIOSITÉS DE PARIS.

Le même Libraire fait des abonnemens pour la lecture de toutes sortes de Livres anciens & nouveaux, le prix est de 24 liv. pour un an, 15 liv. pour six mois, & 3 liv. par mois; outre le Prix de ces abonnemens qui se payent d'avance, on laisse toujours 12 liv. de nantissement. Il vend aussi toutes les Nouveautés, au même prix qu'elles sont annoncées dans les Journaux & Catalogues.

NOUVELLE DESCRIPTION
DES
CURIOSITÉS DE PARIS:

CONTENANT l'Histoire & la Description de tous les Etablissemens, Monumens, Edifices anciens & nouveaux, les Anecdotes auxquelles ils ont donné lieu, enfin les détails de tous les objets d'utilité & d'agrémens qui peuvent, intéresser les Etrangers & les Habitans de cette Ville.

SECONDE ÉDITION,
Corrigée & augmentée;

DÉDIÉE AU ROI DE SUEDE,

Par J. A. DULAURE.

PREMIERE PARTIE.

Prix 3 liv. br., 3 l. 12 s. relié en un vol.;
4 liv. 4 s. en deux.

A PARIS,

Chez LEJAY, Libraire, rue Neuve-des-Petits-Champs, près celle de Richelieu.

M. DCC. LXXXVII.
AVEC APPROBATION ET PRIVILÈGE DU ROI.

A
SA MAJESTÉ
LE
ROI DE SUEDE.

SIRE;

Quel moment plus heureux pour vous offrir la Description historique de cette Capitale, que celui où Votre Majesté vient elle-même observer, dans les

a

principales villes de l'Europe, ce qui fait la grandeur des Rois & le bonheur des Peuples! Cette affabilité si touchante qui vous donne des sujets dans tous les Etats, cette sagesse si éclairée qui vous fait descendre du Trône, & cacher l'éclat de la Majesté sous celui du grand Homme, ajoutent un nouveau prix à la faveur insigne dont vous daignez honorer mon Ouvrage.

Je suis, avec le plus profond respect,

SIRE,

DE VOTRE MAJESTÉ,

Le très-humble & très-obéissant serviteur,
DULAURE,
Ingénieur-Géographe.

INTRODUCTION.

On a tant écrit sur Paris, on a tant copié, recopié & présenté sous diverses enveloppes les anciennes histoires de cette Capitale, que je craindrois le reproche d'inutilité, si, dans une ville où tout change & se renouvelle, il ne s'offroit pas continuellement de nouveaux objets à décrire, & si je n'avois pas adopté une méthode toute différente de celle des Auteurs qui ont traité la même matiere.

J'ai vu sans prévention, & décrit sans partialité, tous les Monumens que renferme la Capitale. Négligeant tout ce qui constitue la médiocrité, rejettant comme très-fastidieuses & peu instructives ces descriptions où l'Auteur, dans les détails d'un Edifice, ne fait pas grace à son Lecteur d'une seule moulure, j'ai voulu tout de suite fixer les regards des curieux sur le point qui mérite leur admiration.

A la vue des tombeaux des grands hommes, des chef-d'œuvres des Arts, je me suis pénétré de cet enthousiasme qu'excitent les grandes choses, & que j'ai tâché de communiquer à mes Lecteurs.

Pour fixer leur admiration sur les hommes illustres dont les restes sont déposés dans nos Eglises, j'ai cru qu'il étoit important de peindre par quelques traits, leur vertu, leurs vices, ou leur génie.

Parmi les Epitaphes que j'ai rapportées, quelques-unes intéressent par leur singularité, quelques autres par les grands Hommes dont elles conservent la mémoire, & la plupart n'avoient pas encore été publiées, & méritoient de l'être.

J'ai eu la hardiesse de ne pas tout admirer, & en cela, je me suis écarté de la marche ordinaire des faiseurs de Descriptions de cette Capitale, dont les opinions sont tellement unanimes, qu'on croiroit qu'ils se sont copiés successivement; mais si je me suis permis quelques observations, je les ai faites sans amertume; quelques critiques, je les ai motivées. C'est ainsi qu'en rendant hommage au bon goût, à la vérité, j'ai tâché de faire disparoître l'aridité d'une nomenclature, indispensable dans une description aussi concise.

Un point non moins essentiel, peut-être plus intéressant pour la plupart de mes Lecteurs, ce sont les traits piquans, les anecdotes curieuses & souvent plaisantes qu'offre l'histoire des différens Monumens & des Institutions de la Capitale. C'est sur-tout par ces traits qui peignent la Nation, que je crois mériter le suffrage des Etrangers, & distinguer mon Ouvrage de ceux écrits sur la même matiere.

J'ai fait précéder cette Description d'un Agenda *Hebdomadaire*, que j'avois autrefois composé pour mon usage, & qui m'a toujours paru très-commode aux Amateurs des Bibliotheques & Cabinets publics.

J'ai conservé l'ordre alphabétique & le format portatif, afin que les curieux puissent, dans le cours de leurs observations, plus commodément consulter cet Ouvrage.

AVERTISSEMENT
SUR CETTE SECONDE ÉDITION.

LE Public a fait à ma premiere Edition un accueil que j'ai voulu mieux mériter dans cette seconde; ainsi pendant deux années, j'ai continuellement fait des corrections nécessaires, & des additions intéressantes; de sorte qu'il n'est presque point d'articles qui n'aient éprouvé quelques changemens avantageux, tant pour le fond que pour le style. Presque tous les morceaux importans ont été refondus, ou entiérement refaits, & tous les nouveaux établissemens exécutés ou projettés y sont exactement décrits. Afin que mon Ouvrage, sans devenir trop volumineux, pût contenir les additions curieuses que j'y ai faites, il m'a fallu retrancher quelques détails qui faisoient longueur, ou qui étoient indifférens au Public; mais je n'ai rien ôté d'utile, & j'ai beaucoup augmenté ce que j'ai cru pouvoir plaire ou intéresser.

J'ai profité des critiques justes, & j'ai repoussé vigoureusement celles que l'esprit de parti avoient dictées. Autant on aime à se rendre (1).

___

(1) Je veux parler des Auteurs de l'Année Littéraire, qui accueillirent dans leur Journal une Lettre Monacale contre ma Description de Paris. L'Auteur de cette Lettre, pour avoir occasion de faire plus à son aise un petit Sermon anti-philosophique, avoit, en me citant, adroitement retranché un mot qui changeoit tout le sens de ma phrase. Ce changement donnoit beau jeu à ses déclamations. Mais j'ai mis au grand jour la petite ruse de cet agresseur. Ne sachant alors qu'opposer à l'évidence

aux conseils de la raison, autant l'on dédaigne ceux de l'injustice.

Ce n'est pas seulement aux traits

---

de mes démonstrations, il a répondu enfin, & cette réponse contenoit sa rétraction, & l'aveu de son péché, que je lui pardonne de bon cœur. Mais ce qu'il y a de remarquable en cette affaire, c'est l'impartialité des Auteurs de l'Année Littéraire: le croiroit-on! après avoir reçu dans leur Journal la Lettre de mon agresseur, ils ont poussé l'équité jusqu'à y inférer ma réponse. Ces Auteurs même n'ont pu se défendre d'un petit mouvement d'orgueil, en se prévalant de ce rare désintéressement: *la place*, disent-ils, *que nous avons donnée dans ce Journal à cet Auteur doit être à ses yeux, & à ceux du Public*, UNE PREUVE ASSEZ ÉCLATANTE DE NOTRE IMPARTIALITÉ. En effet, accorder à celui qui est attaqué la même faculté qu'à l'agresseur, & s'en glorifier ensuite, c'est *une preuve assez éclatante de l'impartialité de l'Année Littéraire.*

traits littéraires qu'il m'a fallu réſiſter; l'envie & l'intérêt ont ſuſcité contre mon Ouvrage, une cabale d'hommes, qui ſous l'extérieur d'une profeſſion honnête, trahiſſent la foi publique, en rempliſſant en ſecret un état, dont le nom ſeul eſt une injure. Mais un Magiſtrat auſſi ſage qu'éclairé, a reconnu la baſſeſſe & l'injuſtice de mes délateurs, & a détourné le coup dont j'étois menacé.

TABLE

Des articles contenus dans cet Ouvrage.

PREMIERE PARTIE.

A.

Abbayes Royale de Sainte-Geneviève, Page   8
—de Saint-Germain-des-Prés.   15
—de Saint-Victor.   20
—de Port-Royal.   22
—de Panthemon.   23
—du Val-de-Grace.   *ibid.*
—Aux Bois.   26
—des Cordelieres.   *ibid.*
—de Montmartre.   27
—De Saint-Antoine-des-Champs.   44
Académie Françoise.   27
—des Sciences.   29
—des Inscriptions & Belles-Lettres.   31
—de Peinture & Sculpture.   33
—d'Architecture.   34

Académie de Chirurgie. (Voyez Ecole de Chirurgie).
— de Musique. (Voyez Opéra).
— de Danse. Page 36
— d'Armes. ibid.
— d'Equitation. 37
Académique d'Ecriture (Bureau). ibid.
André-des-Arcs, (Saint). 38
Annonciades célestes. 44
Antoine-des-Champs, (Abbaye de Saint). ibid.
Antoine, (Petit Saint). 46
Arsenal. ibid.
Asyle. 49
Augustins, (Grands). 50
Augustins, (Petits). 54
Augustins Réformés ou Petits-Peres. 56

B.

Bains. 60
Bains chauds. 61
Bains Chinois. ibid.
Bains de Vapeur. 62
Bal de l'Opéra. 63
Barnabites. 64
Barrieres devant les Hôtels. 65

Barrieres nouvelles. (Voyez Enceintes.)
Barthelemy, (Saint). Page 66
Basoche. 68
Bastille. (Château de la) 69
Bénédictines de l'Adoration Perpétuelle du Saint-Sacrement, rue Cassette. 70
Bénédictines de l'Adoration Perpétuelle du Saint-Sacrement au Marais. 71
Bénédictines de la Ville-l'Evêque. ibid.
—de Notre-Dame de Consolation. 72
—de Notre-Dame de bon Secours. ibid.
Bénédictines réformées de la Madeleine de Trainel. ibid.
Bénédictins Anglois. ibid.
Bénédictins de Saint-Germain-des-Prés. (Voyez Abbaye de). 15
Bénédictins du Collége de Cluny. (Voyez Collége de Cluny). 190
Bénédictins de Saint-Martin-des-Champs. (Voyez Saint-Martin).
Benoît, (Saint). 73
Bernardines, rue de Vaugirard. 76
Bernardines. (Voyez Filles)
Bernardins. (Voyez Collége des Bernardins). 188

Bibliotheque du Roi. Page 76
—de Saint-Victor. 79
—Mazarine. *ibid.*
—des Avocats. 80
—de la Doctrine Chrétienne. *ibid.*
—de la Ville. *ibid.*
—de l'Université. *ibid.*
Bibliotheques particulieres. *ibid.*
Bibliotheque de Saint-Germain. *ibid.*
—de Sainte-Genevieve. 82
Blancs-Manteaux. *ibid.*
Bois à brûler. 84
Bon Pasteur. (Voyez Communauté du Bon Pasteur).
Bon Secours. (Voyez Bénédictines de Notre-Dame de Bon Secours). 72
Bonne-Nouvelle. (N. D. de) 84
Boulevards. *ibid.*
Bourse. (la) 87
Bureaux. *ibid.*
Bureau Académique d'Ecriture. 37
Bureau Royal de Correspondance Nationale & étrangere. *ibid.*
—des Assurances. 88
Bureaux des Carrosses de Places, & Voitures

des Environs de Paris. Pages 88, 89
—des Coches d'Eau. *ibid.*
—des Coches *ou* Galiotes de Saint-Cloud.
90
—des Diligences fur l'Oife, l'Aifne, & fur la Seine, depuis Paris jufqu'à Rouen. *ibid.*
—des Diligences & Meffageries Royales, partout le Royaume. 90, 91
—Du Roulage de France. *ibid.*
—de la Douane. *ibid.*
—des Voitures de la Cour de Saint-Germain-en-Laye. *ibid.*
—Du Tranfport des Ballots, paquets, meubles, &c. pour l'intérieur de Paris.
91, 92.
—des Fiacres. *ibid.*
—des Brouettes. *ibid.*
—de la Pofte aux Chevaux. *ibid.*
—de la Pofte aux Lettres. *ibid.*
—général de la Régie de la Petite Pofte. *ibid.*
—de la Direction des Nourrices. *ibid.*
—du Département des Mines. *ibid.*
—des Domaines du Roi. *ibid.*
—Pour les Domeftiques. *ibid.*
—des Falots. 93

Bureau du Contrôle général. Page 93
—des Décimes, &c. ibid.
—des Fermes Générales. ibid.
—de M. Gojard. ibid.
—des Receveurs des Impositions du Royaume.
  ibid.
Bureau d'Infinuation. ibid.
—des Invalides de la Marine. ibid.
—des Papiers & parchemins timbrés. ibid.
Bureau des Parties Casuelles. ibid.
Le grand Bureau des Pauvres. 94
Bureau de la Police. ibid.
Bureau des Pompes pour les Incendies. ibid.
Bureau de M. le Prévôt des Marchands.
  ibid.
Bureau des Privilégiés. ibid.
Bureau des Rentes du Domaine de la Ville.
  95
Bureau des Rentes de la Ville. ibid.
Bureau des Rentes sur le Clergé. ibid.
Bureau des Rentes sur les Etats de Bretagne.
  ibid
Bureau des Rentes sur les Etats de Bourgogne. ibid
Bureau des Rentes sur les Etats du Languedoc.

doc. Pages 95

Bureau des Rentes sur la Compagnie des Indes. 96

Bureau pour le recouvrement des Pensions Militaires, &c. *ibid.*

Bureau de la Régie générale des Aides. *ibid.*

Bureau de la Régie des Etapes & Convois. *ibid.*

Bureau de la Régie des Poudres. *ibid.*

Bureau des Receveurs des Consignations. *ib.*

Bureau de sûreté. *ibid.*

Bureau du Tabac. 97

Bureau des Tonneaux pour l'eau de la Seine clarifiée. *ibid.*

Bureau des Trésoriers généraux de la Marine. *ibid.*

Bureaux des Trésoriers généraux des Guerres. *ibid.*

Bureau du Trésor Royal. *ibid.*

Bureau des vivres de la Marine *ibid.*

Bureau des vivres de Flandres & d'Allemagne. *ibid.*

Bureau général du Ventillateur. *ibid.*

Bureaux des Gazettes & Journaux. *ibid.* 98

Bureau de Musique. *ibid.* 99

C.

Cabinets d'Antiques & Médailles.	P. 99, 100
Cabinets de Tableaux.	ibid.
Cabinets d'Estampes.	101
Cabinet de Marine.	102
Cabinets d'Histoire Naturelle.	ibid.
Cabinet de l'Ecole Royale des Mines.	103
Cabinets d'Anatomie.	104
Cabinets Littéraires.	ibid.
Idem.	105
Cafés.	ibid.
Caisse d'Escompte.	107
Calvaire. (le Couvent du)	108
Calvaire. (les Dames du)	109
Capucines.	110
Capucins.	114
Capucins de Saint-Honoré.	115
Capucins de la Chaussée d'Antin.	119
Capucins du Marais.	121
Carmelites de la rue Saint-Jacques.	ibid.
Carmelites de la rue Chapon.	127
Carmelites de la rue de Grenelle.	ibid.
Carmes de la Place Maubert.	128
Carmes de la rue des Billettes.	134

(xxiij)

Carmes Déchauffés.	Pages 137
Carroffes.	140
Cartes à jouer.	141
Caſernes.	143
Céleſtins.	144
Cenſeurs Royaux.	159
Chaire d'Hydrodinamique.	160
Chaiſes à Porteur.	ibid.
Chambre Syndicale.	161
Chancelier de France.	ibid.
Change. (Agens de)	162
Chanoineſſes de Belle-Chaſſe.	163
Chanoineſſes Régulieres.	ibid.
Chanoineſſes de Saint-Auguſtin.	164
Chapelle. (Sainte), ibid. (v. Supplément).	
—de Saint-Eloi.	169
—des Enfans Rouges.	170
—de Sainte-Marie Egyptienne.	ibid.
Chapelle de Saint-Nicolas du Roule.	171
Charnier des Innocens. (Voyez ci-après les Saints-Innocens).	134
Chartreux	172
Château d'Eau.	177
Châtelet, grand & petit	ibid. 178
Idem.	179

b ij

Cimetiere des Innocens. (Voyez ci-après les Saints-Innocens). 134
Coches d'Eau, (Voyez Bureau des Coches). Pages 88, 89, &c.
Clubs, (Voyez ci-après Sociétés).
Colléges. 180
—d'Harcourt. *ibid.*
—du Cardinal-le-Moine. *ibid.*
—de Navarre. 181
—de Montaigu. 182
—Dupleſſis-Sorbonne. *ibid.*
—de Lizieux. *ibid.*
—de la Marche. 183
—des Graſſins. *ibid.*
—de Mazarin, *ou des quatre Nations*. 183
—de Louis-le-Grand. 187
—des Bernardins. 188
—de Clugny. 190
Collége Royal de France. *ibid.*
Côme. (Saint) 194
Comédie Françoiſe. 196
Comédie Italienne. 199
Commiſſaires de Police. 203
Communauté de l'Enfant-Jéſus. 204

Communauté des Filles Angloises. P. 204
—de Sainte-Anne. 205
—des Filles de Sainte-Agnes. *ibid.*
—de Sainte-Aure. *ibid.*
—du Bon Pasteur. *ibid.*
—de Laon. 206
—des Filles Ouvrieres. *ibid.*
Concert Spirituel. *ibid.*
Conciergerie. (Voyez ci-après Prisons).
Consuls. (les) 208
Cordelieres.(V. Abbaye des Cordelieres). 26
Cordeliers. 209
Cordonnier. (Voyez ci-après Freres Cordonniers).
Corps-de-Garde. 220
Correspondance-générale & gratuite, &c. (Voyez *Sallon de la Correspondance*).
Cour du Commerce. 221
—du Dragon. *ibid.*
—des Miracles. *ibid.*
Cours, *ou* Promenades. 222
Cours publics, *ou* Leçons. *ibid.*
Cours gratuit de Minéralogie *ibid.*
Cours de Minéralogie, au Collége Royal.

b iij

(xxvj)

	Pages	212
Cours gratuit d'Architecture.		ibid.
Cours gratuit d'Anatomie.		ibid.
Croix de la Bretonnerie.		ibid.
Croix de la Cité. (Sainte)		225
Curés.		ibid.

D.

Denis de la Chartre. (Saint) 226
Denis-du-Pas. (Saint) 227
Dépôt Militaire des Gardes-Françoises. ibid.
Dépôt de Cryſtaux. 228
—des Cartes, & Journaux de la Marine.
ibid.
—des Archives de la Chancellerie. ibid.
—du Miniſtre ayant le département de Paris.
ibid.
—de la Guerre. ibid.
—des titres, pièces & cartes de la Marine.
ibid.
—des anciennes minutes du Conſeil des Finances. ibid.
—de la Maiſon du Roi. 229
—des Lettres-Patentes Edits, &c. ibid.
—de Légiſlation. ibid.

—des Chartres & autres Monumens Historiques. Pages 226
—des anciennes Minutes du Conseil-d'Etat-Privé du Roi. *ibid.*
—de la Filature des Pauvres de Paris. *ibid.*
Deuils. *ibid.*
Diligences. (Voyez Messageries, Coches & Carrosses, &c. Voyez Bureau des Diligences. 88, 89, 90, &c.)
Doctrine Chrétienne. 231
Douane. 232
Drapiers. (Bureau des Marchands). *ibid.*

E.

Eau clarifiée. *ibid.*
Eau épurée. 233
Eau de la Seine. *ibid.*
Eaux de Paris, par le moyen de la Machine à feu. *ibid.*
Echevins. 235
Ecoles de Médecine. 236
Ecole de Chirurgie. 238
Ecole Royale des Mines. 242
Ecole de Droit. *ibid.*
École gratuite de Dessin. 243

(xxviij)

Ecoles Nationales. Pages	244
Ecoles de Charité.	245
Ecole Royale Vétérinaire.	ibid.
Ecole Royale Militaire.	ibid.
Ecole ou Institution en faveur des pauvres Enfans Orphelins Militaires.	246
Ecoles de Natation.	ibid.
Ecole Royale de Chant, de Déclamation, de Danse, &c.	247
Ecole de Filature des Enfans aveugles.	248
Ecole de Boulangerie.	ibid.
Ecuries de Monsieur.	ibid.
Ecuries de Monseigneur Comte d'Artois.	249
Ecuries de Monseigneur le Duc d'Orléans.	ibid.
Egouts de Paris.	ibid.
Elisabeth. (Dames de Sainte)	ibid.
Enceintes de Paris.	250
Espion de Police.	254
Etienne-des-Grecs. (Saint)	255
Etienne-du-Mont. (Saint)	256
Eudistes.	264
Eustache. (Saint)	265
Exécuteur de la Haute-Justice.	272

Experts-Jurés des Bâtimens. Pages 273.
Experts-Jurés des Ecrivains. ibid.

F.

Fabriques Royale de la Soie vraie galettte de la France. ibid.
Fabrique d'Etoffes impénétrables à l'humidité. ibid.
Fabrique Royale de Crayons de différentes couleurs. 274
Fabrique de Crayons & d'Encres coloriés. 274
Facultés. ibid.
Falots. 275
Feuillans. ibid.
Feuillans des Anges Gardiens. 282
Feuillantines. 283
Fiacres. (Voyez Bureau des Fiacres) 92
Filles de l'Assomption, rue Saint-Honoré. ibid.
Filles de la Conception, rue Saint-Honoré. ibid.
Filles de l'Immaculée Conception rue du Bacq. 285
Filles de la Congrégation de N. D. 286

(xxx)

Filles de la Croix.	Pages 287
Filles de l'Instruction Chrétienne.	ibid.
Filles de la Madeleine. (Voyez ci-après *Madelonettes*).	
Filles de la Petite Union Chrétienne.	288
Filles de Saint-Chaumont.	ibid.
Filles de la Providence.	ibid.
Filles de la Providence, rue de l'Arbalêtre.	289
Filles de N. D. de Miséricorde.	ibid.
Filles Bleues. (Voyez Annonciades Célestes).	44
Filles de l'Ave-Maria.	290
Filles de Sainte-Elisabeth. (Voyez Elisabeth).	
Filles de Saint-Thomas d'Aquin.	294
Filles de Sainte-Marthe.	295
Filles-Dieu.	ibid.
Filles Pénitentes & Volontaires.	297
Filles Pénitentes de Sainte-Valere.	298
Filles Pénitentes de Saint-Magloire.	ibid.
Filles publiques.	301
Foires.	304
Foire Saint-Germain.	305
Foire Saint-Laurent.	ibid.
Foire des Jambons.	306

Foire du Temple.	Pages 307
Foire Saint-Clair.	ibid.
Fontaines.	ibid.
Fontaine de Biragues.	308
Fontaine des Innocens.	ibid.
Fontaine de la rue de Grenelle.	309
Fontaine de la Samaritaine.	ibid.
Fontaine des Audriettes.	310
Fontaine à la pointe Saint-Eustache.	ibid.

SECONDE PARTIE.

Francs-Maçons.	Pages 1
Freres des Ecoles Chrétiennes.	2
Freres Tailleurs.	3
Freres Cordonniers.	ibid.

G.

Gallilée. (haut & puissant Empire de)	ibid.
Garde-Meuble.	4
Germain-l'Auxerrois. (Saint)	8
Germain-le-Vieux. (Saint)	18
Gervais. (Saint)	19
Gobelins.	25
Grand Prieuré de France.	26
Guet de Paris.	ibid.

Guinguettes. Pages 28

H.

Halles. ibid.
Halle à la Marée. 30
—au Poisson. ibid.
—aux Draps & aux Toiles. ibid.
—au Vin. 31
—aux Cuirs. ibid.
—au Poisson d'eau douce. ibid.
Halle au Bled & à la Farine. ibid.
—aux Veaux. 34
Hilaire. (Saint) ibid.
Honoré. (Saint) 35
Hôpitaux de Paris. 36
Hôtel-Dieu. ibid.
Hôpital-Général, dit la Salpêtrière. 41
Hôpital de Bicêtre. (Voyez Bicêtre, au Volume des Environs de Paris)
Hôpital des Incurables. 43
Hôpital des Petites-Maisons. 44
Hôpital de Santé, ou de Sainte-Anne. 45
Hôpital de Saint-Louis. ibid.
Hôpital du Saint-Nom-de-Jésus. 46
Hospice de la Paroisse Saint-Meri. ibid.

(xxxiij)

Hospice de la Paroisse Saint-André-des-Arcs.
Pages 46
Hospice de Saint-Jacques-du-haut-pas. 47
Hospice Médico-Electrique. ibid.
Hôpital de la Charité des Hommes. 48
Hôpital des Convalescens de la Charité. 50
Hôpital des Quinze-Vingts. ibid.
Hôpital de Saint-Gervais. 51
Hospice, ou Maison Royale de Santé. 52
Hôpital Militaire des Gardes-Françoises. ibid.
Hospice de Saint-Sulpice. 53
Hôpitaux destinés aux Femmes & aux Filles. ibid.
Hospitalieres de la Miséricorde. ibid.
Hospitalieres de Saint-Thomas. 54
Hospitalieres, près les Minimes. ibid.
Hospitalieres de la Roquette. 55
Hôpital, ou Hospice de huit Femmes veuves. ibid.

Hôpitaux pour les Garçons seulement. 56
—la Pitié. ibid.
—Enfans Rouges. ibid.
—Maison des Orphelins. ibid.

Hôpitaux pour les Filles seulement. P. 57
Hôpital de N. D. de la Miséricorde. ibid.
Les Orphelines de l'Enfant Jésus. 58
Hôpital de Sainte-Catherine. ibid.
Hôpitaux pour les Enfans des deux Sexes. 59
Hôpital des Enfans Trouvés du Fauxbourg Saint-Antoine. ibid.
Hôpital des Enfans-Trouvés, vis-à-vis l'Hôtel-Dieu. 60
Hôpital du Saint-Esprit. 63
Hôpital de la Trinité. 64
Hospice de M. de Beaujeon. 65
Hôpital des Teigneux. ibid.
Hôtels. ibid.
Hôtel-Dieu. (Voyez Hôpital) 36
Hôtel de la Monnoie. 65, &c.
Hôtel-de-Ville. 68
Hôtel Royal de l'Arquebuse. 72
Hôtel d'Antin. 73
— d'Aumont. 74
— d'Auvergne. ibid.
— de Beauvais. ibid.
— de Beauvillier. 75
— de Biron. ibid.

—de Bouillon. ibid.
—de Bretonvillier. ibid.
—de Broglie. 76
—de Bullion. ibid.
—de Madame de Brunoi. 77
—de Carnavalet. ibid.
—de Chatillon. ibid.
—de la Compagnie des Indes. ibid.
—du Contrôle-Général. 78
—de Clugny. ibid.
—des Fermes-Générales. 79
—de Hollande. 80
—de Laval. ibid.
—de Lambert. ibid.
—de Longueville. 81
—de Luynes. ibid.
—de Luxembourg. ibid.
—de Montesson. ibid.
—de Montesquiou. 82
—de Monaco. ibid.
—Mazarin. ibid.
—de Mazarin. ibid.
—de Matignon. ibid.
—de Mesme. ibid.
—de Montmorenci. 83
—de Montholon. ibid.

—de Noailles. Pages 83
—de Nivernois. 84
—d'Ormesson. ibid.
—d'Orsay. ibid.
—de Praslin. ibid.
—de Rochechouart. ibid.
—de la Rochefoucault. 85
—de S. A. S. Mademoiselle de Condé. ibid.
—de Savoisi. ibid.
—de Soubise. 86
—de Tellusson. 88
—de Toulouse. ibid.
—d'Usez. 89
—de Valentinois. ibid.
Hipolyte. (Saint)

J.

Jacobins. 92
Jacobins de la rue Saint-Jacques. 93
Jacobins de la rue Saint-Dominique. 100
Jacobins de la rue Saint-Honoré. 102
Jacques de la Boucherie. (Saint) 105
Jacques de l'Hôpital. (Saint) 111
Jacques-du-haut-Pas. (Saint) 112
Jacques & Saint-Philippe. (Saint) 113
Jardins publics. 114

Jardin des Tuilleries.	Pages 114
Jardin du Luxembourg.	118
Jardin du Roi.	119
Jardin du Palais Royal, 121 (*V. Supplém.*)	
Jardin de l'Arsenal.	126
Jardin de Soubise.	ibid.
Jardin du Temple.	ibid.
Jardin des Apothicaires.	ibid.
Jardin des Chevaliers de l'Arc.	127
Jean-de-Latran. (Saint)	ibid.
Jean en Greve. (Saint)	129
Joseph. (Saint)	132
Josse. (Saint)	ibid.
Julien-des-Ménestriers. (Saint)	133
Julien-le-Pauvre. (Saint)	134

I.

Imprimerie Royale.	ibid.
Innocens. (Eglise des Saints)	ibid.
Institution de l'Oratoire.	143
Institution des Sourds & Muets.	ibid.
Institution des Enfans aveugles nés.	144
Invalides. (Hôtel Royal des)	145
Isle-Saint-Louis.	152
Isle Louvier.	153
Isle des Cignes.	ibid.

Isle du Palais, *ou* de la Cité.   Pages 153

L.

Landit. (le)   *ibid.*
Landry. (Saint)   155
Laurent. (Saint)   156
Lazare. (Saint)   157
Leu & Saint-Gilles. (Saint)   159
Loteries.   161
Louis-du-Louvre. (Saint)   *ibid.*
Louis-en-l'Isle. (Saint)   163
Louis. (Saint) rue Saint-Antoine.   164
Louvre. (le)   168
Luxembourg. (le)   177
Lycée (le)   180

M.

Madeleine de la Cité. (Sainte)   181
Madeleine de la Ville-l'Évêque. (Sainte)
                                                 181
Madelonettes.   *ibid.*
Magloire. (V. Filles Pénitentes de Saint-
   Magloire, I. *Partie*, page 298, Sémi-
   naire Saint-Magloire, II. *Partie*, page
                                                 336)
Magnétisme.   184

Maison Philantropique. (Voyez Société, II. *Partie*).	Pages 342
Manufacture Royale des Gobelins, (Voyez Gobelins, II. *Partie*).	25
Manufactures de, &c.	186, 187
Marcel. (Saint)	*ibid.*
Marchés aux Chevaux.	188
Marchés, &c.	189, 190
Maréchaux de France. (Tribunal des)	191
Marguerite. (Sainte)	*ibid.*
Marine. (Sainte)	192
Martin. (Saint)	*ibid.*
Martin-des-Champs. (Saint)	*ibid.*
Mathurines.	195
Mathurins.	*ibid.*
Médard. (Saint)	199
Médecine. (Voyez École de Médecine, page 236 de la I. *Partie*, & Société Royale de Médecine, II. *Partie*.	341
Merci. (Religieux de la Merci)	201
Merri *ou* Médéric. (Saint)	202
Michel. (Filles de Saint)	205
Minimes.	*ibid.*
Miramionnes.	210
Monasteres.	211

Monnoie. (la) Voyez Hôtel de la Monnoie, II. *Partie*. Pages 65, 66
Monnoie des Médailles. 212
Mont-de-Piété. *ibid.*
Montmartre. (Voyez le Volume des Environs).
Montre des Huissiers. (Cérémonie de la) Voyez Procession. 305
Musée de Paris. 212
Musée des Demoiselles. 215

N.

Nazareth. (les Pères de) *ibid.*
Nicolas-des-Champs. (Saint) 216
Nicolas du Chardonnet. (Saint) 218
Notre-Dame. (Église Cathédrale de) 212
Nouveaux Convertis. 233
Nouvelles Catholiques. *ibid.*

O.

Observatoire Royal. *ibid.*
Opéra. 235
Opportune (Sainte) 238
Oratoire, rue Saint-Honoré. 239
Oratoire (Institution de l') Voyez Institution de l'Oratoire, II. *Partie.* 143

P.

Palais Bourbon.	Pages 243
Palais Royal.	249
Palais du Luxembourg (Voyez Luxembourg II. *Partie*).	177
Palais du Louvre. (Voyez Louvre, II. *P.*),	168
Palais des Tuilleries.	255
Palais de Justice en la Cité.	257, &c.
Palais des Thermes. (Voyez *Thermes*).	
Panthéon.	265
Parlement. (V. Palais de Justice.)	257, &c.
Paul. (Saint)	267
Pavillon de la Chartreuse.	270
Pélagie. (Sainte)	*ibid.*
Picpus.	271
Pierre-aux-Bœufs. (Saint)	272
Pierre-des-Arcis. (Saint)	*ibid.*
Pilliers des Halles.	273
Pilori.	*ibid.*
Places publiques.	*ibid.*
Place Baudoyer.	*ibid.*
Place Dauphine.	274
Place devant les Barnabites.	*ibid.*
Place de Greve.	275

Place de Cambrai.	Pages 276
Place du Carousel.	*ibid.*
Place Gatine.	*ibid.*
Place de l'Estrapade.	*ibid.*

Place Maubert. (Voyez Marchés, page 188 & suivantes de la II. *Partie*).

Place du Puits d'Amour. (Voyez rues de la petite & grande Truanderie, II. *Partie*. 328

Places décorées de Statues.	277
Place d'Henri IV.	*ibid.*
Place Royale.	278
Place des Victoires.	279
Place de Louis-le-Grand, ou de Vendôme,	282
Place de Louis XV.	*ibid.* &c.
Police de Paris.	286
Pompes pour les incendies.	287

Pompe à feu. (Voyez Eaux de Paris, par le moyen de la Pompe à feu, I. *Partie*, page 233 & suivantes.

Pont-au-Change.	288
Pont-au-Double.	289
Pont-Saint-Charles.	*ibid.*
Pont de Grammont.	290

Pont Marie.	Pages 290
Pont Neuf.	ibid.
Pont Notre-Dame.	291
Petit Pont.	292
Pont Rouge.	293
Pont Royal	ibid.
Pont Saint-Michel.	294
Pont de Louis XVI.	ibid.
Ponts & Chauſsées.	295
Ports.	296
Portes.	ibid.
Porte Saint-Bernard.	ibid.
Porte Saint-Denis.	297
Porte Saint-Martin.	298
Portes nouvelles, *ou* barrieres pour la perception des droits d'entrées. (Voyez Enceintes, I. *Partie*.	250
Poſtes aux Chevaux.	299
Poſtes aux Lettres.	ibid.
Poſte (petite) de Paris.	ibid.
Prémontrés. (Collége des)	ibid.
Prémontrés réformés.	300
Préſentation (Religieuſes de la)	ibid.
Priſons.	301
Priſons de l'Hôtel de la Force.	ibid.

—de la Conciergerie. Pages 301
—du Grand Châtelet. 303
—de l'Abbaye. *ibid.*
—Pour les Filles débauchées. *ibid.*
—de la Tournelle. *ibid.*
—de Saint-Eloi. *ibid.*
—de l'Hôtel-de-Ville. *ibid.*
Prix de l'Université. 304
Processions du Recteur. *ibid.*
Procession *ou* cérémonie de la Montre des Huissiers. 305
Procession de la Réduction de Paris. *ibid.*
Procession de la Fête-Dieu. 307

Q.

Quais. 307
—de la Mégisserie, *ou* de la Ferraille. *ibid.*
—des Augustins, *ou* de la Vallée. *ibid.*
—de Gesvres. *ibid.*
—Pelletier. 308
Quais projettés. *ibid.*
—d'Orsai. *ibid.*
—Bignon. *ibid.*

R.

Rapée. (la) 308
Récollets.

Recollets. Pages 308
Recollettes. (Voyez Filles de l'Immaculée-
　　Conception, II. *Partie*). 285
Recteur. 310
Roch. (Saint) 311
Rues fameuses. 319
Rue Saint-André-des-Arcs. Voyez I. *Par-*
　　tie. 43
Rue Saint-Antoine. 319
Rue de l'Arbre-sec. *ibid.*
Rue de Bétizy. *ibid.*
Rue du Petit-Bourbon. 320
Rue Brisemiche. Voyez II. *Partie*, la note.
　　　　　　　　　　　　　　　205
Rue du Coq. Voyez II. *Partie*, la note
　　　　　　　　　　　　　　　176
Rue Culture Sainte-Catherine. 321
Rue Dauphine. *ibid.*
Rue Saint-Denis. 322
Rue de la Ferronnerie. 323
Rue de la Harpe. 324
Rue des Marmouzets. 325
Rue Quincampoix. 326
Rue du Roi de Sicile. 327
Rue Royale. Voyez Place de Louis XV.
　　II. *Partie*. 285

c

(xlvj)

Rue Tire-Boudin. Pages 327
Rues de la grande & petite Truanderie. 328
Rue Trouffevache. 329

S.

Salle des Antiques. (Voyez Louvre, II. *Partie*). 174
Sallon des Arts. Voyez Sociétés, II. *Partie*. 346
Sallon de la Correspondance. 329
Sallon des Echecs. (Voyez Société du Sallon des Echecs, II. *Partie*). 345
Sallon du Louvre. 331
Salpétriere. (Voyez Hôpital de la Salpétriere, II. *Partie*). 41
Samaritaine. 332
Sauveur. (Saint) *ibid.*
Séminaires. 334
—des Bons Enfans. 335
—des Ecoffois. *ibid.*
—des Clercs Irlandois. *ibid.*
—des Prêtres Irlandois. *ibid.*
—des Miffions Etrangeres. *ibid.*
—du Saint-Efprit. *ibid.*
—de Laon. Voyez Communauté, I. *Partie*. 206

(xlvij)

Séminaire de Saint-Louis.	Pages	336
—de Saint-Magloire.		ibid.
—de Saint-Marcel.		ibid.
—de Saint-Nicolas-du-Chardonnet.		ibid.
—de Saint-Sulpice.		ibid.
—des Trente-Trois.		ibid.
Sépulcre. (Eglise du Saint)		337.
Severin. (Saint)		ibid.
Société Royale d'Agriculture.		341
Société Royale de Médecine.		ibid.
Société, *ou* Maison Philantropique.		342
Société Olympique.		345
Société du Sallon des Echecs.		ibid.
Société, *ou* Assemblée Militaire.		346
Société, dite le Club.		ibid.
Société du Sallon sur le Boulevard.		ibid.
Société, appellé Club, *ou* Sallon des Arts.		ibid.
Société, *ou* Club des Colons.		347
Sœurs de la Charité.		ibid.
Sorbonne.		348
Spectacles.		352
—des Grands Danseurs.		353
—de l'Ambigu Comique.		ibid.
—des Variétés Amusantes.		ibid.
—des Petits Comédiens de S. A. S. Mon-		

c ij

seigneur le Comte de Beaujolois. Pages
            354
—des Associés.   355
—de l'Amphitéâtre du sieur Astley. *ibid.*
—du Cabinet du sieur Curtius. 356
—des Ombres Chinoises.   357
—du Combat du Taureau.   *ibid.*
Sulpice. (Saint)   357

T.

Temple. (le)   364
Théatins.   366
Théâtre François.   368
Théâtre Italien.   372
Théâtre de l'Opéra. (Voyez Opéra)
Théâtre des Boulevards. (Voyez Spectacles).
Thermes. (Palais des)   375
Tournelle. (le Château de la) *ibid.*
Trésor de Chartres.   376
Trésor-Royal.   *ibid.*
Thuileries. (Voyez Jardin des), pages 114, 115 & suivantes ; Palais des, page 255)

U.

Université.   377

Ursuline de la rue Saint-Jacques. P. 378
Ursulines Sainte-Avoie. 379

V.

Val-de-Grace. (Voyez Abbaye du Val-de-Grace, I. *Partie*)
Visitation rue Saint-Antoine. 380
Visitation du Fauxbourg Saint-Jacques. 381
Visitation rue du Bacq. 382
Visitation de Sainte-Marie, à Chaillot. *ibid.*
Waux-hall d'hiver. (Voyez Panthéon). 365
Waux-hall d'été. 383

Y.

Yves. (Saint) 384

SUPPLÉMENT.

Barthélemy. (Saint) Pages 385
Chapelle. (Sainte) *ibid.*
Jardin du Palais Royal. 386
Salle de Vente. 389
Séminaire des Missions Etrangères. 390

Fin de la Table.

APPROBATION.

J'AI lu, par ordre de Monseigneur le Garde des Sceaux, un Manuscrit ayant pour titre: *Nouvelle Description des Curiosités de Paris*, & je n'y ai rien trouvé qui m'ait paru devoir en empêcher l'impression. A Paris le 17 Février, 1787.

DE SAUVIGNY.

PRIVILEGE DU ROI.

LOUIS, PAR LA GRACE DE DIEU, ROI DE FRANCE ET DE NAVARRE: A nos amés & féaux Conseillers, les Gens tenans nos Cours de Parlement, Maîtres des Requêtes ordinaires de notre Hôtel, Grand Conseil, Prévôt de Paris, Baillifs, Sénéchaux, leurs Lieutenans Civils, & autres nos Justiciers qu'il appartiendra: SALUT: Notre amé le Sieur LEJAY, Libraire, à Paris, Nous a fait exposer qu'il desireroit faire imprimer & donner au Public un Ouvrage intitulé: *Nouvelle Description des Curiosités de Paris, & de ses Environs, en deux Parties*, &. Ouvrage qui sera orné de plusieurs Gravures & de Cartes, s'il Nous plaisoit lui accorder nos Lettres de Privilége pour ce nécessaires. A CES CAUSES, voulant favorablement traiter l'Exposant, Nous lui avons permis & permettons, par ces Présentes, de faire imprimer ledit Ouvrage autant de fois que bon lui semblera,

& de le faire vendre & débiter par tout notre Royaume, pendant le temps de dix années consécutives, à compter du jour de la date des Présentes. Faisons défenses à tous Imprimeurs, Libraires, & autres personnes de quelque qualité & condition quelles soient, d'en introduire d'impression étrangere dans aucun lieu de notre obéissance : comme aussi d'imprimer ou faire imprimer, vendre, faire vendre, débiter ni contrefaire ledit Ouvrage, sous quelque prétexte que ce puisse être, sans la permission expresse & par écrit dudit Exposant, ses hoirs ou ayans causes, à peine de saisie & de confiscation des exemplaires contrefaits, de six mille livres d'amende, qui ne pourra être modérée, pour la premiere fois, de pareille amende & de déchéance d'état en cas de récidive, & de tous dépens, dommages & intérêts, conformément à l'Arrêt du Conseil, du 30 Août 1777, contenant les Contrefaçons. A la charge que ces Présentes seront enregistrées tout au long sur le Registre de la Communauté des Imprimeurs & Libraires de Paris, dans trois mois de la date d'icelles; que l'impression dudit Ouvrage sera faite dans notre Royaume & non ailleurs, en beau papier & beaux caracteres; conformément aux Réglemens de la Librairie, à peine de déchéance du présent Privilége; qu'avant de l'exposer en vente, le Manuscrit qui aura servi de copie à l'impression dudit Ouvrage, sera remis dans le même état où l'approbation y aura été donnée, ès mains de notre très cher & féal Chevalier Garde des Sceaux de France, le Sieur HUE DE MIROMENIL, Commandeur de nos Ordres; qu'il en sera ensuite remis deux exemplaires dans notre Bibliotheque publique, un dans celle de notre Château du Louvre, un dans celle de notre très-cher & féal Chevalier Chancelier de France, le sieur DE MAUPEOU, & un dans celle dudit Sieur HUE DE MIROMENIL; le tout à peine de nullité des Présentes: du contenu desquelles vous mandons & enjoignons de faire jouir ledit Exposant & ses ayans causes pleinement & paisiblement, sans souffrir qu'il leur soit fait aucun trouble ou empêchement. Voulons que la copie des Présentes, qui sera imprimée tout au long au commencement ou à la fin dudit ouvrage, soit tenue pour duement signifié & qu'aux copies collationnées par l'un de nos amés & féaux Conseillers-Secrétaires, foi soit ajoutée comme à l'original. COMMANDONS au premier notre Huissier ou Sergent sur ce requis, de faire, pour l'exécution d'icelles, tous Actes requis & nécessaires, sans demander autre permission, & nonobstant clameur de Haro, Charte Normande, & Lettres à ce contraires: Car tel est notre plaisir. DONNÉ à Paris le quinzieme jour du mois de Septembre, l'an de grace mil sept cent quatre-vingt-quatre, & de notre règne le onzième. Par le Roi, en son Conseil.

Signé. LE BEGUE.

Regiſtré ſur le Regiſtre XXII, *de la Chambre Royale & Syndicale des Libraires & Imprimeurs de Paris*, No. 3259, *fol.* 183, *conformément aux diſpoſitions énoncées dans le préſent Privilége; & à la charge de remettre à ladite Chambre les huit Exemplaires preſcrits par l'Article CVIII du Réglement de* 1723. *Paris, le* 5 *Octobre.* 1784. VALEYRE *jeune Adjoint.*

Je ſouſſigné, certifie avoir cédé & tranſporté un ouvrage de ma compoſition, intitulé : Nouvelle Deſcription de Paris & de ſes environs, dédiée à à Sa Majeſté le Roi de Suede, &c., au ſieur LE-JAY, Libraire, pour le faire imprimer autant de fois que bon lui ſemblera, & pour en jouir, lui & ſes héritiers à perpétuité, comme d'un ouvrage à lui appartenant, lui cédant tous mes droits & prétentions ſur cet objet, moyennant le prix convenu entre nous, ce vingt-deux Mai, 1784.

DULAURE, Ingénieur-Géographe.

On trouve chez le même Libraire, la *Description des Environs de Paris*, deux volumes du même format; prix brochés, 3 liv.; reliés en un volume, 3 liv. 12 f., & reliés en deux volumes, 4 liv. 4 f. On y trouve aussi un autre Ouvrage, intitulé *Singularités Historiques, pour servir de suite aux Descriptions de Paris, & des Environs*, même format, & caractere que ces Descriptions, en un volume; prix broché, 2 liv., & 2 l. 10 f. relié. On y trouve encore des Plans de Paris, & des Environs, collés sur toile, & ployés dans des étuis; ainsi que toutes les Nouveautés Littéraires.

ERRATA

Premiere Partie.

AVERTISSEMENT, page XIII, la seconde ligne de la note. Rétraction; *lisez* rétractation.

Page 42, ligne 25, la pasque la veinquit; *lisez* la parque.

Bains, page 61, ligne 2; *effacez* au Palais Royal.

Après la page 79, aulieu du folio 83; *lisez* 80, & à la page suivante, aulieu de 80; *lisez* 81.

Après la page 97, aulieu du folio 89; *lisez* 98.

Page 218, ligne pénultieme de la note, & préféra; *lisez* & aima mieux.

Page 219, ligne 1, de la premiere note, Henri IV; *lisez* Louis XIII.

Idem, ligne 7, carvagal; *lisez* carvajal.

Seconde Partie.

Page 36, ligne 13, & *fumus*; lisez & *vapor*.

Page 125, ligne 3, après le mot Restaurateur; *effacez* le reste de l'alinéa.

AGENDA HEBDOMADAIRE.

Jours	LUNDI		MARDI		MERCREDI	
	Matin.	Soir.	Matin.	Soir.	Matin.	Soir.
BIBLIOTHEQUES.	Mazarine.	Mazarine.	du Roi.	des Avocats.	de Louis-le-Grand.	de Louis-le-Grand.
	de Louis-le-Grand.	de Louis-le-Grand.	de la Doctrine Chrétienne.	de la Doctrine Chrétienne.	de Saint-Germain-des-Prés.	de Saint-Germain-des-Prés.
	de Saint-Germain-des-Prés.	de Saint-Germain-des-Prés.	de Saint-Germain-des-Prés.	de Saint-Germain-des-Prés.		de Saint-Victor.
		de Saint-Victor.				de Ste Geneviève.
		de Sainte-Geneviève.				de la Ville.
CABINETS.		d'Antiques, Sainte-Geneviève.	de Gravures, à la Bibliotheque du Roi.	d'Histoire Naturelle, au Jardin du Roi.		d'Antiques, à Sainte-Geneviève.

Jours	JEUDI		VENDREDI		SAMEDI	
	Matin.	Soir.	Matin.	Soir.	Matin.	Soir.
BIBLIOTHEQUES.	Mazarine.	Mazarine.	du Roi.	de la Doctrine Chrétienne.	du Collège de Louis-le-Grand.	du Collège de Louis-le-Grand.
	de Saint-Germain-des-Prés.	de Médecine.	de la Doctrine Chrétienne.	de Saint-Germain-des-Prés.	de Saint-Germain-des-Prés.	de Saint-Germain-des-Prés.
			de Saint-Germain-des-Prés.	des Avocats.		de Saint-Victor.
				de Sainte-Geneviève.		de la Ville.
CABINETS.		d'Histoire Naturelle, au Jardin du Roi.	de Gravures, à la Bibliotheque du Roi.			

NOUVELLE

NOUVELLE DESCRIPTION
DES
CURIOSITÉS DE PARIS.

Dissertation sur cette Capitale.

Nous n'avons que des conjectures sur l'origine de Paris, ainsi je ne parlerai pas des chimériques Fondateurs, que lui donnent de très-graves Historiens : c'est un *Samothes*, qui vivoit du temps de Noë, ou bien ce sont des Peuples d'Arcadie, appellés *Parrhasiens*, qu'Hercule conduisit dans les Gaules; ou c'est une compagnie de ces malheureux Troyens qui, fuyant la fureur des Grecs & leur ville embrâsée, ont bâti une nouvelle ville dans la Gaule, sous le nom de *Paris*, fils de leur Roi Priam.

Ces différens systêmes sur la noblesse originaire de cette ville, que la vanité patriotique a pris plaisir d'enfanter, sont tous dépourvus de fondement, puisqu'aucune Histoire n'en a fait mention avant les Com-

A

mentaires de César; on y voit, dans le VII.e livre, que cet Historien Conquérant envoya son Lieutenant Labienus vers *Lutèce*, c'est le nom que les Gaulois donnoient à cette Capitale du peuple Parisien, qui étoit contenue alors toute entiere dans l'isle de la Seine, qu'on appelle encore aujourd'hui la Cité.

Si la Lutèce des Parisiens, par sa petite étendue, se trouve si différente du Paris des François, elle ne l'est pas moins par son architecture : les maisons étoient de forme ronde, très-petites, sans cheminées, bâties de bois & de terre, & couvertes de paille & de roseaux.

Après l'avoir conquise, les Romains l'embellirent d'un Palais, l'entourerent de murs, & y éleverent deux Forteresses situées, l'une où est encore le grand Châtelet, & l'autre, sur l'emplacement où étoit le petit. Julien, Gouverneur de la Gaule, y fit un assez long séjour, pendant lequel il étendit les limites de cette ville bien au-delà de son isle, sur la rive méridionale de la riviere où il fit bâtir un Palais, appelé *des Thermes*, dont on voit encore des restes dans la rue de la Harpe (1).

L'art de la navigation que les habitans de cette ville possédoient avec distinction, & la

---

(1) Ecoutons l'Empereur Julien lui-même. « J'étois en quartier d'hiver dans ma chère Lutèce : c'est ainsi que l'on appelle dans les Gaules, la petite Ca-

situation favorable du local, déterminerent les Romains à y établir un entrepôt de voitures par eau, pour le transport des munitions nécessaires à leurs troupes. Dans la suite, cet établissement fut encouragé; on institua une compagnie de Négocians par eau, sous le nom de *Notæ Parisiaci*, on lui accorda des priviléges & des honneurs, & sur-tout une Jurisdiction, qui firent fleurir le commerce, & accroître la population.

Il fut élevé, en mémoire de cette Compagnie, un Monument dont les débris & les inscriptions ont été trouvés en 1711, dans l'Eglise de Notre-Dame, lorsqu'on y creusa un caveau pour les Archevêques. Ces débris servoient de fondement à l'ancienne Cathédrale, bâtie par Childebert.

Il est tout naturel de croire que la faveur dont jouissoit le commerce par eau, fut cause que les Parisiens se choisirent, pour armes, un vaisseau voguant sur l'onde.

En 508, Clovis déclara Paris la Capitale de son Royaume. Le séjour habituel que ce Prince faisoit dans cette ville, favorisa son accroissement, qui fut arrêté, à différentes époques, par les guerres des Normands & des Anglois. Enfin, par le concours général des arts, du commerce & des emplois, Paris devenant le centre de tous les intérêts,

---

pitale des Parisiens. Elle occupe une isle peu considérable, environnée de murailles, dont la riviere baigne le pied. On y entre de deux côtés par des ponts de bois, &c. ».

comprit insensiblement dans son enceinte un grand nombre de Bourgs & de Hameaux qui l'environnoient autrefois. Tels étoient les Bourgs *de Sainte-Génevieve*, *de Saint-Germain-des-Prés*, *de Saint-Marcel*, *le Bourg-l'Abbé*, ou le Bourg de l'Abbaye Saint-Martin; le *beau Bourg*, sur les terres du Temple, le *Bourg Thibouſt*, ainsi nommé de Guillaume Thibouſt, Prévôt de Paris, & le *Bourg Saint-Eloi* dans la Paroisse de Saint-Paul.

Philippe-Auguste fit entourer Paris de murailles, & les travaux de cette entreprise durerent l'espace de vingt ans. Le même Roi fit encore, pour la premiere fois, paver les rues de cette ville, avec la somme d'onze mille marcs d'argent, don volontaire, ou, selon quelques-uns, restitution forcée de *Gérard de Poiſſy*, qui étoit à la tête des finances de ce Prince.

Les guerres des Anglois exigerent de nouvelles fortifications; & ce fut sous le Roi Jean que l'on creusa des fossés autour de cette ville, & qu'on éleva la Bastille. Ces travaux furent continués sous les regnes de Charles V & de Charles VI, sous la direction d'Hugues Aubriot, Prévôt de Paris.

François I, régénérateur des Lettres & des beaux Arts, s'attacha à tout ce qui pouvoit contribuer à l'agrément de cette Capitale. Il fit percer plusieurs rues, abattre plusieurs édifices gothiques, &, le premier en France, fit revivre l'Architecture Grecque, dont les restes, enfouis par la main du Temps, ou mutilés par celle des Barbares, recueillis, comparés, commençoient, à Rome, à féconder le génie de ces Artistes célebres dont cette ville se glorifie.

Les Rois, ses successeurs, ont exécuté une partie des projets de ce Prince; & cette immense ville quitte insensiblement sa physionomie irréguliere & gothique; c'est à Louis XIV, à Louis XV, & au Prince bienfaisant qui nous gouverne, que nous devons les Monumens les plus beaux & les plus utiles dont la Nation Françoise puisse se prévaloir.

Les Ponts enfin débarrassés des maisons qui obstruoient la route & le courant d'air, des projets adoptés pour construire de nouveaux Ponts, pour dégager le rivage de la Seine, des masures incommodes qui le déshonorent, répandront la lumiere & la salubrité dans des quartiers obscurs & humides, embelliront le centre de Paris, faciliteront le commerce, en contribuant à la santé des habitans, & assureront à cette ville la supériorité sur toutes les Capitales de l'Europe.

L'immensité de son étendue & de sa population, son Commerce, ses Edifices, ses Théâtres, la magnificence de ses Jardins, ses Académies célebres, ses riches Bibliotheques, ses Ecoles, ses Cabinets curieux, où les leçons du savoir & du génie s'offrent, pour ainsi dire, d'elles-mêmes aux Ama-

A iij

teurs, lui ont mérité depuis long-temps l'admiration des Peuples civilisés.

Elle est percée d'environ 1000 rues, qui sont éclairées par un nombre suffisant de réverbères : on y compte 46 Eglises Paroissiales, & 20 autres Eglises qui en remplissent les fonctions, 3 Abbayes d'hommes, 8 de filles, 133 Monasteres ou Communautés séculieres ou régulieres d'hommes ou de filles, 15 Séminaires, 10 Colleges de plein exercice, 26 Hôpitaux, 45 Egoûts & 60 Fontaines, 12 Marchés, 3 Arcs de triomphe, cinq Statues colossales dont quatre équestres & une pédestre, &c.

D'après un tableau exact dressé depuis peu par un homme digne de foi, & qui a travaillé long-temps dans les Bureaux de la Capitation, il résulte que le nombre des habitans de cette ville se monte, y compris les Etrangers, à 1,130,452, dont 780,452 payent la capitation, 200,000 sont exempts pour cause de pauvreté ; les Etrangers sont au nombre de 150,000 (1).

Charles-Quint disoit de son temps : *Lu-*

---

(1) Il s'y consomme tous les ans deux cents vingt-huit mille rames de papier. On y compte 200 mille Domestiques. Que d'esclaves ! Je voudrois connoître le nombre des Domestiques qui ne servent que pour l'opinion, le nombre des chevaux qui portent ceux qui peuvent aller à pied, le nombre des Abbés sans bénéfices, qui ne remplissent aucune fonction sacerdotale ; enfin, de tous ceux qui vivent sans travail & sans revenu. Quelle étonnante clarté, quel bien ne produiroit pas un exact dénombrement !

tetia non urbs, sed orbis. Paris n'est pas une ville, mais un univers. Que diroit-il donc aujourd'hui ! Mais la multitude étonnante de tant de choses & d'individus réunis, surprennent bien moins le Philosophe, que l'harmonie & le bon ordre qui y règnent: on peut dire que la police de cette ville est le chef-d'œuvre de la prudence humaine.

Vingt-six Corps-de-garde, placés en différens endroits de cette ville, cent soixante hommes du Guet à cheval, six cents quarante du Guet à pied, veillent jour & nuit à la sûreté des habitans; de plus, deux cents vingt-six hommes sont destinés à la garde des ports, & sont munis de tous les remedes qu'il est nécessaire d'administrer aux Noyés, établissement qui fait honneur à notre siecle.

La ville de Paris se divise ordinairement en trois parties, *la Cité*, *l'Université* & *la Ville*. La Cité comprend toute l'isle du Palais; elle est la souche de la ville, d'où se sont étendus, comme des racines, les nombreux quartiers qui l'entourent.

L'Université est bornée par la Seine, les fauxbourg St-Bernard, St-Victor, St-Marcel, St-Jacques & le fauxbourg St-Germain; c'est le centre de l'érudition. Les nombreux Colleges que renferme cette partie de la ville, la multitude des étudians qui l'habitent, l'ont fait appeller *le pays Latin* (1).

---

(1) On assure que, pour la commodité des habitans

La Ville comprend le reste de la ville qui n'est point fauxbourg.

Paris se divise encore en vingt quartiers, mais cette division n'apprendroit rien aux Etrangers, pour lesquels cet Ouvrage est particulierement composé.

ABBAYES.

ABBAYE *Royale de Sainte-Géneviève.* C'est sur le Mont, anciennement nommé *Locutitius*, & sur les fondemens de l'ancienne Eglise consacrée aux Apôtres Saint-Pierre & Saint-Paul, bâtie par Clovis, & détruite par les Normands, que fut construite, au neuvieme siecle, la vieille Eglise de Ste-Géneviève, que l'on voit aujourd'hui sur la montagne qui en a pris le nom. C'est le chef-lieu d'une Congrégation, à la tête de laquelle est un Abbé électif, sous le titre de Général, qui porte la crosse, la mitre & l'anneau, & qui jouit de plusieurs autres prérogatives particulieres à cette dignité.

Le Pape Eugène III, qu'une sédition avoit forcé de quitter Rome, se rendit à Paris. Comme il devoit dire la Messe dans cette Eglise, le Roi Louis-le-Jeune envoya un superbe tapis pour couvrir le marchepied de l'Autel. La Messe dite, & le Pape étant dans la Sacristie, ses Officiers vou-

---

des autres quartiers, on se propose d'y établir un certain nombre de Colléges.

lurent s'emparer du tapis, comme un droit qu'on n'avoit jamais osé disputer aux gens de sa Sainteté. Les gens de l'Abbaye s'y opposerent. Les deux partis commencerent par discuter leurs prétentions sur ce tapis, avec la plus vive chaleur; puis ils en vinrent aux coups. Le tumulte étoit violent. Le Roi qui étoit encore dans l'Eglise, voulut s'avancer pour mettre le hola. Mais la fureur des combattans ne respectoit ni la sainteté du lieu, ni la Majesté Royale. Le Roi de France, qui s'étoit imprudemment engagé dans la mêlée, reçut un grand coup de poing d'un valet d'Eglise.

Le scandale de ce combat, joint à celui que causoit la conduite très-irréguliere de ces Chanoines Réguliers, déterminerent le Pape & le Roi à les réformer, & à mettre à leur place des Moines de Cluny. Ces Chanoines consentirent bien à leur réforme, mais ils demanderent la grace de n'être point remplacés par des Moines; ils ajouterent qu'ils préféroient l'être par les Chanoines réguliers de St-Victor. En conséquence, on tira de cette Abbaye douze Religieux: Eudes fut leur Abbé. C'est à cette époque, en 1148, que cette Eglise a pris le titre de Ste-Génevieve; elle portoit auparavant celui de St-Pierre & St-Paul.

Cette Congrégation a cent neuf Maisons en France, & nomme à plus de cinq cents Cures, dont elle dispose toujours en faveur de ses Religieux.

A v

Cette Abbaye a plus de soixante-dix mille livres de revenu, & est ordinairement composée de soixante Chanoines réguliers & de trente Novices.

On voit dans la nef de cette Eglise, quatre grands Tableaux votifs. Le premier, à gauche en entrant, fut fait pour la cessation de la famine causée par l'hiver de 1709 : il est peint par *de Troy le pere*.

Le second est un vœu que la Ville de Paris fit en 1699, après deux années de famine : il est de *Largilliere*. Ce Tableau offre une singularité ; c'est que parmi un grand nombre de spectateurs, le Peintre s'y est représenté lui-même avec le Poëte Santeuil à côté de lui.

Le troisieme Tableau, à droite en face de ce dernier, fut voté après une année de stérilité qu'éprouva la France en 1725 : il est l'ouvrage de *de Troy le fils*.

Le quatrieme fut fait à l'occasion de la convalescence de Louis XV en 1744 : il est peint par *Tourniere*.

Un objet qui doit fixer ici les regards du Philosophe, c'est le tombeau du célebre Descartes : décédé en Suede, en 1650, âgé de cinquante-sept ans, son corps fut transporté en France dix-sept ans après sa mort, & fut déposé dans cette Eglise, où l'on voit son Epitaphe à droite sur l'un des piliers de la nef (1).

---

(1) On a proposé par souscription, un projet pour l'érection d'un Monument plus digne des restes

Au milieu du Chœur, on voit le Tombeau de Clovis. Le corps de Clotilde, femme de ce Roi, y repofoit autrefois, mais à caufe de la fainteté de cette Reine, & pour expofer fes Reliques à la vénération publique, on les a retirées de ce Tombeau, pour les enfermer dans une Châffe qui eft derriere le Chœur.

Que les Amateurs de l'Antiquité ne penfent pas trouver dans ce Monument un échantillon des beaux Arts du fiecle de Clovis. Le Tombeau élevé lors de la mort de ce Roi, dégradé par le temps, fut fix cents ans après reconftruit avec la figure que l'on y voit, par un Abbé de cette Maifon; l'infcription fuivante qui y eft gravée en caracteres gothiques, en eft la preuve : *Clodovæo Magno Regum Francorum primo Chriftiano, hujus Bafilicæ fundatori, fepulcrum vulgari olim lapide ftructum & longo ævo deformatum, Abbas & convent. Meliori opere, cultu & forma renovaverunt.*

On regarde le Pupitre qui eft au milieu du Chœur, comme un ouvrage digne de la curiofité des Artiftes. Sa forme repréfente une Lyre décorée de trois Génies, & furmontée d'une Aigle. Le Candelabre donné par la Ville, exécuté par *Germain*, eft auffi généralement eftimé.

Sur le Maître-Autel, qui eft de marbre

de ce grand Homme. Mais ce projet & cette foufcription n'ont point eu de fuccès.

s'éleve un Tabernacle de forme octogone; il est supporté par un pied de marbre bleu turquin, & décoré par quatre colonnes doriques de brocatelle antique, dont les chapiteaux & les bases sont de bronze doré. Ce Tabernacle, enrichi de pierres précieuses, est un don du Cardinal de la Rochefoucauld, dont on voit le tombeau dans la même Eglise, aux dépens duquel, & du petit Page qui lui porte la queue, M. de Saint-Foix, dans ses Essais sur Paris, n'a pas manqué de s'égayer comme à son ordinaire.

Au-dessus d'un ordre de quatre colonnes Ioniques de marbre, dont deux de brèches d'Alep, paroît la fameuse Châsse de Sainte-Génevieve, toute couverte de richesses & de pierres précieuses; monumens sacrés de la dévotion de nos Souverains, qui se sont, comme à l'envi, disputés l'honneur de l'enrichir. Cette Châsse, d'un dessin gothique & détaillé, a, dit-on, été fabriquée par *St-Eloy*, Orfévre, Evêque & puis Ministre du Roi Dagobert (1). Elle est soutenue par quatre Statues de Vierges plus grandes que nature. Un bouquet & une couronne de diamants, deux présens, le premier, de Marie de Médicis, le second, de Marie-Elisabeth d'Orléans, Reine douariere

―――――――――――――――

(1) Suivant d'autres Historiens, elle fut faite en 1242, par les soins de *Robert de la Ferté-Milon*, Abbé de ce Monastere. L'Orfévre y employa 193 marcs d'argent, & 8 marcs d'or.

d'Espagne, ajoutent encore, non pas à la beauté, mais à la richesse de cette Châsse.

Ce n'est jamais infructueusement, que les Parisiens invoquent l'intercession de Sainte-Génevieve, leur Patronne. La grande vénération qu'ils ont pour elle, les a déterminés à ne promener processionnellement la Châsse de cette Sainte, que dans les grandes occasions.

Près de la porte par où les Religieux entrent au Chœur, sont deux Arcades, sous lesquelles on voit Jésus-Christ dans le tombeau, & sa résurrection : ces figures, de terre cuite, sont généralement estimées: on y reconnoît le ciseau ferme & hardi du célebre *Germain Pilon*.

La Bibliotheque, qui est ouverte les Lundis, Mercredis & Vendredis, est en forme de croix; elle est éclairée au milieu par un petit dôme, dont la coupole fut peinte en 1730, par *Restout pere*. Plusieurs Bustes des Grands Hommes, dont la Salle est ornée, sont de *Coyzevox*. On y compte environ quatre-vingt mille volumes, & deux mille manuscrits.

Au fond de la partie qui est à droite, est le curieux Cabinet d'Antiques. Avant d'y entrer, on voit un très-grand plan en relief colorié de la ville de Rome, dont la proportion est d'un pouce pour quatre-vingt-dix pieds. Il a été exécuté en 1776 par M. *Grimani*. Ce Cabinet renferme une collection des plus rares & des plus précieuses qui existent, tant d'Histoire Naturelle, de Médailles, que des antiquités Egyptiennes, Etrusques, Grecques, Romaines & Gauloises. Ce Cabinet est ouvert les Lundis & Mercredis au soir seulement.

La nouvelle Eglise de Sainte-Géneviève, élevée sur les desseins de feu M. *Soufflot*, est un Monument qui honore à la fois l'Architecte & la Nation. Sa forme est une croix Grecque, qui a trois cents quarante pieds de long, y compris le péristile, sur deux cents cinquante de large, y compris l'épaisseur des murs.

Son Porche, imité de celui du *Panthéon de Rome*, est composé d'un péristile de vingt-deux colonnes Corinthiennes, de cinquante-sept pieds de haut. Ces colonnes soutiennent un fronton évidé, dont la construction réunit la hardiesse Gothique à la beauté Grecque. Rien n'est plus magnifique & plus agréable que les ornemens de ce Portail.

L'ordre de l'intérieur de cette Eglise est aussi le Corinthien; il supporte des voûtes en forme de calotte sphérique, d'un dessin plus ou moins chargé, suivant l'exigeance du local : celles des bas-côtés sont d'un dessin si simple & si agréable, que l'œil ne peut se lasser de les admirer.

Le Dôme de cette Eglise doit être peint à fresque, par M. *David*.

Ce Monument, qui mérite d'être placé au rang des premieres Basiliques de l'Europe, a été commencé sous le regne de Louis

XV. Ce Monarque en posa la premiere pierre le 6 Septembre 1764 (1).

ABBAYE *de Saint-Germain-des-Prés*. A son retour de Sarragosse en Espagne, le Roi Childebert avoit apporté un morceau de bois de la vraie Croix, & l'étole ou tunique de Saint-Vincent, martyr. Pour loger dignement ces précieuses reliques, il fit bâtir en 543, sur les ruines, dit-on, d'un Temple à la Déesse *Isis*, une petite Eglise; mais en 555 ou 556, sollicité par Saint-Germain, Evêque de Paris, ce Roi en fit construire une seconde plus magnifique, avec un Monastere qui fut bientôt rempli de Moines, tirés de l'Abbaye de Saint-Simphorien d'Autun. *Authaire*, en fut le premier Abbé, & *Saint-Droctovée* le second. Le 23 Décembre 558, même jour que Childebert, fut enterré dans cette Eglise, Saint-Germain en fit la dédicace. A cause des reliques qu'elle renfermoit, elle porta le nom de *Sainte-Croix & de Saint-Vincent* jusqu'au IX siecle, que Saint-Germain y fut enterré, & y fit des miracles. Alors cette Eglise garda le nom de *Saint Germain*, ou de *Saint-Germain-le-Doré*, à cause de son comble de cuivre doré, ou simplement de l'*Abbaye*, parce qu'elle fut

---

(1) Les travaux de cette Eglise, interrompus pendant la guerre, ont été repris depuis le commencement de l'année 1734, & se continuent avec beaucoup d'activité.

pendant plus de cent ans l'unique à Paris.

Les Normands, dans les années 846, 853, & 886, pillerent, brûlerent le Monastere & l'Eglise; il n'échappa à la dépradation de ces barbares, que le portail de la principale entrée de cette Eglise, & la partie inférieure de la grosse tour, qu'on assure être un reste de l'ancien Temple d'Isis.

En 990, l'Abbé *Morardus* fit rétablir l'Eglise telle qu'on la voit aujourd'hui; le Roi contribua pour beaucoup à cette construction. Le même Abbé fit en même-temps réparer les tombeaux des Rois fondateurs & bienfaiteurs de cette Maison, & laissa dans l'oubli ceux qui n'avoient rien donné. On voit que Morardus étoit Moine.

Dans le Chœur s'éleve, au-dessus du maître-Autel, qui a été exécuté par *Slodtz*, un Baldaquin, soutenu par six colonnes d'ordre composite, d'un marbre verd antique, très-estimé.

La Châsse de vermeil, de quatre pieds de long, représente une Eglise; elle est toute enrichie de perles & de pierres précieuses; on y a employé deux cens cinquante marcs d'argent, & vingt-sept marcs d'or. C'est un présent de Guillaume l'Evêque, soixantieme Abbé de cette Maison.

Des deux côtés du Maître-Autel, sont deux Tableaux; l'un représente le martyre de Saint-Vincent, l'autre, la translation de Saint-Germain: ils sont peints par *Hallé*.

De neuf Tableaux qui sont dans le Chœur, quatre représentent la vie de Saint-Germain, quatre autres celle de Saint-Vincent, & le dernier, qui termine le rond-point, est une descente de croix : ils sont tous peints par *Cazes*.

Dans la Nef, sont dix autres Tableaux, qui offrent différens sujets des actes des Apôtres, ils sont peints par *Cazes*, *le Clerc*, *Bertin*, *Restout*, *Vanloo*, *le Moine*, *Christophe*, *Hallé* & *Natoire*.

Cette Eglise renferme les Tombeaux ou Sépultures sans tombes, de plusieurs Princes & Princesses, & Hommes Illustres : des deux côtés du Maître-Autel, sont les Tombeaux des Princes de la premiere race. L'opinion de ce temps faisoit desirer le voisinage du Maître-Autel, comme les meilleures places pour l'autre monde. C'est là que reposent les restes de Chilpéric & de Frédégonde, de Childéric I, de Childéric II, de la Reine Bilihilde, & de Dagobert, son fils, de Clotaire II, & de la Reine Bertrude, &c.

Au milieu du Chœur est le Tombeau de *Childebert*, fondateur de cette Abbaye, où il repose à côté d'*Ultrogotte*, son épouse.

Dans une des Chapelles qui sont à côté du Chœur, est le tombeau de Ferdinand, Prince de Furstemberg, en stuc, sculpté par *Coyzevox* : à côté est aussi le tombeau de Castellan, par le fameux *Girardon*.

Dans une autre Chapelle, on voit le Tombeau de Jean Casimir, Roi de Pologne, mort à Nevers, en 1672, étant Abbé de cette Maison. Ce Tombeau, fait par *de Marsy*, ne renferme que le cœur de ce Prince, dont le corps fut transporté en Pologne.

Dans cette même Chapelle, est enterré *Pierre Danés*, un des plus grands Hommes du seizieme siecle, on lit sur sa tombe l'épitaphe suivante :

Ci-dessous est Révérend Pere en Dieu, Messire-Pierre DANÉS, en son vivant, Evêque de Lavaur, institué premier Lecteur ès-Lettres Grecques, par le Roi François Ier, & envoyé pour son Ambassadeur au Concile de Trente (1), *lequel décéda dans la Maison de céans, le 23 jour d'Avril l'an* 1577.

Dans la Chapelle de Saint-Simphorien, on remarque l'Epitaphe de Saint-Germain qui y fut enterré : elle est en vers latins exametres & pantametres ; elle fut, dit-on, composée par le Roi Chilpéric.

La Sacristie renferme plusieurs curiosités intéressantes. C'est un Tableau qui repré-

---

(1) Pendant que ce Docteur François haranguoit au Concile de Trente contre les abus des matieres bénéficiales, de la pluralité des Bénéfices, &c. un Evêque Italien, que ces abus accommodoient fort, s'écria en colere : *Gallus cantat.* Le coq ou le François chante. Danés répondit aussi-tôt : *Utinam illo Gallicinio Petrus, ad resipiscentiam, & fletum excitetur.* Plût à Dieu qu'au chant de ce coq, Pierre puisse se repentir & pleurer.

sente une Descente de Croix, dont la perspective offre la vue de l'ancien Louvre, celle de l'Abbaye & de la ville de Paris, comme elles étoient sous Philippe-Auguste. Ce sont des Ornemens très-riches, des Reliquaires précieux, parmi lesquels on distingue une Croix d'argent doré, où l'Empereur Adrien est représenté sur un saphir d'Orient, & une grande Croix d'or bordée de pierre précieuses, où est enchâssé un morceau de bois d'un demi-pied de long, qui est une portion de la vraie Croix elle est un présent d'Anne de Gonzague de Cleves, Princesse Palatine (1). Deux vers Grecs qu'on y lit, prouve qu'elle a appartenu à Manuel Comnene, Empereur de Constantinople.

Dans l'intérieur du Monastere, on remarque un superbe escalier, un fort beau cloître, & un Réfectoire immense au fond duquel est une Nativité, par *Van-Mol*, & à l'autre extrémité, une copie du Pélerin d'Emaüs, de *Paul Veronese*, & surtout la Chapelle de Notre-Dame. Elle a été construite du temps de Saint-Louis, par Pierre de *Montreuil*, qui y est inhumé avec sa femme *Agnés*; on y voit aussi les tombeaux des PP. Mabillon & Montfaucon.

---

(1) Cette pieuse Princesse fit en même-temps don à cette Abbaye de plusieurs Reliques, entr'autres du Sang miraculeux, & d'un Clou qui a servi à attacher J. C. sur la Croix.

L'Architecture de cette Chapelle est ce que le genre gothique offre de plus distingué dans la Capitale.

La Bibliotheque est fameuse, sur-tout par le choix & l'antiquité de ses Livres & par le nombre de ses Manuscrits, aussi anciens que rares. Un *Pseautier* de Saint-Germain, que l'on y conserve, est un monument du luxe des Saints de ce temps-là; il est écrit en lettres d'argent sur un velin pourpre; les mots *Deus* & *Dominus* & les titres sont en lettres d'or. Les Manuscrits de cette Bibliotheque sont au nombre de plus de neuf cents. Elle est ornée de plusieurs bustes de marbre, parmi lesquels on distingue ceux d'Arnaud & de Boileau, par *Girardon* : on y remarque aussi le meurtre d'Abel, peint par *le Brun*.

Les habitans de Chaillot doivent tous les ans, le jour de l'Ascension, porter à l'Abbé de Saint-Germain-des-Prés huit bouquets, deux gros, & six petits, un denier parisis pour chaque vache qui paissent dans l'isle Maquerelle (*des Cygnes*), & un fromage gras, fait absolument du lait de ces mêmes vaches.

ABBAYE *de Saint-Victor*. Sur l'emplacement du Clos d'Arènes, où Childéric avoit fait bâtir en 577 un Cirque pour les Jeux publics, fut depuis un petit Hermitage habité par un Moine noir, ensuite par Guillaume *Champeaux* (1) & quelques autres

---

(1) Il avoit professé long-temps à Paris les Hu-

Chanoines de la Cathédrale. La ferveur de ces Hermites détermina la dévotion de Louis-le-Gros à y fonder en 1113 une Abbaye, que François premier a fait rebâtir en 1517, telle qu'elle est aujourd'hui.

Cette Maison jouit au moins de quarante mille livres de rente. On y compte trente Chanoines réguliers.

On remarque dans l'Eglise de cette Abbaye, le Tableau de *Vignon*, qui est sur le Maître-Autel : c'est une Adoration des Mages. On y voit aussi quatre autres grands Tableaux de *Restout*.

Les Chapelles collatérales, à l'entrée du Chœur, sont ornées chacune d'un médaillon peint à fresque, par M. *Robin*. L'un représente Sainte-Magdeleine, l'autre, Saint-Louis. La grille du Chœur, belle & dorée, est l'ouvrage de M. *Durand*.

Entr'autres Reliques qui sont renfermées dans la Sacristie, on trouve une croix d'or donnée par Louis-le-Gros, faite, dit-on, par *Saint-Eloy*, dans laquelle est précieusement enchâssé un grand morceau de bois qu'on assure être de la vraie Croix.

On voit dans l'Eglise & dans le Cloître de cette Abbaye, les Tombeaux de plusieurs savans Abbés de cette Communauté, & de plusieurs Hommes illustres; nous distinguerons celui du Jésuite Mainbourg,

---

manités, la Logique & la Théologie. Le célèbre Abailard fut son Disciple & puis son Emule.

mort dans cette Maison en 1686, après avoir été congédié de la Société de Jésus; & celui du Poëte Santeuil, dont l'Epitaphe en vers a été composée par *Rollin*.

La Bibliotheque de cette Abbaye est ce qu'il y a de plus curieux. C'est une collection de Livres rares & de Manuscrits anciens. On y trouve une Bible manuscrite du neuvieme siecle, un Tite-Live du douzieme. Entre plusieurs manuscrits Orientaux, on distingue un Alcoran que vit le dernier Ambassadeur Turc, qu'il baisa avec respect, & dont il attesta l'authenticité sur le premier feuillet.

L'emplacement de cette Bibliotheque ayant été employé à un autre usage, on en construit une autre sur les dessins de M. *Danjan*, Architecte. Le Public se trouve privé depuis plusieurs années de la jouissance de cette précieuse Bibliotheque à cause de la lenteur que l'on met dans sa construction.

ABBAYE *de Port-Royal, rue de la Bourbe, fauxbourg Saint-Jacques.* Cette Eglise a été construite, en 1646, sur les dessins du fameux *le Pautre*. Le nom seul de l'Architecte suffit pour piquer la curiosité des Amateurs. On voit que cet Artiste n'a rien négligé pour en faire un petit chef-d'œuvre.

Dans le Chœur des Religieuses, est un original de *Champagne*, qui représente la Cène. Ce tableau, qui est regardé comme le meilleur ouvrage de ce Peintre, est malheureusement caché aux regards des Curieux. Pour les en dédommager, l'Auteur s'est copié lui-même en faisant le tableau qui est sur le Maître-Autel.

On conserve dans cette Eglise une épine de la Sainte-Couronne, ainsi qu'une cruche antique que ces bonnes Religieuses assurent avoir servi aux noces de Cana.

Pensions d'éducation de 600 livres.

ABBAYE *Royale de Panthemon, rue de Grenelle, fauxbourg St-Germain.* Cette Abbaye n'a de remarquable que sa construction moderne, dont le dessin est de feu M. *Contant.* Elle est décorée d'un Ordre Ionique, & couronnée d'une coupole sans peinture.

Monseigneur le Dauphin, pere de Louis XVI, y posa la premiere pierre en 1749.

Pensions d'Education ordinaire, 700 liv. & 1000 liv. pour les Pensionnaires qui ont la table de l'Abbesse, dont le revenu est de 21,000 liv.

ABBAYE *Royale du Val-de-Grace, rue du fauxbourg Saint-Jacques.* Anne d'Autriche, femme de Louis XIII, après vingt-deux ans de stérilité, pour rendre grace à Dieu de sa grossesse inespérée, & de la naissance inattendue de Louis XIV, fit élever ce superbe Monument des beaux Arts & de sa piété.

Le célebre *François Mansard* en fournit les deſſins, & les vit exécuter juſqu'au rez-de-chauſſée ; mais par une fatalité trop ordinaire aux gens à talens, *Manſard* fut forcé d'abandonner la direction de cet ouvrage. Des Architectes bien moins habiles que lui, voulant renchérir ſur les deſſins de ce grand Maître, altérèrent une foule de beautés. *Manſard*, piqué de ſe voir corrigé par ſes inférieurs, entreprit, au Château du Freſne, à ſept lieues de Paris, une Chapelle qui, en petite proportion, étoit l'exacte exécution de ſon deſſin du Val-de-Grace, & il fit un chef-d'œuvre, en voulant prouver la préférence qu'il méritoit.

On voit ſur le portail de cette Egliſe, dans les entrecolonnes, les Statues en marbre de Saint-Benoît & de Sainte-Scolaſtique qui ſont de *François Anguier*, qui a ſculpté également la voûte, les médaillons & les pilaſtres de l'intérieur de l'Egliſe. Au-deſſus de ce portail, on lit cette inſcription qui fait alluſion aux circonſtances qui avoient déterminé la Fondatrice : *Jeſu naſcenti, Virginique matri.*

Le Maître-Autel eſt couronné d'un baldaquin ſupporté par ſix colonnes torſes compoſites d'un marbre noir veiné de blanc, dont les piedeſtaux & les chapiteaux ſont de bronze doré : elles ont coûté ſoixante mille livres. Sur l'entablement ſont ſix Anges avec des encenſoirs à la main, &c.

Le jour des grandes Fêtes, on expoſe ſur cet Autel un Soleil d'or émaillé de couleur
de

de feu, & tout brillant de diamants ; il est soutenu par un Ange du même métal, dont la robe est encore bordée de diamants. Ce superbe ouvrage, qui a coûté sept ans de travail, est un don de la Fondatrice. *Anguier le jeune* a sculpté la créche en marbre que l'on voit sur l'Autel, ainsi que le bas-relief représentant une Descente de croix.

Mais toutes ces beautés & toutes ces richesses s'éclipsent à la vue du magnifique Dôme de cette Eglise ; c'est le chef-d'œuvre de la peinture à fresque. On peut dire que dans ce genre, le génie de son auteur, le célebre *Mignard*, a atteint les bornes prefcrites à l'humanité. Cette peinture représente le séjour des bienheureux, divisé en plusieurs hiérarchies.

On voit avec amertume que cet ouvrage si justement & si généralement admiré, en l'honneur duquel Moliere a composé un Poëme, perd insensiblement de son effet & de son mérite, en perdant de la vivacité des couleurs.

Dans la partie inférieure, on voit Anne d'Autriche offrant à Dieu le plan de l'édifice qu'elle vient de faire construire. Autour de la frise du Dôme, on lit cette inscription : *Anna Austria D. G. Francorum Regina, Regnique Rectrix, cui subjicit Deus omnes hostes ut conderet Domum in nomine suo.*

Dans une Chapelle à gauche qui est toute

B

tendue de noir, repoſe le cœur d'Anne d'Autriche. Dans un caveau qui eſt au-deſſous de cette Chapelle, ſont également dépoſés les cœurs de vingt-ſix Princes ou Princeſſes de la famille Royale, ou de la Maiſon d'Orléans.

Un uſage particulier à cette Maiſon, c'eſt de conſerver la premiere chauſſure de chaque fils & Dame de France.

ABBAYE aux Bois, rue de Seve, fauxbourg St-Germain. Ces Religieuſes, de l'Ordre de Citeaux, vinrent du Monaſtere de Baitz, dioceſe de Noyon, où elles avoient été incendiées, pour s'établir à Paris. Elles acheterent cinquante mille écus cette Maiſon qui appartenoit aux Dames de l'Annonciade des dix Vertus, & enterrent en poſſeſſion en 1719; elles y bâtirent une nouvelle Egliſe, dont *Madame*, veuve de Philippe de France, poſa la premiere pierre. Les revenus de cette Abbaye ſont de 23,000 livres.

Les Penſions d'Education ſont de 600 liv.

ABBAYE des Cordelieres, rue de l'Ourſine, fauxbourg Saint-Marcel. Cette Abbaye, d'abord fondée à Troyes en 1270 par Thibaut VII, Comte de Champagne, fut transférée à Paris en 1289, par la Reine Marguerite de Provence, femme de Saint-Louis; après la mort de ce Roi, elle ſe retira dans cette Maiſon, *Blanche* la fille,

(27)

veuve d'un Roi de Castille, s'y fit Religieuse, & donna de grands biens à cette Communauté.

Ces Religieuses possédoient le Manteau Royal de Saint-Louis ; elles viennent d'en faire faire un ornement complet.

Les Pensions d'Education font de 400 liv. La nuit du premier Avril 1579 un débordement de la riviere de Bievre fit beaucoup de ravage ; les eaux s'éleverent à la hauteur de quatorze ou quinze pieds, & se répandirent dans l'Eglise des Cordelieres jusqu'au maitre-autel ; heureusement que cette innondation ne dura que trente heures.

ABBAYE *Royale de Montmartre*. Cette Abbaye est composée de 55 Religieuses, & jouit de 30,000 liv. de revenus. L'Abbesse est Dame du lieu. Les Pensions d'éducation sont de 500 livres. (*Voyez le volume des Environs*).

ACADEMIES.

Il y a plusieurs Académies à Paris. Mais nous nous garderons bien de les décrire toutes ; car on a encore plus abusé du nom que de la chose. Nous nous bornerons donc à faire mention de celles qui peuvent intéresser le goût ou la curiosité des Etrangers.

ACADÉMIE *Françoise*. C'est pour conserver la pureté de la langue Françoise,

B ij

l'embellir & l'augmenter, que cette Académie a été fondée par le Cardinal Richelieu, & approuvée par Louis XIII, en 1634, par Lettres-Patentes, que le Parlement ne vérifia qu'en 1637, & où il ajouta cette clause : *A la charge que ceux de l'Académie ne connoîtront que de l'ornement, embellissement & augmentation de la langue Françoise, & des livres qui feront faits par les Académiciens & par autres personnes qui le désireront & voudront, &c.*
La gloire de cette illustre Société a excité long-temps les clameurs de l'envie : on a critiqué jusqu'à sa devise : *à l'Immortalité*. Mais le silence prudent des Académiciens a fait taire la satyre. Il n'en est guere plus question aujourd'hui. Cette Société acquiert, de jour en jour, un nouveau lustre : des gens aussi distingués par leur naissance que par leur fortune, briguent & reçoivent le titre honorable d'Académicien François.
L'usage a établi que chaque Récipiendaire, dans son discours de réception, feroit l'éloge du défunt qu'il remplace, & du Cardinal fondateur de l'Académie. Il est malheureux pour cette Société, de devoir son existence à ce grand Politique ; car que des Gens de Lettres fassent, chacun à leur tour, l'éloge d'un Ministre aussi cruel, que le Cardinal Richelieu, cela n'est pas trop philosophe.
Les Membres ont chacun un fauteuil pour siège ; ils n'avoient auparavant que des

chaises. Mais les infirmités d'un Académicien puissant, & l'égalité qu'on a voulu maintenir parmi eux, leur a procuré l'avantage d'être assis plus commodément.

Deux Prix, l'un d'Eloquence & l'autre de Poésie, se distribuent alternativement tous les ans aux séances publiques du jour de la Saint-Louis. Ce même jour l'Académie fait chanter, dans la chapelle du Louvre, une messe en musique, après laquelle on y entend le panégyrique de ce Saint.

Les Assemblées se tiennent les Lundis, les Jeudis & les Samedis après midi, depuis trois heures jusqu'à cinq heures, dans une salle au rez-de-chaussée, qui est à gauche du grand pavillon. Cette salle est décorée de plusieurs portraits, dont les plus remarquables sont ceux du Cardinal Richelieu, du Chancelier Seguier, de Louis XIV, de la Reine Christine de Suède, dont elle fit présent à l'Académie lorsqu'elle assista à une de ses Assemblées. On y voit aussi les bustes de plusieurs hommes célèbres; & ce qui est digne d'être remarqué; c'est qu'on y a placé les bustes de Diderot & de Pyron, qui n'étoient point Académiciens.

Le Roi est le protecteur de cette Académie.

ACADÉMIE *Royale des Sciences.* Après la paix des Pyrénées, Louis XIV fonda en 1666 cette Académie, dont l'objet est le progrès des Sciences, l'encouragement des recherches & des découvertes, tant dans la Physique, la Géométrie & l'Astronomie, &c., que dans les Sciences dont on peut faire l'application aux besoins journaliers de la société. Cette Académie, qui se divise en quatre classes, est composée de soixante & seize Membres.

Le premiere Classe est celle des Honoraires; la seconde, celle des Pensionnaires, qui sont obligés de résider à Paris; la troisieme, des Associés, parmi lesquels il ne peut y avoir que huit Etrangers; la quatrieme, des Adjoints : ils sont au nombre de douze.

Cette Académie est dirigée par un Président, un Vice-Président, par un Directeur & un Vice-Directeur, nommés tous les ans par le Roi; de plus, par un Secrétaire & un Trésorier qui sont perpétuels. Elle tient ses séances dans une salle du Louvre, tous les Mercredis & Samedis.

M. *Rouillé*, Conseiller au Parlement, y a fondé, en 1714, deux Prix de deux mille livres chacun, l'un pour celui qui résoudra le mieux une question intéressante sur l'Astronomie que l'Académie proposera, & l'autre pour celui qui remplira le mieux une question proposée sur la navigation. Tous les ans il se donne alternativement un de ces Prix.

Un Anonyme a encore fondé deux Prix, l'un pour encourager la recherche des moyens de préserver les ouvriers des maladies auxquelles ils font expofés; l'autre pour fimplifier les procédés des Arts méchaniques: ces deux Prix font chacun de 1080 livres.

Feu M. de *Montigny*, Membre de ladite Académie, a auffi fondé, par fon teftament, un prix annuel de fix cents livres en faveur de la Chymie & de la perfection des Arts.

Cette Académie tient deux féances publiques, l'une après la St-Martin, l'autre après la rentrée de Pâques. Elle donne tous les ans un volume *in-4°*. de fes Mémoires qui font précédés d'une hiftoire faite par le Secrétaire. Elle prend pour fceau un foleil entre trois fleurs de lys, & pour devife une Minerve environnée des inftrumens des Sciences & des Arts, avec ces mots: *invenit & perficit*.

Le falle de cette Académie eft décorée des buftes de plufieurs Académiciens, & d'un tableau d'*Antoine Coypel*, qui repréfente Minerve portant le médaillon de Louis XIV. Les modeles des différens ouvrages approuvés par l'Académie des Sciences, ainfi qu'une Bibliotheque qui lui eft particuliere, rempliffent d'autres pieces dépendantes de la premiere, lefquelles formoient jadis l'appartement d'Henri IV.

ACADÉMIE *des Infcriptions & Belles-Lettres*. Ce fut encore fous le miniftere de Colbert que Louis XIV, en 1663, fonda cette Académie, feulement fous le titre *des*

Inscriptions & des Médailles, afin qu'elle s'occupât à composer des inscriptions, des sujets de médailles & leurs devises, pour servir à l'histoire de son regne. Mais ce Roi, en confirmant cet établissement par Lettres-Patentes du 4 Janvier 1713, lui ajouta le titre de *Belles-Lettres*. Ainsi, depuis ce temps, la recherche des mœurs, des usages, des coutumes, des monumens de l'antiquité, ainsi que toute littérature relative à l'histoire, est du ressort de cette Académie.

Un Secrétaire perpétuel, qui réunit la charge de Trésorier, est à la tête de cette Compagnie, qui est encore dirigée par un Président & Vice-Président pris dans la classe des Honoraires, par un Directeur & sous-Directeur pris dans celle des Pensionnaires, qui sont tous quatre nommés par le Roi, chaque premier Janvier.

La tête du Roi, trois fleurs de lys, avec cette inscription : *Regina inscript. & numismatum Academia*, forment le sceau de cette Académie. Elle prend pour devise la Muse de l'histoire, tenant de la main droite une couronne de laurier. A droite est un cippe ; dans le lointain, à gauche, est une pyramide qu'elle montre, sur laquelle on lit ces mots : *vetat mori*.

Deux Prix, l'un d'une médaille d'or de quatre cents livres, fondé par le Président de *Noinville*, en faveur de la littérature ancienne ; l'autre d'une médaille d'or de cinq cents livres, fondé par M. le Comte de

Caylus, pour l'éclaircissement des usages antiques, se distribuent tous les ans aux deux assemblées publiques, le premier à celle du Mardi après la Quasimodo, le second à celle du Vendredi après la St-Martin.

Tous les trois ans, cette Académie fait paroître deux volumes de ses Mémoires, & l'histoire de la Société par le Secrétaire.

La salle des assemblées, qui est près de celle de l'Académie Françoise, est décorée de quatre grands tableaux d'*Antoine Coypel*, & de plusieurs portraits peints par le fameux *Rigaud*.

ACADÉMIE *Royale de Peinture & de Sculpture*. Cette Académie, long-temps protégée par le Cardinal Mazarin, reçut enfin, en 1664, un établissement solide par le zele de deux célebres Protecteurs des Arts, le Chancelier Seguier & le Ministre Colbert, qui lui obtinrent des Lettres-Patentes & un appartement au Louvre.

Le même Ministre ayant obtenu du Roi, en 1667, l'établissement d'une Ecole Françoise de Peinture & de Sculpture à Rome, la source des beaux Arts, résolut de la réunir avec l'Académie de Paris. Louis XIV cimenta cette association par Lettres-Patentes du mois de Novembre 1676.

Le nombre, ni le genre des Académiciens n'est point fixé; on y admet des femmes, dont les talens les en rendent dignes.

Un homme nud, dans une attitude prescrite par les Professeurs, est dessiné par les Etudians, chacun du point où ils sont assis. Ce dessin est ce qu'on appele *une Académie*.

Six grandes pieces, qui contiennent un nombre infini de Tableaux, de Statues, Bustes, Figures, Bas-reliefs, Médailles, Estampes, &c. forment l'Appartement de cette Académie.

On distribue, tous les trois mois, trois Prix de Dessin, & tous les ans à la St-Louis, quatre grands Prix, deux de Peinture, & deux de Sculpture. Ces derniers Prix sont chacun une médaille d'or. Ceux qui les remportent sont envoyés & pensionnés à Rome aux dépens du Roi, pendant l'espace de deux ans, pour se perfectionner le goût, & étudier les Monumens de l'antiquité.

Les Académiciens, ainsi que les Agrégés, ont le droit d'exposer, tous les deux ans, eurs ouvrages au Sallon du Louvre.
l

ACADÉMIE *d'Architecture*. C'est encore au grand Colbert que la France doit l'établissement de cette Académie: commencée en 1671, elle fut confirmée en 1717, & reconfirmée en 1776 avec quelques restrictions. Le Roi en est le Protecteur.

Elle est divisée en deux classes, la premiere est composée d'un Directeur & de seize Académiciens, dont un est Secrétaire perpétuel, un Professeur d'Architecture, & un Professeur de Mathématiques. La seconde est aussi composée de seize Académiciens, qui sont tous Architectes du Roi. Il y a de plus six Associés libres honoraires, qui participent de ces deux classes.

Le Roi nomme aux places vaquantes; mais l'Académie a préalablement le droit de choisir trois Candidats, l'un desquels est nommé par Sa Majesté.

Cette Académie, qui a pour Directeur le plus ancien des trois Intendans-Généraux des bâtimens, tient ses Assemblées tous les Lundis de relevée. Deux fois la semaine deux Professeurs se succédent pour donner publiquement des leçons gratuites d'Architecture & de Mathématique.

Tous les mois on distribue un Prix d'émulation aux Eleves, & tous les ans deux grands Prix; le premier consiste en une médaille d'or, de la valeur de deux cents livres; le second est une médaille d'argent. Celui qui remporte le premier de ces grands Prix est envoyé à Rome aux dépens du Roi, pour y étudier, dans l'Ecole Françoise d'Architecture, qui y est établie, les antiques Monumens de cet Art, dont ce Pays est le trésor.

Parmi les différens Desseins du Louvre qu'on rencontre dans les salles de cette Académie, on voit ceux du fameux *Cavalier Bernin*, qui n'ont point été suivis.

ACADÉMIE *de Chirurgie*. (Voy. *Ecole de Chirurgie*).

ACADÉMIE *Royale de Musique* (Voyez *Opéra*).

ACADÉMIE *de Danse*. Louis XIV l'établit en 1661. Les Académiciens, fixés au nombre de treize, ont droit de montrer l'Art de la Danse sans Lettres de maîtrise, & ils jouissent de plusieurs autres privileges. Les assemblées se tiennent rue Basse, porte Saint-Denis, Maison de M. Laval, qui en est le Directeur.

ACADÉMIE *d'Armes*. Ce n'est pas ici le lieu de disserter sur l'utilité de cet établissement, de montrer combien il autorise ce point d'honneur barbare, cette coutume destructive, digne monument de l'ignorance & de la cruauté des premiers François, cette bravoure inconnue chez les Nations belliqueuses de l'antiquité, qui arme deux citoyens l'un contre l'autre, & qui enleve à la patrie ses plus courageux défenseurs. Nous dirons seulement que cette Académie est composée de vingt Maîtres en fait d'armes, qui apprennent, avec privilege exclusif, aux jeunes gens, l'art de s'entretuer avec grace & méthode. Louis XIV, qui a donné des loix rigoureuses contre le duel, accordé à cette Compagnie des privileges & des honneurs qui ne peuvent que la faire fleurir. Il lui a permis de prendre, pour armes, le champ d'azur à deux épées en fautoir, les pointes hautes, les pommeaux, poignées & croisées d'or, accompagnées de quatre fleurs de lys, avec timbre au-dessus de l'écusson, & trophée d'armes autour. Au bout de vingt ans d'exercice, ces Maîtres en fait d'armes acquierent la noblesse pour eux & pour leurs descendans.

Dans l'Almanach Royal, on trouve leurs noms & leurs adresses.

ACADÉMIE *Royale d'Equitation*.
Cette Académie se tient dans le Manege des Tuileries, où les jeunes gens distingués apprenent à monter à cheval, & les autres exercices relatifs à cet Art.

ACADÉMIQUE *d'Ecriture* (*Bureau*).
Un Faussaire, que la Justice fit punir en 1569, pour avoir contrefait la signature de Charles IX, donna lieu à l'érection d'une Académie d'Ecriture, qui fut composée d'une Communauté d'Ecrivains, Jurés-Experts-Vérificateurs, suivant les Lettres-Patentes du mois de Novembre 1570. Tous les Rois ses successeurs ont confirmé cette Académie, qui n'a été en vigueur que depuis son ouverture du 25 Février 1762.

De nouvelles Lettres-Patentes du 23 Janvier 1779, ont donné une nouvelle constitution à cette Académie. Elle est composée de vingt-quatre Membres, à la tête desquels président M. le Lieutenant de Police, M. le

Procureur du Roi; enſuite un Directeur & un Secrétaire, nommés chaque année à la fin de Mars. Il y a en outre vingt-quatre Agrégés, autant d'Aſſociés étrangers, & des Correſpondans Ecrivains, dont le nombre n'eſt point fixé. Le Bureau eſt ſitué rue Coquillere, vis-à-vis l'hôtel du Roulage. Les ſéances ſe tiennent les premier & troiſieme Vendredis de chaque mois, à ſix heures du ſoir.

Les ſéances des Profeſſeurs, en faveur de tous les Maîtres de Paris, ſe donnent les ſecond & quatrieme Dimanches de chaque mois, à onze heures du matin.

Ce Bureau académique a ſon ſceau & une médaille dont le coin lui appartient.

On y forme des Eleves, tant externes que penſionnaires; les penſions y ſont de 800 livres.

(*Voyez* ci-après, *Inſtitution des Aveugles*).

ANDRÉ DES ARCS (*Saint*). L'Egliſe de Saint-André des Arcs fut bâtie à la place d'un ancien oratoire, ſous le titre de *Saint-Andiol*, qu'on prononçoit *Saint-Andeu*: on croit l'Egliſe actuelle du quinzieme ou ſeizieme ſiecle.

Derriere le maître-autel ſont les quatre Evangéliſtes peints par *Reſtout*, & au milieu un Saint-André, dernier ouvrage de *Hallé*, & qu'il a peint à l'âge de quatre-vingt-deux ans. Les autres tableaux qui font au-deſſus ſont peints par *Sanſon*.

Aux deux côtés du ſanctuaire ſont deux tombeaux adoſſés chacun à un pillier du chœur.

A gauche eſt celui d'*Anne Marie Martinozzi*, princeſſe *de Conti*; la figure ſymbolique & ſes attributs ſont l'ouvrage de *Girardon*.

A droite en face eſt le tombeau de ſon époux, *François-Louis de Bourbon, Prince de Conti*; il eſt du deſſin de *Couſtou l'aîné*. On y voit une figure de Pallas, appuyée ſur un lion & tenant le médaillon du Prince. Les Critiques n'ont pas trouvé bien décent que la Déeſſe Pallas fût placée dans le ſanctuaire du Dieu des Chrétiens.

La Chapelle de la Vierge, qui eſt à gauche du maître-autel, eſt ornée de figures par *François*. Dans une Chapelle, du même côté, eſt le mauſolée de *Claude Leger*, ancien Curé de cette paroiſſe, très-recommandable par ſes vertus.

La Charité, appuyée ſur le ſarcophage, eſt dans la déſolation de la mort du Paſteur, qui eſt repréſenté deſcendant au tombeau, encouragé par la Religion. Ce monument en ſtuc eſt l'ouvrage de M. *de Laître*.

A côté de cette Chapelle, eſt un monument élevé à la mémoire de l'Abbé *le Batteux*, littérateur diſtingué.

Ce monument eſt intéreſſant par la grace

de sa composition; c'est un cippe, surmonté d'une urne cinéraire, & du médaillon du défunt, qui est entouré des attributs de ses talens; mais ce qui flatte davantage, sous le regne de l'égoïsme, c'est cette inscription si touchante, quand on est sûr que l'intérêt ne l'a point dictée, *amicus amico*.

Dans la Chapelle de la famille de Thou à droite de la nef, on voit le buste de *Christophe de Thou*, accompagné de deux figures de Vertus tenant des couronnes de lauriers, & de deux Génies en pleurs. Il mourut en 1582 à 74 ans. Henri III pleura sa mort, & disoit souvent que Paris ne se fût point révolté, si *Christophe de Thou* avoit été à la tête du Parlement.

A côté est le mausolée du célebre *Jacques-Auguste de Thou*, troisieme fils de *Christophe*, Président à mortier au Parlement de Paris. Sa figure est représentée à genoux, entre celles de ses deux femmes, qui sont dans la même attitude; la premiere, du côté de l'autel, est la figure de *Marie de Barbançon-Cani*; l'autre est *Gasparde de la Chartre*, seconde femme. Ce beau monument est l'ouvrage de *François Anguier*.

Jacques-Auguste de Thou, célebre par l'*Histoire de son temps*, écrite en latin, formant 138 livres, par l'impartialité & le bon sens qui y regne, est regardé comme

(41)

un de nos meilleurs Historiens ; il mourut le 8 Mai 1617 à 64 ans (1).

Dans cette Eglise repose aussi les cendres de plusieurs personnes distinguées ; tels sont, *Jacques Coctier*, Médecin de Louis XI (2) ; *Sébastien le Nain de Tillemont* ; *Nanteuil*, habile Graveur ; *Charles Dumoulin*, Jurisconsulte ; *Henri d'Aguesseau*, Conseiller d'Etat ; *Antoine Houdard de la Motte*, de l'Académie-Françoise, mort le 26 Décembre 1731.

On a remarqué que le jour de l'enterrement de cet Académicien, Paris fut cou-

---

(1) M. de Thou avoit dans son histoire dit des vérités peu avantageuses à la mémoire d'*Antoine-Duplessis Richelieu*, grand oncle du fameux Cardinal de ce nom : ce Cardinal Ministre, eut la cruauté de s'en venger sur le fils aîné de cet Historien ; il le fit condamner sous de faux prétextes à avoir la tête tranchée. Ce qui fut exécuté à Lyon en 1642. On assure que le Cardinal disoit à cette occasion : *de Thou le pere a mis mon nom dans son histoire, je mettrai le fils dans la mienne.*

(2) En cinq mois, ce Roi donna à ce Médecin cinquante-quatre mille écus comptant, ce qui étoit prodigieux pour le temps ; il donna de plus l'Evêché d'Amiens à son neveu, &c. Louis XI croyoit que Coctier pouvoit le faire vivre plus long-temps en le payant bien ; ce Médecin parloit très-dûrement à ce Roi. *Vous me renverrez au premier jour,* lui disoit-il, *comme vous faites de vos serviteurs ; mais,* continuoit-il, en jurant bien fort, *vous ne vivrez pas huit jours après.* Louis XI, qui épouvantoit tout le monde par sa cruauté, étoit lui-même épouvanté des menaces de son Médecin.

vert d'un brouillard si épais, que malgré les lanternes & les flambeaux multipliés, des carosses & de la procession, l'obscurité étoit si complette, que les équipages se heurtoient, & qu'il en résulta plusieurs accidens.

Je ne citerai aucune autre épitaphe de cette Eglise, que la suivante, qui m'a paru assez remarquable pour être transcrite entierement ; elle est gravée sur une table de cuivre, placée à côté de la Chapelle de Thou.

Celui qui fut d'un cœur net & entier,
Repose ici, Me *Mathieu Chartier*,
Nay de Paris, homme prudent & sage,
Des sainctes lois l'ornement en son eage ;
Du palais fut le premier estimé ;
Des indigens le pere fut nommé,
Qui, sans orgueil, convoitise ou envie,
Quatre-vingts ans vesquit en cette vie.
Jehane Brinon pour femme, il épousa,
Qui chastement près de lui reposa ;
Et cinquante ans, l'un à l'autre fidelle,
Eurent un lit sans noise, ni querelle.
Des ans soixante & deux elle vesquit,
Puis, comme tout, la Pasque la veinquit.
Leurs filles & petit-fils, plein de douleur amere
Pour le trépas de leurs bon pere & mere,
En larmoyant, ont basti ce tombeau,
Et honoré de ce présent Tableau.
Or toi, passant, qui marches sur leur cendre
Ne t'ébays de ne voir ici pendre
De grands pilliers de marbre parien,
Elabourés d'ouvrages Phrigien,
Si tu ne vois un grand rang de colonnes ;
Tels vains honneurs sont bons pour les personnes
De qui la mort efface le renom,
Et fait périr la gloire avec le nom ;

Mais non à ceux dont les vertus suprêmes,
Apres la mort les font vivre d'eux-mesmes.
Voire, & si veux encore t'avertir
Qu'on ne devoit un tombeau leur bastir
Fait d'art humain, puisque leur renommée
Leur sert ici d'une tombe animée.
1559.

La naïveté touchante de cette épitaphe peu connue, le ton philosophique qui regne à la fin prouve qu'elle est l'ouvrage d'un Poëte distingué du seizieme siecle.

L'œuvre qui est au milieu de la nef est remarquable par un médaillon en marbre représentant Saint-André, placé dans le couronnement; c'est un *Exvoto d'Armand, Arrouet*, frere de Voltaire, aussi antiché du jansénisme, que celui-ci en étoit éloigné (1).

La rue qui tire son nom de cette Eglise, est célebre dans l'Histoire de France, par l'entrée furtive des troupes du Duc de Bourgogne, & le massacre que firent ces factieux d'un grand nombre de citoyens.

« Pendant les guerres civiles, sous le regne
» de Charles VI, dit M. de Sainte-Foix, la
» nuit du 28 au 29 Mai 1418, Périnet le
» Clerc, fils d'un Quartenier de la Ville,
» prit, sous le chevet de son pere, les clefs

---

(1) M. Arouet le pere, fatigué des exactions Jansenistes & Poétiques de ses deux enfans, s'écrioit quelquefois, *j'ai pour fils deux fous, l'un en prose, & l'autre en vers.*

» de la porte de Bussy, & l'ouvrit aux troupes
» du Duc de Bourgogne. Ces troupes, aux-
» quelles se joignit la plus vile populace,
» pillerent, tuerent ou emprisonnerent tous
» ceux qui étoient opposés à la faction de ce
» Prince, & qu'on appelloit *Armagnacs* ».

Les Bouchers érigerent une statue à ce traître Périnet, dont le tronc servoit, dit-on, de borne à la maison qui fait le coin de la rue Saint-André des Arcs, & de la rue de Vieille Bouclerie.

ANNONCIADES *Célestes, ou Filles Bleues*. Ces Religieuses, dont le Couvent est situé rue Culture Ste-Catherine, furent instituées à Gênes en 1654, & fondées à Paris en 1637 par *Mademoiselle*, fille de Gaston de France, Duc d'Orléans. Outre les trois vœux ordinaires, ces Religieuses en font un quatrieme très-méritoire pour des femmes, c'est celui de ne point regarder d'homme, ni de se laisser voir à personne, excepté trois fois l'année, en faveur des peres, meres, freres & sœurs seulement.

Il faut aller voir le tableau du maître-autel; c'est une Annonciation par le *Poussin*. Dans un parloir au premier étage est un tableau de fleurs par *Fontenai*.

ABBAYE *Royale de St-Antoine des Champs, grande rue du fauxbourg St-Antoine*. Une ancienne Eglise que l'on voit encore dans cette Maison, sous l'invocation de Saint-Antoine, a donné son nom à cette Abbaye, aux fauxbourg & à la rue qui y conduit. Ce fut d'abord un asyle où des filles débauchées venoient pleurer & expier leurs débordemens. Par le conseil de *Guillaume*, Archevêque de Bourges, & avec la permission d'*Odon*, Evêque de Paris, elles embrasserent la regle de Cîteaux. Les privileges rares & les biens dont jouit cette Abbaye, sont dus à la dévotion de Saint-Louis.

Dans l'Eglise, ainsi que dans l'intérieur de cette Abbaye, sont les tombeaux de gens illustres, de Princes & Princesses, tels que ceux de Jeanne & Bonne de France, filles du Roi Charles V; Madame de Bourbon-Condé, Abbesse de cette Communauté; de Philippe Clérambaut & Louise Bouthillier de Chavigni, son épouse.

Dans l'enclos de cette Abbaye, est une Chapelle dite de *Saint-Pierre*; elle est l'Eglise paroissiale de l'enclos. Le Curé ne peut, ni baptiser, ni marier, mais seulement administrer les Sacremens aux malades & enterrer les morts.

Les nouveaux bâtimens de ce Monastere réunissent la beauté à la commodité. Ils ont été construits par M. *Goupil*, d'après les Desseins de M. *le Noir le Romain*, qui a également donné les Desseins du Sanctuaire de l'Eglise (1).

---

(1) Un Capucin prêchoit au jour de Pâques dans

(46)

A la fin d'Août, 1432 l'Abbesse, & plusieurs Religieuses de cet Abbaye, furent mises en prison, parce qu'elles étoient complices du projet de favoriser l'entrée de Paris aux troupes de Charles VII.

ANTOINE (*Petit Saint*), rue Saint-Antoine. Cette Maison étoit anciennement une Commanderie ou Hôpital pour la maladie épidémique nommée de *Saint-Antoine*, fondé par *Saint-Louis*. Charles V y plaça des Antonins. *Hugues de Châteauneuf*, Abbé général, fit continuer l'Eglise en 1375, & elle ne fut consacrée & dédiée que le 3 Juin 1442 par l'Evêque de Paris, *Denis des Moulins*.

L'ordre des Antonins a été réuni à celui de Malte. Par cette réunion, ces Moines ont cédé tous leurs biens, & en récompense on les a gratifié d'une pension & de la croix de Malte.

L'Eglise n'a rien de remarquable que le tableau du maître-autel, qui représente une adoration des Rois par *Cazes*.

ARSENAL. Les granges de l'artillerie, bâties sous Charles V, appartenantes à la

---

cette Eglise. « Savez-vous, Mesdames, disoit-il,
» pourquoi, après être ressuscité, Jésus-Christ ap-
» parut d'abord aux femmes ? C'est que sachant
» combien les femmes aiment à parler, il ne pou-
» voit mieux s'adresser pour rendre bientôt publique
» la nouvelle de sa résurrection.

Ville, furent prêtées, mais de très-mauvaise grace, par le Prevôt des Marchands, à François I, qui en avoit besoin pour fondre des canons. Ce que le Prevôt des Marchands avoit appréhendé arriva ; le Roi s'empara de ces granges, qui devinrent Maison Royale.

Le 28 Janvier 1562, le tonnerre tomba sur une tour, appellée la *tour de Billy*, qui faisoit partie de cet Arsenal. Quinze ou vingt milliers de poudre firent une explosion terrible. Trente personnes y furent blessées, trente-deux y perdirent la vie, tous les bâtimens furent renversés, & les pierres en furent lancées, par la violence du feu, jusqu'à l'Abbaye de Saint-Antoine & à celle de Saint-Victor. Cette commotion qui se fit sentir jusqu'à Melun, qui est situé à dix lieues de Paris, produisit un effet singulier : elle fit périr tous les poissons de la riviere.

Les Rois Charles IX, Henri III & Henri IV, rétablirent l'Arsenal, & l'augmenterent considérablement.

On assure que Louis XIII avoit formé le projet d'un canal qui auroit entouré Paris, depuis l'Arsenal jusqu'à la porte de la Conférence, que le plan en étoit arrêté, le traité terminé, & beaucoup de dépenses déjà faites, lorsqu'un Moine, un Capucin qui venoit parmi le satin des simares, l'or & la pourpre des Cours, confondre son extérieur d'humilité & sa robe de pénitence, pour donner son avis sur les grandes affaires de l'Etat, le frere *Joseph*, conseil intime du Cardinal de Richelieu, puissant protecteur de cette entreprise, se trouva être l'ennemi du Sur-Intendant des Finances, M. de Bullion. Celui-ci saisit avidemment l'occasion de contrarier son antagoniste, & l'ouvrage fut interrompu. C'est ainsi que les petites causes arrêtent souvent de grands effets.

En 1718, on fit abattre une partie des anciens bâtimens, pour y élever l'hôtel du Gouverneur, qui fut construit sur les desseins de *Germain Boffrand*.

Les bâtimens de l'Arsenal composent plusieurs cours. Les appartemens ci-devant occupés par le Grand-Maître de l'artillerie de France, sont richement meublés. Il ne faut pas oublier d'aller y admirer le grand Sallon que le célebre *Mignard* peignit à son retour d'Italie, la France triomphante en est le sujet.

La porte du côté du quai des Célestins, fut construite en 1584 ; elle est décorée, non de quatre colonnes, mais de quatre canons. Sur une table de marbre noir qui est au-dessus, on lit les deux vers de *Nicolas Bourbon*, remarquables par leur énergique précision & leur harmonie. On a dernierement essayé d'en faire deux vers François ; on est à peine parvenu à les traduire passablement. Ces vers étoient tellement admirés par le fameux Santeuil, Poëte latin, qu'il s'écrioit dans son enthousiasme fiafme poétique : *J'aurois voulu les avoir faits & être pendu.*

*Ætna hæc Henrico Vulcania tela miniſtrat :
Tela gigantæos debellatura furores.*

Malgré cette inſcription, depuis que Louis XIV a établi des Arſenaux ſur les frontieres du Royaume, cet Arſenal n'en a plus que le nom. Les fonderies qui y ſont encore, ſervent à produire des figures de bronze qui doivent embellir les Jardins Royaux. « Quelques fuſils rouillés, quelques mortiers hors d'état de ſervir, voilà tout ce qu'on y voit », dit M. Mercier.

On remarque, à propos d'artillerie, que la poudre a été inventée par *Bertholde de Schwarts*, Moine Allemand, les bombes par *Galles*, Evêque de Munſter ; les cages de fer, ſous Louis XI, par l'Evêque de Verdun, qui fit lui-même la premiere épreuve de ce ſupplice : il fut enfermé dans la premiere cage qui fut faite, pendant l'eſpace de quatorze ans ; & ſous le miniſtere du Cardinal Richelieu, un autre Moine, le Pere *Joſeph*, Capucin, imagina les Eſpions ſoudoyés par la Police, & les Lettres de cachet.

ASYLE. Il y a à Paris des endroits de ſureté, où l'on eſt à l'abri des pourſuites des Créanciers. Ce ſont les Maiſons Royales, le Palais Royal, le Temple, l'enclos de l'Abbaye Saint-Germain-des-Prés, l'Arſenal,

Saint-Jean de Latran, Saint-Martin-des-Champs, Saint-Denis de la Châtre & les Quinze-Vingts.

AUGUSTINS. Il y a dans cette ville trois Couvens d'Auguſtins; les Grands, les Petits & les Réformés, ou Petits-Peres.

GRANDS-AUGUSTINS. Pluſieurs Congrégations d'Hermites de toutes les couleurs, formées en Italie, réunies en 1200 par le Pape Alexandre IV, vinrent s'établir à Paris, ſous le regne de Saint-Louis, & ſe fixerent dans l'emplacement où ils ſont aujourd'hui, qu'ils acquirent de certains Pénitens mendians, appellés *Freres Sachets* (1).

Cette Egliſe fut rebâtie ſous le regne de Charles V.

Dans la premiere Chapelle à gauche eſt un tombeau ſur lequel ſont deux figures à genoux: elles repréſentent Nicolas de Grimonville, Seigneur, de l'Archant, & Diane de Vivonne de la Chateigneraie ſa femme. ce Seigneur mourut, d'une bleſſure reçue au pied, le 28 Février 1592 au ſiege de Rouen. Son corps fut tranſporté aux Auguſtins le 20 Juillet de la même année; ſa femme lui fit élever ce mauſolée, & y fit graver non-ſeulement l'inſcription latine qu'on y voit,

---

(1) Le nom de ces Freres vient de ce qu'ils étoient vétus d'un ſac.

mais aussi une épitaphe composée de 70 vers François, que les Augustins n'ont pas jugé à propos de conserver.

L'Archant étoit Capitaine des cent archers de la garde de Henri III, & comme il étoit toujours auprès de ce Prince, il fut souvent employé dans des expéditions secrettes (1).

Diane de Vivonne son épouse mourut le 10 Mars 1603.

Dans la même Chapelle est, à côté de l'autel, une table de marbre blanc sur laquelle on voit le médaillon & l'épitaphe de *Bernard Cherin*, Généalogiste & Historiographe des Ordres du Roi, mort le 21 Mai 1785. Il étoit, dit l'inscription, *sévere, désintéressé, incorruptible, ardent ami*

---

(1) A la Saint-Barthelemi il fit tuer le sieur de *Theligny*, gendre de Gaspard de *Coligni*. Lorsque *Marguerite de Valois*, femme du Roi de Navarre, qui devint Henri IV, quittoit la Cour de France pour aller rejoindre son époux, l'Archant, accompagné d'une troupe d'Arquebusiers, arrêta cette Princesse, par ordre de Henri III, entre Saint-Clerc & Palaiseau, l'obligea de se démasquer, fouilla dans sa litiere, donna quelques soufflets à Madame de *Duras*, & à Mademoiselle de *Bethune*, ses favorites, & mena ces Dames & autres de la suite de la Reine de Navarre, prisonnieres à l'Abbaye de *Ferriere*. Aux Etats de Blois, il arrêta un Page du Duc de Guise, qui lui portoit un mouchoir, dans lequel son Secrétaire avoit caché un papier qui contenoit un avis de sortir & de se sauver, s'il vouloit éviter la mort.

C ij

de la vérité & plein du courage qu'elle inspire.

On voit dans le chœur six grands tableaux, dont cinq représentent les réceptions des Chevaliers de l'Ordre du Saint-Esprit. Le premier, le quatrieme & le cinquieme, sont de *Vanloo l'aîné*, le second est peint par *de Troy fils*, le troisieme par *Philippe de Champagne* : ils représentent les cérémonies de l'Ordre du Saint-Esprit. Le sixieme, qui offre Saint-Pierre, dont l'ombre guérit les malades, est de *Jouvenet*.

Huit colonnes Corinthiennes d'un marbre breche violette, s'élevent au-dessus du maître-autel, & supportent une demi-coupole qui est ornée de figures du meilleur goût : c'est d'après les dessins de *le Brun*.

La menuiserie des stales & de la chaire, est un chef-d'œuvre de sculpture, que l'on doit au ciseau du célebre *Germain Pilon*.

Dans la Chapelle qui est à côté du maître-autel, appellée Chapelle du Saint-Esprit, parce que Henri III y tint le premier Chapitre de cet Ordre, est un tableau de *Jacob Bunel*, représentant la Pentecôte. Dans la Sacristie, est une adoration des Mages par *Bertholet Flamael*.

Derriere la Chapelle du Saint-Esprit en est une autre fort ancienne, fondée par *Philippe de Commines*, & dans laquelle est le tombeau de cet habile Historien des regnes de Louis XI & de Charles VIII. Cette Chapelle est depuis long-temps fermée aux

Curieux, parce qu'elle sert de magasin à Cire.

Dans la partie de l'Eglise, qui est à côté du Chœur, on voit dans des Chapelles quelques tableaux parmi lesquels on remarque dans la Chapelle de *Mesme*, une Transfiguration par *Porbus*, ainsi que plusieurs tombeaux.

Celui de *Jerôme l'Huillier*, que supportent deux figures.

Le tombeau de *Charles Brulart*, sur lequel est posé son buste : il possédoit plusieurs bénéfices, & il fut Ambassadeur en Suisse, à Ratisbonne. Il laissa un fils naturel qu'il avoit eu d'une Dame, nommée de Marolles : ce fils, appellé de Mesme, lui servoit de Secrétaire dans ses ambassades (1).

Dans le Cloître, on voit une figure de Saint-François en terre cuite, par *Germain Pilon*. Il est représenté en habit de Capucin, & dans l'attitude où il devoit être lorsqu'il reçut les stigmates de Notre-Seigneur.

Henri III choisit en 1579 cette Maison pour la cérémonie de l'institution de l'Ordre du Saint-Esprit; les salles consacrées à cet Ordre, ont été décorées de boiseries & des portraits, armes & qualités de tous les Commandeurs & Chevaliers qui y ont été reçus depuis l'établissement.

Depuis 1605, le Clergé tient ses Assem-

---

(1) Le Cardinal de Richelieu dit un jour à ce jeune homme, comme par méprise ; mais en effet, malicieusement, *vous direz de ma part, à votre pere*, puis se reprenant aussi-tôt, *vous direz à Monsieur l'Ambassadeur*, &c.

C iij

blées dans une des salles de cette Communauté, où sont déposés ses archives & ses registres.

C'est dans une de ces salles que Louis XIII fut déclaré Roi, & Marie Médicis Régente.

Il existe encore plusieurs autres salles vuides, où il se fait souvent des ventes de meubles, de tableaux & de livres.

Sous le regne de Charles VII, en 1439, des Huissiers voulant enlever le Pere Nicolas Aimeri, Me de Théologie, exciterent un si grand tumulte dans la Communauté, qu'un des Religieux fut tué par la main d'un Huissier. L'Université se joignit aux Augustins, pour demander au Prevôt des Marchands justice d'un pareil meurtre. Les Huissiers furent condamnés à faire amende honorable devant les Augustins; & pour éterniser cette réparation, les Peres ont fait faire un bas-relief, où l'on voit les Huissiers subissant leur condamnation. Ce bas-relief est adossé à l'angle de la rue des Grands-Augustins (1).

PETITS-AUGUSTINS. Ce Couvent est situé au fauxbourgs Saint-Germain. L'Eglise, dédiée à Saint-Nicolas Tolentin,

───────────────

(1) L'an 1658, ces Peres donnerent encore une preuve de leur valeur guerriere; mais ce fut avec moins de succès. *Célestin Villiers*, Prieur, ayant fait une élection extrajudiciaire, ceux à qui elle étoit préjudiciable, obtinrent du Parlement un Arrêt qui ordonna qu'on en fît une autre, en présence de quelques Conseillers de la Cour. Les Re-

fut fondée le 15 Mai 1613, par Marguerite de Valois, premiere femme d'Henri IV,

ligieux refuserent d'obéir, & la Cour employa la force pour l'exécution de son Arrêt. Ces Moines mutins penserent à se défendre vigoureusement. En conséquence, ils firent provision d'armes & de cailloux, & bâtirent des murs derriere leurs portes. Les Archers de la Ville investirent cette religieuse citadelle, & ne pouvant entrer par les portes, ils essayerent de monter à l'assaut ; ce que voyant, nos Guerriers enfroqués, commencerent à sonner le tocsin, à prendre les armes, & à tirer vivement sur les Archers. Ceux-ci répondirent sur le même ton. Tandis qu'une partie des assiégeans soutenoit le feu de ces enfans de Saint-Augustin, une autre partie s'occupoit à faire une breche au mur du côté de la rue Christine. Ces bons Moines voyant le péril approcher, prirent le parti de tirer, de son sanctuaire, le Saint-Sacrement, & de le porter sur la breche. Ce moyen, aussi lâche, aussi extrême qu'il est indécent & sacrilege, offre un de ces abus trop souvent répétés de l'ignorante dévotion des Peuples, où les Prêtres rendoient leurs querelles communes avec la Divinité. Bien loin d'avoir le succès que ces Peres en attendoient, cette ressource redoubla l'indignation & le courage de leurs ennemis. Les assiégés, presque vaincus, demanderent à capituler « L'on » donna des ôtages de part & d'autre, dit l'Histo- » rien de cette aventure (M. Brossette) ; le prin- » cipal article de la capitulation, fut que les as- » siégés auroient la vie sauve, moyennant quoi, » ils abandonnerent la breche, & livrerent leurs » portes. Les Commissaires du Parlement étant » entrés, firent arrêter onze de ces Religieux, qui » furent menés en prison à la Conciergerie ». Mais ils ressortirent triomphans au bout de vingt-sept jours. Le Cardinal Mazarin obtint leur liberté.

C iv

qui en avoit chassé les Augustins déchaussés, parce qu'ils s'étoient obstinés à ne pas vouloir chanter les cantiques & les louanges de Dieu *sur des airs qui seroient faits par son ordre. Ces Peres assurément n'aimoient pas la musique*, comme le dit M. de Saint-Foy.

Au milieu du retable du maître-autel est une niche dans laquelle est un groupe de trois figures en terre cuite, qui représente Saint-Nicolas de Tolentin, avec un Ange qui supporte un agonisant. La tête de ce dernier est un chef-d'œuvre admiré de tous les Connoisseurs, à cause de la vérité de son expression ; c'est l'ouvrage de *Biardeau*, qui a sculpté encore les statues de Sainte-Monique & de Sainte-Claire, qui sont des deux côtés de l'autel.

Le cœur de la Fondatrice, Marguerite de Valois, est conservé dans cette Eglise, où l'on voit aussi le tombeau de Nicolas *Mignard*, frere aîné du célebre *Pierre Mignard*.

AUGUSTINS *Réformés*, ou *Petits-Peres*. Les Moines de cette Communauté étoient les mêmes qui habitoient d'abord la

---

dans l'intention d'humilier le Parlement qu'il n'aimoit pas. Cette guerre Monacale, où deux Religieux furent tués les armes à la main, deux autres blessés glorieusement, a donné à Boileau l'occasion de faire dire, dans son Lutrin, à la Discorde qui raconte ses succès chez les Ordres Religieux : *J'aurois fait soutenir un siége aux Augustins.*

maison du fauxbourg Saint-Germain. Marguerite de Valois les en chaſſa, parce qu'ils n'avoient pas voulu chanter l'office à ſa fantaiſie (1).

En mémoire des victoires qu'il avoit remportées ſur les Huguenots, Louis XIII fonda ce Couvent, ſous l'invocation de Notre-Dame des Victoires, & lui accorda les mêmes privileges dont jouiſſent les Maiſons de fondation Royale. L'architecture de cette Egliſe eſt remarquable par ſa belle ſimplicité. Le portail eſt ſur les deſſins de *Cartaud*.

Dans la premiere Chapelle à droite en entrant, eſt un tableau repréſentant Saint-Jean dans le déſert, par M. *Lagrenée le jeune*. On y voit auſſi le tombeau de M. Vaſſal, accompagné de deux figures ſculptées par M. *Gois*.

Dans la quatrieme Chapelle eſt un Saint-Nicolas de Tolentin par *Galloche*. Et dans la ſixieme, le tombeau du Marquis & de la Marquiſe de l'Hôpital, par *Poultier*.

Sur la porte de la Sacriſtie on voit Saint-Grégoire délivrant les ames du Purgatoire, peint par *Bon Boullongne*; & dans le fond de cette Sacriſtie, on admire le chef-

___

(1) On a obſervé qne ces Petits-Peres, qui dans ce temps-là n'avoient pas de goût pour la Muſique, en ont beaucoup aujourd'hui pour l'Architecture. Ils ont vendu à des Entrepreneurs, pour y élever de ſuperbes bâtimens, un terrein immenſe, à raiſon de 1500 livres la toiſe.

d'œuvre de *Galloche*, c'est une Translation des Reliques de Saint-Augustin, que fait faire Luitprand, Roi des Lombards, après les avoir achetées des Sarasins.

Dans la quatrieme Chapelle à gauche, est, sur l'autel, un Saint-Jean prêchant dans le désert, peint par *Bon Boullongne*. On y voit aussi le tombeau du célebre Musicien Lulli, construit aux frais de sa veuve. Le Musicien Lambert, beau-pere de Lulli, repose aussi dans ce tombeau.

On voit dans le Chœur sept tableaux du célebre *Carle Vanloo*; six représentent différens évènemens de la vie de Saint-Augustin; le septieme représente Louis XIII, accompagné du Cardinal de Richelieu, après la prise de la Rochelle, promettant à la Vierge de lui bâtir un temple (1).

Dans la croisée à droite est une statue de Saint-Augustin, par *Pigalle*. A gauche est celle de Notre-Dame de Savonne.

Le Frere Fiacre, mort en odeur de sainteté, après avoir fait une foule de miracles, étoit si généralement révéré, que son portrait étoit placé par-tout, & principalement sur les voitures de place, qui ont aujourd'hui conservé le nom de ce Bienheureux. Ce

---

(1) On vient de nettoyer, vernir, & pour ainsi dire ressusciter ces ouvrages de Carle Vanloo. Cette restauration nous rappelle le goût exquis, le coloris frais & argentin, le style gracieux & aimable, l'ordonnance tranquille, mais bien raisonnée des productions de cet estimable Artiste.

Saint-Fiacre étoit Moine de cette Maison. Il prédit à Anne d'Autriche, mere de Louis XIV, qu'elle auroit un fils : en considération de cette prophétie, qui ne tarda pas à s'accomplir, & à la sollicitation du Prophete, elle fit vœu de faire construire une Chapelle à Notre-Dame de Savonne, dans l'Eglise de ces Peres. Louis XIV, sous le ministere de Colbert, remplit la promesse de sa mere, & Notre-Dame de Savonne, qui devoit son culte aux visions d'un Paysan (1), dut sa Chapelle à la prophétie du Frere Fiacre.

Le Réfectoire est décoré de plusieurs superbes tableaux, peints par *Lafosse*, *Louis de Boullongne*, *Olivet*, *Alexandre* & *Galloche*.

---

(1) Le 18 Mars 1536, Antoine-Botta, Paysan du village de Saint-Bernard, près de la ville de Savonne, en se lavant les mains dans un ruisseau, vit une lumiere qui venoit du Ciel, & entendit une voix qui disoit : *Leve-toi, ne crains point, je suis la Vierge Marie, va trouver ton Confesseur, & dis-lui qu'il annonce au peuple de jeûner trois Samedis ; tu te confesseras & communieras, & le quatrieme Samedi, tu reviendras en ce lieu.* Botta vint à point nommé. La Vierge apparut vêtue d'une robe & d'un manteau blanc, ayant une couronne d'or sur la tête ; elle lui annonça que les crimes des hommes avoient irrité son fils contre eux, & que sa colere étoit prête à éclater. Le Pénitent & son Confesseur publierent cette apparition & ces paroles. Le Clergé, les Magistrats, le Peuple, firent des Processions, & instituerent une Fête solemnelle qui se célebre tous les ans le 18 Mars.

Dans la Bibliotheque, on voit le Portrait du Pere Euftache (1), par le célebre *Rigaud*. Au milieu eft une peinture à frefque, exécutée par *Mathei*, dans l'efpace de dix heures.

Il y a auffi dans cette Maifon un Cabinet d'Antiquités, bien moins curieux par fes bronzes & fes médaillons, que par la précieufe collection de tableaux qu'il renferme. On y trouve des productions des *Vender Meulen*, des *Wouvermans*, des *Rigaud*, des *Valentins*, des *Teniers*, des *Vandyck*, &c. On y trouve encore un tableau d'ancienne mofaïque, qui repréfente Saint-Jérôme avec un lion, & un bas-relief de l'hiftoire de Saint-Léon & d'Atilla, tiré du Cabinet du Cavalier Bernin.

BAINS. Il exifte dans la ville plufieurs Baigneurs, qui procurent des Bains domeftiques, qu'ils diftinguent en Bains de fanté & en Bains de propreté. Le prix des premiers eft de quatre livres jufqu'à fix livres, fuivant la réputation du Baigneur; & les feconds, où le luxe des parfums eft mis en ufage, coûtent depuis huit livres jufqu'à quinze livres. On trouve de ces Baigneurs dans

___

(1) Le Pere Euftache fit à Rome un voyage exprès afin d'obtenir pour fon ordre, la permiffion de ne plus porter la barbe longue: on affure qu'il mit en ufage toutes les rufes de la politique, pour réuffir dans cette importante affaire.

les rues Pierre-Sarrasin, Saint-André-des-Arcs, rue de Richelieu, au Palais Royal, rue Jacob, fauxbourg Saint-Germain, rue du Sépulchre, rue de Condé, rue Serpente.

On trouve, pour un prix assez modique, sur la riviere, plusieurs autres Bains, communs ou particuliers. Mais on distingue surtout ceux qui sont des bateaux à demeure ou des maisons flottantes, divisées en appartemens, où sont des baignoires, dans lesquelles on se procure à volonté, par le moyen des réservoirs, des eaux chaudes ou froides. Ces Bains sont recommandables par l'ordre & la propreté qui y regnent. Le prix pour chaque personne, est de trois livres douze sous. L'un de ces Bains est à la pointe de l'isle Saint-Louis, l'autre au bas du Palais Bourbon.

BAINS *Chauds*, à 1 *livre* 4 *sous*, *établis sous la protection du Bureau de la Ville*. Ces Bains réunissent la commodité à la modicité du prix : on en trouve un au bas du quai des Théatins ; l'autre au côté opposé de la riviere, au bas des galleries du Louvre.

BAINS *Chinois*. Ces Bains, nouvellement construits au bas du pont de la Tournelle, quai Dauphin, sont formés de deux bateaux, décorés à la Chinoise. Ils ont mérité, dans l'espace d'un ou deux ans, le suffrage de tous les Citoyens, tant à cause de leur propreté, de leur commodité, que par rapport à la modicité de leur prix. Chaque cabinet de Bains reçoit séparément un courant d'eau de la riviere, qui ne communique point aux cabinets voisins. Le prix est de vingt-quatre sols pour une personne seule, trente sols pour deux, & trente-six pour trois. On trouve dans le même endroit une Ecole de Natation. (*Voyez Ecole de Natation.*) Ceux qui voudront se baigner dans le bassin de la Natation payeront douze sols.

BAINS *de vapeurs.* Nouvel établissement, situé quai d'Orsai, au coin de la rue Belle-Chasse, & composé de quatre corps-de-logis. Les différentes sortes de Bains que l'on y administre, sont approuvés par la Faculté de Médecine. Outre les Bains simples, les Bains secs & les Bains de vapeurs, on y donne encore des douches de différentes espèces. Les malades y rencontrent toutes les aisances, & tous les secours qu'ils peuvent exiger. *Voici les prix de ces Bains.*

Bains simples . . . . 2 l. 8.
Bains Russes de vapeurs ou de fumigations, simples ou composés . . 7 4.
Douches simples, y compris le Bain préparatoire 9
Douches composées 12
Douches ascendantes 3
Bains dépilatoires & de propreté . 12

Le sieur *Albert*, chef de cet établissement, offre aussi des souscriptions de vingt-quatre livres pour douze bains simples, qui feront de jour ou de nuit, à la volonté des foufcripteurs, auxquels on délivrera douze cachets.

Tous les Bains dont nous venons de faire la defcription, font divifés en Bains pour les hommes, & Bains pour les femmes.

BAL *de l'Opéra*. C'eft au Chevalier de Bouillon qui fe faifoit nommer *le Prince d'Auvergne*, que l'on doit le projet des Bals de l'Opéra : ce projet, *difficile* à concevoir, lui valut 6000 livres de penfion. Le premier Bal de l'Opéra fe donna le 2 Janvier 1716, à l'inftigation de M. le Duc d'Orléans, Régent.

Il commence le jour de la Saint-Martin ; il continue tous les Dimanches jufqu'à l'Avent, pendant lequel il eft interrompu. Il reprend le jour des Rois ; on le donne les Dimanches & les Jeudis jufqu'à la fin du Carnaval, & les trois derniers jours fucceffivement.

Il s'ouvre à minuit, fe termine fur les fept heures du matin. On y entre fans armes, mafqué ou non mafqué, pour la fomme de fix livres par perfonne.

« On ne danfe plus au Bal de l'Opéra, » dit M. Mercier ; on ne fait plus qu'y cou- » rir ; on n'y cherche que la confufion ; on » fe marche fur les pieds ; on s'étouffe : » voilà le grand plaifir ; mais plus de contre- » danfe.... Il eft réputé très-beau quand on » y eft écrafé ; plus il y a de cohue, & plus

» on se félicite le lendemain d'y avoir
» assisté.

» Les Filles entretenues, les Duchesses,
» les Bourgeoises, sont cachées sous le
» même Domino, & on les distingue.

» On donne six livres par tête, pour en-
» tendre une symphonie bruyante & mono-
» tone. Quand on n'a rien à demander aux
» femmes, on s'y ennuie; mais on y va
» pour dire le lendemain, j'ai été hier au
» Bal, & j'ai manqué d'y étouffer. »

BARNABITES. C'étoit autrefois un Mo-
nastère de filles, fondé par *S. Eloy*, sous
l'invocation de S. Martial, Evêque de Li-
moges, qui porta quelque temps le nom de
Sainte-Aure, sa première Abbesse.

Le désordre qui s'introduisit parmi ces
Religieuses, dont le nombre montoit jusqu'à
300, obligea *Galon*, Evêque de Paris,
de les chasser. Les Lettres-Patentes que
donna Philippe Premier en cette occasion l'an
1107, portent que cet Evêque a chassé, du
consentement du Roi, les Religieuses qui demeuroient dans ce Couvent, « à cause de
» l'effronterie & débordement de vie qu'elles
» y menoient impudemment, quoiqu'elles
» en eussent été très-souvent canoniquement
» reprises, violant ainsi le Temple du Sei-
» gneur par les mauvais usages qu'elles en
» faisoient, sans se soucier, en façon quel-
» conque, de la correction de leurs Pas-
» teurs, &c. »

Par ces mêmes Lettres, cette Abbaye fut

donnée à Thibaud, Abbé de Saint-Pierre-des-Fossés pour en jouir, & y loger douze Moines avec leur Prieur. Ses successeurs la posséderent jusqu'en 1530. Elle fut alors desservie par des Prêtres séculiers, ensuite par les Clercs réguliers de la Congrégation de S. Paul, dits *Barnabites*, qui, établis en France sous la protection d'Henri IV, en 1608, arriverent à Paris en 1629, & prirent possession, le 9 Juin 1636, de cette Maison qui étoit nommée *le Prieuré de St.-Eloy*.

La voûte de l'Eglise reste encore à faire. Le Portail, élevé en 1704, sur les Desseins de *Cartaud*, fait désirer que l'emplacement soit moins serré, pour que l'on puisse en admirer les beautés.

La petite Place qui est devant cette Eglise, en face du Palais, étoit autrefois occupée par la maison du pere de *Jean Chastel*. Elle fut rasée, & on éleva sur la Place une pyramide qu'Henri IV fit démolir, à la sollicitation de son Confesseur le Jésuite Coton. *Voy. place devant les Barnabites*.

BARRIERES *devant les Hôtels*. Lorsqu'un Prince du Sang, ou un grand Officier de la Couronne avoit quelque différend à juger parmi les gens qui dépendoient de sa jurisdiction, autrefois fort étendue, il descendoit à sa porte, se plaçoit derriere la Barriere, qui l'empêchoit d'être assailli par le peuple, & de là il donnoit ses audiences, & prononçoit son jugement. Voilà l'origine des Barrieres devant les Hôtels.

Le Doyen des Maréchaux de France, le Chancelier & le Garde des Sceaux, ont le droit de Barrieres.

Le nouveau propriétaire d'un Hôtel à Barrieres, quoiqu'il n'en ait pas le droit, se gardera bien de les faire arracher; il préfere de les laisser pourrir honorablement à sa porte; il pense que cette pourriture ennoblit sa maison.

BARTHELEMY (1) (*Saint*). Cette Eglise est située proche le Palais de Justice. La partie, qui se reconstruit actuellement, fait honneur aux talens du sieur *Cherpitel*, Architecte du Roi.

La décoration du Maître-Autel mérite les regards des Curieux; elle est d'après les desseins de S^r *odz*.

On trouve dans cette Eglise, le Tombeau de *Louis Servin*, Avocat-Général, également distingué par une ame ferme, une érudition profonde, & par un cœur droit. Il mourut en 1626, à la séance du Lit de Justice de Louis XIII, & en haranguant ce Prince.

On remarque encore dans cette Eglise le Tombeau & l'Epitaphe de *M. Clerseillier*, aussi dévoué à la doctrine chrétienne, qu'à la philosophie de Descartes. Il a traduit quelques ouvrages de ce Philosophe, & a fait

___
(1) C'étoit dans cette Eglise, dit M. de Saint-Foix, que le bon Roi Robert, fils de Hugues Capet, alloit souvent prendre une Chape, & chantoit au Lutrin.

la belle préface qui est à la tête de la Physique *Rohault*.

La nuit avant la Fête du Saint de cette Paroisse, le 24 Août 1572, il y eut environ trente mille personnes de tuées, tant à Paris que dans les Provinces ; le sang ruisseloit dans les rues de la Capitale. L'ambition, la haine d'une femme, la foiblesse & la cruauté d'un Roi, l'esprit de parti, le fanatisme du peuple, animoient ces scenes d'horreur, qui déposent moins contre la nation Françoise, qui étoit alors gouvernée par des étrangers, que contre les passions des grands, & le zele mal dirigé de la Religion d'une populace ignorante.

Dans ces temps malheureux, où le meurtre étoit ordonné par les Prêtres d'un Dieu de paix, & par le Souverain d'un peuple dont il auroit pu être le pere, il se trouva des ames courageuses, ennemies du crime, qui refuserent d'obéir à un Roi qui demandoit le sang de ses sujets. Répétons les noms de ces hommes chers à l'humanité : les Comtes de *Tendes* & de *Charny*, Messieurs de *Saint-Heren* en Auvergne ; *Tanegui le Veneur* en Normandie ; de *Gordes* en Provence ; de *Mandelot* à Lyon ; d'*Ortes*, de *Martigon*, &c.

Il y eut à Lyon deux mille hommes d'égorgés. « Le Bourreau de cette Ville, dit M. de
» Saint-Foix, à qui le Gouverneur ordonna
» d'aller en expédier quelques-uns en prison,
» lui répondit *qu'il ne travailloit que judiciairement*. Voilà l'homme le plus vil

» par son état, qui a plus d'honneur que
» la Reine & son Conseil. »

BASOCHE. Jurisdiction composée de Clercs du Parlement de Paris, instituée en 1302, avec le titre de *Royaume de la Basoche*. Cette Cour a été établie pour connoître tant en matiere civile que criminelle, les différends qui naissent entre les Clercs, & contre les Clercs. Les Audiences se tiennent Mercredis & Samedis dans la chambre de Saint Louis. Les Arrêts qui s'y rendent sont sans appel; ils commencent ainsi: *la Basoche régnante &, triomphante, & titre d'honneur, SALUT*. Ils se terminent par cette formule: *fait audit Royaume, le... &c.* Un Arrêt du Parlement de Paris du 7 Août 1717, fait expresses défenses de se pourvoir par appel des Arrêts de la Basoche.

Philippe-le-Bel voulut que le chef de la Basoche portât le titre de *Roi*.

Le Roi de la Basoche, dans une révolte qu'il y eut en Guyenne, offrit à Henri II le secours de ses sujets, qui étoient au nombre de six mille hommes. L'offre fut acceptée, & à leur retour Henri voulut les récompenser de leurs bons services; ils remercierent en répondant qu'ils étoient toujours disposés à servir Sa Majesté. Le Roi Henri II leur accorda la permission de couper, dans ses bois, tels arbres qu'ils voudroient choisir pour la cérémonie de la plantation du mai, & plusieurs autres gratifications annuelles qui subsistent encore.

Le nombre des Clercs de la Basoche alloit jusqu'à dix mille. Ce Roi de la Basoche, avec ses dix mille sujets, épouvanta la timide politique du Roi de France Henri III; il révoqua le titre de *Roi*.

Cette Jurisdiction n'a maintenant plus de Roi à sa tête; c'est le Chancelier qui préside. Elle est composée de plusieurs Maîtres des Requêtes, d'un Grand-Audiencier, un Référendaire, un Procureur-Général, & un Avocat-Général; quatre Trésoriers, un Greffier, quatre Notaires, &c. Elle porte pour armes *trois écritoires*. « Oh, quel » fleuve dévorant, semblable aux noires » eaux du Styx, sort de ces *armes parlantes*, pour tout brûler & consumer sur » son passage ! s'écrie M. Mercier. Quoi, » Montesquieu, Rousseau, Voltaire & » Buffon, ont aussi trempé leur plume dans » une écritoire ! & l'Huissier exploitant & » l'Ecrivain lumineux se servent chaque » jour du même instrument » !

BASTILLE. (*la*) Prison d'Etat, bâtie sous Charles V en 1371, qui a été, sous plusieurs Rois, le dépôt du trésor Royal.

Nous ne parlerons

De cet affreux Château, Palais de la vengeance
Qui renferme souvent le crime & l'innocence,

que pour rapporter quelques traits qui pourront intéresser.

Au milieu d'un magasin d'armes, est une coulevrine à deux coups, qui se charge par la culasse. On assure qu'elle a été faite par le Grand Dauphin.

En 1588, le Duc de Guise s'étant rendu maître de Paris, donna le commandement de la Bastille à *Bussi le Clerc*, Procureur au Parlement.

Ce Procureur Bussi vint, avec main armée, au Palais, contraignit tous les Présidens & Conseillers du Parlement à le suivre à la Bastille. Il se laisserent conduire tous en robes & en bonnets carrés, dans cette prison, où ils furent réduits au pain & à l'eau.

L'extérieur de cette ancienne forteresse a beaucoup de caractere; elle pourroit servir de modele à un Artiste, qui, en Architecture, auroit à peindre une belle horreur (1).

BÉNÉDICTINES. Il y a plusieurs Communautés de Bénédictines dans cette Ville.

Les Bénédictines de *l'Adoration perpétuelle du Saint-Sacrement*, rue Cassete, Fauxbourg Saint-Germain. La Reine Anne d'Autriche ordonna à M. *Picotté*, Prêtre habitué de Saint-Sulpice, qui vivoit en odeur de sainteté, de faire tel vœu qu'il voudroit pour obtenir la paix dans le Royaume,

___

(1) Bassompierre fut environ douze ans à la Bastille, sous le Ministere du Cardinal de Richelieu. Le Gouverneur qui le voyoit un jour lire l'Ecriture-Sainte, lui dit : M. le Maréchal, que cherchez-vous dans ce Livre. — *J'y cherche*, répondit Bassompiere, *un passage pour sortir d'ici.*

& elle lui promit de l'accomplir ; on assure qu'aussi-tôt que M. Picotté eut formé son vœu, la paix fut faite (1).

Ce saint homme avoit voué l'établissement d'une Maison religieuse, consacrée à l'adoration perpétuelle du Saint-Sacrement. Plusieurs Dames dévotes, à la tête desquelles étoit Madame Catherine de Bar, dite *Mecthilde du Saint-Sacrement*, avoient formé depuis long-temps le même projet. Il ne pouvoit pas manquer de réussir.

Les Lettres-Patentes du Roi, en faveur de cet établissement, furent enregistrées au Parlement le 17 Juillet 1654.

Les Pensions d'éducation sont de 600 liv.

Les Bénédictines de l'*Adoration perpétuelle du Saint-Sacrement*, rue Saint-Louis au Marais. On admire au maître-autel, un tableau de *Hallé*, représentant la fraction du pain.

Pensions d'éducation de 600 liv.

Les Bénédictines de *la Ville l'Evêque*, fauxbourg Saint-Honoré. Elles furent fondées en 1613, par *Catherine & Marguerite d'Orléans-Longueville*, sœurs.

On remarque plusieurs tableaux dans cette Eglise. Celui du maître-autel, qui représente l'Annonciation, est attribué à *le Sueur* ; une Adoration des Mages, & un Jésus-Christ dans le désert, sont deux tableaux de *Boullongne* l'aîné.

---

(1) Ce M. Picotté, en refusant l'absolution au Duc de Liancourt, causa bien des querelles dans le Clergé, & des tracasseries au grand *Arnaud*.

Pensions d'éducation de 500 liv.

Les Bénédictines de *Notre-Dame de Consolation*, sous le nom de *Chasse-Midi*, rue du Cherche-Midi.

Madame de *Rohan-Guémené* en est la Fondatrice.

Les Pensions d'éducation sont de 600 liv.

Les Bénédictines de *Notre-Dame-de-Bon-Secours*, rue de Charonne, fauxbourg Saint-Antoine.

L'Eglise de ce Couvent vient d'être ragréée par M. *Louis*, Architecte. On remarque au vestibule, deux niches où sont deux vases d'une belle forme, qui servent de bénitiers.

Pensions d'éducation de 600 liv.

Les Bénédictines réformées de *la Madeleine de Traisnel*, rue de Charonne. On voit dans une Chapelle de l'Eglise, le tombeau de M. d'Argenson pere, par *Bousseau*.

BÉNÉDICTINS. Il y a plusieurs Communautés de Bénédictins à Paris; mais comme elles sont connues sous des noms particuliers, nous y renvoyons les Lecteurs. Nous allons parler seulement des *Bénédictins Anglois* de la rue Saint-Jacques.

Réfugiés en France, ainsi que quelques autres Communautés, pour éviter la persécution des Religionnaires d'Angleterre, ils se logerent d'abord au fauxbourg Saint-Germain, ensuite ils s'établirent entre le Val-de-Grace & les Feuillantines. En 1674, Marie-

Marie-Louise d'Orléans, depuis Reine d'Espagne, posa la premiere pierre de leur Eglise.

C'est dans cette Eglise qu'est déposé le corps du malheureux *Jacques II*, Roi de la Grande-Bretagne, mort à Saint-Germain-en-Laye, le 6 Septembre 1701. A côté de son cercueil est celui de *Louise-Marie Stuard*, sa fille, morte le 18 Avril 1717.

Ce Prince recommanda que ses funérailles fussent sans faste, & ne voulut sur son tombeau que cette épitaphe :

CI-GIST
JACQUES II,
Roi de la Grande-Bretagne.

On voit, dans la même Eglise, deux tableaux : l'un représente la Vierge, l'autre Saint-Benoît. Ils sont peints par une Abbesse de Montbuisson, Princesse Palatine.

BENOIT (*Saint*). C'est une Eglise Collégiale & Paroissiale : on l'appelloit autrefois Saint-Benoît le *Bétourné*, c'est-à-dire, le mal tourné, parce que, contre l'usage, l'autel étoit tourné du côté de l'occident. Sous François I, on bâtit la nef & le portail, & l'on plaça le maître-autel à l'orient ; alors cette Eglise fut nommée *Saint-Benoît le bien tourné*, ou le *Bistourné*, tourné deux fois (1).

---

(1) M. Jaillot assure que ce *Saint-Benoît le bien tourné* n'a jamais été un homme, que les noms

D

Si l'on en croit l'Auteur des *Nouvelles Fleurs des vies des Saints*, cette Eglise fut la premiere des quatre que Saint-Denis construisit dans ce canton. « La premiere, dit cet Auteur, fut en la place où est aujourd'hui l'Eglise de Saint-Benoît le bien tourné, en la rue Saint-Jacques, où l'on voit encore, pour mémoire de cela, en une ancienne vître de la Chapelle Saint-Nicolas, ces paroles bien écrites : *in hoc sacello S. Dionysius cœpit invocare nomen sanctissimæ Trinitatis* ».

Les pilastres corinthiens qui décorent le rond-point de l'Eglise, ont été faits sur les desseins du fameux *Claude Perrault*.

Sur l'autel de la Paroisse est une Descente de croix par *Bourdon*.

Sur un des pilliers de la nef on voit le tombeau en marbre d'Anne Desessart, femme de Frédéric Léonard, fameux Imprimeur, exécuté par *Van Cleve*, sur les desseins d'*Oppenord*.

Cette Eglise renferme les cendres de plusieurs Hommes célebres, parmi lesquels nous citerons *Jean Dorat*, Poëte Limou-

---

de Benoît, Bénit, *Benedictus*, étoient souvent attribués à Dieu : on disoit le *Benoit Dieu & la Benoite Trinité*, on trouve en effet dans la vie de Saint-Denis, qu'il invoqua pour la premiere fois, dans cette Eglise, le nom de la *Benoite Trinité*. Ce nom de Benoît a resté, par corruption, à cette Paroisse, qui portoit anciennement celui de Saint-Bache & Saint-Serge, martyrs.

fin, qui mérita, en son temps, le titre de *Pindare François*; il est mort en 1588. *René Chopin*, Avocat en Parlement, fameux par six volumes *in-folio* de Jurisprudence; on trouve dans son épitaphe ces mots; *tota Galia gemit Chopinum*. *Claude Perrault*, aussi célebre dans les sciences que dans les arts, l'Auteur du plus beau morceau d'architecture qui existe en France, la colonnade du Louvre. Le Poëte *Boileau* a dit de Perrault :

Vous êtes, je l'avoue, ignorant Médecin,
Mais non pas habile Architecte.

Le fameux *Jean Domat*, Avocat au Présidial de Clermont en Auvergne, né dans cette ville le 30 Novembre 1625, & mort à Paris le 14 Mars 1696 ; pour faire son éloge, il sufit de dire qu'il est l'Auteur du livre intitulé : *les Loix civiles dans leur ordre naturel*. *Michel Baron*, dit le *Roscius François*, le plus habile Comédien qui ait paru sur notre Théâtre ; il est mort au mois d'Octobre 1653.

Dans une Chapelle de cette Eglise est la sépulture de la branche du Procureur-Général *Brulart* (1). Les enfans de Pierre

---

(1) Noël Brulart, Procureur-Général, enterré dans cette Chapelle, avoit coutume, quand il rencontroit dans les rues des Evêques en carrosses, de les faire arrêter, pour leur demander quelles affaires les retenoient à Paris? Si c'étoit un procès, il leur disoit : *Si ce n'est que cela, retournez à votre Diocèse, je le ferai terminer.*

D ij

le Petit, Libraire, rue Saint-Jacques, crurent beaucoup honorer leur pere, ou se donner un air de distinction, en le faisant enterrer furtivement & sans permission dans cette Chapelle. La famille *Brulart* fit assigner les deux fils du Libraire, qui avoient déjà fait un pas vers la noblesse en achetant des charges de Secrétaire du Roi. Ces deux Bourgeois Gentilhommes soutinrent quelque temps leurs ridicules prétentions, puis céderent à la force; ils firent secrettement déterrer leur pere, & lui donnerent une sépulture plus modeste. Cette aventure exposa ces fils de Libraire à la risée & au sarcasme du Public.

BERNARDINES, *rue de Vaugirard.* Ces Religieuses suivent la regle de Saint-Benoît & les constitutions de Saint-Bernard. Elles conservent, dans un vase de crystal enfermé dans une boîte d'argent, quelques gouttes miraculeuses du sang sorti d'un Crucifix de bois, percé par un Juif.

BERNARDINS. (Voyez *College des Bernardins.*)

Bibliotheques publiques.

BIBLIOTHEQUE *du Roi.* On peut regarder Charles V, surnommé *le Sage*, comme le premier Fondateur de cette Bibliotheque. Suivant M. le Président Hénaut, ce Roi avoit recueilli jusqu'à neuf cents volumes, tandis que son prédécesseur, le Roi Jean, n'en possédoit pas plus de vingt. Louis XII, & sur-tout François premier, en accrurent considérablement le nombre ; & c'est sous les derniers regnes qu'elle a acquis cette richesse, cette abondance, qui la fait regarder comme la premiere Bibliotheque d'Europe.

Cinq départemens composent cette Bibliotheque.

1°. *Le Cabinet des médailles & antiques* est curieux par les raretés qu'il renferme. M. l'Abbé *Barthelemi* en est garde.

Ce Cabinet contient une superbe collection de médailles d'or, d'argent & de bronze, des anciens & des modernes. On y remarque sur-tout deux boucliers votifs en argent; l'un venant de Scipion l'Africain ; l'autre, qu'on juge avoir appartenu à Annibal. On y voit aussi, parmi plusieurs autres curiosités, les différens objets qui étoient renfermés dans le tombeau de Childéric, que des maçons découvrirent à Tournai en 1653.

Dans la salle qui contient ces curiosités, on voit des tableaux de plusieurs Maîtres François, comme *Boucher*, *Natoire*, *Vanloo*, ainsi que des portraits du Roi.

2°. *Le dépôt des manuscrits*, collection précieuse qui contient près de 60000 volumes. M. *Bejot* en est Garde.

3°. *Le dépôt des livres imprimés*

forme six grandes salles, qui contiennent plus de 200,000 volumes. Dans l'une des salles on voit le Parnasse François exécuté en bronze, donné par M. *Titon du Tillet*. Dans une autre de ces salles nouvellement construite exprès, on voit deux globes, l'un céleste & l'autre terrestre, d'une grandeur extraordinaire. Les pieds de ces globes sont au rez-de-chaussée, tandis que leurs hémisphères sortent par deux ouvertures faites au plancher du premier étage, & sont à la portée des observateurs. Ces globes, construits par le P. *Coronelli*, en 1683, ont resté long-temps dans un lieu obscur & humide, & n'en ont été retirés que depuis quelques années. Leur diametre est d'onze pieds, onze pouces six lignes. Le célebre *Butterfield* leur fit deux grands cercles de bronze, l'un pour les méridiens, l'autre pour l'horison. Ces cercles ont dix-huit pieds de diametre; c'est un présent du Cardinal d'Estrées à Louis XIV. M. l'Abbé *Desaunays* est Garde de ce dépôt.

4°. *Le Cabinet des titres & généalogies* placé au second étage à droite est un des plus riches de l'Europe. M. l'Abbé *Coupé* en est le Garde.

5°. *Le Cabinet des estampes.* Cette collection ne le cede en rien, en ce genre, pour le nombre, la rareté & la beauté des objets qu'elle renferme, à celle des Livres. Elle a même plus de piquant que la premiere, parce que ce qu'elle contient est

(79)

moins ordinaire, & plus indépendant des différens goûts de chaque siecle. On ne peut pas lui faire le reproche que l'on fait à la Bibliotheque. « Vous trouverez, dit M. » Mercier, *deux cents pieds* en longueur, » sur *vingt* de hauteur, de théologie mys- » tique ; *cent cinquante* de la plus fine » scolastique ; *quarante toises* de droit ci- » vil ; une *longue muraille* d'Histoires vo- » lumineuses, &c. ». (Voyez *Cabinets d'Estampes*, p. 101).

L'emplacement de cette Bibliotheque ne pouvoit suffire au nombre des volumes qui s'accroît journalièrement : on vient de faire construire de nouvelles galeries que l'on a prises sur une partie des bureaux de la Compagnie des Indes (1).

Cette Bibliotheque est ouverte seulement deux fois par semaine, les Mardis & Vendredis, depuis neuf heures du matin jusqu'à midi moins un quart. Le soir elle est fermée.

BIBLIOTHEQUE *de Saint-Victor*. Elle est ouverte au Public les Lundis, Mercredis & Samedis après midi. (Voy. p. 22).

BIBLIOTHEQUE *Mazarine*. Elle est publique depuis 1688. Elle contient envi-

---

M. *Boullée*, Architecte, vient de publier un projet d'agrandissement de cette Bibliotheque, qui semble réunir l'économie & la magnificence à une heureuse disposition.

D iv

ron soixante mille volumes. Elle s'ouvre les Lundis & les Jeudis, le matin & le soir. (Voyez *College Mazarin*).

BIBLIOTHEQUE *des Avocats*. Elle est dans une des salles de l'Archevêché. Un usage, qui honore ceux qui l'ont établi & ceux qui le pratiquent, distingue cette Bibliotheque de plusieurs autres établissemens : un jour de chaque semaine, huit ou neuf Avocats s'y rassemblent pour y faire des consultations gratuites en faveur des pauvres. Tous les quinze jours il s'y tient des conférences, auxquelles président, ou MM. les Gens du Roi, ou le Bâtonnier. On y entre les Mardis, Vendredis après midi.

BIBLIOTHEQUE *de la Doctrine Chrétienne*. Elle est située dans la maison de cette Communauté, rue des Fossés-Saint-Victor. Elle contient environ vingt mille volumes. Elle est ouverte les Mardis & Vendredis, matin & soir.

BIBLIOTHEQUE *de la Ville, située rue Saint-Antoine, dans l'ancienne maison des Jésuites, où sont aujourd'hui MM. les Génovéfains de la Culture Sainte-Catherine*. Au haut de l'escalier on remarque un tableau allégorique, peint par *Hallé*, à l'occasion de la paix de 1762.

Le plafond de cet escalier, ainsi que celui de la Bibliotheque, est décoré de superbes peintures. Au fond eſt le buſte en bronze & en marbre de M. de Livry, Evêque de Callinique; en bas eſt une Charité entourée d'enfans. Ce monument eſt ſculpté par M. *Gois*. Le Public y entre les Mercredis & Samedis après midi.

BIBLIOTHEQUE *de l'Univerſité, au College de Louis-le-Grand, rue Saint-Jacques*. On y voit deux globes de *Coronelli* & le portrait de M. d'Armenonville, Garde des Sceaux, qui a donné l'idée de cette Bibliotheque.

Elle eſt ouverte les Lundis, Mercredis & Samedis, depuis neuf heures du matin juſqu'à midi, & depuis deux heures & demie, après midi, juſqu'à cinq heures.

BIBLIOTHEQUE *de la Faculté de Médecine, rue Saint-Jean-de-Beauvais, aux anciennes Ecoles de Droit*. Cette Bibliotheque eſt ouverte les Jeudis après midi.

Bibliotheques particulieres, dont l'entrée eſt permiſe au Public.

Dans les Bibliotheques particulieres, dont l'entrée eſt permiſe au Public, on ne communique que des volumes in-folio & in-4°., & l'on n'y trouve ni encre ni papier.

BIBLIOTHEQUE *de Saint-Germain-*

des-Prés. Elle est la plus favorable aux gens de Lettres, puisqu'elle est ouverte tous les jours, matin & soir, excepté les Jeudis, les Fêtes & les veilles des Fêtes. Dans les temps de vacance même, elle est ouverte tous les matins. (Voyez *Abbaye Saint-Germain-des-Prés*, page 20).

Il y a un Cabinet qui contient des antiquités, des médailles, des vases étrusques & de l'histoire naturelle.

BIBLIOTHEQUE *de Ste-Genevieve*. Cette Bibliotheque est ouverte au Public les Lundis, Mercredis & Vendredis, depuis deux heures jusqu'à cinq.

Le Cabinet, qui est très-curieux, est ouvert seulement les Lundis & Mercredis au soir. (Voyez *Abbaye de Sainte-Genevieve*, page 13).

Il existe à Paris plusieurs autres Bibliotheques considérables, comme celles des Augustins de la place des Victoires, de la Sorbonne, du College de Navarre, des Peres de l'Oratoire de la rue Saint-Honoré, &c.; mais l'entrée n'en est pas aussi facile que celle des Bibliotheques dont nous avons parlé.

BLANCS-MANTEAUX. Cette Maison, située rue des Blancs-Manteaux & du Paradis, étoit autrefois occupée par les Moines mendians, appellés *les Serfs de la Vierge Marie*; mais ils furent détruits, lorsque le pape Grégoire X, dans le second Concile de Lyon, en 1274, supprima tous les Ordres mendians, à l'exception des Freres Prêcheurs, des Mineurs, des Carmes & des Augustins. Des Solitaires, appellés *Guillemites*, remplacerent les Serfs de la Vierge Marie. Ces nouveaux venus étoient encore des mendians; car on voit qu'*Antoine Robert*, l'un des quatre Notaires-Secrétaires du Roi & Greffier criminel, ainsi que Marguerite d'Orsay, sa femme, donnerent, en 1521, à ces Moines à blancs-manteaux, leur terre & seigneurie du *Plessi-Gassot*, à quatre lieues de Paris, afin de mettre ces Religieux à couvert de la nécessité de mendier. Cette Congrégation fut réunie à la Congrégation Françoise des Bénédictins réformés, suivant la réforme des Bénédictins de Saint-Vanne de Verdun.

Le Monastere des Blancs-Manteaux a été rebâti en 1685; le Chancelier *le Tellier*, & *Elizabeth Turpin*, sa femme, poserent la premiere pierre le 26 Avril, & firent présent de mille écus.

Les six statues qui sont dans le sanctuaire de cette Eglise, ont été sculptées par le Frere *Bourlet*, de cette Communauté.

Au côté droit du Chœur, se voit le tombeau de Jean le Camus, Lieutenant-Civil; il est à genoux, & un Ange tient devant lui un livre ouvert: les figures sont grandes comme nature, & furent sculptées en 1719, par *Simon Mazieres*.

BOIS *à brûler*. On le diftingue en bois neuf, bois de gravier, bois flotté.

Pour l'ufage, le bois neuf eft le meilleur; enfuite vient le bois de gravier, qui eft diftingué du bois flotté, parce qu'il vient de moins loin, qu'il refte moins dans l'eau, & qu'il conferve fon écorce comme le bois neuf. La voie de bois neuf coûte 27 liv.; celle de bois de gravier & bois flotté 22 liv. 10 fous.

BON PASTEUR (Voyez *Communauté du*).

BON-SECOURS (Voyez ci-devant *Bénédictines de Notre-Dame de*) pag. 72.

BONNE-NOUVELLE (*Notre-Dame de*).

Eglife Paroiffiale, fituée rue Beauregard, près la porte Saint-Denis. Ce fut d'abord une Chapelle dépendante de la Paroiffe St-Laurent. Bâtie en 1551, elle fut rafée en 1593, du temps de la ligue, à caufe de la conftruction des fortifications de la ville. Elle fut reconftruite en 1624, & par fentence de l'Archevêque de Paris, fut érigée en Cure le 22 Juillet 1673.

BOULEVARDS. Quatre rangées d'arbres formant trois allées, celle du milieu pour ceux qui fe promenent à cheval ou en voiture, les deux collatérales pour les gens à pied, entourent la ville de Paris, & représentent une agréable bordure qui égaye tout ce qui l'environne; c'est ce que l'on appelle *les Boulevards*. C'étoit là que les Parisiens jouoient autrefois à la boule sur le verd gazon. Le jeu & la couleur de l'herbe ont donné leurs noms au local; on a dit d'abord Boule-verd, enfin Boulevard, & voilà son étymologie.

Les Boulevards du nord, appellés les grands Boulevards, furent commencés en 1536, dans le dessein de creuser des fossés, afin de se fortifier contre les Anglois, qui ravageoient la Picardie & menaçoient la Capitale. On y planta des arbres pour la premiere fois, en 1668.

Les Boulevards du midi, appellés nouveaux Boulevards, ont été entierement finis en 1761; ils ont trois mille six cents quatre-vingt-trois toises de longueur, tandis que les anciens n'ont que deux mille quatre cents toises: ces deux quantités réunies forment une enceinte dont le total est de six mille quatre-vingt-trois toises.

Ces deux Boulevards, quoiqu'à peu-près disposés de la même maniere, ne se ressemblent guere. Ils ont chacun leur phisionomie bien distincte.

L'ancien Boulevard rassemble tous les agrémens que peut produire l'industrie pour désennuyer les oisifs & délasser les gens occupés. Spectacles de toute espece, charmans &

variés, Hôtels magnifiques, Maisons délicieuses : ce sont des temples à l'Amour ; il n'est pas jusqu'aux Cafés & aux Boutiques de Traiteurs qui, par leur musique, leurs guirlandes de fleurs & leurs bosquets ombragés, n'y donnent un air de féerie & d'enchantement. Les après-midi des Dimanches & des Jeudis, sont les rendez-vous des plus jolies femmes de Paris ; deux longues files de voitures, plus brillantes les unes que les autres, y forment un coup-d'œil toujours nouveau.

Parmi ce concours tumultueux de Promeneurs & de Promeneuses de toute espece, de tout âge, à pied ou en voiture, on y observe la Beauté qui tend des pieges à la richesse ; de vieux petits-maîtres, des élégans étourdis, qui étalent à l'envie le luxe de leurs chevaux, de leurs voitures & de leurs maîtresses : tout y est *divin*.

Passons aux nouveaux Boulevards.

Les allées y sont plus longues, plus larges, plus majestueuses, & les arbres mieux venus qu'aux anciens Boulevards. Le sol est champêtre, l'air pur ; on y voit des champs cultivés ; on y voit croître la récolte. Il s'y trouve cependant, du côté de la ville, plusieurs jolies maisons ; on y a même bâti des salles de Spectacles, qui n'ont pas eu de succès : ce n'étoit point là leur terroir. On n'y rencontre presque jamais de voitures, point d'élégans personnages ; mais de bons Bourgeois avec leur famille entiere, des amans & des maîtresses, dont les mœurs ont l'air aussi simple que leurs habits. Avant le triste mur qui emprisonne une partie de de ce boulevard, c'étoit une superbe promenade de province.

BOURSE. (*la*) Elle est à l'ancien palais *Mazarin*, dit aujourd'hui la *Compagnie des Indes*; on y entre par la rue Vivienne.

C'est une place établie par arrêt du Conseil d'Etat du Roi du 24 Septembre 1724, où l'on négocie les actions de lettres-de-change, billets au porteur & à ordre, autres papiers & effets commerçables.

La gallerie où l'on s'assemble est ornée de plusieurs figures antiques. La façade, nouvellement construite par M. *Boulée*, est composée de plusieurs portiques terminés de deux côtés par deux pavillons.

La Bourse s'ouvre tous les jours ouvrables, depuis dix heures du matin jusqu'à une heure après-midi.

BUREAUX.

BUREAU académique d'écriture. V. ci-devant, pag. 37.

BUREAU *Royal de Correspondance Nationale & Etrangere*. Ce Bureau, qui est situé rue Neuve-Saint-Augustin, se charge:

1°. De recevoir pour les Particuliers tous

les revenus, de quelque nature qu'ils soient, &c.

2°. De faire tous les achats dont il a commission, en le munissant de fonds nécessaires.

3°. De faire la vente de tous les effets qui lui sont remis par gens connus, soit papiers publics ou particuliers, matieres d'or ou d'argent, pierreries, bijoux, &c.

4°. De procurer aux Commettans toutes les informations & renseignemens qu'ils désireront, comme extrait de baptême, de mariage, de sépulture &c., & le tout en faisant tenir d'avance au Bureau les fonds suffisans pour fournir aux frais de la demande.

5°. De représenter à Paris tous ceux qui auront besoin d'être représentés, par un fondé de procuration, à l'exception des affaires de banque ou de litige, &c.

Il faut s'adresser à M. *Benezech*, Directeur général audit Bureau.

Bureau des Assurances. Ce Bureau, situé rue de la Jussienne, a été établie par une Compagnie qui se charge d'assurer aux Négocians qui trafiquent sur mer, les fonds qu'ils placent sur les vaisseaux.

Bureaux des Carrosses de places & Voitures des environs de Paris, à cinq lieues à la ronde. Le Bureau général est situé grande rue du fauxbourg Saint-Denis. On s'adresse à ce Bureau, pour réclamer les effets laissés dans les Carrosses de places, & pour les plaintes contre les Cochers. Ce Bureau fait le service pour les routes aboutissantes aux portes St-Denis, St-Martin, & même à Creil, Chantilly, Senlis, Pontoise, Nanteuil, Dammartin.

Bureau situé rue du Pas-de-la-Mule, est pour les routes aboutissantes à la porte Saint-Antoine, comme Charenton, Villeneuve-Saint-George, Creteil, Boissy, Saint-Léger, Brunoy, & Brie-Comte-Robert, &c.

Bureau de la rue de Vaugirard, proche la nouvelle Salle des François, pour les routes aboutissantes aux portes St-Bernard, Saint-Jacques, Saint-Michel, barrieres des Gobelins & de Vaugirard.

Bureau de la rue d'Anjou, fauxbourg Saint-Honoré, fait le service de toutes les routes aboutissantes aux portes St-Honoré & de la Conférence.

Il en coûte dans les cabriolets & voitures à quatre places, 15 sous par personne par lieue, & dans les guinguettes 8 sous par lieue.

Bureau des Coches d'eau. Pour Montereau, Briare, Melun, Nemours, Montargis, Corbeil, Auxerre, Sens, Nogent, &c., au nouveau Bureau, quai de la Tournelle.

Lorsque la Cour est à Fontainebleau, il y a un *Coche Royal* établi pour le service de cette ville, quai hors Tournelle : il part tous les jours à sept heures du matin, arrive le même jour à sept heures du soir à Valvin, qui est à une lieue de Fontainebleau. Il repart de Valvin un pareil Coche chaque jour à huit heures du matin, qui arrive à sept heures du soir. Le prix est de 2 liv. 10 s.

Les *Coches d'eau* ou *Galiotes de St-Cloud*, partent tous les jours, depuis Pâques jusqu'à la Toussaints, à huit heures précises du matin, du Pont-Royal, vis-à-vis l'entrée des Tuileries : ils conduisent jusqu'au pont de Seve, & y arrivent à dix heures. Il en repart tous les jours un de cet endroit à pareille heure, qui croise l'autre en chemin, & qui repart de Paris à quatre heures de l'après-midi, & arrive à six heures au pont de Seve, d'où repart, également à la même heure, une autre Galiote qui arrive à Paris à huit heures. Le prix est de 5 sous par personne.

Il part aussi des *Batelets* tous les jours, à toute heure, pour Seve, Meudon & Saint-Cloud, moyennant 4 livres par batelets. Les Bateliers qui les conduisent ne peuvent prendre plus de seize personnes. Ces batelets se trouvent aux environs du Pont-Royal.

Bureau des Diligences sur l'Oise, l'Aisne & sur la Seine, depuis Paris jusqu'à Rouen. Il est situé port S. Nicolas, & le Bureau, rue des Orties, au coin de celle de S. Augustin.

Bureau des Diligences & Messageries Royales par tout le Royaume. Tous les anciens Bureaux font réunis à celui qui est situé rue Notre-Dame-des-Victoires. On y trouve des voitures pour les routes directes de Paris à Londres, de Paris à Francfort-sur-le-Mein, & toutes les communications, tant avec les chariots de postes de l'Allemagne & l'Italie, qu'avec l'Espagne, par Perpignan & Bayonne.

Pour tout ce qui concerne les messageries & même le roulage, qui dépend aussi de cette Ferme générale, il faut s'adresser à M. *Papillon de la Tapy*, Directeur général de cet établissement.

Bureau du Roulage de France, rue du Bouloir.

Bureau de la Douane, même rue du Bouloir.

Bureau des Voitures de la Cour & de Saint-Germain-en-Laye, quai d'Orsay, au bas du Pont-Royal; le prix des places pour Versailles & Saint-Germain-en-Laye, sont de 3 liv. 10 sous; pour Fontainebleau, 9 liv. 10 sous; pour Compiegne, 13 liv. 10 sous.

Bureau du Transport de ballots, paquets, meubles & effets, & marchandises pour l'intérieur de Paris, à raison de 5 sous depuis une livre jusqu'à dix pesant, 6 sous depuis dix jusqu'à vingt, 7 sous depuis vingt jusqu'à quarante, 8 sous de quarante à soixante, 9 sous de soixante à quatre-vingt, 10 sous de quatre-vingt à cent, &c.

Le *Bureau* général est rue du Mail, hôtel des Chiens, N°. 26, M. *Ruault* en est le Directeur.

Bureaux des Fiacres, rue du fauxbourg Saint-Denis, & rue de Seine, fauxbourg Saint-Victor.

Bureau des Brouettes, rue S. Victor, vis-à-vis celle des Fossés Saint-Bernard.

Bureau de la Poste aux chevaux, rue Contrescarpe.

Bureau de la grande Poste aux Lettres, rue Plâtriere.

Bureau général de la Régie de la petite Poste, rue des Déchargeurs, attenant le Bureau des Marchands Drapiers.

Bureau de la direction des Nourrices, des Recommandaresses pour les enfans en nourrice, rue de Grammont, au coin de celle de Saint-Augustin.

Bureau du département des Mines, sous MM. les Intendans du commerce, chez M. *Advenier*, rue Neuve-des-Petits-Champs, vis-à-vis la rue Royale.

Bureau des Domaines du Roi, rue Neuve-des-Petits-Champs, au coin de la rue Vivienne.

Bureau pour les Domestiques, rue Montmartre, près celle du Jour.

Bureau des Falots, place de l'Eſtrapade.

Bureau du Contrôle général. Il eſt ſitué rue Neuve-des-Petits-Champs, hôtel du Contrôle général.

Bureau des Décimes, &c. Chez M. Brillon du Perron, rue Saint-Sauveur.

Bureau des Fermes générales, rue de Grenelle-Saint-Honoré.

Bureau de M. Gojard, premier Commis des Finances, rue Neuve-des-Petits-Champs, près l'hôtel du Contrôle général.

Bureau des Receveurs des impoſitions du Royaume, rue Saint-Avoie.

Bureau d'Inſinuation, eſt rue Neuve-des-Petits-Champs, ainſi que celui du *Conſervateur des Hypotheques*, pour les Lettres de ratification, &c.

On délivre auſſi à ce Bureau des Reſcriptions ſur toutes les villes du Royaume, tous les jours le matin, excepté le Samedi.

Bureau des Invalides de la Marine, chez M. Nouette, Tréſorier-général, rue de Caumartin.

Bureaux des Papiers & Parchemins timbrés. Il y a huit de ces Bureaux, placés en différens quartiers de cette ville.

Bureau général eſt à l'hôtel des Domaines, rue Neuve-des-Petits-Champs.

Bureau des Parties Caſuelles, chez

M. *Bertin*, Receveur, rue d'Anjou, au Marais.

Le *grand Bureau des Pauvres*, place de Greve, à côté de l'Hôpital du Saint-Esprit. Il a droit de lever tous les ans à Paris une taxe d'aumône pour les pauvres, sur tous les individus de tous les rangs & de tous les ordres de la société.

M. le Procureur-Général est Chef unique de ce Bureau; en son absence, c'est un de ses Substituts qui préside. Il y a un Greffier & un Receveur-général. Les Directeurs tiennent leurs assemblées les Lundis & les Jeudis, à deux heures après midi.

Il y a dans ce Bureau Jurisdiction & Huissiers, tant pour faire les taxes, que pour contraindre les refusans de payer, & ceux qui étant nommés Commissaires des pauvres, refusent d'en accepter & faire les fonctions.

Bureau de la Police, chez M. le Lieutenant-général de Police, rue des Capucines.

Bureau des Pompes pour les incendies, rue de la Jussienne, chez M. *Morat*.

Bureau de *M. le Prevôt des Marchands*, chez M. *Veytard*, premier Secrétaire, à l'Hôtel-de-Ville.

Bureau des Privilégiés, hôtel de Bretonvillier, isle Saint-Louis, est ouvert tous les jours, depuis dix heures du matin jufqu'à midi.

Les Propriétaires des terres, fermes, &c. qui defirent faire entrer, pour leur ufage, les objets de confommation provenans de leurs poffeffions, doivent, conformément à la déclaration du Roi du 15 Mai 1722 &c., s'adreffer à ce Bureau.

M. *Rocquain de Vienne*, Directeur, délivre les exemptions.

Bureau des Rentes du Domaine de la Ville, à l'Hôtel-de-Ville.

Bureau des Rentes de la Ville fur les Aides & Gabelles, eft ouvert les Jeudis après midi, chez MM. les Religieux de la Mercy, rue du Chaume. Il eft compofé de trente Payeurs qui s'y affemblent ce jour-là. Ils ont chacun un jour dans la femaine pour faire leurs payemens à l'Hôtel-de-Ville.

Bureau des rentes fur le Clergé, rue d'Artois, chez M. *de Saint-Julien*.

Bureau des rentes fur les Etats de Bretagne, chez M. *Beaugeard*, rue de Richelieu.

Bureau des rentes fur les Etats de Bourgogne, chez M. *Montigny*, rue Vivienne.

Bureau des rentes fur les Etats de Languedoc, chez M. *Joubert*, place Vendôme.

Bureau des rentes sur la Compagnie des Indes, à l'hôtel de la Compagnie des Indes, rue Neuve-des-Petits-Champs.

Bureau pour le recouvrement des pensions militaires en faveur des Officiers retirés en province, rue Saint-Lazare, près la chaussée d'Antin, chez M. *d'Hémery*, chargé par le Gouvernement de procurer aux Pensionnaires retirés chez eux, des rescriptions du montant net de leurs pensions.

Bureau de la Régie générale des Aides, rue Choiseul, près la rue Neuve-Saint-Augustin.

L'on donne tous les jours à ce Bureau, depuis neuf heures jusqu'à midi, excepté le Samedi, des rescriptions pour toutes les villes du Royaume : on ne reçoit pas moins de 150 liv.

Bureau de la Régie des étapes & convois militaires pour le compte du Roi, rue Notre-Dame-de-Bonne-Nouvelle.

Bureau de la Régie des poudres & salpêtre, à l'Arsenal.

Bureau des Receveurs des Consignations, cloître Notre-Dame.

Bureau de Sûreté, hôtel de M. le Lieutenant de Police. On peut faire, sans frais, à ce Bureau, la déclaration de ce qui a été volé. Trois Inspecteurs, chargés de cette partie, se rendent tous les jours à ce Bureau, depuis onze heures du matin jusqu'à une heure.

Les Commissaires, distribués dans chaque quartier

quartier, sont obligés de recevoir, *gratis*, les déclarations des particuliers, sur les vols qui peuvent leur avoir été faits, & de les faire passer à ce Bureau.

Bureau du Tabac, à l'hôtel de Longueville, rue Saint-Thomas du Louvre.

Bureaux des Tonneaux pour l'eau de la Seine clarifiée, rue & isle Saint-Louis.

Bureaux des Trésoriers-généraux de la Marine, chez M. *Boutin*, rue de Richelieu, & chez M. de *Sainte-James*, place Vendôme.

Bureaux des Trésoriers-généraux des Guerres, chez M. *de Sérilly*, Vieille rue du Temple, au-dessus de l'égoût; & chez M. *de Biré*, rue Barbette, au Marais.

Bureau du Trésor Royal. M. de *Savalette*, rue S. Honoré, près la place Vendôme.

Bureau des Vivres de la Marine, rue Neuve du Luxembourg, quartier Saint-Honoré.

Bureau des Vivres de Flandre & d'Allemagne, rue Charlot, au Marais, vis-à-vis la rue de Normandie.

Bureau général du Ventilateur, ou des Vuidangeurs de fosses d'aisance sans odeur, rue de Seve, presque vis-à-vis les Incurables.

Bureaux des Gazettes & Journaux.

Bureau de la Gazette de France;

E

rue Croix-des-Petits-Champs, ou chez M. de Fontanelle, rédacteur, rue du Petit-Bourbon.

Bureau du Journal de Paris, rue Plâtriere, N° 11, vis-à-vis l'hôtel des Postes.

Bureau du Journal des Savans, idem.

Bureau du Mercure de France, rue des Poitevins, hôtel de Thou.

Bureau de la Bibliotheque des Romans, rue Neuve-Sainte-Catherine.

Bureau des Petites Affiches, ou *Journal général de France*, au Bureau de Correspondance nationale & étrangere, rue Neuve-Saint-Augustin.

Bureau du Journal de Bouillon & *du Journal encyclopédique*, rue Ste-Anne, Butte Saint-Roch, chez M. Lutton.

Bureau général des Gazettes étrangeres, rue de la Jussienne.

Bureau des Causes célebres, & de l'Année Littéraire, chez Mérigot, quai des Augustins.

Bureau des Nouvelles de la République des Lettres, &c. Voyez *Salon de la Correspondance générale & gratuite*, &c.

Bureaux de Musique.

Bureau de Musique, rue Montmartre, à côté du passage du Saumon.

Bureau des Journaux de Harpe & de

Clavecin, rue Traversiere, chez M. *le Duc*.

Bureau du Journal de Guitarre, rue des Petits-Champs, au coin de celle de Richelieu.

CABINETS.

CABINETS *d'Antiques & Médailles*. La salle des Antiques au vieux Louvres est très-curieuse. Voyez *Louvre*.

Le Cabinet d'Antiques & Médailles de Ste-Genevieve (Voyez *Sainte-Genevieve*, p. 13). M. l'Abbé *Mongez* en est le Garde.

Cabinet des Médailles & pierres gravées de S. A. S. Monseigneur le Duc d'Orléans.

Cette Collection est une des plus rare & des plus curieuse que l'on connoisse. M. l'Abbé *la Chau*, Garde de ce Cabinet, conjointement avec M. l'Abbé *le Blond*, ont publié la description de ces pierres gravées, dont le nombre va à plus de quatorze cents. Cet Ouvrage curieux par l'érudition des Auteurs, par la rareté des objets qu'il présente, & par la beauté des gravures qui sont de M. *de Saint-Aubin*, forme deux volumes *in-folio*, & se trouve au Palais Royal, chez M. *de la Chau*, Cour des Fontaines. Le prix est de 120 liv. Il est ouvert les Lundis & Vendredis au soir. (Voyez *Palais Royal*).

Celui de l'Abbaye Saint-Germain-des-Près, qui est contigu à la Bibliotheque.

Le Cabinet des Petits-Peres de la Place des Victoires.

Le Cabinet des Antiques & Médailles à la Bibliotheque du Roi (Voyez cet article.)

CABINETS *de Tableaux*. Les salles de l'Académie Royale de Peinture & Sculpture au Louvre.

La fameuse Collection du Palais Royal.

Il y a plusieurs Particuliers, amateurs, qui font consister leurs plaisirs dans la possession des tableaux. Le nombre en est trop grand pour en faire l'énumération ; nous nous contenterons de parler des Cabinets les plus considérables.

M. le Prince de Condé, *au Palais Bourbon*, possede une précieuse Collection de tableaux de tous les genres.

M. le Duc de Praslin, *rue de Bourbon, fauxbourg Saint-Germain*; son Cabinet est composé de tableaux des trois Ecoles, de plusieurs bronzes & porcelaines, &c.

M. le Maréchal de Noailles, *rue Saint-Honoré, vis-à-vis les Jacobins*; tableaux des trois Ecoles, bronzes & porcelaines, &c.

M. de Tolosan, Introducteur des Ambassadeurs, *rue du Grand Chantier*. L'Ecole Flamande & Hollandoise, paroît avoir bien de l'avantage dans ce Cabinet précieux.

Madame la Présidente de Bandeville, *quai des Théatins*; beaux tableaux des trois Ecoles.

M. Hareng de Presle, *rue du Sentier*; tableaux des trois Ecoles.

M. Destouches, *rue Royale, Barriere-Blanche*; superbe collection de Maîtres Flamands & Hollandois, dont la plupart se trouve gravés. Elle contient encore des bronzes & porcelaines.

M. Dufresnoy, Notaire, *rue Vivienne*; tableaux des Ecoles Flamande, Hollandoise & Françoise.

M. le Chevalier Lambert, Banquier, *rue de Richelieu, près le Boulevard*; beaux tableaux de toutes les Ecoles.

M. le Roi de la Faudigniere, *sur l'arcade de la place Royale, du côté de la rue Saint-Antoine*; tableaux des Ecoles Italienne, Hollandoise & Flamande.

CABINETS d'*Estampes & Dessins*. Le Cabinet qui est aux galeries du Louvre. M. Cochin, encore plus connu par ses talens que par sa qualité d'Historiographe de l'Académie de Peinture, est le Garde de cette précieuse collection.

Le Cabinet des Gravures, à la Bibliotheque du Roi, rue de Richelieu (Voyez *Bibliotheque du Roi*). Parmi les objets de curiosité, on y voit des dessins coloriés d'histoire naturelle, sur-tout des plantes peintes sur vélin; un portrait du Roi Jean, premier monument de la peinture en France, &c. On y trouve toutes les Œuvres des Graveurs François, & une collection complette de cartes géographiques. M. *Jolly*, aussi recommandable par son goût que par

E iij

sa complaisance pour les Etrangers, est le Garde de ce Cabinet, qui s'ouvre les Mardis & Vendredis matin.

CABINET *de Marine, au Louvre.* Ce Cabinet est rempli des modeles de toutes les especes de vaisseaux. On y distingue ceux qui sont en usage sur la Méditerranée, & ceux qui sont en usage sur l'Océan. On y voit un modele de vaisseau Chinois, que, pendant son séjour en Chine, feu M. *Duhamel* fit par ordre du Roi. M. *Fatory* est le Garde de ce Cabinet.

CABINETS *d'Histoire Naturelle.* Celui du *Jardin du Roi* est, en ce genre, un des plus riches Cabinets de l'Europe. Il doit son plus beau lustre au zele & au génie de M. *le Comte de Buffon*, qui est Surintendant de cette Maison Royale. Le Cabinet est divisé en quatre grandes salles; dans la premiere est le regne végétal; dans la seconde, la Minéralogie; dans la troisieme, les Oiseaux; la quatrieme renferme les Quadrupedes, les Reptiles & les Poissons. M. de Buffon, qui a mérité le surnom de Pline François, a sa statue, placée à l'entrée de ce Cabinet, elle est de M. *Pajou.* Il convenoit que l'Historien de la Nature fût représenté dégagé de tout ce qui tient aux usages & aux préjugés. Le Sculpteur a secoué le joug de la mode, & ne lui a laissé qu'une légere draperie. A ses pieds sont figurés les trois regnes de la Nature; d'une main il tient un ſtilet, de l'autre une table de marbre, ſur laquelle il ſe diſpoſe d'écrire. Sur le ſocle de cette ſtatue on lit ces mots : *majeſtati naturæ par ingenium.*

CABINET *de l'Ecole Royale des Mines* à l'hôtel de la Monnoie. M. le Sage a paſſé vingt-quatre ans à former & analiſer cette précieuſe collection. La décoration du Cabinet eſt ſur les deſſins de M. *Antoine.*

Le Cabinet du Palais Royal renferme un aſſortiment d'hiſtoire naturelle, & les modèles en relief de tous les outils néceſſaires aux arts & métiers. (Voyez *Palais Royal*).

Le Cabinet de Saint-Germain-des-Prés.

Le Cabinet de Sainte-Geneviève. (Voyez *ces articles*).

Le Cabinet du Prince de Condé, au Palais Bourbon; il renferme une ſuperbe collection des trois regnes.

Celui de Madame *la Préſidente de Bandeville*, quai des Théatins, très-fameux par ſes coquilles. On en voit des plus rares, comme la *Scalata*, la *Pourpre*, appellé le Radix à *ramages noirs*, &c.

Le Cabinet de MM. de la Doctrine Chrétienne, rue des Foſſés Saint-Victor.

De MM. les Feuillans, rue St-Honoré.

Des Jacobins de la rue Saint-Honoré. On y voit des armes Indiennes.

Des Petits-Peres de la place des Victoires.

Du Séminaire de Saint-Sulpice, rue du Vieux Colombier.

Du Séminaire de Saint Nicolas du Chardonnet, rue Saint-Victor.

Le Cabinet de M. *Valmont de Bomare*, connu par son excellent Dictionnaire d'histoire naturelle, est très-précieux. Il est composé des trois regnes : rue de la Verrerie, vis-à-vis celle des Deux-Portes.

Il existe encore un grand nombre de Particuliers qui possedent des Cabinets d'histoire naturelle. Nous avons fait mention de ceux qui sont les plus connus ; nous croyons devoir nous dispenser de citer les autres.

CABINETS *d'Anatomie.* A l'Ecole Vétérinaire, qui est au château d'*Alfort*, près Charenton, est un superbe Cabinet d'anatomie, composé de pieces les plus curieuses. (Voyez les Environs de Paris, *Ecole Vétérinaire*).

M. *Sue*, Professeur d'anatomie, au College Royal de Chirurgie, est possesseur d'un Cabinet d'anatomie très - précieux. Il demeure rue des Fossés Saint-Germain-l'Auxerrois, au coin de la rue de l'Abre-Sec.

MM. *les Carmes Déchauffés*, rue de Vaugirard, ont un Cabinet d'histoire naturelle & d'anatomie.

MM. *les Peres de la Charité*, rue des Saints-Peres, possedent un Cabinet d'histoire naturelle & d'anatomie.

CABINETS *Littéraires.* Abonnement Littéraire, rue Neuve-des-Petits-Champs, près celle de Richelieu, au grand Corneille, Lejay, tient magasin de Librairie, fait des abonnemens pour la lecture de toutes sortes de livres anciens & nouveaux. Le prix est de 24 livres par an, 15 livres pour six mois, 3 livres par mois, & 12 livres de nantissement, que l'on rend lorsque l'abonnement cesse.

CABINET *Littéraire du sieur Granger*, rue du Jour : on s'abonne pour les livres & les journaux pour le prix de 36 livres pour l'année entiere ; il en coûte 6 sous par séances.

Le Cabinet Littéraire de la rue Christine, est tenu par M. *Quillau*, Libraire. On y trouve toutes sortes de livres & tous les Ouvrages périodiques, pour la lecture desquels il existe une salle particuliere. Il en coûte six sous par séance. Le prix de l'abonnement est de 3 livres par mois, & 24 livres par an.

CAFÉS. *Soliman Aga*, Ambassadeur de la Porte auprès de Louis XIV en 1669, fut le premier qui introduisit l'usage du café à Paris. Quelques années après un nommé *Pascal*, Arménien, établit un Café à la Foire Saint-Germain. La Foire finie, il le transporta au quai de l'Ecole, & son établissement eut un succès assez considérable, que ses successeurs ne purent obtenir. La mode du

E v

café étoit passée, lorsqu'un Sicilien, nommé *Procope*, le remit en honneur. Comme *Pascal*, il s'établit à la Foire Saint-Germain : la belle décoration de sa boutique, la bonne marchandise qu'il y débitoit, y attirerent la meilleure Compagnie de Paris. De la Foire il vint s'établir dans une salle très-propre vis-à-vis l'ancienne Comédie Françoise; & ce Café célebre il y a trente ans, par les Littérateurs qui le fréquentoient, existe encore à la même place, & a conservé, si non son ancienne gloire, au moins son ancien nom.

Rien n'est plus commode, plus satisfaisant pour un Etranger, que ces Sallons proprement décorés, où il peut, sans être tenu à la reconnoissance, se délasser de ses courses; lire les nouvelles politiques & littéraires, s'amuser à des jeux honnêtes, se chauffer gratis en hiver, & se rafraîchir à peu de frais en été, entendre la conversation, quelquefois curieuse, des Nouvellistes, y participer, & sans craindre de blesser le maître de la maison, dire librement son avis.

Il y a environ six cents Cafés à Paris, mais tous ne jouissent pas du même degré de considération; quoique chacun ait son Orateur, son Coryphée, ils ne sont pas tous des tribunaux où l'on juge le goût du siècle, les sciences, les arts & les grandes affaires des Souverains. C'est tout au plus à une quinzaine de Cafés qu'est réservé cette distinction, à la tête desquels nous placerons le Café *Procope*, dont nous venons de parler; autrefois fréquenté par les *Voltaire*, les *Piron*, les *Fontenelle* & *de Saint-Foix* (1). Le Café *de la Régence*, où J. J. Rousseau alloit habituellement jouer aux échecs. Ce Philosophe attiroit dans ce Café une si grande quantité de curieux, que M. le Lieutenant de Police fut obligé d'y faire placer une sentinelle, (Voyez les Cafés *de Foy*, & *du Caveau*, article *Palais Royal*).

CAISSE *d'Escompte*. Ses Bureaux se tiennent rue Vivienne, presque vis-à-vis la rue Colbert. La commodité des particuliers

___

(1) C'est dans le Café *Procope*, qu'un jour à l'heure du dîner, un Garde du Roi prenoit une tasse de café au lait avec un petit pain. M. de Saint-Foix qui le vit, se mit à dire: *voilà un fichu dîner*; (on assure qu'il se servit d'une expression un peu plus énergique.) ce qu'il répétoit toujours. Le Garde du Roi s'en plaignit enfin. Vous ne m'empêcherez pas, dit M. de Saint-Foix, de trouver qu'*une tasse de café au lait avec un petit pain ne soit un fichu dîner*. On s'échauffe, on sort, on se bat. M. de Saint-Foix, tout blessé qu'il étoit, répétoit encore, vous ne me persuaderez jamais qu'*une tasse de café au lait avec un petit pain, ne soit pas un fichu dîner*. Le lendemain les deux combattans sont conduits chez M. le Doyen des Maréchaux de France: « Monseigneur, dit M. de Saint-Foix, je n'ai point prétendu insulter M. le Garde du Roi; je le tiens pour un brave & honnête Militaire, mais votre Grandeur ne m'empêchera pas de dire, qu'*une tasse de café au lait avec un petit pain, ne soit un fichu dîner* ».

& la sûreté de leur argent, est le but de cette Caisse, qui fut établie en 1776.

CALVAIRE (*le Couvent du*) *au Marais*. Son établissement, ainsi que l'institution de cet Ordre, est l'ouvrage de ce fin Politique, ce Moine intriguant, qui a tant participé au Ministere du Cardinal Richelieu, *le Pere Joseph*, *Capucin*. Il obtint du Pape des brefs, des bulles; il tira de l'Abbaye de Fontevrault Antoinette d'Orléans Longueville, veuve de Charles de Gondi, Marquis de Belle-Isle, & il lui fit quitter l'habit de cet Ordre, pour prendre le nouvel habit & le nouveau titre de Supérieure du Monastere de *Notre-Dame du Calvaire*, fondé à Poitiers; il fit tant, qu'au bout de quelques années, il y eut de cet Ordre, qui est de la Congrégation de S. Benoît, deux Couvens à Paris & deux en Province.

Le corps du Fondateur est inhumé dans l'Eglise des Révérends Peres Capucins de la rue Saint-Honoré; & son cœur alloit y pourrir aussi, lorsque les Religieuses du Couvent du Calvaire au Marais le demanderent avec tant d'instance, qu'on ne put le leur refuser. Un autre célebre Capucin, mais dans un autre genre, ancien Compagnon du défunt, *le Pere Ange de Joyeuse*, transporta ce cœur cérémonialement dans un des carrosses du Cardinal Richelieu. Ces Religieuses conservent, ainsi qu'une précieuse relique, le manteau de ce Pere Joseph, qui a fondé non-seulement des Couvens; mais, comme on l'a dit ailleurs, est l'inventeur des espions soudoyés par la Police, & des lettres de cachet (1).

Cette Maison du Marais est le chef-lieu de l'Ordre, qui a aujourd'hui plus de vingt Monasteres.

On remarque dans le chœur quatre tableaux de *Philippe de Champagne*, & sur la porte extérieure une Notre-Dame de Pitié.

Les Pensions sont de 500 livres.

CALVAIRE (*les Dames du*) *rue de Vaugirard*). Le Reine Marie de Médicis en fit bâtir l'Eglise à l'instigation du Pere *Joseph*, Fondateur de l'Ordre. Six Religieuses, à la tête desquelles étoit la mere *Gabrielle de Saint-Benoît*, partirent de leur Couvent de Poitiers, & vinrent habiter cette Maison que leur fit construire Madame *de Lauzon*, veuve d'un Conseiller au Parlement.

On remarque sur la porte de l'Eglise une

---

(1) Ce Capucin étoit sans doute un grand Politique, mais à coup sûr un mauvais Moine. Il ne suivoit guere un précepte du Concile de Mayence, qui défend absolument aux Prêtres & aux Moines de se mêler des affaires du siècle. *Ministri altaris Clerici, vel Monachi a negotiis secularibus omnino abstineant.* (Concilium Maguntiæ, Canon. 13).

Notre-Dame de Pitié, qui est généralement estimée. L'intérieur est décoré de quatre tableaux qui sont peints par *Philippe de Champagne*.

Les Pensions sont de 500 livres.

CAPUCINES. Ce Couvent étoit autrefois situé dans l'emplacement de la place Vendôme. Lors de l'érection de cette place & de la statue équestre, Louis XIV le fit reconstruire avec une espece de magnificence où il est aujourd'hui, dans la rue Neuve-des-Petits-Champs.

La Reine *Louise de Lorraine*, veuve *d'Henri III*, Roi de France, avoit résolu de fonder cette Communauté. Cependant elle mourut en 1601, & chargea son frere, *le Duc de Mercœur*, de ses volontés, ainsi que d'une somme de soixante mille livres, pour la fondation d'un Couvent de Capucines dans la ville de Bourges. Celui-ci étant mort l'année suivante, sa veuve *Marie de Luxembourg*, exécuta le vœu de la Reine sa belle-sœur, & ajouta même à la somme de soixante mille liv. qui n'étoit pas suffisante.

Des raisons particulieres, & qu'on ignore, déterminerent la Duchesse *de Mercœur* à préférer Paris à Bourges pour l'établissement de ce Couvent. Elle n'y parvint qu'avec beaucoup de peine. Les Capucins, qui vouloient éviter la charge de confesser & diriger ces Religieuses, se pourvurent à

Rome pour s'oppofer à cette nouvelle inftitution. Ils furent cependant forcés de s'y foumettre par un bref du Pape Clément VII, de l'an 1603.

L'inftallation fe fit avec pompe. Les nouvelles Religieufes, chacune conduites par des Dames de qualité, avoient fur la tête une couronne d'épine que leur avoit mife le Cardinal *Pierre de Gondi*. Précédées d'une proceffion de quatre-vingt Capucins & fuivies du Cardinal de Gondi & du Provincial des Capucins *le Pere Ange de Joyeufe*, elles arriverent à l'Eglife qui leur étoit deftinée; le Cardinal y célébra la meffe, le *Pere Ange* y prêcha, & les Religieufes firent profeffion l'année fuivante 1607.

Leur regle eft fi auftere, qu'il n'y a que fort peu de Communautés en France. Ces dévotes marchent les pieds abfolument nuds, & ne font jamais gras.

La nouvelle Eglife que Louis XIV fit conftruire en 1686, fous la conduite de *François d'Orbay*, a été bâtie avec fi peu de foin, qu'on a été obligé de reprendre le portail trois fois fous œuvre, depuis les fondemens jufqu'à huit ou dix pieds de hauteur au-deffus du pallier du perron. La figure qui eft au-deffus du portail eft l'ouvrage de *Vaffé*.

Le maître-autel eft orné d'une Defcente de Croix par *Reftout*; c'eft une copie d'un tableau de *Jouvenet*, il remplace l'original qui est aujourd'hui dans la salle de l'Académie de Peinture.

On voit au milieu du chœur une tombe de marbre noir, sous laquelle est inhumée la Fondatrice. Le cœur de son frere le Duc de Mercœur, & le corps de l'épouse de ce dernier reposent aussi dans cette Eglise.

Le Duc de Créqui, Pair de France, pendant qu'il étoit Ambassadeur à Rome, reçut pour présent du Pape Alexandre VII, en 1665, le corps de Saint-Ovide, martyr; il transporta ce corps saint de Rome à Paris, & le donna aux Capucines. On lui construisit une superbe Chapelle, & le peuple vint le voir en foule (1).

---

(1) Pendant l'Octave de la Fête de Saint-Ovide, la grande affluence de ceux qui avoient foi à ses Reliques, détermina d'abord un certain nombre de petits Marchands à y étaler des joujoux d'enfans & du pain d'épice. Ce Saint qui faisoit chaque année de nouveaux progrès sur l'imagination des Parisiens, attiroit une plus grande foule de dévôts, & un plus grand nombre de Marchands, tant qu'à la fin, ce lieu devint une Foire appelé de *Saint-Ovide* : c'est ainsi que ce sont formées presque toutes les Foires; on construisit dans la Place Vendôme, des boutiques, des Cafés, des Spectacles de tous les genres. On ne faisoit qu'un pas de la Chapelle S. Ovide aux Cafés ou aux Spectacles de cette Foire; la dévotion & le plaisir se touchoient : cette Foire devenoit considérable, elle duroit quinze jours & quelquefois plus. On la transporta à la Place de Louis XV en 1771; le feu s'y mit quelque temps après, & cette Foire fut réunie à celle de Saint-Laurent.

Cette Chapelle fut détruite, lorsqu'en 1753 on fit rétablir l'Eglise. On y voyoit le tombeau en marbre du Duc & de la Duchesse de Créqui, orné de plusieurs figures & attributs magnifiques, sculptés par *Pierre Mazeline* & *Simon Heurtrelle*. Les pieces qui le composoient sont encore dans l'intérieur du Couvent. Il seroit à souhaiter que ce mausolée fût rétabli.

Le tableau qui étoit sur l'autel de cette Chapelle se voit maintenant dans la premiere Chapelle à droite en entrant; il représente le martyre de S. Ovide peint par *Jouvenet*.

La Chapelle de la famille des *le Tellier Louvois* est intéressante. Sur l'autel on voit un grand bas-relief doré en or moulu, représentant Jésus-Christ qu'on met au tombeau. Au-dessus est une Résurrection d'*Antoine Coypel*.

Vis-à-vis est le magnifique tombeau du Marquis de *Louvois*, Secrétaire & Ministre ayant le département de la guerre. Il est l'ouvrage du célebre *Girardon*. Ce Marquis est représenté en habit d'Officier, avec l'Ordre du Saint-Esprit, *Anne de Souvré de Courtenvaux*, sa femme, est à ses pieds; sa figure, commencée par *Desjardins*, fut achevée, après la mort de cet artiste, par *Van Cleve*. Deux Vertus de bronze ornent le socle de ce tombeau; l'une offre la Prudence sous les traits de Minerve; elle est de *Girardon*; l'autre la Vigilance; elle est de *Desjardins*.

Dans la Chapelle suivante du même côté, on lit, dans un grand cartouche de marbre blanc, l'épitaphe de feu M. *de Saint-Pouanges*, fils du grand Colbert. Sa veuve fut inhumée près de lui.

Les Princes & Princesses de la Maison de Lorraine résidans en France, ont leur sépulture dans une Chapelle de cette Eglise, dite la Chapelle de Lorraine : on vient d'y construire le mausolée de la Princesse *Charlotte de Lorraine*, derniere Abbesse de Miremont.

La Marquise de *Pompadour*, morte à Versailles le 15 Avril 1764, fut transportée dans cette Eglise, & le lendemain fut enterrée à côté d'*Alexandrine le Normand d'Etiole*, sa fille, dans la Chapelle que cette Dame avoit acquise, & qu'elle avoit fait décorer en marbre.

CAPUCINS. Depuis que le Pere *Eustache* des Augustins eut obtenu du Pape, pour les Religieux de son Ordre, la permission d'avoir le menton rasé, les Capucins ont été les seuls Moines Mendians de France qui ont porté une longue barbe. Ce point de leur discipline, qu'on lit dans le *Bullarium* de ces Freres, n'est pas entierement enfreint par eux, mais si généralement éludé, qu'ils ne conservent plus qu'un petit bouquet de poil au bout du menton. Tel est le pouvoir de la mode, que ces Moines rougissent d'un usage dont autrefois ils se faisoient honneur; car ce n'est point par austérité qu'ils ont adopté l'usage des longues barbes : on saura que, lors de leur établissement, cette coutume étoit en vogue chez les Papes, les Cardinaux, & dans toutes les Cours de l'Europe.

Les barbes des Capucins ont occasionné de grandes querelles parmi les Ordres de Saint-François; mais un orage bien plus terrible encore s'est élevé contre la forme de leurs capuchons. Les Papes, les Empereurs & tout l'Ordre Séraphique ont eu bien de la peine à décider s'il les falloit carrés, longs, pointus ou ronds, (Voyez *Bullarium Ord. Frat. Minorum S. P. F. Capucinorum, tom. I., & les Annales des Capucins*).

Il y a trois Couvens de cet Ordre à Paris. Dans la rue Saint-Honoré, c'est le plus ancien, à la Chaussée d'Antin, & au Marais.

CAPUCINS *de Saint Honoré*. Le Cardinal Charles de Lorraine fut le premier qui introduisit en France des Moines de cet Ordre. A son retour du Concile de Trente, il ramena quatre Capucins qu'il établit dans le parc de son château à Meudon. Le Cardinal étant mort, ces Moines s'en retournerent en Italie. Un Cordelier Picard, nommé *Pierre Deschamps*, abandonna son Ordre pour embrasser celui des Capucins; il fut le premier Capucin François; il établit, en 1574, avec permission, un petit

Couvent à Picpus. Quelque temps après, arriva de Venise le Pere *Pacifique*, en qualité de Commissaire-général de son Ordre en France, accompagné de douze de ses confrères Prêtres, & deux Freres laïques; ils logerent, en arrivant, au petit Couvent de Picpus, d'où la Reine Catherine de Médicis les tira tous, pour les établir où ils sont aujourd'hui, rue Saint-Honoré.

De tous les Couvens de Capucins du Royaume, celui-ci est le plus vaste & le plus considérable : il peut contenir environ cent cinquante Religieux.

La nef de l'Eglise, qui étoit plus ancienne que la partie du chœur & différemment construite, vient d'être rebâtie conformément au reste.

Le tableau du maître-autel est un des plus beaux ouvrages de *la Hire*.

Dans la derniere chapelle est un tableau représentant le martyre de Saint-Fidele de Simeringe, béatifié en 1746, premier martyr de la Mission apostolique, établie chez les Grisons par la Congrégation de la Propagande; c'est le chef-d'œuvre de *Robert*.

Dans la Sacristie, on voit un tableau de *le Sueur* ; c'est un Christ mourant, & un autre tableau, par M. *Collin de Vermont* ; c'est un Moïse serrant la manne dans l'arche.

Dans la nef est la tombe du *Pere Ange de Joyeuse*, fameux par son inconstance, son courage & sa dévotion. On prétend que Boileau songeoit à lui, en faisant ces deux vers.

Il tourne au moindre vent, il tombe au moindre choc :
Aujourd'hui dans un casque, & demain dans un froc.

Dans sa Henriade, Voltaire l'a peint d'un seul trait, par ce vers remarquable :

Il prit, quitta, reprit la cuirasse & la haire.

Ce Pere *Ange* fut auparavant *Henri Duc de Joyeuse*, grand Capitaine, mari de Catherine de la Valette, sœur du Duc d'Epernon. Un excès de dévotion fit, dit-on, mourir cette Dame. Pour se consoler de la perte de sa femme, ce brave Militaire se fit Capucin. Deux de ses freres ayant été tués à la bataille de Coutras, & le troisieme, qui commandoit pour la Ligue en Languedoc, s'étant noyé dans le Tarn à Villemur, la Noblesse de Toulouse & des environs sollicita le Pere *Ange* de venir commander à sa place. Le Pape accorda la dispense, & le Pere *Ange* redevint *Henri Duc de Joyeuse* ; le casque remplaça le capuchon, la cuirasse la robe brune, & une longue épée le rosaire. Ainsi métamorphosé, il se met à la tête des Ligueurs, & s'y distingue autant par sa valeur que par sa politique. Lorsqu'Henri IV eut embrassé la religion catholique, ce Duc capitula avec lui, & reçut de ce Roi le bâton de Maréchal de France. Henri IV plaisantoit souvent le Maréchal de France défroqué. Un jour qu'ils étoient ensemble sur le balcon du Louvre, & qu'une foule de peuple les regardoit, ce Roi dit au *Duc de Joyeuse* : « Mon cousin, vous igno- » rez la surprise de ces bonnes gens; c'est » de voir un Renégat & un Apostat ensem- » ble ». Ces paroles firent tant d'effet sur l'esprit du Duc, qu'il reprit brusquement la regle & l'habit de Capucin. Pour avoir voulu faire le voyage de Rome à Paris à pied & les pieds nuds, il fut attaqué en chemin d'une fievre violente, dont il mourut à Rivoli près de Turin, le 27 Septembre 1608, âgé de 41 ans (1).

Tout auprès on voit la tombe du Pere *Joseph le Clerc* (2), dont nous avons déja parlé. Ses talens le firent connoître du Cardinal Richelieu : ce puissant Ministre trouva dans ce Capucin des avantages peu communs, un état & un extérieur que respectoient les cabales de la Cour, & un esprit d'intrigue inépuisable. On dit que la politique adroite

---

(1) On a imprimé la vie de ce Guerrier Pénitent, ouvrage curieux & rare.

(2) Parce que la Tombe de ce Capucin, qui étoit un vrai diable enfroqué, joint celle du Frere Ange, dont nous venons de parler, on fit dans le temps ces deux vers :

Passant, n'est-ce pas chose étrange
De voir un *diable* auprès d'un *ange.*

du Cardinal dut beaucoup à la subtilité du Moine. Ce Capucin, homme d'Etat, fut presque Cardinal, mais il mourut avant que le Pape confirmât la nomination que le Roi en avoit faite. Le Cardinal de Richelieu fit graver sur sa tombe une épitaphe qui excuse, le mieux possible, ce Capucin d'avoir continuellement rejetté ce précepte de Saint-Paul : « Nul de ceux qui se des» tinent au service de Dieu, ne doit se » mêler des affaires du siecle (1).

CAPUCINS *de la Chaussée d'Antin.* Cette Communauté avoit son Couvent rue du fauxbourg Saint-Jacques ; elle fut transférée avec cérémonie, le Lundi 15 Septembre 1783, à la Chaussée d'Antin. Ce quartier, qui devient chaque jour plus considérable, manquoit absolument de secours spirituels ; le Gouvernement y a fait construire ce Couvent sur les dessins & sous la conduite de M. *Brongniard.* L'architecture de ce nouveau Monastere est remarquable par sa simplicité. La façade, décorée de deux bas-reliefs sculptés par M. *Clodion*, est percée de trois portes : la premiere à

―――――――――――――――――――――

(1) L'Abbé Richard, Chanoine de Sainte-Opportune, a fait une Histoire de ce Pere *Joseph*, comme on écrit l'histoire d'un homme dont les vérités sont dangereuses à dire : une autre histoire, dont l'Auteur est anonyme (on soupçonne qu'elle est du même Auteur), représente le Pere Joseph tel qu'il étoit.

gauche est l'entrée de l'Eglise, la porte du milieu est celle du Couvent, & la troisieme appartient à une salle destinée à un objet d'utilité publique. Si la simplicité la plus sévere convient à une Eglise de Capucins, M. *Brongniard* a parfaitement réussi dans la décoration de celle-ci, qui a le véritable caractere de la pauvreté séraphique; des murs tout nuds, des autels en bois, peints d'une couleur de bois peu agréable. Le seul ornement de cette Eglise, est un morceau de peinture à fresque en maniere de bas-relief, qui est derriere le maître-autel. Ce tableau, qui comprend à-peu-près cinquante pieds de longueur, représente S. François prêchant; il est de M. *Gibelin*, qui s'occupe avec succès de la peinture à fresque généralement abandonnée (1).

Le Cloître de ce Couvent est décoré d'un ordre sans base, à l'exemple du *Pæstum*, & d'autres monumens antiques. Cet ordre, introduit en France depuis quelques années, a été adopté comme une mode: il n'offre que la solidité, caractere qui ne convient pas mieux à un Couvent de Capucins qu'à

___

(1) On nomme communément *fresque*, toutes peintures dont on décore les murailles: cette dénomination est abusive; la véritable fresque se travaille sur une muraille fraîchement enduite de mortier, & on ne peut la conduire à sa perfection, que par petites parties, qu'on ébauche & qu'on finit dans le même jour, ce qui présente pour l'ensemble une grande difficulté d'exécution.

un autre Couvent. On auroit pu, sans craindre le reproche de luxe, rendre ce cloître de Capucins moins à la mode, aussi simple & plus beau, en donnant des bases aux colonnes de ces Révérends.

CAPUCINS *du Marais*. Ce Couvent, qui est situé rue d'Orléans, doit son établissement au zele du Pere *Athanase Molé*, Capucin. L'Eglise, commencée en 1623, fut finie par les secours & la protection de M. d'Argenson, Garde des Sceaux. Il y a plusieurs tableaux, parmi lesquels on distingue celui du maître-autel qui est une Adoration des Bergers par *la Hyre*. Dans le Chœur un Saint-François par *Michel Corneille*, & dans la nef une Descente de croix de l'école de *Vandyck*. On voit aussi un autre tableau de *la Hyre* dans la Chapelle de Saint-François d'Assise, représentant le Pape Nicolas V, occupé à visiter le corps de ce Saint, qu'il trouva debout sans être appuyé, plus de deux cents après sa mort. Une singularité de ce tableau, & qui n'est pas sans exemple, c'est que *la Hyre* s'y est peint sous la figure du Secrétaire du Pape.

CARMÉLITES *de la rue S. Jacques*. L'Eglise de ce Couvent est un des Monumens de la Capitale qui doivent le plus exciter la curiosité des Amateurs des beaux arts & de l'antiquité. On croit qu'elle fut

F

bâtie du temps du Roi Robert; mais ce qu'il y a de certain, c'est que les Religieux Bénédictins de Marmoutier y étoient établis sous le regne d'Hugues-Capet.

Outre la Chapelle ornée de peintures qui est au-dessous du Sanctuaire, il en existe une autre appellée de *Saint-Denis*, où, suivant le rapport des Religieuses de cette Communauté, ce Saint s'est tenu long-temps caché. Si l'on en croit l'Auteur des *Nouvelles Fleurs des Vies des Saints*, ce lieu fut un des quatre Oratoires souterrains que S. Denis fit construire dans ce canton, qui étoit alors occupé par des bois. Celui-ci fut dédié à la Vierge Marie, & prit dans la suite le nom de *Notre-Dame des Vignes*, ou *Notre-Dame des Champs*, qu'il a conservé jusqu'en 1604, que les Carmélites y furent établies.

Quelques Historiens ont pensé que cette Eglise étoit anciennement un temple à *Cérès*, & que la figure qui est au-dessus du portail, étoit la statue de cette Déesse; d'autres ont soutenu que c'étoit un *Saint-Michel*, & quelques autres un Dieu *Mercure*. M. de Saint-Foix a fort envie que ce soit la statue de *Mercure Theutates*, plutôt que celle de *Saint-Michel*. « Si c'étoit la figure de » cet Archange, dit-il, elle auroit des » ailes, le Diable sous ses pieds, & la dra-» perie n'iroit que jusqu'aux genoux ».

Cette figure de pierre, qui a occasionné plusieurs discussions, a plutôt le visage d'une femme que d'un jeune homme; sa longue robe contribue encore à faire croire qu'elle est de ce sexe. Elle tient une grande balance à la main; dans chacun des bassins sont des têtes d'enfans; elle a la tête panchée sur l'épaule gauche. Voilà tout ce que son élévation permet de remarquer. L'état de cette statue est fort douteux, comme on voit. Est-ce un Dieu, est-ce une Déesse ou un Archange? Cela n'est pas bien décidé. Cependant il faut avouer qu'on aimeroit mieux trouver en elle une *Cérès*, un *Mercure Teuthates*, qu'un *S. Michel*, cela seroit plus curieux.

En 1604, le Cardinal *Bérulle* amena d'Espagne six Religieuses Carmélites de la réforme de Sainte-Thérèse, & les établit dans cette Maison, qui étoit auparavant le *Prieuré de Notre-Dame des Champs*. Malgré la regle austere de cet Ordre, il existe en France soixante-dix Couvens de Carmélites, dont il y en a trois à Paris (1).

C'est dans ce séjour d'austérité, que se retira cette belle & fameuse Pénitente, Amante vertueuse d'un grand Monarque, *Louise-Françoise de la Beaume-le-Blanc*, Duchesse *de la Valiere*. Sa dévotion ba-

___

(1) Ménage dit avoir lu dans un petit livre imprimé à Bordeaux, que Saint-Michel frappant à la porte du Paradis, Saint-Pierre dit, *qui est ce?* Saint-Michel répondit; *une Carmélite*. Saint-Pierre répliqua: *on ne voit ici que des Carmélites, quand il y en aura une douzaine, on ouvrira.*

lança long-temps son amour, à la fin elle triompha ; & l'on vit cette charmante personne, fuyant les délices de la plus brillante Cour, vivre dans la retraite, la gêne & les larmes, pour se punir du crime d'avoir aimé sincerement le plus magnifique des Rois (1).

Marie de Médicis, qui protégeoit l'établissement des Carmélites, ne négligea rien pour en embellir l'Eglise : tout y est riche, tout y est beau dans l'intérieur. On monte au grand autel par douze marches de marbre artistement posées, accompagnées de balustrades de marbre, dont les balustres sont de cuivre doré. Tous les ornemens de cet autel sont de bronze doré. Le tabernacle, qui représente l'arche d'alliance, est tout d'argent ; un bas-relief qui est au-devant, est un ouvrage achevé. Les jours de Fête, on y expose un soleil d'or enrichi de pierres précieuses, des chandeliers & des vases du plus grand prix ; tout y respire la magnificence.

A droite sont six tableaux de *Philippe de Champagne*, dont trois ne sont pas entierement de lui. Ceux qui appartiennent en entier à ce Peintre, représentent une Pentecôte, une Assomption, & la résurrection du Lazare.

---

(1) Elle vécut pendant 36 ans dans cette Communauté, suivant rigoureusement la regle de cet Ordre, & mourut l'an 1710. Elle portoit le nom de *Sœur Louise de la Miséricorde*.

A gauche, on voit d'abord une Multiplication des pains par *Stella* ; une Madeleine aux pieds de notre Seigneur, ce superbe tableau est de *le Brun* ; une entrée triomphante de Jésus-Christ dans Jérusalem par *la Hyre* ; un Jésus avec la Samaritaine de *Stella* ; Jésus dans le désert servi par les Anges, excellent tableau de *le Brun* ; enfin, une Résurrection de *la Hyre*.

En face du chœur des Religieuses, on admire une Salutation angélique, ouvrage précieux du *Guide*.

Les Chapelles de cette Eglise ne sont pas moins superbement décorées ; dans la premiere, auprès du chœur, est un tableau en face de l'autel, qui représente Saint-Joseph dormant, & averti en songe par un Ange de ne point quitter la Sainte-Vierge ; ce tableau est de *Philippe de Champagne*. Son neveu, *J. B. de Champagne*, a exécuté, sur les lambris de cette Chapelle, l'histoire de ce Saint, d'après les dessins de son oncle.

Sur l'autel de la troisieme Chapelle, est un tableau représentant Sainte-Genevieve accompagnée d'un Ange, par *le Brun*. La vie de cette Sainte, dessinée par ce Peintre, a été exécutée sur les panneaux des lambris par *Verdier*.

Dans la quatrieme Chapelle, on voit un des chef-d'œuvres de *le Brun* ; c'est une Madeleine dans l'attitude de la plus vive douleur. Tout est admirable dans ce tableau, correction de dessin, coloris, expression; l'ame de l'observateur le plus insensible est ému en voyant cette peinture, la douleur de cette belle éplorée semble s'accroître à mesure qu'on la considere, ses yeux rougis vont échapper de nouvelles larmes. Ce qui ajoute à l'intérêt de ce précieux ouvrage, c'est que la figure de la Madeleine est, dit-on, le portrait de la Duchesse *de la Valliere*.

Dans cette même Chapelle, est sculptée en marbre la figure du Cardinal de *Bérulle*, fondateur des Carmélites en France; cette figure à genoux est l'ouvrage de *Sarazin*. Le piédestal est enrichi de deux bas-reliefs qui sont de *Lestocart*.

Au-dessus du buffet d'orgues on voit une figure de Saint-Michel, plus grande que nature; elle est soutenue en l'air par une barre de fer qui tient à la voûte, le Diable est renversé à ses pieds: cette sculpture est d'après les dessins de *Stella*.

Les peintures à fresque de la voûte sont toutes de *Philippe de Champagne*. On voit toujours avec le même étonnement le merveilleux effet d'un Christ entre la Vierge & Saint-Jean. Ces trois figures sont peintes sur un plan horisontal, & cependant paroissent sur un plan vertical; ce chef-d'œuvre de perspective avoit été tracé par *Desargues*, habile Mathématicien, Cham-

pagne a completté l'illusion par la magie de son pinceau.

La nef est séparée du chœur par quatre grandes colonnes de marbre chargées de flammes de bronze doré. Au-dessus de la porte de cette clôture, est un Crucifix du même métal, que l'on regarde comme un des meilleurs morceaux de *Jacques Sarazin*.

Dans cette Eglise ont été inhumées plusieurs personnes, parmi lesquelles nous citerons les plus distinguées. Trois filles de *Henri-Charles-Alphonse* de Lorraine, *Prince d'Harcourt*, & de *Marie Brancas-Villars*; *Pierre de Bullion*, Abbé de Saint-Faron; *Julie d'Angennes*, Duchesse de Montausier, morte en 1671; le Duc de *Montausier*, son mari, mort en 1690; *Marie-Anne de Bourbon*, Duchesse de Vendôme, morte au mois d'Avril 1718, & *Antoine Varillas*, mort en 1696, Historiographe de France.

CARMÉLITES *de la rue Chapon.* Elles furent fondées par *Catherine d'Orléans*, Demoiselle de *Longueville*, qui acheta l'hôtel des Evêques de Châlons pour y loger ces Religieuses; elles en prirent possession en 1619. L'Eglise n'a rien de remarquable.

CARMÉLITES *de la rue de Grenelle, fauxbourg Saint-Germain.* Cette Maison, d'abord établie dans la rue du Bouloir, ne fut qu'une retraite dépendante du grand Couvent de la rue Saint-Jacques, obtenue

F iv

par Lettres-Patentes du mois d'Avril 1656, par *Anne-Marie-Chrétienne de Foix de la Valette*, Religieuse Professe audit Couvent.

Six ou sept ans après, la Reine *Marie-Thérèse d'Autriche*, épouse de Louis XIV, obtint de ce Roi la permission de fonder dans la ville de Paris une Communauté de Religieuses Carmélites, pour y faire ses retraites spirituelles, & remercier Dieu de la naissance du Dauphin; les Lettres-Patentes données en faveur de ce pieux dessein, enregistrées au Parlement le 17 Décembre 1669, révoquent & annullent les conditions sous lesquelles l'établissement des Carmélites de la rue du Bouloir avoit été fait, déclarent cette Maison un Monastere indépendant, & lui accordent les privileges attachés aux autres Communautés de fondation royale, &c. En 1686, ces Religieuses furent transférées dans la rue de Grenelle, fauxbourg S. Germain.

CARMES *du grand Couvent, quartier de la place Maubert.* Suivant la tradition de ces Peres, ils descendent en droite ligne du Prophete *Elie*, qui fut leur premier Supérieur; ils portent en conséquence, un manteau semblable à celui qu'*Elie* jetta du Ciel à son serviteur *Élisée*. Non-seulement tous les Prophetes qui ont suivi, mais plusieurs Payens célebres ont été du même Ordre, comme l'assure le sage Auteur de l'histoire latine de l'Ordre Carmélite. Ainsi *Pytagore* fut un Carme très-célebre. *Numa Pompilius*, R. P. Carme, ne quitta le scapulaire que pour prendre le sceptre. *Zoroastre* fut aussi un Carme très-dévôt. Les Druides étoient des Carmes, & les Vestales des Carmélites. Les avis sont fort partagés sur la question de savoir si *Jésus* a été Religieux de cet Ordre. L'Auteur cité tranche la difficulté, & soutient que le Sauveur du monde étoit Carme. Ce qui est moins merveilleux, mais plus raisonnable, c'est que plusieurs Hermites qui habitoient le Mont-Carmel, réunis vers l'an 1112 par *Albert*, Patriarche latin de Jérusalem, formerent l'institution de cet Ordre, que confirma, en 1171, le Pape Honoré III. Leurs manteaux, qui étoient de la couleur de celui du Prophete *Elie*, se trouverent aussi de la même couleur que les manteaux des grands Seigneurs Sarrasins; ceux-ci qui ne vouloient pas être confondus avec ces Moines, les obligerent de les porter moitié noir & moitié blanc. Ils conservoient encore cette bigarrure, qui les fit appeller les *Barrés*, lorsque Saint-Louis en conduisit six à Paris, qu'il établit au lieu que viennent de quitter les Célestins, & c'est par rapport à ce costume singulier, que la rue qui conduit à ce Couvent, porte le nom *des Barrez*.

A cause de l'insalubrité du voisinage de la riviere, du mauvais état de leur maison & de leur éloignement de l'Université, Phi-

F v

lippe-le-Bel leur accorda, au mois d'Avril 1309, une maiſon qui lui appartenoit, dans l'emplacement où ils ſont aujourd'hui.

Jeanne d'Evreux, troiſieme femme de Charles-le-Bel, ſe montra toujours dévouée en faveur des Carmes. Ces Moines s'aggrandirent par les largeſſes de cette Reine, qui vendit ſes joyaux & ſes pierreries pour donner plus d'étendue à leur Egliſe.

Le mauſolée que MM. Boullenois fils viennent de faire élever à la mémoire de leurs pere & mere, eſt le monument le plus remarquable de cette Egliſe.

Sur une baſe de marbre verd antique, décoré de guirlandes en marbre jaune antique, eſt poſé un ſarcophage de portor, ſoutenu par des griffes de lion en marbre blanc; au-deſſus du ſarcophage eſt une urne ſépulcrale de porphire, qu'on aſſure être antique; elle eſt entre-laſſée de branches de cyprès en marbre verd antique; derriere & comme fond s'éleve une vaſte pyramide de granit rouge oriental, de 28 pieds de hauteur; à ſon ſommet, qui eſt tronqué, eſt placé un aigle en bleu turquin tenant en ſon bec le portrait de M. *Boullenois*, & dans une de ſes ſerres, celui de *Charlotte du Bois*, ſa femme. Ces deux tableaux ſont en moſaïques. Sur le devant du ſacorphage eſt placée debout la figure de la Juſtice, ayant à ſa main une épée, & derriere elle des balances. Elle eſt de huit à neuf pieds de proportion; ſous ſon bras gauche est un rouleau de bronze doré qui se déploie & montre en caracteres de lapis lazuli, enchâssés dans des lames d'argent, ce titre d'un ouvrage du défunt: *Traité de la personalité & de la réalité des Loix, par M. Boullenois, Avocat.* Par son attitude, cette figure exprime ses regrets de la mort du Jurisconsulte.

Ce monument a été exécuté en Italie, par M. *Poncet* de Lyon, qui demeure à Rome.

Sur la partie cintrée du piedestal, est l'inscription suivante en caracteres de bronze doré, très-mal exécutés. *D. O. M. viginti duobus annis ab obitu patris filii mœrentes posuere. Anno 1784.*

Sur le plan de terre & dans trois cartels, sont les trois inscriptions suivantes qu'avant l'érection de ce monument on lisoit & on admiroit dans le chœur des Moines de cette Eglise:

Uxor antè decessit.
Scripsit maritus in solamen
Uxorique sibique
Carmina
Quæ hinc & inde leguntur.

à droite, sont ces vers avec ce titre:

Vota mariti superstitis.

In tumulo placidè requiescit amabilis uxor:
Junxit amor mentes, corpora jungat humus.

à gauche, on lit ces autres vers:

Vir ex tumulo.

Cessant jàm mea vota, simul requiescimus ambo;
Nunc cinis unus erit, quod fuit una caro.

A l'exemple de quelques critiques, on ne doit pas chercher à pénétrer si dans ce monument, le plus fastueux de Paris, MM. Boullenois n'ont pas davantage signalé leur ostentation que leur tendresse filiale; mais il est permis d'examiner si les intentions magnifiques de ces fondateurs ont été parfaitement remplies par l'Artiste chargé de l'exécution de ce tombeau.

Le premier objet qui frappe est la figure de la Justice; ses draperies, quoique à la manière antique, ne sont ni gracieuses ni naturelles; l'attitude est gauche, les formes lourdes & sur-tout très-incorrectes; il ne faut pas être initié dans les arts pour voir au premier coup-d'œil que la gorge n'est pas à sa place; mais le marbre de cette figure est très-précieux, & ce seroit le cas de dire ce mot d'Appelle : *O mon ami, tu n'as pu la faire belle, tu l'as faite riche.*

Le vase de porphyre & le sarcophage sont d'une très-belle forme, parce que l'un & l'autre sont antiques, ou copiés d'après l'antique. Les griffes du lion qui soutiennent ce sarcophage sont de mauvais goût, parce qu'étant de marbre blanc, elles n'expriment point la solidité dont elles doivent avoir le caractere, & que la couleur blanche n'annonce que la foiblesse: des griffes de bronze étoient bien préférables.

La position irrégulière des portraits en mosaïques n'offre rien de noble & de distingué; leurs bordures très-communes rappellent un tableau d'appartement. L'aigle, qui tient en l'air ces tableaux, fait appréhender qu'ils ne tombent. Cette crainte est la preuve la plus sûre du mauvais goût de cette idée.

Enfin on pense que ce mausolée gagneroit beaucoup si l'on avoit le courage d'en retrancher la figure de la Justice, l'aigle & les deux portraits, & l'on regrette que des matériaux aussi riches n'aient pas été mieux employés.

MM. *Boullenois* ayant fait blanchir la partie de l'Eglise qui avoisine le mausolée, les Carmes ont profité de l'occasion pour faire reblanchir l'Eglise entiere, ainsi que le maître-autel, dont le mauvais goût se fait mieux sentir depuis cette réparation. De cette affaire, *Philippe du Bec*, Archevêque de Reims, dont la figure est représentée à genoux dans le chœur, a été fraichement rougi.

On voit dans le Cloître une chaire de pierre, du haut de laquelle plusieurs Docteurs, tels qu'*Albert le Grand*, *Saint-Bonaventure* & *Saint-Thomas*, donnoient publiquement leurs leçons.

L'Auteur de la plus ancienne Description de Paris & de plusieurs autres Ouvrages, *Gilles Corrozet*, Libraire, a son épitaphe dans ce cloître en lettres gothiques.

L'an mil cinq cent soixante-huit,
A six heures avant minuit,
Le quatrieme de Juillet,
Décéda *Gilles Corrozet*

Agé de cinquante-huit ans,
Qui, Libraire fut en son temps.
Son corps repose en ce lieu-ci,
A l'ame Dieu fasse merci.

Dans le Cloître, est le tombeau du Pere *Felix Buy*, qui soutint en 1681 une these publique, où il prouva qu'il y a des loix ecclésiastiques auxquelles le Pape est soumis; qu'il ne peut pas toujours dispenser des Canons; qu'il ne peut ni déposer les Rois, ni imposer des tributs sur le Clergé de leur Royaume; que le Pape n'est ni infaillible, ni au-dessus du Concile, & que le droit de Régale n'est ni une chimere ni une usurpation. Le Pape lança toutes ses foudres contre ce Moine audacieux. Louis XIV s'opposa courageusement à leurs effets, le Pere *Buy* continua ses fonctions, & le Prieur des Carmes fut obligé, sous peine de voir le temporel du Couvent saisi, de regarder ce savant comme très-ortodoxe, & d'obéir au Roi plutôt qu'au Pape.

CARMES *de la rue des Billettes*. Ce Monastere est situé dans l'emplacement qu'occupoit autrefois la maison d'un Juif, nommé *Jonathas*.

Une femme, pour avoir, pendant les Fêtes de Pâques, sa plus belle robe qu'elle avoit engagée à ce Juif, n'ayant pas de quoi la retirer, consentit, à sa sollicitation, de lui porter la sainte hostie qu'elle recevroit à la communion. Cette malheureuse exécuta sa promesse. Le Juif fanatique perça de plusieurs coups de canif cette hostie qui rendit beaucoup de sang; il la jetta dans le feu, elle voltigeoit au-dessus des flammes; il l'a mit dans une chaudiere, elle rougit l'eau de sang & voltigeoit au-dessus. Enfin, chaque impiété étoit suivie d'autant de miracles effrayans. Ce qui étonne beaucoup, c'est que cet homme y fut insensible. Son fils voyant les enfans de sa connoissance se rendre à l'Eglise, leur conseilla de n'y plus aller, parce que son pere avoit, le matin, fait mourir leur Dieu à force de le maltraiter. Une bonne femme, entendant cela, court chez *Jonathas*, sous prétexte d'y aller chercher du feu. Ce qui surprendra encore davantage, c'est que ce Juif la laissa entrer, même approcher jusqu'à la cheminée, où il commettoit le sacrilége. Cette femme vit cette sainte hostie voltiger, & se reposer ensuite dans une jatte de bois qu'elle tenoit à la main. Sur le champ elle la porta chez le Curé de Saint-Jean-en-Greve, où elle est actuellement. *Jonathas* fut pris & brûlé vif; sa femme & ses deux enfans furent baptisés (1).

Philippe-le-Bel donna une partie de la maison de ce Juif à *Regnier Flaminge*, qui y fit bâtir une Chapelle que l'on nomme

_____

(1) Ce qui est fort singulier, c'est que, dans le même temps, la même profanation fut commise à Bruxelles, par un Juif également nommé *Jonathas*, & l'on y conserve aussi comme des reliques, les Saintes Hosties mutilées.

la Chapelle des Miracles, & l'autre partie aux Freres de la Charité de Notre-Dame. Le Pape Clément VI donna à ces Freres, en 1347, la regle de Saint-Augustin, & le Couvent des Billettes devint un Prieuré conventuel, sous l'autorité d'un Général qui résidoit originairement à Boucheromont.

Ces Freres obtinrent d'abord l'estime générale & la faveur des Rois; mais leur conduite irréguliere, leur indocilité & leurs divisions continuelles, les rendirent dans la suite odieux à tout le monde. On ne les réforma point, mais on les laissa éteindre. Ils furent remplacés, le 24 Juillet 1631, par les Carmes réformés de l'Observance de Rennes, qui cherchoient depuis long-temps à s'établir à Paris.

Sur l'entrée de la Chapelle des Miracles, on lisoit encore en 1685 cette inscription:

> Ci-dessous le Juif fit bouillir
> la *Sainte Hostie*.

mais des réparations l'ayant détruite, on y a substitué celle-ci:

> Cette Chapelle est le lieu où un Juif
> outragea la Sainte Hostie.

On conserve dans cette Eglise, comme une relique, le canif dont le Juif se servit contre la *sainte hostie*, & l'écuelle où elle vint se reposer. L'un & l'autre sont enchâssés dans des reliquaires formant des statues de Saints, qui tiennent à la main les instrumens qui sont enfermés dans leurs intérieurs.

Le corps de *Papire Masson*, Historien estimé, & le cœur de *François Eudes de Mezerai*, Historiographe de France, Secrétaire perpétuel de l'Académie Françoise, sont inhumés dans cette Eglise.

Elle a été rebâtie à neuf en 1754, sous la conduite & d'après les dessins de Frere *Claude*, Religieux Dominicain, qui sans doute étoit un Frere zélé, un excellent Moine, mais non pas un bon Architecte.

CARMES *Déchaussés*. Le Pape Paul V. envoya en France deux de ces Moines de la réforme de Sainte-Thérese, le Pere *Denis de la Mere de Dieu*, & le Pere *Bernard de Saint-Joseph*. Ils logerent d'abord aux Mathurins, ensuite au College de Clugny; enfin le Cardinal de Joyeuse, qui présenta ces Moines au Roi & à la Reine Régente, obtint pour eux des Lettres-Patentes de Mars 1611. Alors ils prirent possession d'une maison rue de Vaugirard, que *Nicolas Vivian*, Maître des Comptes, avoit achetée exprès de Robert Barrat, Maître-d'Hôtel du Roi, & de Françoise Fromage son épouse. Ces Moines construifirent à la hâte quelques logemens & une Chapelle dans une salle qui avoit autrefois servi au Prêche des Calvinistes.

Cette premiere Chapelle fut trouvée trop petite. *Jean du Tillet*, Greffier en chef au Parlement, en fit conſtruire une plus grande. Le Nonce Ubaldin qui avoit dit la premiere meſſe dans la premiere Chapelle, célébra encore la premiere dans cette ſeconde.

Le concours de dévots augmentant chaque jour, il fallut penſer à reconſtruire un autre Couvent & une troiſieme Egliſe. *Nicolas Vivian* poſa la premiere pierre du Couvent, & la Reine *Marie de Médicis*, mere de Louis XIII, poſa la premiere de la nouvelle Egliſe, le 7 Février 1613 : c'eſt la même Egliſe que l'on voit aujourd'hui (1).

Le tableau du maître-autel a été donné par la Reine *Anne d'Autriche*; il eſt peint par *Quentin Varin*, un des maîtres du fameux *Pouſſin*; la Préſentation de Notre Seigneur au Temple en eſt le ſujet.

Le dôme, peint par *Bartholet Flamaël*, repréſente l'inſtant où le Prophete *Elie* s'enleva dans le ciel ſur un char de feu, & qu'il jetta ſon manteau à ſon ſerviteur *Eliſée*, qui tend les bras pour le recevoir.

Dans la Chapelle dédiée à Sainte-Thé-

---

(1) M. de Saint-Foix aſſure que ces Moines Mendians jouiſſent de *près de cent mille livres de rente en loyers de maiſon* qu'ils ont fait bâtir dans la rue de Vaugirard, & dans les rues adjacentes; & il obſerve que leur fortune s'eſt faite en bien peu de temps. *Il faut leur rendre juſtice*, dit cet Hiſtorien, *les richeſſes ne les enorgueilliſſent pas; ils continuent toujours d'envoyer des Freres quêter dans les maiſons.*

rese, est une apparition de Notre Seigneur à cette Sainte : il est de *Jean-Baptiste Corneille* ; les tableaux des côtés sont de *Seve* l'aîné.

A l'entrée de l'Eglise est une tombe de bronze ornée de beaux bas-reliefs. Elle est du dessin d'*Oppenord*, ainsi qu'une autre plus petite placée vers le milieu de la nef, par laquelle on jette de l'eau bénite aux corps descendus dans le caveau.

L'objet qui doit davantage fixer les regards des observateurs, c'est la superbe Statue de la Vierge, tenant son fils sur ses genoux, dans la Chapelle qui lui est dédiée. Elle est d'albâtre, faite à Rome par *Antonio Raggi*, d'après le modele du *Cavalier Bernin*. Rien n'est plus gracieux que son attitude ; le dessin de la draperie est d'une correction & d'une vérité admirable. Ce grouppe, que le Cardinal Antoine Barberin paya dix mille francs, & qu'il fit ensuite transporter en France, pour le donner aux Carmes déchaussés, est accompagné de colonnes de marbre veiné, disposées en forme de Temple, aussi d'après le dessin du *Cavalier Bernin*.

Le blanc dont les murailles du Cloître sont peintes est aussi brillant que le marbre. Il a été long-temps un secret appertenant à ces seuls Moines. La composition en est aujourd'hui connue sous le nom de *Blanc des Carmes*.

C'est encore dans l'Apothicairerie de ce

Monastere que fut inventée la fameuse *Eau de Mélisse*, fort en réputation dans la Capitale, sous la dénomination d'*Eau des Carmes* (1).

CARROSSES. Nos Reines alloient en litiere, ou à Cheval. Catherine de Médicis est la premiere qui ait eu un Carrosse. Le premier Président de Thou qui avoit la goutte, fit faire le quatrième Carrosse. Les Présidens, les Conseillers, alloient au Palais sur des mulles, les chevaux étoient pour les gens d'épée. Ces Carrosses qu'on nommoit alors *Coches*, n'étoient point suspendus, & les dames aimoient mieux aller en croupe, que dans une voiture si fatiguante. Ces Carrosses ou Coches étoient faits comme le sont ceux des Messageries, avec de grandes portieres de cuir qu'on abaissoit pour y entrer; on n'y mettoit que des rideaux; s'il y avoit eu des glaces au Carrosse de Henri IV, peut-être n'auroit-il pas été tué (2). Bassompierre, sous le regne

___

(1) Avant que l'alkali volatil fût en vogue, les Carmes s'étoient fait une grande réputation dans les cercles, dans les boudoirs, par la vertu de leur Eau, qui faisoit alors des prodiges contre les affections nerveuses. Une petite Maîtresse ne sortoit jamais sans être suffisamment pourvue d'*Eau des Carmes*.

(2) Ce Prince écrivoit à M. de Sully qui étoit malade : *Je comptois aller vous voir ; mais je ne pourrai, parce que ma femme se sert de ma coche*.

de Louis XIII, fut le premier qui fit faire un petit Carrosse avec des glaces. Pendant la minorité de Louis XIV, presque tous les gens de la Cour qui n'avoient point d'incommodités, alloient encore à cheval; ils se présentoient chez les dames aux assemblées, & se mettoient à table avec leurs bottines & leurs éperons. Le nombre des Carrosses, qui ne se montoit dans Paris, en 1658, qu'à trois cents dix ou vingt, se monte aujourd'hui à plus de vingt mille.

CARTES *à jouer*. Les Cartes ont été inventées en Espagne, vers l'an 1330, sous le nom de *Naipes*, par *Nicolao Pepin*; elles furent faites, suivant M. *Court de Gébelin*, à l'imitation des *Tarots*, jeu peu connu en France, & dont l'origine remonte aux anciens Egyptiens qui en faisoient le code de leur doctrine. Proscrites en Espagne, elles furent adoptées en France, où Charles V les fit bientôt défendre par son Edit de 1369; elles furent alors fort décriées dans ce Royaume. Elles y reparurent sous le regne de son successeur Charles VI, & ne furent introduites à la Cour que sous le prétexte d'amuser le Roi pendant les intervalles de sa démence.

On lit dans un compte de Charles Poupart, Surintendant des Finances de Charles VI: *donné cinquante-six sols parisis à Jacquemin Gringoneur, Peintre, pour trois jeux de Cartes à or & à devises pour porter devers ledit Seigneur Roi, pour son ébatement.*

Si elles n'étoient pas si communes, nos cartes mériteroient, avec raison, d'occuper une place distinguée dans les Cabinets des Antiquaires. Les figures qu'elles représentent, sont à la fois des monumens des beaux-Arts, du costume & de l'esprit du siecle qui les a produites en France. C'est ainsi que peignoient les meilleurs Peintres de ce temps, c'est ainsi qu'on étoit vêtu à la Cour de Charles VI, & c'est ainsi que l'on faisoit allusion, par des anagrames, des allégories, aux événemens politiques & aux avantures galantes.

Le Valet de Cœur & le Valet de Carreau étoient deux Capitaines de distinction sous le regne de Charles VII, *la Hire* & *Hector*. La Dame de Trefle étoit la Reine Marie d'Anjou, sous le nom d'*Argine*, dont l'anagrame est *Regina*. La Dame de Carreau, sous le nom de *Rachel*, représente la tendre & belle *Agnez Sorel*, maîtresse du Roi ; la Dame de Pique est cette illustre Guerriere, *la Pucelle d'Orléans*, sous le nom belliqueux de *Pallas*, & la Dame de Cœur nous offre la galante *Isabeau de Baviere* (1).

―――――――――――――――――――
(1) Un Petit-Maître de la Cour de Charles VI, *Louis de Bourbon*, beau, bien fait, alloit au Château de Vincennes voir *Isabeau de Baviere*, dont les amours avec ce Gentilhomme étoient très-publiques. Il rencontra le Roi en chemin, le salua *sans s'ar-*

Le Roi de Pique est le Roi *Charles VII*: sa vie est à-peu-près semblable à celle du Roi *David*, dont on lui donne le nom, &c.

On voit, dit M. de Saint-Foix, qu'un jeu de Cartes, à la faveur d'un commentaire, peut s'attirer *autant de considération que bien des Auteurs Grecs & Latins*.

Cette invention favorable à la paresse, dit M. l'Abbé Millot, est devenue pernicieuse à la société, en dégoûtant des exercices du corps, en procurant aux gens oisifs une ressource contre l'ennui, souvent pire que l'ennui même, & en facilitant les moyens de ruiner tout-à-la-fois sa santé & sa fortune.

CASERNES. Il y a vingt Casernes dans Paris; c'est à M. le Maréchal, *Duc de Biron*, que l'on doit ces établissemens. Il en a fait construire cinq neuves, dans chacune desquelles sont logées trois Compagnies. Chaque Compagnie est divisée par quatre sections, ou quatre chambres, contenant douze à quinze lits, dans chacun

---

rêter ni descendre de son cheval. Le Roi l'ayant reconnu, ordonna à Tanegui du Châtel, Prévôt de Paris, de courir après lui, & de le conduire en prison. La nuit il fut mis à la question, ensuite enfermé dans un sac & jetté dans la Seine avec ces mots sur le sac: *laissez passer la justice du Roi*. La Reine fut conduite à Tours, & gardée à vue. Les amours de cette Princesse furent très-funestes à la France.

desquels couchent deux Soldats. Il y a six Chambres de Sergens pour chaque Compagnie.

Ces Casernes, d'une Architecture noble & simple, sont spacieuses & commodes; elles sont placées dans les différens fauxbourgs de la Ville.

CÉLESTINS. *Pierre Moron* fut l'instituteur de cette Communauté, qui étoit de l'Ordre de Saint-Benoît; étant devenu Pape, il se fit appeler *Célestin* : les Moines, ses créatures, se glorifierent de porter ce nom, qu'ils ont conservé depuis. Les Carmes occupoient cette Maison, ils l'abandonnerent & la vendirent à *Jacques Marcel*, Bourgeois de Paris, qui y fit bâtir deux Chapelles, & y établit deux Chapelains pour les desservir. Le Duc de Normandie, qui fut depuis le Roi Charles V, ayant fait venir des Célestins du Monastere de Saint-Pierre de Châtres, dans la forêt de Cuise, à deux lieues de Compiegne, *Garnier Marcel*, fils de *Jacques*, leur donna, à la sollicitation de *Robert de Juffi*, qui avoit été Novice de cet Ordre, tout l'emplacement que son pere avoit acheté des Carmes. Cette donation fut confirmée par Lettres de *Jean de Meulan*, Evêque de Paris, & de *Guillaume Melun*, Archevêque de Sens, données l'an 1352.

Charles V, pendant la prison de son pere, le Roi Jean, en sa qualité de Régent

gent du Royaume, fit beaucoup de bien à ces Religieux. Lorsqu'il fut Roi, il ne fut pas moins libéral à leur égard, il leur accorda dix mille pieces d'or, & douze arpens de bois de haute-futaie à prendre en la forêt de Moret, pour faire bâtir une nouvelle Eglise, dont il posa la premiere pierre : c'est celle qui existe aujourd'hui.

On voit encore la statue de ce Roi au Portail, tenant à la main un modele de cette Eglise. La statue qui lui sert de pendant, est celle de *Jeanne de Bourbon*, sa femme. Ce bienfaiteur des Célestins ne borna point là ses libéralités; il employa encore la somme de cinq mille livres à faire bâtir le Dortoire, le Réfectoire, le Cloître & le Chapitre; il dota la Maison de deux cents livres de rentes amorties; il agrandit encore la Communauté de la Maison d'un Commis, qui fut vendue par décret, & ce Roi mérita, par tant de bienfaits, le glorieux titre de *Fondateur des Célestins*.

Le fils puiné de Charles V^e, Louis, Duc d'Orléans, hérita des bonnes dispositions de son pere pour ces Religieux. Un événement singulier en détermina bientôt les effets.

Charles VI s'étant déguisé en Satyre avec quelques Seigneurs de sa Cour, pour aller à un Bal qui se donnoit à l'occasion d'un mariage d'une des Dames de la Reine, le Duc d'Orléans, pour reconnoître ces masques, s'approcha avec un flambeau, le feu

G

prit à l'habit d'un d'entre eux & la flamme fit des progrès d'autant plus rapides que ces habits étoient enduits de poix, pour faire tenir du coton & du lin, & figurer par ce moyen le poil des Satyres; par malheur encore ces masques étoient enchaînés ensemble; ils ne purent se débarrasser assez tôt pour éviter l'embrâsement: plusieurs en périrent; le Roi n'échappa à la mort que par la présence d'esprit de la Duchesse de Berry sa tante, qui jetta son manteau sur lui, & parvint à étouffer la flamme en le serrant étroitement. Le Duc d'Orléans, pour expier son imprudence & les maux qu'il venoit de causer, fit construire aux Célestins la Chapelle qui porte son nom, dans laquelle il fut inhumé, l'an 1407, en habit de Célestin, comme il l'avoit ordonné par son testament.

Cette Eglise est une des plus curieuses de Paris, peut-être de l'Europe, à cause de ses beaux tableaux, de ses chef-d'œuvres de sculpture, de ses tombeaux anciens ou superbes, & des cendres illustres qu'ils renferment.

Au-dessus de la porte du chœur, sont deux tableaux de *Stradan*, l'un en dehors qui représente la parabole de l'économe de l'Evangile, l'autre en dedans, où l'on voit Jésus-Christ au milieu des Docteurs.

Le lutrin, la balustrade du Sanctuaire, les figures de la Sainte Vierge & de l'Ange Gabriel qui sont sur le maître-autel, sont de *Germain Pilon*; c'est en faire l'éloge que de nommer cet Artiste.

Les cœurs du Roi *Jean* & de sa seconde femme *Jeanne*, Comtesse de Boulogne, ont été inhumés devant le maître-autel.

Philippe de France, premier Duc d'Orléans, fils puîné du Roi *Philippe VI*, dit *de Valois*, & de la Reine *Jeanne de Bourgogne*, mort en 1391, fut enterré devant le sanctuaire; alors la Chapelle d'Orléans n'étoit pas encore bâtie. *Henri*, *Duc de Bar*, mort à Venise en 1398 en revenant de la bataille de Nicopolis, fut également inhumé proche le sanctuaire de cette Église, en habit de Célestin, ainsi qu'il l'avoit ordonné.

On voit dans le mur, proche le sanctuaire, du côté de l'Evangile, le mausolée de *Leon de Lusignan*, Roi d'Arménie, avec cette épitaphe.

LEO LUSIGNANEUS *Armenorum Rex novissimus, ab Othomanis solio deturbatus, à Carolo VI, Francorum Rege, benignissimè exceptus ipsius sumptibus hoc in loco regaliter sepultus fuit, anno Domini 1393.*

Chassé de son Royaume par les Turcs qui avoient massacré sa femme & ses enfans, il vint à Paris en 1385, presque dans la misere. Il n'avoit pour tout bien, dit Froissard, Historien contemporain, qu'*un grand cœur, beaucoup de mérite & une haute réputation.* Charles VI le reçut avec ami-

G ij

tié, le combla de bien pendant sa vie & après sa mort lui fit faire les mêmes honneurs & les mêmes cérémonies que font les Arméniens aux funérailles de leurs Rois.

Plus bas, & du même côté, est un autre mausolée avec une épitaphe Françoise & Latine ; nous trascrirons la Françoise.

Cy gist notre Dame, Madame JEANNE DE BOURGOGNE, *Epouse de très-noble Prince, Monseigneur* JEAN, *Duc de Bethfort, & Régent de France, & fille de très-noble Prince, Monseigneur Jean, Duc de Bourgogne, laquelle trépassa à Paris, le 14 de Novembre, l'an de grace 1432* (1).

Du côté de l'épître est un tombeau de marbre noir, sur lequel est couchée une figure de marbre blanc ; il renferme les entrailles de *Jeanne de Bourbon*, femme de Charles V, Roi de France. On y lit cette épitaphe.

---

(1) Dans les temps de désastres, où les François étoient tour-à-tour pillés, massacrés, rançonnés, par plusieurs factions composées de brigands & de bourreaux, cette Princesse étoit la seule consolation des Parisiens. L'Auteur du Journal de Paris de ce temps-là, dit qu'elle étoit, « la plus plaisante de toutes les Dames, qui adoncques fussent en France ; car elle étoit bonne & belle, & de bel aage ; car elle n'avoit que vingt-huit ans quant elle trespassa, & certes elle étoit bien amé du peuple de Paris.... Ceux de Paris perdirent moult de leurs espérences ; mais à souffrir leur convint ».

Ici reposent les entrailles de Madame la Reine JEANNE DE BOURBON, *épouse de Charles-le-Quint, & fille de très-noble Prince, Monseigneur* PIERRE DE BOURBON, *qui régna avec sondit Epoux treize ans & dix mois, & trépassa l'an 1377, en Février.*

Du même côté est un autre tombeau où on lit cette épitaphe.

Cy gist pere en Dieu, Messire ANDRÉ D'ESPINAY, *Cardinal, Archevêque de Lyon & de Bordeaux, Primat de France & d'Aquitaine, zélateur & bienfaiteur de l'Ordre des Célestins, qui trépassa à Paris aux Tournelles, le dixieme jour de Novembre, l'an de grace 1500. Priez Dieu pour lui.*

Ce Prélat a joué un grand rôle dans les guerres de Charles VIII; il se trouva à la bataille de Fornoue, armé de son surplis, de sa mître & d'un morceau de la vraie Croix; il fit des merveilles à côté du Roi qu'il n'abandonna jamais.

Entrons dans la Chapelle d'Orléans. Des obélisques, des sarcophages, des statues, des mausolées, un cippe, un grouppe des trois Graces: on ne croit plus être sous la voûte gothique d'une Eglise, mais dans le Temple des Arts, ou dans un précieux *Museum*. Cette Chapelle sépulchrale est remplie de monumens de toutes les formes. Le Curieux n'a tout au plus que l'espace d'observer.

A l'entrée est une grande colonne torse composite de marbre blanc, ornée de feuillages, dont le chapiteau porte une urne de bronze, où repose le cœur d'*Anne de Montmorenci*, Connétable de France, mort le 12 Novembre 1567 (1). La sculpture de cette colonne est de *Germain Pilon*. Elle est élevée sur un piedestal de marbre, & accompagnée de trois statues de bronze, qui représentent trois Vertus. Elles sont de *le Prieur*. Sur le piedestal & au-dessous des trois Vertus, sont trois épitaphes : une en prose latine, l'autre en vers françois, la troisieme en vers latins, que nous ne transcrivons point à cause de leur longueur.

A côté est l'obélisque de la Maison d'Orléans-Longueville, magnifique par sa forme & par ses détails. Quatre statues de marbre blanc, grandes comme nature, placées sur le piedestal, représentent les quatre Vertus cardinales. Deux grands bas-reliefs de bronze doré d'or moulu aux deux faces du piedestal, offrent les tableaux de la bataille de *Senlis* & du secours d'*Arques*. Ce superbe monument est dû tout entier au ciseau de *François Anguier*.

Le tableau du maître-autel est très-beau; c'est une descente de Croix, peinte sur bois

---

(1) Un Cordelier, par ses dévotes exhortations, inquiétoit les derniers instans de la vie de ce Connétable, il lui dit : *Je n'ai pas vécu quatre-vingt ans sans avoir appris à mourir un quart-d'heure.*

par *François Salviati*. Il est renfermé dans des volets.

Sur les vitres de cette Chapelle, on a peint les Rois & les Reines de France, depuis Charles V jusqu'à Henri II, avec les habillemens qu'ils portoient de leur temps.

Dans le mur de cette Chapelle, du côté de l'épître, est un tombeau de marbre noir, sur lequel est couchée une statue de marbre blanc, qui représente *très-excellente & noble Damoiselle, Renée d'Orléans, laquelle trépassa en l'âge de 7 ans, au lieu de Paris le 23 Mai, l'an 1525.*

Plus bas on voit le tombeau en marbre noir de *Philippe Chabot*, Amiral de France, sur lequel est sa figure, à demi couchée, de marbre blanc. Les ornemens qui accompagnent ce mausolée sont confus & d'un mauvais genre; il n'est pas décidé si c'est l'ouvrage de *Jean Cousin* ou de *Paul Ponce*. L'épitaphe latine qu'on y voit est du Poète *Etienne Jodelle*.

A côté est un mausolée de marbre blanc, sur lequel on voit la statue de *Henri Chabot*, Duc de Rohan, Pair de France. Il est représenté couché, & sa tête est soutenue par un Amour en pleurs. Il mourut en 1655. C'est le Chef de la branche des *Chabot-Rohan*. On y lit une inscription Latine, que le Pere *Carneau*, grand Traducteur d'épitaphes, a mise en François, à laquelle il a joint un quatrain à la louange de la Duchesse de Rohan. Voici comment

G iv

le Moine *Carneau* fait des vers aux Duchesses.

    Par des impressions, aussi fortes que tendres,
Le feu d'une Princesse, *à qui rien n'est égal*,
A suivi son *Epoux*, pour échauffer ses cendres,
Et sçut vaincre la mort par l'amour conjugal.

Vis-à-vis, sur un piedestal de marbre noir, sont deux Génies appuyés chacun sur un bouclier. Au milieu est une colonne de marbre blanc, chargée, ainsi que l'entablement, de chiffres & de couronnes ducales. Cette colonne porte une urne dorée, qui renferme le cœur de *Timoléon de Cossé*, Comte de Brissac, tué au siége de Mucidan, au mois de Mai 1569. Charles IX lui fit faire des obsèques magnifiques, auxquelles assisterent le Parlement & le Corps de Ville.

Sur le dez du piedestal, sont trois inscriptions Latines. La premiere pour *Timoléon de Cossé*, la seconde pour *Louis de Cossé*, mort le 26 Février 1661, & la derniere pour *Jean-Armand de Cossé*, mort le 13 Février 1658. Près de-là, on lit, sur un tableau, ces vers François.

    Sous ce tombeau gît ce preux Chevalier,
Timoléon, cet heureux Capitaine,
Dit de Brissac: ce ferme bouclier
Et protecteur de l'Eglise Romaine,
Duquel l'ardeur & constance hautaine,
Le cœur vaillant, & le noble courage,
En sa tendreur s'est montré martial,
Lorsqu'il poursuit l'ennemi plein de rage,

Et pour son Roi, pour le sceptre Royal,
Pour son pays, pour la foi Catholique,
S'est hasardé, tant que d'un coup fatal,
Est mort tué par un lâche Hérétique.

L'OMBRE.

Suis-je mort? oui ; non, je suis vif encore,
Puisque mon nom court & bruit en tous lieux,
Le Roi mon corps près ses Princes décore,
Dieu mon esprit a rendu glorieux.

Près de ce tombeau, dans une niche gothique, est un monument nouveau, aussi simple qu'agréable, monument élevé par la tendresse filiale à une mere chérie. Un cippe de marbre blanc supporte une urne d'un superbe marbre foncé de Champagne, que couvre à demi une draperie de marbre blanc : on y lit une épitaphe aussi touchante que précise, dont voici quelques expressions que nous avons retenues.... *Amie de ses enfans.... humble, patiente, charitable, elle ne fit jamais répandre des larmes que de reconnoissance ; modeste jusqu'à être surprise de se voir tant aimée.... Puisse ce monument durer aussi long-temps que la piété filiale durera parmi les hommes vertueux. Cy gît MARIE-ANNE HOCQUART, COMTESSE DE COSSÉ, morte le 29 Septembre 1779, âgée de 52 ans.*

Dans le fond de la Chapelle, à côté de ce marbre consolateur où sont gravées les vertus d'une mere & la reconnoissance de ses enfans, on voit, dans une arcade vitrée, une petite urne peinte & dorée, où sont renfermées les entrailles de Monseigneur le *Duc de Valois*, fils unique de Monseigneur le *Duc d'Orléans*, décédé le 10 Août 1656. Le cœur de Mademoiselle *Marie-Anne de-Chartres*, sa sœur, y est aussi déposé. Rien n'est plus tendre, rien n'est plus ingénieux que les regrets du Prince son pere & de la Princesse sa mere, exprimés dans cette épitaphe.

Blandulus, eximius, pulcher, dulcissimus infans;
 Deliciæ matris, deliciæque patris.
Hic situs est teneris raptus VALESIUS annis,
 Ut rosa quæ subitis imbribus icta cadit.

Au milieu de cette Chapelle, s'éleve un vaste tombeau de marbre blanc, orné dans son pourtour des statues des douze Apôtres, & de celles de plusieurs Saints. Sur ce tombeau sont couchées quatre figures : celle de *Louis de France, Duc d'Orléans,* de *Valentine de Milan,* sa femme, de *Charles, Duc d'Orléans,* leur fils aîné, & de *Philippe d'Orléans,* Comte de Vertus, leur fils puîné.

A l'extrémité du tombeau des Ducs d'Orléans, au côté opposé à l'Autel, est un piedestal triangulaire de porphire, sur lequel s'éleve une colonne de marbre blanc semée de flammes, qui font allusion à la colonne de feu qui conduisoit les Israëlites dans le désert. Sur la corniche est une urne de bronze doré; la couronne qui est au-dessus, & l'Ange qui la supporte sont du même métal. Dans cette urne repose le cœur de *François II*, Roi de France & d'Ecosse; il mourut le 5 décembre 1560, âgé de près de 17 ans. Ce piedestal triangulaire est orné de trois Génies qui tiennent leurs flambeaux renversés. On croit que cet ouvrage est de *Paul Ponce*.

Avant de sortir de cette Chapelle, admirons le chef-d'œuvre de *Germain Pilon*. Sur un piedestal triangulaire s'élève un grouppe imité de l'antique, qui représente les trois Graces demi-nues, grandes comme nature, se tournant le dos & se tenant par les mains; elles sont taillées d'un seul bloc d'albâtre. Le célebre *Germain Pilon* a rassemblé dans ce morceau tous les genres de perfection; noble simplicité dans la composition, correction du dessin, élégance des contours, naturel & légèreté dans les draperies, tout en est beau; mais ce qui n'est pas trop Chrétien, c'est de trouver dans un lieu sacré trois Divinités du Paganisme, les trois filles de la galante Vénus. C'est ainsi que l'a voulu la Reine *Catherine de Médicis*, dont le cœur est renfermé avec ceux d'Henri II & de Charles IX, dans une urne à trois pieds qui doivent (1) porter chacun

---

(1) Je dis *doivent*, parce que cette Urne n'étoit pas ainsi posée lorsque je l'ai vue; ses trois pieds ne portoient point sur les trois têtes, & elle n'étoit pas même d'à-plomb.

(156)

sur les trois têtes des Graces. A chaque face du piedestal triangulaire, sont gravés deux vers Latins. Sur la premiere on lit :

Cor junctum amborum Longum testatur amorem,
Ante homines junctus, Spiritus ante Deum.

sur la seconde :

Cor quondam Charitum sedem, cor summa secutum
Tres Charites summo vertice jure ferunt.

Sur la troisiéme :

Hic cor deposuit Regis CATHARINA *mariti,*
Id cupiens proprio condere posse sinu.

La Chapelle d'Orléans communique dans celles des Ducs de Gêvres. *Léon Potier*, Duc de Gêvres, la fit embellir & y fit placer le Tableau de l'Autel, qui représente Saint-Léon désarmant *Attila* par ses prieres, & le détournant du projet d'assiéger Rome. Ce Tableau est de *Paul Mathei*, Peintre Napolitain.

Du côté de l'épître, est le tombeau de *René Potier*, Duc de Tresme, &c. Il avoit servi sous les Rois Henri IV, Louis XIII & Louis XIV ; il mourut le premier Février 1670, âgé de 93 ans (1) En face de

---

(1) Ce vieillard, dit, en apprenant la mort de M. le Maréchal d'Estrées, qui avoit cent trois ans : *J'en suis bien fâché, mais je n'en suis point du tout surpris. C'étoit un corps cacochisme & tout usé. J'ai toujours dit que cet homme-là ne vivroit pas.*

ce tombeau, est celui de *Marguerite de Luxembourg*, femme de René Potier ; elle décéda le 9 Août 1645. Le Marquis de Gêvres, leur fils, repose dans la même tombe que sa mere. On peut y lire sa longue épitaphe.

Vis-à-vis est le tombeau de *Léon Potier*, Duc de Gêvres, qui mourut le 9 Décembre 1704, âgé de 84 ans.

Ces tombeaux n'ont rien de bien remarquable que leurs épitaphes.

Dans la nef, est un tombeau de marbre noir, adossé contre le mur du chœur, avec l'inscription suivante.

Guillelmi & Guidonis DE ROCHEFORT *fratrum, Franciæ Cancellariorum, nec non multorum utriusque sexûs ex eadem familia mortales exuviæ diversis temporibus hîc depositæ fuerunt ab anno 1478, usque ad annum 1630.*

Auprès de ce tombeau est la statue de *Charles de Maignié*, Capitaine des Gardes de la Porte, qui est ici représenté assis en habit de guerre, la tête appuyée sur le bras gauche. Cette figure a mérité les éloges du *Cavalier Bernin*. On la croit de *Paul Ponce*. Au-dessous on lit cette épitaphe :

CAROLUM MAGNÆUM *equitem Auratum, Excubiarum Portæ Regiæ Præfectum Regisque Cubicularium, Martiana Magnæa soror sua piissima in spe resurrecturi corporis, hoc tumulo posteritati commendavit* 1556.

Dans la Chapelle de la Madeleine, est le mausolée de *Louis de la Trémoille*, dont la figure à genoux est d'une grande beauté. Ce Seigneur mourut le 4 Septembre 1613, âgé de 27 ans.

Le Tableau de l'Autel est une Madeleine dans un paysage. L'expression de cette figure n'est point celle de la douleur ; son visage est plein de noblesse & de grace, il semble exprimer une douce langueur qu'il communique bientôt aux observateurs sensibles. Ce tableau, quoique en mauvais état, fait beaucoup d'effet, parce qu'il a le rare avantage d'être placé à son jour. Il est l'ouvrage de *Pierre Mignard*.

En face de la Chapelle de la Madeleine, sont deux tombeaux qui renferment les cendres de Sébastien *Zamet* & de sa famille, fameux Financier du regne d'Henri IV, l'intime favori & le complaisant de ce Prince (1).

Le cloître de cette Maison est un des plus beaux de Paris. Le plafond de l'escalier a été peint par *Bon Boullongne*. Il représente

―――――――――――――――

(1) Ce Zamet avoit été Cordonnier de Henri IV, ce Roi l'employa dans ses intrigues secrettes, c'est pour cela qu'on le nomma par dérision, *l'Ambassadeur* ; il prit le parti des Finances, & il y fit une si grande fortune qu'il se qualifioit de *Seigneur de seize cent mille écus*. Destouches dans le Glorieux, a donné à son Financier un titre semblable.

St-Pierre Moron, enlevé par des Anges (1).

Les religieux Célestins ont été supprimés depuis quelques années; les Cordeliers les remplacerent d'abord, mais ils font retournés à leur grand Couvent par ordre du Gouvernement.

Les Célestins de Rouen étoient exempts de payer l'entrée de leur vin dans cette ville, à condition qu'à la tête de leurs voitures, sauteroit & chanteroit un Frere Célestin, en passant devant la maison du Gouverneur de la Ville. Un jour ce Gouverneur ayant distingué un Frere qui, dans ce cas, faisoit des sauts & des gambades plus qu'à l'ordinaire, il s'écria: *Voilà un plaisant Célestin*, & voilà l'origine de ce proverbe, *vous êtes un plaisant Célestin*.

L'HOSPICE *Medico-Electrique* est dans cette Maison. (*Voyez* ci-après cet article).

CENSEURS ROYAUX. Il y avoit autrefois des Censeurs à Rome, qui veilloient sur la police & les mœurs des habitans. A Paris, ce sont des Juges établis par le Gouvernement, pour prévenir les désordres qui naîtroient des abus de la presse. Cette fonction honorable est remplie par des Gens de Lettres, dont les talens & les mœurs sont connus. On trouve en eux bien moins des

---

(1) On rapporte que Jouvenet, en voyant cette peinture, dit: *Je suis fâché qu'elle soit de mon ami Boullongne.*

Censeurs sévères que des amis qui vous conseillent. L'honnêteté & la douceur de ces Juges adoucissent beaucoup la gêne que ce Tribunal met à la liberté de publier ses pensées.

On trouve les noms & les demeures des Censeurs Royaux dans l'Almanach Royal.

CHAIRE *Royale d'Hydro-Dinamique.* C'est à M. *Turgot*, Contrôleur-Général, que la France doit cette Chaire, dont le but est de perfectionner les machines hydrauliques, la navigation intérieure du Royaume, même l'architecture navale &c. M. l'Abbé *Bossut* a été choisi pour la remplir; l'ouverture s'en fit le 25 Octobre 1775. Les leçons se donnent les mardis, jeudis & samedis, depuis onze heures du matin jusqu'à une heure; ces Cours se tiennent au Louvre, dans la salle de l'Académie d'Architecture.

CHAISES *à porteurs & brouettes.* Le prix des chaises à porteurs est de 30 sols par courses, ainsi que pour la première heure; pour les suivantes 24 sols, tant de jour que de nuit.

Leur Bureau est rue Montorgueil, vis-à-vis la rue Tire-Boudin.

Le prix des brouettes est de 18 sols pour la première heure, ainsi que par course; les suivantes sont à raison de 16 sols.

Leur Bureau est rue Saint-Victor, vis-à-vis celle des Fossés Saint-Bernard.

(161)

On peut prendre ces voitures à l'heure, à la journée ou à la course. Elles ne sortent guere de la ville.

CHAMBRE *Syndicale*. C'est le lieu où s'assemblent les Syndic & Adjoints de la librairie, pour travailler aux affaires générales de ce Corps. On y visite & l'on y rend aux Propriétaires, les jeudis & vendredis, les livres qui arrivent des pays étrangers ou des Provinces du Royaume en cette ville. C'est aussi dans cette Chambre que doivent s'apporter les priviléges du Roi, permission du sceau ou de la Police, pour être enregistrés.

Cette Chambre est située dans la rue du Foin St-Jacques. Sur la porte de la Chambre des visites, on lit cette inscription qui fut composée par *Thiboust*, Imprimeur célebre par son érudition.

BIBLIOTHEORIA.
Quos hîc proficiunt Prætores Regia servant
Mandata, ut vigeat Religionis amor.
Charta time prava, interdictave, Lydius aurum
Ut lapis, hæc libros sic domus æqua probat.
M. D. CC. XI.

CHANCELIER *de France*. Il y a plusieurs Chanceliers comme plusieurs Chancelleries. Nous ne parlerons que du Chancelier, Chef de la Justice, dont la charge subsiste depuis les commencemens de la Monarchie.

Le Chancelier est dépositaire des sceaux

de France, dont il use sous l'autorité du Roi, pour la distribution de la Justice, & pour celle des dons, graces & offices accordés par Sa Majesté, ainsi qu'il peut être convenable au bien de l'Etat.

Le Chancelier préside au Conseil du Roi; c'est lui qui expose les volontés de Sa Majesté, & qui porte la parole lorsqu'elle est séante en son lit de Justice. Alors il est assis au-dessous du trône du Roi, sur un fauteuil qui ne sert qu'à lui. Dans ces occasions, de même que dans les cérémonies publiques, il porte une robe de velours pourpre, doublée de satin cramoisi ; & quand il assiste aux audiences publiques du Parlement, il est revêtu d'une robe de velours cramoisi.

Il est le seul dans le Royaume qui ne porte jamais le deuil : cet usage signifie qu'il doit, comme Chef de la Justice, être détaché de toutes affections particulieres, & n'avoir d'autre intérêt que l'intérêt général.

CHANGE. (*Agens de*). Ils sont en titre d'office, par Edit du Roi, du mois d'Août 1708. Ils négocient les lettres & billets de change & autres effets qui se prennent sur la place entre Marchands, Négocians, Banquiers, &c., à raison de 2 livres 10 sols par 1000 livres.

Dans les effets susceptibles de variations, ils ont droit de percevoir sur le papier, c'est-à-dire sur la somme qu'il valoit lors de son établissement, & non sur l'argent que l'on paye au cours de la place.

Et sur le fait des marchandises, ils sont payés sur le pied d'un demi pour cent de la valeur des marchandises.

Ils s'assemblent tous les jours ouvrables à la bourse, depuis midi jusqu'à une heure. Leur bureau est au Palais, Cour du Mai.

CHANOINESSES. *Chanoinesses du St-Sépulcre, ou Couvent de Belle-Chasse.* Cette Communauté, qui a pris le nom qu'avoit autrefois le lieu où elle est située, fut établie à Paris en 1632, par la *Duchesse de Croï*, qui fit venir de Charleville ces Religieuses Chanoinesses.

Cet Ordre de Chanoinesse du Saint-Sépulcre fut institué dans la Palestine, par ceux à qui les Rois de Jérusalem confierent la garde du Saint-Sépulcre, vers la fin du XIe siècle.

Chanoinesses regulieres de Saint-Augustin. Jean-François de Gondi, premier Archevêque de Paris, fit venir, en 1640, de Saint-Etienne de Reims, six Religieuses de cet Ordre. *Suzanne Tubeuf* qui étoit de ce nombre, fut la premiere Prieure; son frere, *M. Tubeuf*, Intendant des Finances de la Reine Anne d'Autriche, Régente du Royaume, leur acheta à Picpus une maison qui avoit sept arpens d'enclos. Pendant sa vie, il fit à cette Communauté le don de plusieurs sommes.

Ces Religieuses, qu'on appelle Dames, établies sous le titre de *Notre-Dame de la victoire de Lépante*, suivent la regle de Saint-Augustin; elles sont habillées de serge blanche, avec un surplis de toile fine sur la robe, un voile noir sur la tête, & un aumuce au bras.

Dans l'Eglise de ce Couvent repose le corps de *Marguerite-Louise d'Orléans*, Grande Duchesse de Toscane, & fille de *Jean Gaston de France*, Duc d'Orléans, & de *Marguerite de Lorraine*, décédée le 17 Septembre 1721.

CHANOINESSES *de Saint-Augustin, de la Congrégation de N. D.* Cette Maison construite en 1674, est située rue neuve Saint-Etienne.

CHAPELLE (*Sainte*). Elle a été fondée par *Saint-Louis*, pour remplacer l'Oratoire que Louis-le-Gros avoit fait bâtir en cet endroit. Les Lettres-Patentes expédiées à cet effet, sont datées du mois de Juin 1245. Elle est, dans le genre gothique, un des plus beaux morceaux d'architecture qu'il y ait en France. Pierre de *Montreuil*, qui a bâti la belle Chapelle de Notre-Dame du cloître Saint-Germain-des-Prés, est aussi l'Architecte de celle-ci.

Le bâtiment de la Sainte-Chapelle est divisé en deux Eglises l'une sur l'autre. La dédicace s'en fit le 25 Avril 1248; l'Eglise supérieure, sous le titre de la *Sainte-Cou-*

ronne, & de la *Sainte-Croix*, l'Eglise basse, sous l'invocation de la *Sainte-Vierge*.

Cette derniere est la Paroisse des Domestiques, des Chanoines, des Chapelains &c., & de quelques autres personnes qui demeurent dans la cour du Palais. C'est dans cette Eglise qu'a été enterré *Nicolas Boileau-Despréaux*, au mois de Mars 1711.

A gauche, en entrant dans l'Eglise supérieure, est une *Dame de Pitié* en pierre, qui fait l'admiration de tous les connoisseurs; elle est de *Germain Pilon*. On voit, avec douleur, que ce chef-d'œuvre a été endommagé par la négligence de ceux qui ont été chargés des réparations de cette Chapelle.

La menuiserie du buffet d'orgue a été nouvellement refaite d'après les dessins de M. *Rousset*.

Aux deux côtés de la porte du chœur sont deux Autels, chacun décoré d'un tableau d'émail par *Léonard Limousin*. Dans l'un sont les figures de *François I* & de sa femme la *Reine Eléonore d'Autriche*, dans l'autre, celles d'*Henri II & de Catherine de Médicis* sa femme.

Sur le maître-autel, est une châsse qui est un petit modele de la Sainte-Chapelle; elle est de vermeil enrichi de pierreries.

Derriere & au-dessus du maître-autel, est une autre Châsse beaucoup plus grande, de bronze doré; deux petits escaliers y conduisent ; elle renferme les précieuses Reliques que Saint-Louis fit venir de Constantinople, avec tant de peines & de dépenses.

Les habitans de Constantinople, assiégés par les Grecs, avoient engagé la Relique de la vraie Couronne à différens Particuliers, pour la somme de 13,075 hyperpers. Saint-Louis, qui étoit fort curieux de cette Relique, envoya des Ambassadeurs à Venise, où elle étoit déposée, pour rembourser cette somme. Les PP. *Jacques* & *André* la transporterent en France avec cérémonie. Lorsque cette Couronne d'épine fut arrivée à Troyes en Champagne, Saint-Louis, avec la Reine sa mere & les Princes ses freres allerent au-devant d'elle & la rencontrerent à Villeneuve-l'Archevêque. Le 10 Août 1239, le Roi ouvrit la triple cassette où cette Couronne étoit renfermée ; la premiere étoit de bois, la seconde d'argent, la troisieme d'or ; & il la montra au peuple.

Le lendemain, le Roi & le Comte d'Artois son frere, l'un & l'autre les pieds nuds, porterent sur un brancard, la Sainte Couronne, de Villeneuve à Sens ; ce fut quatre lieues que firent ces dévots Princes en cet état. Elle arriva, & fut reçue à Paris avec la plus grande cérémonie & la plus grande dévotion.

Quelque temps après, l'Empereur Baudoin, qui n'avoit d'autres ressources que les Reliques de sa Chapelle Impériale, voulut encore en tirer parti. Saint-Louis apprenant cela, envoya promptement des Députés pour en faire l'acquisition. Ces Reliques étoient un morceau de bois, le plus long qu'on ait connu, de la vraie Croix (1); le fer de la lance dont Jésus-Christ fut percé, une partie de l'éponge qui servit à lui donner du vinaigre; une partie du roseau qu'on lui mit en main, une partie de la robe de pourpre, un morceau du Saint-Suaire, le linge dont Jésus-Christ se servit pour essuyer les pieds à ses Apôtres; une partie de la pierre du Saint-Sépulcre, une Croix appellée *la Croix de triomphe*, parce qu'elle avoit la réputation de faire remporter la victoire à ceux qui la portoient au combat (2); une autre portion de la vraie Croix, &c.

---

(1) La nuit du 20 Mai 1575, fut volé ce grand morceau de la vraie Croix: le Prévôt des Marchands & les Echevins mirent des gardes aux portes de la ville & sur la riviere pour fouiller tous ceux qui en sortiroient; on fit une procession générale de Notre-Dame à la Sainte-Chapelle, où assisterent la Reine mere, toute la Cour, le Roi de Navarre, le Parlement & l'Hôtel-de-ville, & ce morceau de Croix ne reparut point; la commune opinion de ce temps, étoit que Henri III l'avoit donnée en gage aux Vénitiens, pour en obtenir une somme assez considérable, dont il avoit besoin. Le jour de Pâques Fleuri de l'année suivante, ce Roi fit publier aux Prônes des Paroisses de Paris, qu'ont eût à aller adorer une Croix toute semblable à la premiere, qu'il avoit fait faire, & dans laquelle un morceau de la vraie Croix étoit enchâssé: c'est celle qu'on expose aujourd'hui à la vénération des fidelles.

(2) Sans doute que l'Empereur de Constantinople

« Toutes ces Reliques furent apportées à Paris le 14 Septembre 1241 : Saint-Louis les reçut & les déposa dans la Chapelle de son Palais, où étoit la Sainte Couronne.

Le trésor de cette Chapelle renferme une infinité de choses qui peuvent intéresser la curiosité des bons Chrétiens & des Amateurs des Arts. On y voit une grande Croix de vermeil que le Roi Henri fit faire, & dans laquelle est un morceau de la vraie Croix. On l'expose tous les vendredis de Carême. Le chef de Saint-Louis, d'or & grand comme nature, avec une couronne aussi d'or & enrichie de pierreries & soutenue par des Anges de vermeil. Le Roi Philippe-le-Bel, avec la permission du Pape, transféra cette Relique de St-Denis à la Sainte-Chapelle, & cette Abbaye ne conserva que la mâchoire de ce Saint Roi. On admire encore le bâton du Chantre, à cause de l'agathe sur laquelle est représenté Titus, que des ignorants dévots ont pris pour S.-Louis, & qui, en conséquence, lui ont ajouté dans une main une petite croix, dans l'autre une couronne d'épine : ainsi l'Empereur Titus est métamorphosé en Saint. *On ne s'attendoit guere à voir Titus en cette affaire.*

On y trouve des livres d'Eglise, dont les couvertures sont enrichies d'or & de perles,

---

n'avoit pas foi à la vertu de cette *Croix de triomphe*, puisqu'il la vendoit dans un moment où il en auroit eu le plus grand besoin.

un Calice d'or avec sa Patene, deux Burettes de cryſtal de roche; une Croix d'or en filigrane d'une grandeur conſidérable, deux autres Croix auſſi d'or toutes couvertes de pierres précieuſes. Mais ſur-tout on diſtingue une agathe-onix, qui fait l'admiration générale. Les Naturaliſtes, les Antiquaires & les Lapidaires aſſurent tous n'avoir rien vu d'auſſi rare, d'auſſi curieux & d'auſſi bien gravé. Sa figure eſt ovale; elle a près d'un pied de longueur ſur dix pouces de largeur. Ce fut Baudoin II, Empereur de Conſtantinople, qui la vendit à Saint-Louis. On a cru long-temps que les ſujets qui étoient gravés ſur cette pierre, repréſentoient l'hiſtoire de Joſeph; mais il eſt démontré aujourd'hui qu'ils ſont tirés de l'hiſtoire profane. On a fait pluſieurs longues & ſavantes diſſertations ſur cette matiere. *Rubens*, pendant ſon ſéjour à Paris, l'a deſſinée, & *Rouget* l'a gravée trois fois. Elle fut malheureuſement rompue dans l'incendie arrivé à la Sainte Chapelle en 1618. (Voyez ci-après, *Palais*).

CHAPELLE *de Saint-Eloi ou des Orfévres*. Cette Chapelle fut commencée ſur les ruines d'une plus ancienne, en 1550, & fut achevée en 1566, ſur les deſſins de *Philibert de Lorme*. On y trouve quelques figures de *Germain Pilon*.

Ce qui fait honneur à la généroſité du Corps des Orféyres, c'eſt la fondation d'une

H

espèce d'Hospice, où ceux de cette profession qui sont pauvres ou infirmes trouvent les secours dont ils ont besoin.

CHAPELLE *des Enfans Rouges*. Elle est située au bout de la rue qui en porte le nom ; elle servoit autrefois de Chapelle à un Hôpital qu'avoit fondé, dans cet endroit, Marguerite de Valois, sœur de François I. On y élevoit des enfans de dix à douze ans ; leurs habits étoient de couleur rouge, représentant le feu, symbole de la charité Chrétienne & de l'aumône, qui formoit l'unique revenu de cet Hôpital.

Il a été supprimé en 1772, & les Enfans ont été réunis aux Enfans-Trouvés.

CHAPELLE *de Sainte-Marie Egyptienne*. Elle est située dans la rue Montmartre au coin de celle de la Jussienne ; elle est sous l'invocation de cette Sainte, & n'a rien de remarquable que d'avoir servi au premier établissement que les Augustins ont eu dans cette ville.

Cette Chapelle sert à la Communauté des Marchands Drapiers, qui y font dire toutes les Fêtes & Dimanches une messe à onze heures.

Dans cette Chapelle de Sainte-Marie Egyptienne, étoit un ancien vitrage où cette Sainte étoit peinte sur le pont d'un bateau, troussée jusqu'aux genoux devant le Batelier, avec ces mots au-dessous : *Comment la Sainte offrit son corps au*

(171)

Batelier (1) pour son passage. En 1660, le Curé de Saint-Germain-l'Auxerrois fit enlever ce trait de la vie de Sainte-Marie Egyptienne.

CHAPELLE de Saint-Nicolas, fauxbourg du Roule. M. de Beaujon, Financier, célebre en son vivant, par sa grande opulence, a fondé cette Chapelle ; il y est enterré dans un caveau creusé au milieu de la nef. Cette nef, ornée de colonnes doriques, & de statues nichées, est éclairée par le comble ainsi que le Sanctuaire, qui est placé au milieu d'une rotonde, soutenue par huit colonnes doriques. Au centre de ce Sanctuaire, pavé en marbre de compartiment, est un Autel en forme de Tombeau antique élevé sur trois gradins, on y voit un bas-relief de bronze doré, représentant une descente de Croix. L'Architecture de cette jolie Chapelle, est de M. *Girardin*. (Voyez ci-après, *Pavillon de la Chartreuse*).

CHARNIERS des Innocens, (voyez ci-après *les Saints Innocens*).

---

(1) Il est bon de relever ici une erreur ; ce n'est point à un Batelier, que cette Sainte offrit son corps, mais à *plusieurs* passagers qui accepterent l'offre de la Sainte, comme elle le raconte elle-même dans l'histoire de sa vie : *n'ayant pas de quoi payer mon passage, il me vint en pensée d'exposer ma personne à l'impureté de ceux qui voudroient payer pour moi. En effet, je quittai la quenouille & j'entrai dans le navire, provoquant les passagers à la dissolution*

CHARTREUX. « Saint-Louis fut si édifié
» au récit qu'on lui faisoit de la vie austere
» & silencieuse des Disciples de St-Bruno,
» qu'il en fit venir six, & leur donna en
» 1257, une maison avec des jardins &
» des vignes, au village de Gentilly. Ces
» Religieux voyoient de leurs fenêtres le
» palais de *Vauvert*, bâti par le Roi Ro-
» bert, abandonné par ses successeurs, &
» dont on pouvoit faire un Monastere com-
» mode & agréable, par la proximité de
» Paris. Le hasard voulut que des esprits,
» ou *revenans*, s'aviserent de s'emparer de
» ce vieux château. On y entendoit des hur-
» lemens affreux. On y voyoit des spectres
» traînant des chaînes, & entr'autres un
» monstre vert avec une grande barbe blan-
» che, moitié homme & moitié serpent,
» armé d'une grosse massue, & qui sem-
» bloit toujours prêt à s'élancer la nuit sur
» les passans. Que faire d'un pareil château ?
» Les Chartreux le demanderent à Saint-
» Louis ; il le leur donna avec toutes les
» appartenances & dépendances. Les *reve-*
» *nans* n'y revinrent plus ; le nom d'*Enfer*
» resta seulement à la rue, en mémoire de
» tout le tapage que les Diables y avoient
» fait ». (*Essais Hist. sur Paris, par*
M. de Saint-Foix).

---

par des actions peu honnêtes. Si bien qu'en ce voyage,
plusieurs se perdirent par mes artifices. Voyez la
vie de cette Sainte dans les *Nouvelles Fleurs des*
vies des Saints.

Ces Moines n'avoient d'abord que sept à huit cellules, & pour Eglise, que la seule Chapelle du Château de Vauvert. Mais, à la libérale dévotion de Saint-Louis, se joignit celle de plusieurs Particuliers : ils eurent dans la suite quarante cellules, & l'Eglise que l'on voit aujourd'hui, qui, commencée sous le regne de Saint-Louis par le célebre *Montreuil*, ne fut finie qu'en 1324.

Le bâtiment qui sépare les deux cours est composé d'arcades gothiques d'un bon genre. Sa premiere façade est ornée de figures & d'ornemens moresques d'un fini précieux ; dans un fond semé de fleurs de lys, est une Vierge Marie au-dessous de laquelle sont quatre Saints avec leurs attributs. Saint-Hugues est avec son cygne, Saint-Jean avec son agneau, Saint-Antoine avec son cochon, & Saint-Louis avec quatre ou cinq Moines à genoux, les mains jointes, lui demandant son château de Vauvert.

L'Eglise est ornée de plusieurs grands tableaux de nos plus habiles Peintres.

A gauche, en entrant, est la résurrection de la fille de Jaïre, peinte par *la Fosse*, & gravée par *Moreau*.

Le Paralytique sur le bord de la Piscine, de *Jean-Baptiste Corneille*.

Le Centenier par le même.

La Vocation de Simon-Pierre & d'André son frere, par M. *du Mont le Romain*.

L'Hémorrhoïsse, par *Louis de Boullongne*.

Notre Seigneur sur le bord du lac de Génésareth, guérissant des malades. C'est un des plus plus beaux ouvrages de *Jouvenet* pour l'expression, la correction du dessin & pour la composition, dans laquelle il excelloit. Il a été gravé par *Desplaces*.

Le tableau du maître-autel représente Notre Seigneur au milieu des Docteurs; il est de *Philippe de Champagne*.

De l'autre côté est la résurrection de Lazare par *Bon Boulongne*, gravée par *J. Moyreau*, son éleve.

Les Aveugles de Jéricho, par *Antoine Coypel*.

Le miracle des cinq pains par *Claude Audran*.

La Samaritaine, par *Noël Coypel*.

La Chananée, par *J. B. Corneille*.

Le Lazare, du même.

La menuiserie de cette Eglise est remarquable par sa perfection : c'est l'ouvrage de trente ans d'un frere convers de cette maison, appellé *Henri Fuziliers*.

On remarque, dans le Chapitre, une Présentation au Temple par M. *de la Grenée le jeune*, & l'entrée de Notre Seigneur dans Jérusalem, par M. *Jollain*; l'apparition de Notre Seigneur à la Madeleine par *le Sueur*, & un grand Crucifix que *Philippe de Champagne* regardoit comme sa piece favorite, & qu'il laissa aux Chartreux par testament ; il est gravé en trois feuilles par *F. Poilly*.

Entre les fenêtres sont deux autres tableaux de l'école Italienne.

Il est enterré dans cette Eglise un grand nombre de personnes remarquables, parmi lesquelles nous nommerons *Pierre de Navarre*, fils de Charles II, Roi de Navarre, dit le mauvais, mort le 29 Juillet 1412. Jean *de la Lune*, neveu de l'Anti-Pape Benoît XIII, mort en 1414, *Louis Stuart*, Seigneur d'Aubigny, mort à Paris en 1665.

Dans la Chapelle de Sainte-Anne, est le tombeau du Cardinal de Dormans, Evêque de Beauvais; sa figure de bronze est couchée sur un marbre noir.

Le petit cloître étoit orné de vingt-deux tableaux peints sur bois, dans lesquels *le Sueur* avoit représenté les principales circonstances de la vie de Saint-Bruno, depuis sa retraite jusqu'à sa canonisation. Il commença cet ouvrage en 1649, à l'âge de vingt-huit ans, & le finit au bout de trois ans. Les Chartreux ont fait présent au Roi de ces précieux tableaux, dont quelques-uns ont été mutilés dans leurs plus beaux endroits; effets d'une jalousie indigne des beaux Arts, & qui fait gémir sur les vices de l'humanité.

Entre l'emplacement de chaque tableau, sont des Cartouches peints par *le Sueur*, sur lesquels on lit, ou bien mieux on ne lit guere, de mauvais vers Latins, qui expliquoient les sujets des tableaux.

Les vitres de ce cloître doivent fixer les

regards des curieux ; elles repréfentent des Arabefques & des fruits remarquables par la pureté du deffin & par la vérité du coloris.

Dans le grand cloître, eft un tableau de quinze pieds peint fur bois, qui couvre un bas-relief du même fujet. Il repréfente la fondation que fit *Jeanne de Châtillon*, Comteffe de Blois, de quatorze cellules. On voit cette Princeffe qui offre à la Sainte-Vierge quatorze Chartreux qui font à genoux, & qui lui dit : *Vierge mere & pucelle, à ton chier fius, préfente quatorze freres qui prient pour moi*. L'enfant Jéfus, qui eft fur les genoux de fa mere, répond : *Ma fille, ge prens le don que tu me fais, & te rens tous tes mesfaits*. Ce tableau a été renouvellé en 1712 par les fucceffeurs de la fondatrice.

Plus loin dans le même cloître *Pierre de Navarre* eft encore repréfenté à genoux, difant le premier verfet du *Miferere*. A caufe de quatre cellules que ce Prince a fondé, on voit quatre Chartreux à genoux devant la Sainte-Vierge. Mais on ne voit pas que la fondation de fes quatre cellules lui mérite l'abfolution de tous fes péchés, comme la fondation de quatorze a mérité à *Jeanne de Châtillon* la rémiffion de tous les fiens. Il faut des proportions par-tout.

On eft tout étonné de trouver un enclos auffi vafte dans l'enceinte de Paris, furtout fi l'on confidere combien cette immenfe étendue de terrein nuit aux débouchés des quartiers circonvoisins : ici, environ soixante mille quatre cents cinquante toises carrées sont occupées par quarante ou cinquante Moines; tout prêt de là, douze toises carrées suffisent à cent individus utiles à la société. Quelle prodigieuse disproportion ! En conservant tout le respect qu'inspire la vie austere de ces Religieux, tout bon citoyen peut desirer qu'ils suivent l'exemple de la plupart des maisons de leur Ordre, qu'ils s'éloignent du tumulte & du scandale des villes, pour faire plus à leur aise pénitence dans la solitude des campagnes.

CHATEAU *d'eau*. C'est l'édifice qui fait face au Palais-Royal, où étoit auparavant l'hôtel de Sillery. Il fut élevé du temps de la régence sur les desseins de *Robert de Cotte*, premier Architecte du Roi. Là sont les réservoir d'eau de la Seine & d'eau d'Arcueil pour les bassins du Palais-Royal & des Thuileries. Ce bâtiment a vingt toises de face; au milieu est un avant-corps formé par quatre colonnes d'ordre Toscan, qui portent un fronton, sur le tympan duquel sont les armes de France; au-dessus sont un Fleuve & une Nayade, figures à demi couchées & sculptées par *Coustou le jeune*; l'une représente la Seine, l'autre la fontaine d'Arcueil. Sur un marbre noir, on lit : *Quantos effundit in usus*.

CHATELET, (*grand & petit*). « Pa-

» ris, qui n'existoit encore que dans la
» Cité, étoit entouré de murailles flanquées
» de tours de distance en distance, lorsque
» les Normands l'assiégerent en 885, sous
» le regne de Charles-le-Gros. On n'y en-
» troit que par deux ponts, le Petit-Pont
» & le Pont-au-Change. Chacun de ces ponts
» étoit défendu par deux tours, dont l'une
» étoit de l'enceinte des murailles, & par
» conséquent en dedans de la Cité : l'autre
» en étoit séparée par le pont & la riviere.
» Ces tours extérieures étoient où sont au-
» jourd'hui le grand & le petit Châtelet ».
(*Saint-Foix*, *Essais Hist. sur Paris.*)

CHATELET. (*grand*). Les Normands, qui avoient pris & brûlé le petit Châtelet, ne purent se rendre maîtres du grand. Après avoir comblé les fossés de cette tour avec des fascines, des bœufs, des vaches qu'ils tuerent exprès, ils y jetterent les corps d'une partie des prisonniers qu'ils avoient faits, & qu'ils égorgerent pour leur servir de pont. On a cru que cette forteresse avoit été bâtie par *Jules César*, parce qu'il y existe encore une chambre appellée *la chambre de César*. A la fin du seizieme siècle, on voyoit encore, au-dessus de la porte d'un Bureau, cette inscription : *Tributum Cæsaris*. Malgré ces preuves, cette assertion n'en est pas moins ridicule, sur-tout si l'on considere quelle étoit l'architecture des Romains, & quelle est celle du grand Châtelet. Il ne reste de cet ancien Château que quelques vieilles tours qui furent construites sous le regne de Charles V; tout le reste a été bâti depuis 1684.

CHATELET. (*petit*). Cette forteresse fut construite en 1369 par *Hugues Aubriot*, Prevôt de Paris, sur les fondemens d'une plus ancienne que les Normands avoient détruite. Elle vient d'être entierement démolie en 1782; le quartier en est moins obscur, plus sain, & le passage plus commode.

« Dans un tarif, dit M. de Saint-Foix, fait par Saint-Louis pour régler les droits de péages qui étoient dus à l'entrée de Paris sous le petit Châtelet, on lit que le Marchand qui apportera un singe pour le vendre, payera quatre deniers; que si le singe appartient à un *Joculateur*, cet homme, en le faisant jouer & danser devant le Péager, sera quitte du péage, tant dudit singe que de tout ce qu'il aura apporté pour son usage. De là vient le proverbe, *payer en monnoie de singes, en gambades*. Un autre article porte que les *Jongleurs* seront aussi quittes de tout péage, en chantant un couplet de chanson devant le Péager ».

Ce trait suffit pour annoncer que ce Saint Roi auroit, dans un autre siècle, été le protecteur des arts agréables.

CIMETIERE *des Innocens*. (Voyez ci-après *Innocens*).

H vj

COCHES *de terre & d'eau*. (Voyez *Bureaux des coches*,) pages 88, 89, &c.

CLUBS. (Voyez ci-après *Sociétés*).

COLLÉGES.

Il y a dix Colléges de plein & entier exercice; les autres vingt-six Colléges, dits *de moyen exercice*, ont été supprimés le 21 Novembre 1763, & leurs bourses réunies au Collége de Louis-le-Grand.

LE COLLÉGE d'*Harcourt*. Il fut fondé en 1280, par Raoul d'Harcourt, Chanoine de l'Église de Paris. Il est situé au haut de la rue de la Harpe. Il y a vingt-deux bourses; douze pour la Théologie, & dix pour les Arts & la Philosophie.

LE COLLÉGE du *Cardinal-le-Moine*, quartier de la place Maubert, rue Saint-Victor; il fut fondé en 1302, par J. le Moine, qui fut Cardinal & Légat en France. Il y a vingt-quatre bourses dans ce Collége, dix-huit pour les Théologiens qui doivent être Maîtres-ès-Arts de l'Université de Paris.

Dans la Chapelle sont enterrés le Cardinal fondateur, & son frere *André le Moine*, Évêque de Noyon.

Le tableau du maître-autel est estimé: c'est un Saint-Jean dans l'Isle de Pathmos, par M. *la Grenée l'aîné*.

Trois grands hommes, *Turnebe*, *Bu-*

chanan & *Muret*, ont profeſſé dans ce Collége.

COLLÉGE *de Navarre*, fondé en 1304 par *Jeanne de Navarre* & *Philippe-le-Bel* ſon mari. Il y a trente bourſes. On lit dans Coquille, (*Hiſt. du Nivernois*) « que le » Roi eſt le premier Bourſier de ce Collége, » & que le revenu de ſa bourſe eſt affecté à » l'achat des verges pour la diſcipline ſco- » laſtique ».

L'Abbé *Nollet* y a profeſſé long-temps la Phyſique expérimentale : M. *Briſſon* l'a remplacé : ces Cours ſont publics.

On admire dans l'Egliſe un Candelabre à ſept branches qui ſert de lutrin, & deux tableaux ; l'un eſt un *Ecce hommo*, l'autre une Mere de douleur.

On lit, ſur la tombe de Nicolas *de Clemenge*, qui eſt ſituée ſous la lampe, cette miſérable épitaphe, qui prouve le genre d'eſprit des Docteurs de ce temps-là.

Qui lampas fuit Eccleſiæ, ſub lampade jacet.

Celui qui fut la lampe de l'Egliſe, gît ſous la lampe.

Cette lampe de l'Egliſe étoit un Recteur de l'Univerſité de Paris, & Docteur de ce Collége (1).

---

(1) Jean *de Launoy*, célebre critique des annales de l'Egliſe, & qu'on nommoit le *Dénicheur de Saint*, a été Grand-Maître de ce Collége, & en a écrit l'hiſtoire. Lorſque j'apperçois ce M. *de Lau-*

COLLÉGE *de Montaigu*. *Gilles Aycelin*, de l'ancienne maison de Montaigu en Auvergne, Archevêque de Rouen, fonda ce Collége l'an 1314. En 1388, *Pierre de Montaigu*, Evêque de Laon, Cardinal, neveu du fondateur, l'agrandit considérablement ; & *Louis de Montaigu-Listenois*, après avoir disputé la validité des fondations de ses parens, ne consentit à les ratifier qu'à condition que ce Collége porteroit le nom de *Montaigu*.

Il y a soixante bourses. Les Boursiers devoient faire maigre, jeûner tous les jours, & n'avoir à leur collation qu'une pomme ou un morceau de fromage. Mais par Arrêt du Parlement de l'an 1744, ils font gras à dîner, maigre à souper, & ils goûtent.

COLLÉGE *du Plessis-Sorbonne*, rue Saint-Jacques, fondé le 2 Janvier 1322, par *Geoffroy Duplessis Balisson*, Notaire & Secrétaire de Philippe-le-Long. Il y a dix bourses. Dans la Chapelle est un St-Charles & un Saint-Pierre peints par *Restout*.

COLLÉGE *de Lizieux*, rue Saint-Jean-de-Beauvais. Ce Collége a eu plusieurs fondateurs. *Guy d'Harcourt*, Evêque de Li-

---

noy, disoit le Curé de Saint-Eustache, je lui ôte le chapeau bien bas, & lui fais de grandes révérences, afin qu'il laisse tranquille le Saint de ma Paroisse.

zieux, en 1336; MM. d'*Eſtoutteville*, l'un Évêque du même Diocèſe, l'autre Seigneur de Trochi, & M. *Eſtrad d'Eſtoutteville*, Abbé de Fécamp. Il y a treize bourſes.

COLLÉGE *de la Marche*; ſa premiere fondation a été en 1362, par *Guillaume de la Marche* & *Beuve de Minville*. Il y a vingt-une bourſes. Il eſt ſitué rue & Montagne Sainte-Genevieve. Sur le maître-autel de la Chapelle, qui eſt nouvellement décorée, eſt une Préſentation au Temple, d'un bel effet.

COLLÉGE *des Graſſins*, rue des Amandiers. *Pierre Graſſin*, natif de Sens, Seigneur d'Ablon, Conſeiller au Parlement de Paris, fonda ce Collége en 1569. Il y a dix-huit bourſes. Dans la Chapelle, ſont trois tableaux remarquables: l'un repréſente la Réſurrection du fils de la veuve de Naïm, par *Vouët*, l'autre, *Tobie* conduit par un Ange, de *le Brun*, & celui de l'Autel, eſt Jéſus avec des enfans, par *Hallé*.

COLLÉGE *Mazarin*, (*ou des quatre Nations*), quai Malaquais. Il fut fondé en 1661 par le *Cardinal Mazarin*, quelque temps avant ſa mort. Il y a trente penſions gratuites pour des jeunes Gentilshommes de quatre Nations différentes, ſavoir: de Pignerol en Italie, & des environs de cette ville, de Chazal & de l'Etat Eccléſiaſtique;

des Pays d'Alsace, de Strasbourg & autres Pays d'Allemagne contigus ; des Pays de Flandres, Artois Cambrai & Haynault ; & du Roussillon (1).

Le Collége de Mazarin fut commencé sur les desseins de *Levaux*, premier Architecte du Roi, & exécuté par *Lambert & d'Orbay*, aussi Architectes, à la fin de l'année 1662, après qu'on eut démoli exprès la tour de Nesle (2), qui étoit un reste des anciens hôtel & séjour de Nesle.

---

(1) Ecoutez M. Mercier discourir sur le pédantisme des Professeurs de ce Collége. *Le premier, dit-il, se qualifie de Grand-Maître du Collége : SUMMUS MODERATOR. C'est ainsi qu'Homere appelloit Jupiter : SUMMUS MODERATOR OLYMPI...... Quand il se promene* (le Recteur) *quatre fois par an au milieu des fourrures des quatre Facultés qu'il préside, il se croit à la tête des sciences humaines. Le premier coup-d'œil qu'on jette sur cet individu violet, gonflé de pédagogie, est de dérision ; le second est de pitié.* On voit que M. Mercier n'est pas bien avec l'Université.... *On peut reprocher à ces Régens,* continue-t-il, *une cruauté gratuite, & que l'Université devroit leur interdire ; ce n'est plus un châtiment, c'est un supplice. Imaginez un pauvre enfant de huit à neuf ans, qui se traîne au pied de la Chaire en sanglottant, que deux Correcteurs saisissent, & frappent de verges jusqu'au sang. Souvent le Professeur d'HUMANITÉS exige que l'innocent martyr compte lui-même les coups qu'on lui donne,* &c...... *Eh ! ces Pédans oseront toucher à Homere, à Virgile, à Tacite ? Est-ce ainsi qu'Orphée humanisa les Sauvages de la Thrace ?*

(2) Cette Tour étoit autrefois fameuse par la

Un demi-cercle, au milieu duquel est le portail de l'Eglise qui fait avant-corps, deux aîles de bâtimens d'ordre Corinthien dont le grand avancement intercepte la vue du quai, & nuit à son agrément comme à sa commodité : voilà la façade de ce Collége. Le portail de l'Eglise est orné de six grouppes de figures sculptées par *Desjardins*. Les deux premiers grouppes sont les quatre Evangélistes ; le troisieme & le quatrieme sont les Peres de l'Eglise Grecque ; le cinquieme & le sixieme ceux de l'Eglise Latine.

Derriere ce frontispice s'éleve le Dôme, décoré de pilastres accouplés d'ordre composite. Il est regardé comme un chef-d'œuvre de l'Art. Une singularité qui prouve l'adresse des Architectes, c'est que la forme extérieure de ce Dôme est sphérique, tandis que celle intérieure est elliptique. Dans l'espace qui existe entre ces deux formes, on a ménagé quatre escaliers à vis, qui condui-

---

débauche & la cruauté de *Jeanne*, Comtesse de Bourgogne, & d'Artois, Reine de France & de Navarre, *laquelle,* dit Brantome, *faisoit le guet aux passans, & ceux qui lui plaisoient & agréoient le plus, de quelque sorte de gens que ce fussent, les faisoit appeller & venir à elle, & après en avoir tiré ce qu'elle en vouloit, les faisoit précipiter de la Tour en bas dans l'eau. Je ne veux pas dire,* ajoute-t-il, *que cela soit vrai ; mais la plupart de Paris l'affirme, il n'y a personne qui ne le dise en montrant la Tour.* Cette Princesse mourut en 1329 ; elle voulut être enterrée aux Cordeliers,

tent à quatre tribunes, & fur le comble de tout l'édifice.

L'intérieur de cette petite Eglife n'offre pas une décoration exempte de défauts, les quatre arceaux, dont les faces ont fuivi la courbure elliptique, préfentent des plafonds qui choquent la vue par leurs irrégularités. Une ordonnance de grands pilaftres corinthiens broche fur l'entablement d'autres pilaftres corinthiens plus petits. Cette combinaifon n'eft ni heureufe ni naturelle.

Les huit figures de femme en bas-relief placées fur les archivoltes des grands arcs de la nef font les béatitudes, exécutées par *Desjardins*, ainfi que les Apôtres en médaillons, au-deffus des fenêtres fupérieures.

Le fanctuaire nouvellement décoré préfente une petite coupole ornée de rofaces, percée dans fon milieu pour laiffer pénétrer le jour, les bas-reliefs des pendentifs offrent les quatre Evangéliftes ; l'autel de marbre a la forme d'un tombeau antique. Sur cet Autel on vient de placer un beau tableau qu'on dit être de *Paul Veronefe*, qui repréfente la circoncifion de Jéfus.

Au-deffus de cet Autel eft un bas-relief repréfentant Saint-Louis qui reçoit la couronne d'épines des mains du Patriarche de Jérufalem, fculpté par M. *Boccardi*.

A droite du fanctuaire eft le maufolée du *Cardinal Mazarin*. Sur un farcophage de marbre noir avec fupports de bronze doré, eft la figure en marbre blanc de ce Cardinal, dans l'attitude d'un homme qui prie avec ferveur (1). Derriere lui est un Ange tenant des faisceaux, qui forment le blason de cette famille. Le tout est élevé sur deux degrés de marbre blanc, où sont assises trois figures de bronze de six pieds de proportion, représentant *la Prudence, l'Abondance & la Fidélité*. Ce mausolée est l'ouvrage de *Coyzevox*.

La pavé de cette Chapelle est à compartimens de marbre blanc & noir, & jaspé, avec des étoiles, qui sont des pièces honorables de l'écu des armes du Cardinal fondateur.

La Bibliotheque de ce Collége étoit celle du Cardinal Mazarin, qui la forma de plusieurs autres dont il fit l'acquisition. Le local en est très-clair, bien décoré. Elle est publique les lundis & jeudis, matin & soir. (Voyez *Bibliotheque Mazarine* page 79).

COLLÉGE *de Louis-le-Grand*, rue Saint-Jacques. Il a été fondé en 1560 par *Guillaume Duprat*, Evêque de Clermont, sous le nom de *Collége de Clermont*. Il fut érigé en fondation Royale en 1682, sous

---

(1) Il demande sans doute à Dieu pardon des maux qu'il a fait au peuple François. Guy Patin, dans ses lettres, n'en parle pas avec éloge; les épithetes les plus modérées qu'il lui donnent sont : *fort ignorant, grand fourbe, pantalon de longue robe, tyran à rouge bonnet*, &c.

Louis XIV, & réuni à l'Université le 21 Novembre 1763. Il y a dix-sept bourses, dont cinq viennent du Fondateur.

En 1764, le Collége de *Beauvais* fut incorporé à celui de Louis-le-Grand.

Les assemblées de l'Université se tiennent dans ce Collége, ainsi que les assemblées particulieres de chaque Nation.

Trois tableaux peints par M. *Renou*, décorent le maître-autel de la Chapelle; celui du milieu représente Jésus-Christ avec les Docteurs; celui d'un côté, Charlemagne; celui de l'autre, Saint-Louis.

N. B. Dans tous ces Colléges, à l'exception de celui des quatre Nations, qui n'est occupé que par des Boursiers, l'on prend des Pensionnaires qui sont logés & nourris convenablement. Le prix de ces pensions est à-peu-près de quatre à 500 livres. Les autres menus frais montent à environ 50 liv. par an. La pension d'un Précepteur est à-peu-près la même que celle des jeunes gens. Les parens doivent fournir lits, draps, linge, habits & livres.

COLLÉGE *des Bernardins*. *Etienne Lexinton*, Anglois de naissance, Abbé de Clairvaux, rougissant de l'ignorance des Religieux de son ordre, & piqué du mépris qu'ils essuyoient souvent de la part des Moines mendians qui faisoient profession de sciences, demanda & obtint du Pape Innocent IV, la permission d'établir ce Collége, avec celle, aux Religieux, de prendre des grades dans les Universités. Il fut fondé en 1244 : Alphonse de France, frere de Saint-Louis, voulut bien en accepter la qualité de fondateur & de protecteur.

Les Religieux de Clairvaux ayant cédé, en 1320, la propriété de ce Collége à l'Ordre de Citeaux, le Pape Benoît XII & le Cardinal Guillaume Curti, qui tous deux avoient été Religieux de cet Ordre, entreprirent la construction de l'Eglise des Bernardins ; la premiere pierre en fut posée le 24 Mai 1338. Ce Pape vint à mourir, & l'Eglise ne put être achevée ; il avoit, pour cela, laissé en mourant des fonds considérables, mais l'argent fut volé en chemin, pendant les troubles du regne de Charles VI.

L'Architecture de cette Eglise est un chef-d'œuvre de gothique ; on y voit réunis, la solidité, l'élégance & la majesté. Les piliers qui supportent les bas-côtés, ont à-peu-près la proportion des colonnes corinthiennes. On y admire un escalier à double vis, dont le noyau est commun à deux rampes, par lesquelles deux personnes peuvent monter & descendre sans se rencontrer ni se voir. La partie de la nef, qui n'est point achevée, porte le caractere imposant des plus superbes ruines.

Il y a plusieurs tombeaux dans cette Eglise, parmi lesquels on distingue celui de *Guillaume du Vair*, Evêque de Lizieux & Garde des Sceaux, & celui de Dom

Paul Pezron, Religieux de l'Ordre de Cîteaux, célèbre par plusieurs ouvrages, entr'autres par celui intitulé : *l'antiquité des temps rétablie & justifiée.*

Lorsque le Général de Cîteaux & l'Abbé de Clairvaux viennent à Paris, ils logent ordinairement dans cette maison.

COLLÉGE *de Clugny*. Ce Collége fut fondé par *Yves de Vergy*, Abbé de Clugny, en 1262. Il est uniquement destiné aux Religieux de cet Ordre, étudians en Philosophie & en Théologie.

L'Eglise est d'un beau gothique. On voit, au-dessus de la porte, un superbe reniement de Saint-Pierre. On croit ce tableau du *Valentin*. Des soldats jouent aux cartes, ce qui est un anacronisme considérable, une servante regarde Saint-Pierre un peu effrontément ; les airs de têtes, les effets des deux lumieres, sont admirables. Ce tableau n'a rien qui caractérise un tableau d'Eglise ; le sujet semble être plutôt profane que sacré.

COLLEGE *Royal de France, place Cambray*. « Le Roi François I, en l'an 1531, établit à Paris douze Lecteurs publics en langue Latine, Grecque, & Hébraïque, en Philosophie, Art, Oratoire & Médecine. Ce grand Roi avoit entrepris, si la mort ne l'eût si-tôt assailli, de dresser un Collége où toutes les sciences & les langues eussent été gratuitement enseignées,

& auquel il eût donné cinquante mille écus de revenus annuels, pour la nourriture de six cents Ecoliers & entretien des Professeurs lisans ordinairement en ce Collége, choisis entre les plus doctes hommes qu'on eût sçu trouver dans la Chrétienté». (*Belle-Forest, Annales de France*). Voilà l'origine de cet établissement; mais de tous ces magnifiques projets, François I ne put faire exécuter que les bâtimens du Collége qui furent achevés en 1529 ou 1530. Les Rois ses successeurs y fonderent à l'envi différentes Chaires.

Ce Collége est nouvellement reconstruit sur les dessins de M. *Challegrin*. On y voit dans la Salle des séances publiques un plafond, où est peint une allégorie à la gloire des Princes, par M. *Tarraval*.

Il est composé d'un Inspecteur, & de dix-neuf Professeurs, qui donnent chacun leurs leçons dans l'ordre suivant.

Leçon d'*Hébreux* & de *Syriaque*, les Lundis, mercredis & vendredis, à dix heures du matin.

Leçon d'*Arabe*, les jeudis, vendredis & samedis, à neuf heures du matin.

Leçon de *Turc* & de *Persan*, les lundis, mardis & mercredis, à neuf heures du matin.

Leçon de *Grec*, les mardis, jeudis & vendredis, à neuf heures du matin; & les mardis, jeudis & samedis, à trois heures après-midi.

Leçon d'*Eloquence Latine*, les lundis, jeudis & samedis, à trois heures après-midi.

Leçon de *Poésie*, les jeudis, vendredis & samedis, à onze heures du matin.

Leçon de *Littérature Françoise*, les mardis, jeudis & samedis, à midi.

Leçon de *Mathématiques*, les mardis, jeudis & vendredis, à trois heures après-midi.

Leçon d'*Astronomie*, les mardis, jeudis & vendredis à trois heures après-midi.

Leçon de *Méchanique*, les mardis, jeudis & vendredis, à huit heures.

Leçon de *Physique expérimentale*, les mardis, jeudis & samedis, à neuf heures.

Leçon de *Médecine pratique*, les lundis, mercredis & vendredis, à midi.

Leçon d'*Anatomie*, les lundis, mardis & jeudis, à cinq heures après-midi.

Leçon de *Chymie*, les mardis, jeudis & samedis, à onze heures du matin.

Leçon d'Histoire Naturelle, les mardis, jeudis & samedis, à onze heures du matin.

Leçon de *Droit Canon*, les mercredis, jeudis & vendredis, à onze heures du matin.

Leçon de *Droit de la Nature & des Gens*, les lundis mercredis & samedis, à dix heures du matin.

Leçon d'*Histoire & Morale*, les mardis jeudis & samedis, à onze heures du matin.

Il y a eu dans ce Collége plusieurs Professeurs

fesseurs distingués, tels que *Silvius* & *Ramus*. Buchanan fit contre ce premier, fameux par son avarice, cette épitaphe épigramatique.

Silvius hîc situs est, gratis qui nihil dedit unquam
Mortuus & gratis quod legis ista, Dolet

Pierre Ramus est fameux par ses talens & par ses querelles contre l'Université. Il osa le premier s'élever contre la Philosophie d'Aristote ; on lui fit un procès, & il fut condamné à n'enseigner que la philosophie d'Aristote. Par la protection du Cardinal de Lorraine, il obtint, en 1551, la Chaire de Professeur Royal en Philosophie & en Eloquence. La premiere fois qu'il professa la Logique dans ce Collége, une furieuse cabale que l'Université lui avoit suscité le siffloit, le huoit, mais ne le déconcertoit pas. *Il s'arrêtoit de temps en temps*, dit Bayle, *jusqu'à ce que les cris cessassent, & il acheva ainsi sa leçon à plusieurs reprises.*

On ne pardonna jamais à *Ramus* ses talens & sa fermeté. Ce Professeur prononçoit *quis quis quam quam*, comme on les prononce aujourd'hui ; l'Université s'éleva contre cette dangereuse innovation, & soutint avec chaleur qu'il falloit prononcer *kis kis* & *kan kan*. Cette importante querelle agitoit tous les cerveaux scientifiques. *Ramus* disoit toujours *quam quam*, & l'Université ne cessoit de crier *kan kan*. On a

I

depuis conservé le proverbe, faire du *kan kan*, pour exprimer les plaintes & les criailleries des femmes. On se moqua de l'Université ; Ramus triompha. Mais bientôt Ramus fut massacré pendant la nuit affreuse de la Saint-Barthelemy.

COME, (*Saint*) *rue de la Harpe, au coin de celle des Cordeliers.* Cette Eglise Paroissiale a été bâtie vers l'an 1212, aux dépens de l'Abbé & des Religieux de Saint-Germain-des-Prés, qui en eurent le Patronage jusqu'en 1345 ; mais une querelle élevée entre les Domestiques de cette Abbaye & les Ecoliers de l'Université, occasionna un Arrêt du Parlement, qui ôta la nomination de cette Cure à cette Abbaye, pour la donner à l'Université, laquelle jouit encore d'un privilége peu ordinaire, qui prive le Curé de résigner & de permuter (1).

On voit dans cette Eglise, au maître-autel, une Résurection par *Houasse*, aux deux côtés les statues, plus grandes que nature, de Saint-Côme & Saint-Damien, tous deux vêtus & fourrés comme un Recteur de l'Université. On y trouve les tombeaux & épitaphes de plusieurs familles illustres, telles que celle des *Omer Talon* &c.

---

(1) Pendant le massacre de la Saint-Barthelemy, c'étoit Hamilton, Curé de Saint-Côme, qui encourageoit les assassins par cette atroce plaisanterie : *Saignez, saignez, la saignée est aussi bonne au mois d'Août qu'au mois de Mai.*

On y voit le tombeau de *Nicolas de Beze.* Le fameux *Théodore de Beze,* puissant supôt du Calvinisme, étoit son neveu. Ce savant hétérodoxe fit l'épitaphe de son oncle en vers Latins : elle existoit autrefois contre un pilier de cette Eglise.

Proche la porte de la Sacristie, est la statue à genoux de Claude *d'Espense,* Docteur en Théologie. Il étoit le Prince des Théologiens de son temps ; c'est ce que prouve l'épitaphe que l'on lit au-dessous. *Theologorum hujus seculi facilè Principi.*

Un petit monument érigé à la mémoire d'un grand homme, est adossé au premier pilier de cette Eglise ; c'est celui de feu M. *de la Peyronnie,* premier Chirurgien du Roi, mort à Versailles le 24 Août 1747. La Chirurgie lui doit sa gloire & ses progrès, & par reconnoissance, les Chirurgiens de Paris ont fait construire, à leurs frais, ce mausolée parfaitement exécuté par *Vinache.*

Dans le Cimetiere de cette Eglise, fut enterré un nommé *François Trouillac* qui avoit une corne au front (1). Cette difformité ne parut point à sa naissance, mais seulement à l'âge de sept à huit ans. Il travailloit à des Charbonnieres lorsqu'il fut pris par les gens du Marquis de Lavardin qui chassoit dans une forêt du Maine. Comme

---

(1) Une corne, & non pas deux, comme l'a dit par erreur, M. de Saint-Foix.

il n'ôta point son bonnet aux Chasseurs, un des Valets, s'approcha, lui découvrit la tête & lui ayant apperçu une corne au front, le conduisit au château de son Maître, qui quelques jours après l'envoya à Henri IV. Le Roi, après l'avoir fait voir à toute sa cour, le donna à un de ses Valets d'Ecurie pour gagner de l'argent en le montrant au Peuple. Cette corne se recourboit & seroit entrée dans le crâne si de temps en temps on ne l'avoit pas coupée. Cet homme avoit le devant de la tête chauve, la barbe rousse & par flocon, & les cheveux de même; & il ressembloit, dit-on, parfaitement à un Satyre. Le chagrin de se voir promener de foire en foire, le fit mourir au bout de trois mois : on lui fit l'épitaphe suivante, qui se lisoit autrefois dans le cimetiere.

Dans ce petit endroit à part,
Gît un très-singulier cornard,
Car il l'étoit sans avoir femme:
Passant, priez Dieu pour son ame.

COMÉDIE *Françoise*. Les *Farceurs* & les *Jongleurs* furent les premiers qui donnèrent des spectacles aux François. Bannis par Charlemagne, à cause de l'indécence de leurs jeux, ils furent remplacés par les *Troubadours* ou *Trovers*, Poëtes Provençaux. Les talens de ces Poëtes Acteurs, dont les œuvres ont mérité de notre siècle un accueil favorable, entraînoient tous les suffrages. A la follicitation des Seigneurs, ils alloient de châteaux en châteaux repréfenter leurs Pièces & chanter leurs Chanfons, & il n'étoit point de bonnes fêtes, fans les vers & la mufique des *Troubadours*. Mais la nouveauté fait tout oublier aux François.

Les Pélerins qui revenoient de la Terre Sainte, chantoient dans les rues de Paris l'hiftoire de leurs voyages; rien n'étoit plus curieux pour ces temps-là. On oublia les chants tendres & naïfs des paffionnés Provençaux, pour admirer les lamentables Cantiques des Pélerins de Jérufalem. Ils ne fe contenterent pas de chanter, ils mirent en action & repréfenterent fur un théâtre tous les Myfteres de la Paffion de Notre Seigneur. Ce fpectacle attira une fi grande affluence, que le Prévôt de Paris fut obligé de l'interdire. Mais ces Pélerins obtinrent bientôt la permiffion de continuer leurs Jeux; ils acheterent à cet effet l'Hôpital de la Trinité; ils prirent le nom de *Confreres de la Paffion*, & tous les Dimanches & Fêtes ils jouerent les Myfteres du Nouveau Teftament. Cette *Confrairie de la Paffion*, qui occupoit en dernier lieu l'Hôtel de Bourgogne, rue Mauconfeil, où étoit ci-devant le Théâtre des Comédiens Italiens, ne fut entiérement fupprimée qu'en Décembre 1676.

A ces dévots *Confreres*, fe joignirent des Comédiens qui repréfentoient des fujets un peu plus divertiffans. Ce fut d'abord *les Enfans fans Souci*, enfuite les Clercs de la *Basoche*, qui sous le titre de *Moralités*, composoient & jouoient des Pièces où les vices & les vertus étoient personnifiés. Leurs Jeux furent souvent interrompus & les Acteurs emprisonnés, à cause des personnalités, des satyres & des indécences que se permettoient ces Clercs de la Basoche ; ainsi les bouffonneries, les bons mots, les équivoques balancerent un instant, enfin éclipserent entiérement la représentation des Mysteres. On ne parloit que des *Basochiens*, des *Enfans sans Souci* & du *Prince des Sots* qui en étoit le Chef (1); des *Cornards* & de leur Directeur l'*Abbé des Cornards*.

Pendant assez long-temps, comme le remarque M. de Saint-Foix, la Comédie a été parmi nous un des organes de la politique. Le Pape Jules II avoit indignement trompé Louis XII, & de plus avoit renouvellé les extravagantes prétentions de quelques-uns de ses prédécesseurs sur le temporel des Rois : on représenta aux Halles, à Paris le Mardi Gras 1511, une Pièce où ce fougueux Pontife étoit joué sous le nom du *Prince des Sots*, accompagné de *Mere Sotte*, qui vouloit se faire passer pour l'Eglise.

---

(1) Leurs Comédies se nommoient *Sotties* ou *Sottises*, dans une de ces *Sottises*, étoit une Scene de *Pois pilés* ou *Farce*, Scene qui eut un grand succès, puisque son nom devint celui de toutes les pièces de ce genre.

« Personne n'ignore, dit M. de Saint-Foix, les démélés de Philippe-le-Bel avec Boniface VIII. Philippe-le-Bel, du vivant de ce Pape, & long-temps après sa mort, fit souvent jouer à Paris une Farce appellée *la Procession du Renard*. Un homme vêtu de la peau d'un Renard, mettoit par-dessus un surplis, & chantoit l'épître comme simple Clerc ; ensuite il paroissoit avec une mître, & enfin avec la thiare. *Courant après poules & poussins, les croquant & les mangeant, pour signifier les exactions de Boniface VIII* ».

Ces farces exerçoient singulierement la grosse gaieté de nos peres. Dans le même temps & sur le même Théâtre, on voyoit alternativement les meilleures Tragédies de *Rotrou*, les chef-d'œuvres de *Corneille* & les boufonneries des *Gautiers* & des *Garguilles*, des *Tabarins*, des *Turlupins*, des *Bruscambille* & des *Jodelles*. Telle étoit la Comédie, lorsque les génies des *Corneille*, des *Moliere*, des *Racine*, commencerent à briller sur la Scene Françoise, & firent enfin disparoître les productions monstrueuses de l'ignorance & du mauvais goût. (Voyez *Théâtre François*).

COMÉDIE Italienne. *Gli Gelosi* ou les Jaloux, sont les premiers Comédiens Italiens qui ont paru en France. Henri III les avoient fait venir de Venise ; ils commencerent à jouer à Paris un dimanche 19,

Juin 1577 dans l'Hôtel de Bourbon. « Il y
» avoit tel concours, dit un Contemporain,
» que les quatre meilleurs Prédicateurs de Pa-
» ris n'en avoient pas tous ensemble autant
» quand ils prêchoient ». Le même Auteur
ajoute que le 26 Juin suivant, « la cour
» assemblée aux Mercuriales, fit défense
» aux *Gelosi* de plus jouer leurs Comédies,
» parce qu'elles n'enseignoient que paillar-
» dises ».

Cependant ces Comédiens obtinrent du Roi des lettres-patentes, qui leur permettoient la continuation de leur spectacle. Mais le Parlement s'y opposa, & leur fit défenses d'obtenir dans la suite de semblables lettres sous peine de dix milles liv. d'amende. Alors le Roi leur accorda une jussion expresse, & ils continuerent encore quelque temps leur grossier spectacle.

Le Cardinal Mazarin fit venir à Paris une nouvelle Troupe d'Italiens, qui rivalisoit avec les autres Troupes de Comédiens; ces Italiens essayerent de jouer des pieces Françoises; les François s'en plaignirent. Louis XIV voulut être le juge de ce différend.

Baron, célebre Acteur des François, plaida d'abord en faveur de sa Troupe; quand il eut achevé, *Dominique*, fameux Arlequin des Italiens, dit au Roi, avant de commencer son plaidoyer, *Sire, comment parlerai-je? Parle comme tu voudras*, lui répondit le Roi. *Il n'en faut pas davantage*, reprit Dominique, *j'ai gagné ma cause*. Louis XIV ne voulut pas se dédire, & les Italiens jouerent des Pièces en François. Ce succès produisit chez eux la licence, leurs Pièces n'offroient qu'indécences & personnalités ; bientôt ils ne craignirent plus d'exposer sans voile, sur leur scene, les aventures & les ridicules de plusieurs personnes distinguées ; on ne joue pas impunément les vices des Gens en place. Une Comédie intitulée *la Fausse Prude*, qu'ils étoient sur le point de mettre au Théâtre, accélera leur disgrace : on les accusa d'avoir voulu, sous ce titre, peindre le caractere de Madame de Maintenon. Louis XIV en 1697 fit fermer leur Spectacle. Ce Roi, à qui ils firent plusieurs représentations, leur répondit, « vous ne devez pas vous plaindre de » ce que le Cardinal Mazarin vous a fait » quitter votre Pays. Vous vintes en France » à pieds, & maintenant vous y avez gagné » assez de bien pour vous en retourner en » carrosse ».

Dix-neuf ans après, le Duc d'Orléans, Régent, fit venir d'Italie une nouvelle Troupe qui s'établit à l'Hôtel de Bourgogne ; ils débuterent le 18 Mai 1716 par une Pièce intitulée l'*Ingano Fortunato*.

La composition de leurs Pièces consistoit en un simple canevas qu'on attachoit aux murs, par-derriere les coulisses, & que les Acteurs consultoient au commencement de chaque Scène. Cette maniere moins réguliere, moins exacte que la nôtre, répan-

I v

doit plus de variété & de naturel. Une Pièce dont les rôles étoient remplis par de nouveaux Acteurs, sembloit un même sujet traité par un nouvel Auteur; mais ce genre exigeoit dans les Comédiens une imagination vive, beaucoup d'esprit, & un grand usage de la Scène. Qui n'a pas vu, qui n'a pas admiré le fameux *Carlin*, lorsque, livré à son génie, seul pendant des Scènes entieres, il divertissoit, il charmoit un Peuple de connoisseurs, par son jeu facile, naturel, & par la finesse & la naïveté de ses saillies!

La Troupe de l'Opéra Comique se réunit à celle des Italiens en 1761. Elle a donné son genre aux Italiens d'aujourd'hui, qui n'ont conservé des anciens Italiens que le nom & les prérogatives. l'Opéra Comique, avant cette réunion & dans son origine, fut très-persécuté & long-temps réduit à ne jouer que des Scènes muettes. On connoît cette Pièce de Piron, intitulée *Arlequin Deucalion*, composée d'un seul Interlocuteur. Il étoit défendu, à cette époque, d'en faire parler davantage.

Ce n'étoit alors qu'un Spectacle Forain, à l'instar de ceux des Boulevards; mais ayant obtenu de l'Académie de Musique la permission de jouer de petites Pièces en Vaudevilles mêlées de danses, il prit le nom d'*Opéra Comique*, & ce genre simple & gracieux ayant fixé le goût des Spectateurs & le succès de ce Théâtre, il fut réuni à celui des Italiens. Le genre de ces derniers perdit insensiblement faveur, & l'*Opéra Comique* parvint enfin à le faire oublier. Depuis 1780 il n'y a plus d'Italiens à ce Spectacle. La variété qui y regne, le travail des Acteurs & leurs empressemens à donner des nouveautés, joints à la liberté qui leur a été accordée de jouer des sujets de tous les genres, à l'exception de la Tragédie, en ont fait un Spectacle national qui devient aujourd'hui l'émule du Théâtre François. (Voyez *Théâtre Italien*).

COMMISSAIRES *de Police*. Il y en a quarante-huit, divisés dans vingt-un quartiers de la Ville. Ils ont droit de faire exécuter les Edits & Réglemens concernans la police & l'ordre public. Ils reçoivent les plaintes, dont ils sont obligés de rendre compte aux Magistrats, font les informations, dressent les procès-verbaux préparatoires de Justice, & font les interrogatoires d'ajournement personnel. Ils peuvent interroger & informer d'office les délinquans arrêtés en flagrant délit, les faire emprisonner, sans cependant les faire écrouer de leur propre autorité, & faire assigner sur leurs ordonnances, &c.

Ils veillent à la sûreté, à la tranquillité des citoyens ; leur fonction est aussi nécessaire à la Capitale qu'elle est étendue & difficile à remplir. Un Commissaire de Police qui possède la prudence, le discernement, l'activité, la douceur, l'intégrité & le défintéreſſement qu'exige ſon état, eſt un des êtres les plus précieux à la ſociété.

COMMUNAUTÉ *de l'Enfant Jéſus.* Elle eſt ſituée hors la barriere de Vaugirard. *Marie Lezinska*, épouſe de Louis XV, la fonda lors de la naiſſance de Monſeigneur le Duc de Bourgogne, en faveur de trente jeunes Demoiſelles peu fortunées, qui doivent prouver 200 ans de nobleſſe. On reçoit de préférence celles dont les parents ont ſervi le Roi.

Les Dames ne ſont point cloîtrées ; elles font vivre par le commerce ou par le travail qu'elles procurent, une grande quantité de pauvres femmes qu'elles occupent ordinairement à filer du coton & du lin.

COMMUNAUTÉ *des Filles Angloiſes.* Il y en a trois dans cette ville : la premiere eſt ſituée rue des Foſſés-Saint-Victor, & ſuit la regle de Saint-Auguſtin. Elle occupe l'emplacement de la maiſon de *Jean-Antoine Baïf*, Poëte connu au ſeizieme ſiècle, où s'aſſembloient les ſavans & les beaux eſprits du temps.

La ſeconde eſt rue des Angloiſes, près celle du Champ de l'Allouette ; elles ſont de l'Ordre des Bénédictines.

La troiſieme eſt ſituée rue de Charenton. Ces Religieuſes ſuivent la règle de l'Immaculée Conception, & portent en ſautoir un ruban noir au bout duquel pend une médaille d'argent doré.

Dans cette derniere Maison, on se charge de l'éducation des jeunes Demoiselles.

COMMUNAUTÉ *de Sainte-Anne*. Elle est située rue Saint-Roch ; son objet est d'instruire les pauvres Filles de la Paroisse de Saint-Roch, à lire, à écrire & à travailler, afin d'être en état de gagner leurs vies. Cette louable instruction est dûe à la générosité de M. & Mme *Frémont*.

COMMUNAUTÉ *des Filles de Sainte-Agnès*. Elle est située rue Plâtriere ; les Sœurs instruisent la jeunesse, & reçoivent gratuitement les pauvres Filles de la Paroisse à qui elles apprennent différens métiers. Les pensions sont de 400 livres.

COMMUNAUTÉ *de Sainte-Aure*. Elle est située rue Neuve-Sainte-Genevieve, & elle suit la règle de Saint-Augustin. Elle fut fondée par feu Monseigneur le Dauphin, pere de Louis XVI. L'objet de cette Communauté est l'éducation de la jeunesse. Les pensions y sont de 450 livres.

COMMUNAUTÉ *du Bon Pasteur*. C'est l'asyle de la débauche repentie, triste ressource offerte à ces créatures malheureuses, qu'une mauvaise éducation ou de fatales circonstances ont conduites par le chemin des plaisirs jusqu'aux désordres de la prostitution. Les habitudes dont elles ont à triompher, le travail & les mortifications qui vont remplacer ces habitudes, demandent une vocation bien solide, un repentir bien sincere, & des forces presqu'au-dessus de la foiblesse humaine. Elles sont libres de n'y rester que le temps qu'elles veulent.

Cette Communauté, qui est située rue du Cherche-Midi, a pour fondatrice Madame *de Combé*; elle est composée de soixante filles, & jouit d'environ 10,000 livres de rente.

COMMUNAUTÉ *de Laon*, *rue Montagne Sainte-Geneviève*. Le premier Octobre 1764, l'ancienne Communauté de Lizieux prit possession du Collége de Laon. C'est un Séminaire composé de Théologiens & de Philosophes, dirigé par des MM. de Saint-Sulpice.

COMMUNAUTÉ *des Filles Ouvrieres de Saint-Paul*. Feu M. *Gueret*, Curé de Saint-Paul, est le fondateur de cette Communauté, que vient de faire revivre M. l'Abbé Bossu, Curé actuel de cette Paroisse. Cet établissement est dirigé par des Sœurs de la Charité, dont l'objet est d'élever chrétiennement trente ou quarante pauvres Filles de dix ans, & de leur enseigner à blanchir & à raccommoder la dentelle, la broderie, &c.

Feu Madame la Princesse de Rohan étoit une bienfaitrice de cette Communauté.

CONCERT *Spirituel*. Il fut établi au

mois de Mars 1725, au Château des Thuileries, dans la grande falle des machines qu'occupoit ci-devant la Comédie Françoife, par privilége du Roi accordé en faveur de *François Philidor*, fils d'un Muficien de ce nom, ordinaire de la Mufique de la Chapelle, à condition que le Concert dépendroit toujours de l'Opéra, & que *Philidor* lui payeroit fix mille livres par an.

La variété de ce Spectacle, le choix des fujets qui le compofent & les talens de celui qui le dirige, M. *le Gros*, l'ont rendu très-brillant & très-fuivi. L'on donne ce Concert les jours de Fêtes de Vierge, de Fêtes folemnelles, & pendant la quinzaine de Pâques.

« On chante le *Miferere* & le *De profundis* à grand *Chœur*, dit M. Mercier, mais cela ne touche perfonne, religieufement parlant. Lorfque la même voix qui a chanté la veille le rôle d'Armide ou d'Iphigénie, chante un verfet d'un Pfeaume du Roi David, le Roi David a l'air un peu profane ».

« Quelqu'aguerri que foit l'obfervateur aux fingulieres contradictions de nos coutumes, il ne fe fait pas à l'idée de voir les Membres excommuniés de l'Opéra, chanter, fous des parures mondaines, ces Pfeaumes que les Prêtres chantent le même jour en habits facerdotaux dans les Temples, où la multitude recueillie fe profterne & adore ».

CONCIERGERIE. (Voyez *Prifons*).

CONSULS (*les*). La Jurisdiction Consulaire fut érigée par Edit du Roi Charles IX, donné à Paris, au mois de Novembre 1564 (1). Les Consuls sont tirés des six Corps des Marchands de Paris; leur élection se fait tous les ans le 28 Janvier; ils sont présidés par un *Juge* qui est choisi dans le Collége des anciens Consuls; ils tiennent leurs Audiences les Lundis, Mercredis & Vendredis, le matin & le soir.

La Maison des Consuls est située Cloître Saint-Méri, & derriere l'Eglise de cette Paroisse. Au-dessus de la porte, est une figure en marbre de Louis XIII, sculptée par *Simon Guillain*.

Dans la salle d'Audience, on voit plusieurs tableaux; l'un représente le jugement de Salomon, l'autre, un portrait de Louis XV; on y remarque Charles IX, remettant aux Juge & Consuls, leur Edit de création, peint par *Porbus*.

Dans la salle du Conseil, est un tableau de M.º *Lagrenée le jeune*, représentant le buste du Roi Louis XVI, soutenu par la Justice.

La maniere de procéder dans cette Jurisdiction, est la plus simple, la moins dispendieuse, & la plus expéditive qui existe.

---

(1) On assure que ce Roi établit cette Jurisdiction après avoir appris que deux Marchands qui plaidoient depuis dix ans au Parlement, avoient été mis hors de Cours.

Les Consuls n'achetent point le droit de juger, ils n'exigent point d'épices, il n'y a point d'Avocats, les Parties plaident elles-mêmes. Les formalités sont simples, un procès est si-tôt terminé, que la chicane n'a pas le temps d'y prendre racine.

CORDELIERES. (Voyez *Abbaye des Cordelieres*, page 26).

CORDELIERS. Ainsi nommés à cause de leur ceintures de corde qu'ils portent à l'exemple de Saint-François, leur Instituteur. Cet humble & dévôt Chef des Freres Mineurs, d'abord rebuté, puis accueilli par le Pape Innocent III, fit enfin approuver sa Règle en 1210. A peine ce Patron des Mendians fut-il mort, que tous ses Disciples se quererellerent, se diviserent, à cause de la forme & la couleur de leurs habits: il y a tels Cordeliers & tels Capucins, qui ont composé de longs & savans ouvrages, pour prouver à la postérité que leur capuchon devoit être rond, plutôt que pointu.

Les Cordeliers, jadis appellés *les Freres Mineurs*, arriverent à Paris, en 1216 ou 1217. Ils furent bien accueillis des Séculiers, mais non pas de même des Moines de cette ville. On voit que les Religieux de Saint-Germain-des-Prés, loin de les traiter en freres, eurent beaucoup de peine à leur prêter le local qu'ils occupent aujourd'hui; & ce ne fut que sous les conditions qu'ils n'y auroient, ni cloche, ni cimetiere, ni Autel consacré; que l'Abbaye conserveroit sa justice temporelle sur lesdits lieux, & qu'au cas que les Freres Mineurs quittassent cet emplacement pour aller s'établir ailleurs, la place qu'on leur avoit prêtée, ainsi que tous les bâtiments qu'ils auroient élevés, demeureroient à l'Abbaye de Saint-Germain-des-Prés.

Les Cordeliers ayant pris faveur & mérité la protection du Roi Saint-Louis, les Religieux de Saint-Germain-des-Prés devinrent moins rigoureux; ils leur permirent, dix ans après, d'avoir des cloches & un cimetiere. Saint-Louis, charmé de ce procédé de la part de ces Religieux, les en dédommagea par la suite.

Ce saint Roi fit bâtir l'Eglise des Cordeliers d'une partie de l'amende de dix mille livres, au payement de laquelle il condamna *Enguerrand de Coucy*, quatrieme du nom, pour avoir fait pendre, sans forme de procès, trois jeunes Gentilhommes Flamands qui étudioient la langue Françoise dans l'Abbaye de Saint-Nicolas-aux-Bois, & qui, en chassant, avoient eu le malheur de poursuivre leur proie jusques sur les terres de ce Seigneur.

Plusieurs bienfaiteurs se réunirent pour augmenter le domaine des Cordeliers. L'abondance & les succès ne sont pas toujours compagnes de l'humilité, même chez les Moines; c'est ce que prouve l'anecdote suivante. L'an 1401, le Provincial des Cordeliers fit bâtir des Ecuries dans le Couvent ; les Religieux Etrangers qui s'y trouvoient, blâmerent hautement cette conduite, comme opposée aux Statuts de l'Ordre (1). Les Religieux François prétendoient que le Provincial avoit raison de vouloir une écurie ; les Etrangers soutenoient le contraire ; le feu de la discorde échauffoit toutes les têtes. *A mort tous les François*, crierent les Etrangers : ces mots furent le signal de la bataille. Ces bons Peres se tuoient pour une écurie ; l'allarme étoit au quarrier ; aussi-tôt le Roi envoya des troupes pour faire cesser ce combat Monacal. Les Cordeliers ferment leurs portes ; les soldats sont obligés de les enfoncer. Alors toute la fureur Religieuse se tourne contre ceux ci ; ces Moines tuent & blessent plusieurs Officiers. Mais ne pouvant plus résister à la force, plusieurs sautent les murs de la ville ; on en prend quatorze dans les fossés, cinq ont le bonheur de s'évader, on s'empare également des vingt autres qui étoient dans le Couvent, & on les conduit tous en prison, où ils furent ensuite jugés par les Juges du Criminel. (*Hist. de Paris*, tom. II, pag. 182). (2).

___

(1) *Nous voulons bâtir*, disoit de son temps Saint-Bonaventure, *nous ne nous contentons plus des pauvres & simples logemens que la Règle nous prescrit.... Nous sommes à charge à tout le monde, & nous le serons encore plus à l'avenir si nous continuons.*

(2) Ce n'est pas la seule querelle qu'ont eu les

Environ un siecle après, en 1502, les Cordeliers jouerent un rôle plus distingué ; ils ne se battirent point pour une écurie ; ils ne furent pas non plus traînés dans la prison, interrogés comme des criminels devant le Parlement, ils firent bien mieux, ils accorderent leur protection à ce même Parlement ; ils voulurent bien répandre généreusement leurs grâces en faveur de ce premier Tribunal de la Nation ; le Prévôt des Marchands & les Echevins n'échapperent point à leurs largesses Monacales. Saint-François, comme on sait, fait régulierement chaque année une descente en purgatoire, pour en tirer les ames de ceux qui sont morts sous l'habit de son Ordre : en conséquence, *Gilles Dauphin*, qui étoit alors Général, accorda au Parlement &

Cordeliers pour des sujets de la même importance. Il se forma parmi eux une secte divisée en *Freres Spirituels* & *Freres Conventuels*, à cause de l'usage des greniers & des caves, que les *Spirituels* soutenoient être contraire à la Règle de Saint-François. Ces Moines agiterent encore la question de savoir si les habits dont ils étoient vêtus, & si le pain qu'ils mangeoient leur appartenoient en propriété. Le Pape Jean XXII décida que oui, les Cordeliers soutinrent que non. Ce Pape fit une bulle en conséquence, excommunia les Cordeliers, fit emprisonner les Peres *Bonagratia*, leur Député, *Occam*, Patriarche des Nominaux, & *Michel de Céséne*, Général de l'Ordre, & les déposa ; mais ces Moines persisterent toujours à soutenir que les habits & le pain qu'on leur avoit donné ne leur appartenoient pas.

Paris, & l'année suivante au Prévôt des Marchands & aux Echevins de la Ville, la permission de se faire enterrer en habit de Cordelier.

« En ce temps, (en 1577), dit l'Historien l'Etoile, fut découverte & prise dans le Couvent des Cordeliers de Paris, une garce fort belle, déguisée & habillée en homme, qui se faisoit appeller *Antoine*; elle servoit entre les autres, *Frere Jacques Berson*, qu'on appelloit l'Enfant de Paris, & le Cordelier aux belles mains, (1) pensant, & eux tous, ainsi qu'ils le disoient, que ce fut un vrai garçon dont on se rapporta à leur conscience; & quant à cette fille-garçon, elle en fut quitte pour la gehenne, & pour le fouet que je lui vis donner dans le préau de la Conciergerie, qui fut grand dommage à la chasteté de cette femme, qui se disoit mariée, & par dévotion, avoit servi bien dix ou douze ans les beaux Peres, sans jamais avoir été intéressée en son honneur » (2).

Après s'être montré tour-à-tour *Guerriers*

---

(1) C'est ce même Cordelier qui prononça l'Oraison funebre de Monsieur, frere d'Henri III, *vrai Discours de Moines*, dit l'Auteur du Journal de ce temps, il concluoit par prier les gens de la Maison de ce Prince, de prendre patience s'ils n'avoient reçu du défunt aucune récompense, que lui-même n'avoit pas été plus favorisé.

(2) Je cite l'Auteur original dans toute son

protecteurs, galans, les Cordeliers éprouverent un événement bien défastreux. Un Samedi 19 Novembre 1580, à neuf heures du soir, un Novice pris de vin s'endormit dans une stalle. Il avoit laissé un cierge allumé près le bois du jubé ; le feu prit à la boiserie des stalles du Jubé, & du comble, avec tant d'ardeur, qu'au bout de trois heures tout fut consumé, les marbres furent réduits en poudre, plusieurs bronzes, & les cloches furent fondues ; il ne resta de cet incendie que quelques tombeaux & la façade qui est au couchant, sur le portail de laquelle est assez bien conservé la statue de Saint-Louis, qui est estimée à cause de sa ressemblance.

Les Cordeliers firent courir le bruit que les Huguenots avoient mis exprès le feu à leur Église. Mais cette méchanceté ne fit pas fortune, parce qu'il fut prouvé que la négligence du Novice étoit la seule cause de l'incendie (1).

Henri III donna aux Cordeliers des sommes considérables pour faire rebâtir le Chœur. On voit au plafond, au-dessus du

---

intégrité à cause de la fausse interprétation qu'un critique avoit donnée à cette anecdote insérée dans ma précédente édition.

(1) Les Jacobins reprocherent aux Cordeliers, dit Pierre Mathieu, dans son Histoire de France, qu'eux-mêmes avoient mis le feu à leur Église, afin de faire meilleur feu dans leur cuisine, & avoir de quoi bâtir une nouvelle Église.

maître-autel, les chiffres de ce Prince. L'ordre du Saint-Esprit qu'il venoit d'instituer, contribua, ainsi que les libéralités de Christophe de Thou & Jacques-Auguste de Thou son fils, à rétablir la nef & les bas-côtés (1).

Deux ans après cet incendie, les Cordeliers essuyerent une autre disgrace. Ils avoient élu un Gardien contre l'ordre du Pape & du Géneral; le Nonce, en vertu d'une bulle du Saint-Pere, fit donner la discipline à plusieurs Cordeliers du Couvent de Paris, dans l'Abbaye de Saint-Germain-des-Prés; le Procureur du Roi appella de l'exécution de cette bulle, & se montra vivement le défenseurs des Moines fustigés. Ceux qui n'avoient point eu la discipline refuserent d'embrasser la défense de leurs Confreres qui l'avoient reçue. Les Cordeliers furent alors divisés en deux factions qui ne se contenterent pas de disputer méthodiquement; mais qui en vinrent souvent aux coups. Enfin, par les soins de M. le Duc de Nivernois, tout fut appaisé, le Nonce fut blâmé, les Cordeliers fustigés furent plaisantés dans des vers Latins que l'on fit à cette occasion, où l'on comparoit les blessures qu'ils endurerent aux stigmates de Saint-François.

---

(1) Par reconnoissance, les Cordeliers, quelque temps après, le 5 Juillet 1589, couperent la tête à la figure de ce Roi, leur bienfaiteur, qui étoit représentée à genoux, priant Dieu au-dessus du maître-autel.

Cette Eglise est une des plus grandes de Paris ; elle a 320 pieds de longueur sur 90 de largeur. Le voisinage d'un monument superbe & très-utile à la société, semble menacer ce vaste batiment de sa destruction. Tous les amis des arts & tous les bons citoyens, renversent d'avance dans leurs pensées le vieux Couvent des Cordeliers, pour y substituer une place commode & magnifique qui manque à la façade de la nouvelle Ecole de Chirurgie. Beaucoup de personnes pensent que les avantages & les progrès de cet établissement l'emportent de beaucoup sur l'utilité d'un Couvent de Cordeliers.

Les Artistes ne trouveront dans cette Eglise qu'un petit nombre d'objets capables de les intéresser. Le tableau du maître-autel est une Nativité, peinte en 1585, par *Jerôme Franck*. Le tombeau d'*Albert Pio*, Prince de Carpi, est un de ceux échappés à l'incendie de l'Eglise. La figure de bronze qui est à demi couchée dessus, paroît avoir été dorée. Cette figure est de *Paul Ponce*, Sculpteur Florentin. Cet Albert Pio, après avoir été dépouillé de sa principauté par le Duc de Ferrare, se fit Auteur ; il mourut l'an 1535, & s'étant fait enterrer en habit de Cordelier, comme c'étoit la mode alors, Erasme fit une satyre à ce sujet, intitulée l'*Enterrement séraphique*, & le Poète Marot dit de lui : *Témoin*

le

le Comte de Carpi, qui se fit Moine après sa mort (1).

Dans une Chapelle restaurée aux dépens de la famille de Gougenot, est le tombeau de M. *Gougenot*, Abbé de Chezal, par M. *Pigalle*. Sur un socle de marbre blanc est placé son buste, derriere lequel sont arrangés les attributs en bronze de son état & de ses talens, avec un médaillon de marbre blanc, où sont représentés, en bas-relief, les portraits de ses pere & mere. Le tableau de l'autel de cette Chapelle est une Annonciation de M. *Vien*. Le devant d'Autel offre un bas-relief de bronze sur un fond de marbre blanc, représentant l'ensevelissement de Jésus-Christ.

Entre le chœur & le sanctuaire, on voit le tombeau d'*Alexandre de Ales*, surnommé le *Docteur irréfragable*. Pour prouver combien les Cordeliers savent louer, & de quelle considération jouissoit ce savantissime Docteur, voici quatre vers de son épitaphe.

Clauditur hoc saxo famam sortitus abundè,
Gloria Doctorum decus, & flos Philosophorum,
Auctor scriptorum vir ALEXANDER variorum
Norma Modernorum, fons veri, lux aliorum, &c.

Cette *lumiere du monde*, cette *fleur des Philosophes*, cette *fontaine de vérité*, fut

---

(1) Ce Prince entrant dans une Eglise de Madrid, offrit de l'eau bénite à une dame, dont la main, fort maigre, étoit ornée d'un très beau

K

le maître de *Saint-Thomas* & ● *Saint-Bonaventure*.

Dans cette Eglise est encore enterré le sur-Intendant des Finances *Bullion*, mort d'une apoplexie le 22 Décembre 1640, âgé de 72 ans. Il retrancha cent mille francs de sa succession pour les donner aux Cordeliers, afin que ces Peres adoucissent, s'ils le pouvoient, le châtiment qu'il appréhendoit en l'autre monde, de ses péchés commis en celui-ci (1).

Dans une Chapelle qui est derriere le chœur, on voit plusieurs tableaux qui pourrissent. L'un d'eux représente un combat; à la tête d'une armée est un Moine énergumène qui tient un Crucifix à la main. On assure que c'est Jean de Capistran, Cordelier fanatique & orgueilleux, qui accompagna le courageux *Corvin* dit *Huniade*,

---

diamant : il dit assez haut. *J'aimerois mieux la bague que la main*. La Dame, lui répondit sur le champ, en faisant allusion au cordon dont il étoit décoré, *& moi, j'aimerois mieux le licou que l'âne*.

(1) La Reine Anne d'Autriche envoya demander à Bullion cent mille écus; il les donna. Le Cardinal de Richelieu en fut si en colere, qu'il eut envie de lui ôter la Sur-Intendance, & même de le faire arrêter. Bullion s'excusa sur l'obéissance qu'il devoit à la Reine. Le Cardinal exigea du Sur-Intendant un écrit signé de sa main, par lequel il confessât d'avoir volé cent mille écus au Roi. Bullion y consentit, & préféra se reconnoître pour un fripon, que de perdre sa place.

à la journée de Belgrade, où les Turcs perdirent quarante mille hommes. Ce Moine, dans les lettres qu'il écrivit à ses amis & au Pape, s'attribua toute la gloire de cette grande action ; il ne fit mention ni d'Huniade, qui commandoit l'armée Hongroise, ni du Légat Apostolique, Jean *Carvagal*, qui avoit aussi contribué à la victoire. Sans doute que Capistran se repentit de son injustice & de sa forfanterie ; car le Pape Aléxandre VIII, le canonisa en 1690, & tous les Cordeliers le regardent aujourd'hui comme un grand Saint de l'Ordre.

La Bibliotheque mérite d'être vue ; mais on ne le peut facilement ; un vieux Bibliothéquaire en garde la clef, & ne permet pas seulement aux jeunes Moines d'y entrer, de peur qu'ils en abusent. Il n'en est pas de même du Réfectoire ; il n'est ni curieux, ni difficile à voir ; son extérieur est celui d'une Eglise (1). Il y avoit autrefois une marmitte qui étoit en réputation par sa grandeur, ainsi qu'un fameux gril, monté sur quatre roues ; il étoit capable, dit *Sauval*, de tenir une manequinée de harengs (2).

---

(1) Henri IV revenant de voir la Bibliotheque des ces Peres, passa dans le Réfectoire, *où il vit dîner les Moines*, dit l'Etoile, *& prit long-temps plaisir à les voir briffer, s'enquerant des raisons pour & comment.*

(2) En 1590, pendant le siége de Paris, les habitans mangeoient la paille, les vieux cuirs, déterroient des cimetieres les ossemens des morts

Cette Maison sert de collége aux jeunes Religieux de l'Ordre qui viennent à Paris étudier en Théologie. Parmi les éleves de cette école, on distingue Jean *Duns*, dit *Scot*, appellé le *Docteur subtil*, *Saint Bonaventure & Saint Thomas d'Aquin*. On voit les portraits de ces deux Saints Docteurs dans la Sacristie.

C'est dans une des salles du Couvent que se tiennent les Chapitres de l'Ordre de Saint-Michel chaque année, le 8 Mai & le premier lundi de l'Avent.

C'est encore dans une salle de ce Monastere que se tiennent les séances du Musée de Paris. La premiere assemblée s'y est tenue le 25 Juillet 1786. Il est singulier de voir les enfans de Saint François d'Assise, donner un asyle aux enfans d'Appollon. Voyez *Musée de Paris*.

CORDONNIERS (Voyez *Freres Cordonniers*).

CORPS-DE-GARDE. Ils sont distribués au nombre de quarante-cinq dans les différens quartiers de Paris. Le Guet à pied & à cheval font des rondes jour & nuit, &

---

pour s'en faire une nourriture. Dix mille personnes étoient mortes de faim. Pendant les horreurs de cette famine, on trouva chez les Cordeliers, ainsi que chez les autres Moines, du bled, du biscuit, des viandes salées, & autres provisions pour plus de huit mois.

sont commandés par M. *Dubois*, dont l'activité & la prudence lui ont mérité l'estime générale.

CORRESPONDANCE-GÉNÉRALE & *gratuite pour les Sciences & les Arts*. (Voyez *Sallon de Correspondance &c*).

COURS. *Cour du Commerce*. La partie de cette cour qui est nouvellement reconstruite, est garnie de boutiques de Marchands; elle communique dans les rues des Cordeliers, de la Comédie Françoise, de Saint-André des Arcs, & dans le cul de sac de Rohan.

COUR *du Dragon*. Elle est bâtie sur le terrein qu'occupoit un ancien manege. Un dragon qui est sculpté sur la porte d'entrée, a donné le nom à cette Cour.

COUR *des Miracles*. Elle est située rue Saint-Denis, proche le Monastere des Filles-Dieu. Ce nom étoit autrefois commun à plusieurs Cours habitées par des gueux de profession, qui, contrefaisant dans les rues les borgnes, les boiteux les aveugles &c., & sollicitant par de semblables supercheries la sensibilité & l'aumône des passans, rentroient le soir dans leur Cour, & reprenoient alors leur forme naturelle, c'est-à-dire, l'aveugle voyoit clair, le boiteux étoit redressé &c., comme miraculeusement; & alors ils s'applaudissoient du succès de

K iij

leur rôle, & se réjouissoit aux dépens des gens charitables qu'ils avoient trompés.

Par Lettres-Patentes du 21 Août 1784, on a construit dans cette cour la *Halle pour la Marée*. (Voyez HALLES).

COURS, (*ou Promenades*).

ANCIEN GRAND COURS. (Voyez *Champs Élysées*).

COURS *la Reine ou petit Cours*. Cette promenade fut plantée par la Reine Marie de Médicis en 1628. Elle s'étend le long de la Seine dans la longueur de quinze cents quarante pas, & n'est séparée de cette riviere que par la grande route de Versailles. Le voisinage des Champs Élisées, celui de la riviere & de la grande route, en feroient une promenade très-agréable & très-animée, si la poussiere épaisse qui s'éleve continuellement de cette route bruyante, ne la rendoit inhabitable la plus grande partie du jour, pendant la plus grande partie de l'année.

COURS *Public*, (*ou Leçons*).

COURS *gratuit de Minéralogie Docimastique*, par M. *le Sage*, Professeur de Minéralogie ; les lundis, mercredis & vendredis, à onze heures du matin, dans le laboratoire de la Chymie, à la Monnoie. Voyez *Hôtel de la Monnoie*.

Quoique ce Cours soit gratuit, l'on doit se faire inscrire.

COURS *de Minéralogie*, au Collége Royal, par M. *Daubenton*. (Voyez *Collége Royal*).

COURS *gratuit d'Architecture*, au Louvre, dans les salles de l'Académie d'Architecture, au-dessus du passage du Coq, par MM. *le Roi* & *Mauduit*, Architectes du Roi.

COURS *gratuit d'Anatomie*, dans les salles de l'Académie de Peinture au Louvre.

M. *Sue* en est Professeur, & il fait aussi la démonstration des muscles sur le corps d'un des quatre modèles attachés à cette Académie.

Il y a plusieurs autres Cours particuliers que les Professeurs ont coutume de faire annoncer dans les Journaux.

CROIX - DE - LA - BRETONNERIE. (*Sainte*) *Fratres de Sancta Cruce, Cruciferi, Cruce Signati, Porte-Croix, Croisiers*. C'étoit les différens noms que portoient les Religieux de ce Couvent, lorsqu'il fut fondé par Saint Louis, en 1258, dans l'emplacement de l'ancien Hôtel de la Monnoie.

En 1518, le relâchement, le désordre, les querelles s'introduisirent parmi les Religieux; on tenta plusieurs fois de les réformer, mais sans succès. Sous le régne de Louis XIII, de nouveaux désordres s'étant manifestés dans ce Couvent, le Cardinal de la Rochefoucault saisit cette occasion pour y faire entrer quelques Chanoines réguliers de Sainte-Genevieve, afin d'y maintenir la regle; mais les Religieux de Sainte-Croix renvoyerent bientôt ces réformateurs, & résolurent enfin, en 1641, de se réformer eux-mêmes, & de vivre régulièrement selon la régle de Saint-Augustin.

L'Eglise fut bâtie, dans le genre gothique, par *Eudes de Montreuil*, Architecte du treizieme siècle.

Sur le maître-autel est un tableau représentant Notre-Seigneur mis au tombeau; à gauche est un grand tableau de la Nativité par *Simon Vouet*.

Dans le chœur est un petit monument ovale de fort bon goût, sculpté par *Sarasin*; c'est un médaillon de marbre blanc, supporté par une Vertu en pleurs, avec l'épitaphe de l'Abbé *Hennequin*, Conseiller au Parlement. Dans la nef, à droite, est placé un excellent Crucifix de *Philippe de Champagne*. Dans le réfectoire on voit cinq Tableaux par M. *Colin de Vermont*.

Dans le vestibule de ce réfectoire est une Fontaine ou lavoir en forme de demi-coupole; les colonnes qui la supportent imitent différentes sortes de marbre, les ornemens sont de plomb doré, rien n'est plus galant. En voyant ce morceau d'Archi-

tecture, élevé fur les Deſſins de *Servandoni*, on ne croit plus être à la porte d'un
réfectoire.

CROIX-*de-la-Cité*, (*Sainte*) L'origine
de cette Egliſe eſt fort incertaine. Elle fut
érigée en Paroiſſe en 1107, & fut reconſtruite avec plus d'étendue en 1529.

Elle eſt ſituée rue de la Vieille Draperie.
Pierre Danes, Auteur de deux Dictionn-
naires à l'uſage du Dauphin, en fut long-
temps le Curé ; le revenu en eſt très-mo-
dique.

Dans un tableau qui eſt au côté gauche
du maître-autel, eſt écrit une partie de
l'Hiſtoire de cette Egliſe.

CURES. On compte cinquante-deux Cures dans cette ville ; huit en la Cité, dix-
ſept en la ville, huit dans le quartier de
l'Univerſité, treize dans les fauxbourgs,
& ſix dans les lieux exceptés de l'ordinaire.

Un Curé de Paris qui remplit bien ſes
devoirs, eſt l'être le plus eſtimable de la
ſociété ; il eſt la bienfaiſance & la conſola-
tion perſonnifiées. « Auſſi tranquilles qu'ils
» étoient turbulens du temps de la Ligue,
» dit M. Mercier, ils ont adopté des idées
» de paix : la douceur caractériſe leurs ac-
» tions, l'amertume n'eſt plus ſur leurs lè-
» vres. Ils n'ont pas la hauteur des Evêques;
» & plus populaires, ils ſavent à-la-fois
» conſoler & ſecourir leurs Paroiſſiens. Ils
» verſent le baume ſur pluſieurs plaies ſe-

» crettes qu'eux seuls connoissent. Ils tole-
» rent les abus qu'ils ne peuvent plus empê-
« cher, & entrent dans les idées de la Po-
» lice, parce qu'ils sentent que les précep-
» tes Religieux ne peuvent pas s'opposer à
» la tolérance civile ».

DENIS *de la Chartre*. (*Saint*) On prétend que cette Eglise a pris son nom de la
cave qui est dessous, dans laquelle on croit
que Saint-Denis & ses Compagnons furent
mis en prison, & où *Notre Seigneur Jésus
le visita, & lui bailla son précieux corps
& sang*, comme il est écrit sur la porte de
l'Eglise basse. Nous ne contesterons point ce
dernier fait, mais nous pensons, avec
l'*Abbé le Beuf*, que Saint-Denis n'a jamais été enfermé en cet endroit, & que ce
nom de *Chartre*, donné à cette Eglise,
vient de ce qu'elle étoit voisine d'une ancienne prison.

Elle est divisée en Eglise haute & basse.
L'Eglise haute a été rétablie en 1665. On y
admire un bas-relief en stuc, sculpté par
François Anguier ; il tient lieu de tableau au maître-autel. C'est Notre Seigneur
qui administre, dans la prison, le Sacrement de l'Euchariftie à Saint-Denis & à ses
Compagnons.

Dans l'Eglise basse, on trouve une grosse
pierre percée par le milieu, comme pour y
mettre le coup d'un homme. On assure qu'on
y a mis celui de Saint-Denis, & que cette

pierre a été un des instrumens de son supplice.

Saint-Denis de la Chartre est un Prieuré composé de six Religieux de l'Ordre de Clugny, qui desservent cette Eglise.

DENIS-*du-Pas*. (*Saint*) Le nom de cette petite Eglise a occasionné de grandes discussions parmi les savans ; nous ne nous en mêlerons pas. Elle est située derriere l'Eglise de Notre-Dame ; & depuis sa réunion avec la paroisse de Saint-Jean-le-Rond, elle est devenue Paroisse du Cloître, sous le nom de Saint-Denis & de Saint-Jean-Baptiste.

DÉPOT *Militaire du Régiment des Gardes-Françoises, sur le Boulevard; au coin de la Chaussée d'Antin*. C'est à M. le Maréchal de Biron qu'est dû l'honneur de cet établissement, formé en 1764, qui offre une École d'Education Militaire, où l'on reçoit les jeunes gens qui se disposent au service, jusqu'au nombre de 150 ou 200, depuis l'âge de dix ans jusqu'à seize, époque où ils peuvent librement contracter un engagement, ou se retirer, si le métier des armes ne leur convient pas. Dans ce dernier cas, les parens sont tenus de rembourser les frais faits pour leur entretien pendant leur séjour dans ce Dépôt.

Sa Majesté donne pour chacun d'eux 9 sols par jour, ainsi qu'aux Soldats du Régiment des Gardes-Françoises.

Dépôt de Cryſtaux, Emaux & Cendres bleues, de la Manufacture de S. A. Monſeigneur le Duc d'Orléans ; rue Tournon.

Dépôt des Cartes, Plans & Journaux de la Marine ; rue Saint-Antoine, dans l'ancienne Maiſon des Jéſuites.

Dépôt des Archives de la Chancellerie ; au Louvre. On y entre les mardis & vendredis depuis neuf heures juſqu'à midi.

Dépôt du Miniſtre, ayant le département de Paris ; aux Grands-Auguſtins (1).

Dépôt de la Guerre ; aux Invalides.

Dépôt des Titres, Pieces & Cartes de la Marine ; à Verſailles.

Dépôt des anciennes Minutes du Conſeil des Finances & Commiſſions extraordinaires ; au Louvre. Il eſt ouvert les mardis & vendredis, depuis neuf heures juſqu'à midi.

---

(1) Les Secrétaires d'Etats reſtoient autrefois en poſſeſſion de tous les papiers de leurs départemens, les Généraux d'armées, & nos Miniſtres dans les Cours étrangeres, de leurs inſtructions ; de ſorte, qu'à leurs mort, les pieces les plus importantes du Gouvernement paſſoient ſouvent dans des mains étrangeres, & quelquefois dangereuſes. Le Miniſtre *Louvois*, pour arrêter cet abus, établit le Dépôt des Invalides, pour la guerre, *Croiſſy* en fit ordonner un pour les affaires étrangeres, que *Torci* perfectionna en 1710, & que *Pontchartrain* imita pour la Marine. A la mort de tous ceux qui ont eu part aux affaires du Gouvernement, on examine les papiers qui y ſont rélatifs, & ils ſont remis aux Dépôts auxquels ils appartiennent.

Dépôt de la Maison du Roi; au Vieux-Louvre.

Dépôt des Lettres-Patentes, Edits, Ordonnances, Déclarations & Arrêts enregiſtrés; au Palais.

Dépôt de Légiſlation; à la Bibliotheque du Roi.

Dépôt des Chartres & autres Monumens Hiſtoriques; place Vendôme, au coin de la rue des Capucines, chez M. *Moreau,* Hiſtoriographe de France.

Dépôt des anciennes Minutes du Conſeil d'Etat Privé du Roi; chez MM. les Chanoines de Sainte-Croix-de-la-Bretonnerie. Il eſt ouvert les lundis, mercredis & ſamedis, depuis neuf heures juſqu'à midi.

Dépôt de la filature des Pauvres de Paris. Un Directeur diſtribue gratuitement à tous les Curés de la ville, fauxbourgs & banlieue de Paris, une certaine quantité de filaſſe pour faire travailler leurs Pauvres; l'ouvrage fait, ce Directeur acquitte la main-d'œuvre. Ce Bureau eſt établi rue de Bourbon-Villeneuve.

DEUILS. Chez les Romains, les femmes portoient le deuil en blanc, & les hommes en brun; à la Chine on le porte en blanc; en Turquie, bleu. En France, ce n'eſt que depuis le regne de Philippe Auguſte, que les deuils ſont en uſage. Une Ordonnance de Louis XV de l'année 1716, a fixé la maniere de porter le deuil, dont voici la substance (1).

On ne porte les grands deuils que pour pere & mere, grand-pere, grand-mere, mari & femme, frere & sœur, consin, cousine.

Pour pere & mere il dure six mois, pour les grand-pere & grand-mere, quatre mois & demi : on porte trois semaines les grandes pleureuses, trois semaines les petites, six semaines en laine, & six semaines en petit-deuil.

Frere & sœur, deux mois : la laine pendant un mois, quinze jours la soie & quinze jours le petit deuil.

Oncle à la mode de Bretagne, onze jours : six jours en noir & cinq en noir & blanc.

Cousin issu de germain, huit jours : cinq en noir, & trois en noir & blanc.

Femme pour son mari, un an six semaines, & mari pour sa femme, six mois.

Le Journal de Paris annonce les Deuils de Cour, leur durée, & la maniere de les porter.

---

(1) Rien ne paroît plus singulier à l'observateur philosophe, que cet usage ou cette ordonnance qui calcule la douleur que doit ressentir un parent à la mort de tel ou de tel de ses parents. Femmes, vous pleurerez vos maris pendant tant de mois ; cousin, neveux, votre cousine, votre oncle, pendant tant de jours : l'usage & la loi ont commandé aux bienséances, & l'amour-propre a obéi.

DILIGENCES, *Messageries, Coches & Carrosses &c.* (*Voyez Bureaux de Diligences*, pages 88, 89, 90, &c.)

DOCTRINE *Chrétienne.* (*les PP. de la*) Cette Maison, dite aussi *la Maison de Saint-Charles*, est située dans le haut de la rue des Fossés Saint-Victor, dans une partie de l'emplacement du Cirque que Childéric avoit fait bâtir en 577.

La Congrégation de ces PP. fut instituée en 1562 par *César de Bus* (1), & établie en 1628 à Paris, où réside le Général. Il y a présentement dans le Royaume soixante Séminaires, Maisons ou Colléges de cette Institution.

Le maître-autel est orné d'un superbe tableau de *Vouët*, représentant Saint-Charles Boromée, à qui cette Eglise est dédiée, offrant à Dieu sa vie, pour le salut des pestiférés. On voit aussi dans cette Eglise un morceau de la vraie Croix, dans un espece de crystal de roche.

Mais ce qui doit intéresser le public, c'est la Bibliotheque qui est fort belle. Elle est ouverte les mardis & vendredis, & fut léguée par *Jean Miron*, Docteur de la Maison de Navarre.

Ces Peres ont une autre Maison à Paris

---

(1) César de Bus étoit fort sujet aux extases. Un jour qu'il étoit dans cet état, *il vit bouillir ses enfans dans une poële à frire*, ce qui fut un présage des divisions qui arriverent dans son institution.

dite de *la Vallée de Fécamp*, située au haut de la rue de Bercy, dont la Chapelle n'a rien de remarquable.

DOUANE. Les Marchands ou Voituriers qui amenent des marchandises, doivent les conduire directement à ce Bureau, pour y être visitées. Il est situé rue du Bouloir, vis-à-vis l'Hôtel du Roulage.

On perçoit pareillement les droit de sortie sur les marchandises qu'on va déclarer pour passer à l'Etranger, ou aux Provinces réputées étrangeres. Tous les ballots, caisses ou valises &c., concernant les marchandises ou autres choses qui s'y expédient, y sont plombés & ne doivent pas être ouverts aux Bureaux de la route, si ce n'est en cas de fraude.

Les voitures sont tenues, à peine de confiscation & de 100 livres d'amende, de conduire directement les marchandises à tous les Bureaux de la route, d'y présenter leurs acquits, pour y mettre le *vu*.

DRAPIERS, (*Bureau des Marchands*) *rue des Déchargeurs*. Cette Maison a été construite sur les desseins de *Bruant l'aîné*, Architecte.

Dans la salle d'Assemblée, est un tableau représentant Louis XVI protégeant le commerce. Il est de *Lagrenée le jeune*.

EAU *clarifiée*. A la pointe de l'Isle Saint-Louis est une machine hydraulique qui clarifie l'eau de la Seine, laquelle eau est voiturée, dans des tonneaux marqués aux armes du Roi, par tous les quartiers de la ville ; on la vend à raison de 2 sols la voie, contenant 36 pintes.

EAU *épurée*, *ou Fontaines épuratoires*. Placées sur le quai des Miramiones, au Port-au-Bled & sur le quai de l'Ecole ; elles fournissent au Public une eau très-purifiée. Elles ont été imaginées & construites par M. *de Charancourt*, Ingénieur de cette ville.

EAU *de la Seine*. Il y a trois réservoirs des eaux de la Seine nouvellement construits par MM. *Gilleron* & *Vachette*, sur la place de la Bastille, sur celle du Palais Bourbon, & sur le quai de la Conférence.

EAUX *de Paris, par le moyen de la machine à feu*. C'est à Chaillot, près la grille de la Conférence, qu'est situé cet utile établissement. Un bâtiment très-solide, construit sur un canal qui communique à la Seine, renferme deux machines à feu de la plus grande proportion. Chaque machine éleve & fait monter, en 24 heures, 48,600 muids d'eau, dans les réservoirs construits sur le haut de la montagne de Chaillot, qui par leur élévation de 110 pieds, peut fournir de l'eau dans tous les quartiers de Paris, sans exception.

Il y a quatre de ces réservoirs où l'eau des

pose & se clarifie avant d'être offerte au public.

Cette pompe auſſi ingénieuſe qu'utile, est bien faite pour intéreſſer le public, qui doit en attendre ſa ſalubrité. Rien n'eſt plus admirable que cette méchanique ; elle est l'ouvrage de MM. *Perriers freres*. L'eau s'éleve dans les quartiers ou elle ſe communique déjà, à 12 ou 15 pieds au-deſſus du pavé.

Les atteliers ſur-tout, ſont fort curieux & mériteroient ici un article particulier.

Les Souſcripteurs ſeront ſervis tous les jours, & à des heures réglées.

L'abonnement qui ſe paie d'avance d'année en année, eſt de 50 livres par an pour un muid d'eau par jour, & à proportion pour une plus grande quantité.

La conduite principale de l'établiſſement eſt poſée depuis Chaillot, en paſſant par la rue du Fauxbourg Saint-Honoré & le Boulevard, juſqu'à la porte Saint-Antoine. Les diſtributions particulieres ſont déjà établies dans nombre d'Hôtels & de Maiſons ſitués dans les rues adjacentes de la grande conduite.

La Compagnie des Eaux donne *gratis*, toute l'eau néceſſaire pour les incendies. A cet effet, elle a établi, dans les différens quartiers où ſes conduites principales ont paſſé, des robinets, dont M. le Commandant des Pompiers a la clef, à l'extérieur deſquels eſt écrit : *ſecours pour les incendies*.

Le premier de ces robinets est placé rue de Chaillot, à côté de l'Eglise; le second vis-à-vis l'Eglise du Roule; le troisieme porte Saint-Honoré; il y en a un sur chacun des Boulevards du nord, depuis la porte Saint-Honoré jusqu'à la porte Saint-Antoine.

Ces robinets se multiplieront à mesure que les conduits s'étendront dans les différens quartiers de la ville.

Une Ordonnance de Police du 24 Août 1784, annonce que M. le Lieutenant de Police a été autorisé, au nom du Roi, à acquérir l'usage de plusieurs bouches de regards d'eaux provenans des Pompes à feu en faveur des Habitans de cette ville, pour en laver fréquemment les rues & ruisseaux, & en conséquence elle prescrit aux Propriétaires & principaux Locataires des Maisons situées dans les rues où il a été établi des regards provenans desdites Pompes à feu, de faire balayer exactement le devant de leur maison lorsqu'ils entendront passer la sonnette, au moment où les bouches desdits regards seront ouvertes à l'effet de fournir le volume d'eau nécessaire pour former un courant rapide qui rendra les rues plus propres & l'air plus salubre.

ÉCHEVINS. Pour être Echevin à Paris, il faut y être né, y exercer une profession honnête, & être d'une probité reconnue & d'une conduite irréprochable. Les Echevins de Paris sont les seuls du Royaume qui ont l'honneur de prêter serment entre les mains du Roi. En 1706, on leur accorda, puis on leur ôta en 1715 ce que l'année suivante on leur rendit, la noblesse. Sous les Capétiens, ils étoient qualifiés de *Majores*, Maïeurs, Maires; de *Præpositi*, Prevôts, & leurs Assesseurs de *Scabini*, Echevins.

Ces Officiers Municipaux sont au nombre de quatre, deux anciens & deux nouveaux; l'Election se fait tous les ans le jour de Saint-Roch.

ÉCOLES.

ECOLES *de Médecines.* Ces Ecoles sont situées rue Saint-Jean-de Beauvais, & l'amphithéâtre de cette Faculté est rue de la Bucherie, quartier de la Place Maubert, où les Professeurs démontrent l'Anatomie dans une salle de forme ronde terminée en coupole, soutenue par huit colonnes d'ordre dorique.

La faculté de Médecine est aussi ancienne que l'Université de Paris; tous les membres de cette association étoient autrefois Ecclésiastiques, ils porterent ensuite long-temps le nom de *Physiciens*. Les premieres Ecoles publiques furent construites en 1472 aux dépens des Médecins, rue du Fouare (1).

___

(1) En vieux langage *Fouare* signifie *Paille*, dans les Ecoles, les jeunes gens étoient assis sur de la paille, alors appellée *Fouare*; cette paille a donné le nom à la rue.

Le premier amphithéâtre qu'ils y firent construire fut achevé en 1618; en 1744, on le fit rebâtir plus beau & plus spacieux; enfin en 1776 les Ecoles de la rue de la Bucherie menaçant ruine, la Faculté de Médecine fut obligé de les quitter & de transporter leur bibliotheque dans la maison des anciennes Ecoles de Droit, rue Saint-Jean-de-Beauvais, où se tiennent aujourd'hui les séances; cependant les Professeurs d'Anatomie, de Chirurgie & d'Accouchement, continuent de donner leurs leçons dans l'amphithéâtre des anciennes Ecoles, rue de la Bucherie.

On ne parvient au Doctorat qu'après plusieurs années d'assiduités, d'études; qu'après plusieurs examens longs & rigoureux: les titres ne s'acquerent point ici, comme ailleurs, avec de l'argent sans savoir; mais avec du savoir & de l'argent.

La Faculté de Médecine s'assemble tous les quinze jours; dans ces assemblées on traite des maladies régnantes tant à Paris qu'aux environs, des cas rares ou singuliers que peut fournir la pratique, & des remedes nouveaux. Tous les samedis, six Docteurs, trois anciens, trois nouveaux s'assemblent à tour de rôle avec le Doyen de la Faculté, & donnent à chaque pauvre malade qui se rend à cette assemblée des consultations gratuites, qui sont écrites par les Bacheliers sous la dictée des Docteurs & Doyen visitans. Le nombre des pauvres est toujours considérable, & il en vient de fort loin. Le 5 Novembre 1778, la Faculté a tenu sa premiere assemblée publique qui est maintenant fixée tous les ans à un jour de la semaine après la Fête de Saint-Pierre.

Le bâtiment où l'on tient aujourd'hui les Ecoles de Médecine est presque en aussi mauvais état que celui de la rue de la Bucherie qu'on a quitté, tous deux ont le même inconvénient : les salles étant sur la rue, le bruit des voitures empêche souvent d'entendre le Professeur.

La Bibliotheque de la Faculté, au-dessus des Ecoles rue Saint-Jean-de-Beauvais, est assez considérable ; on y trouve plusieurs manuscrits très-précieux.

Du côté de la Bibliotheque dans la salle d'Assemblée, on voit un grand nombre de portraits des anciens Médecins de la Faculté de Paris.

ECOLES *de Chirurgie.* Quarante Conseillers, du nombre desquels sont un Président, un Directeur, un Vice-Directeur, un Secrétaire perpétuel, un Trésorier, un Prévôt, &c. ; vingt Adjoints, de plus, un nombre indéterminé de Correspondans & d'Associés, tant étrangers que regnicoles, composent l'Académie de Chirurgie, qui fut établie en 1731, & confirmée par lettres-patentes de 1748.

Elle tient ses assemblées tous les jeudis, & sa séance publique, tous les ans le jeudi de la Quasimodo. On y distribue un grand nombre de prix : 1°. une médaille d'or de cinq cents livres ; prix fondé par M. *de la Peyronnie* : 2° une autre médaille d'or de deux cents livres, nommée prix d'émulation : 3°. cinq médailles d'or de cent livres chacune, pour des Chirurgiens regnicoles qui les ont méritées par des observations ou des découvertes utiles. De plus, on distribue tous les ans, pour exciter l'émulation des Eleves de l'Ecole pratique, quatre médailles d'or, de cent livres chacune, & quatre médailles d'argent, pour le *Accessit*. Feu M. *Houstet*, est le fondateur de ces derniers prix.

Quatorze Professeurs enseignent successivement les différentes sciences relatives à la Chirurgie, celui qui professe la Chymie & la Botanique, a été depuis peu fondé par Sa Majesté Louis XVI.

La Nation & les Arts se glorifient du superbe bâtiment des Ecoles de Chirurgie. Ce monument unique en Europe, où l'élégance & la majesté de l'ensemble se réunissent à la pureté des détails, fut élevé sous le regne de Louis XV, & achevé sous celui de son bienfaisant Successeur, d'après les dessins de M. *Gondouin*, Architecte du Roi.

Un péristile d'ordre ionique antique, à quatre rangs de colonnes, sur trente-trois toises de face, supporte un attique, que comprennent la Bibliotheque & le cabinet d'Anatomie ; attique ou sans doute le bon goût de l'Architecte a été contraint de céder à la nécessité.

Au-dessus du péristile est un bas-relief de trente-un pied de longueur, sculpté par *Berruer*, où l'on voit, accompagné de Minerve & de la Générosité, Louis XV, accordant des priviléges à la Chirurgie, qui est suivie de la Prudence & de la Vigilance, & le Génie de la France, qui présente au Roi le plan des Ecoles. Des grouppes de malades remplissent l'arriere-plan du bas-relief.

L'aîle gauche est composée de plusieurs salles, destinées à l'Ecole pratique, aux séances académiques, à la chambre du Conseil, & aux archives.

L'aîle droite contient, entre autres pieces, un petit Hôpital composé de plusieurs lits, pour les malades attaqués de maladies susceptibles d'opérations.

Dans la salle des Actes, on voit six figures représentant les différentes sciences Médicinales personnifiées ; elles sont peintes à fresque sur le mur, par M. *Gibelin*, ainsi que la Déesse de la Santé qu'on voit dans l'escalier.

Dans la salle de l'Académie sont deux tableau allégoriques, représentant l'*Accouchement* & *la Saignée* & un grand tableau dont le sujet est Saint-Louis, portant lui-même des secours aux blessés de son armée.

L'extérieur de l'amphitéâtre est décoré des ordres ionique & corinthien, dont l'effet

fet est admirable ; au-dessus de ces ordres est un fronton, orné d'un bas-relief, qui représente *la Théorie & la Pratique* se donnant la main sur un autel. C'est l'ouvrage de M. *Berruer*.

Cet Amphithéâtre, dont Louis XVI a posé la premiere pierre, le 14 Décembre 1774, peut contenir environ douze cents personnes.

On voit dans son intérieur, trois grands morceaux de peinture à fresque, de clair obscur, par M. *Gibelin*.

Le premier représente *Esculape*, enseignant les principes de la Médecine & de la Chirurgie : on lit au-dessous cette inscription :

Ils tiennent des Dieux les principes qu'ils nous ont transmis.

Dans le second morceau, on voit Louis XVI accueillant son premier Chirurgien *la Martiniere*, qui est accompagné de plusieurs Académiciens & Eleves ; les récompenses que le Roi accorde aux talens sont déployées pour les encourager. On lit au-dessous :

La munificence du Monarque hâte leur progrès & récompense leur zele.

Le troisieme morceau offre des combats & des blessés secourus courageusement par des Chirurgiens ; au-dessous est cette inscription :

Ils étanchent le sang consacré à la défense de la patrie.

L

Ces trois tableaux quoique peints par le même Artiste, n'ont pas été trouvés de la même beauté, ce genre difficile de peinture a été depuis exécuté avec plus de succès par ce Peintre.

ECOLE *Royale des Mines*, est professée par M. le Sage, à l'hôtel de la Monnoie; la collection de minéralogie est immense; la salle qui la renferme est décorée d'après les desseins de M. *Antoine*, & le laboratoire n'étant destiné qu'aux essais, est différent de tout ce qui a été fait jusqu'à présent en ce genre.

ECOLES *de Droit*, *place Sainte-Genevieve*. C'est un bâtiment dont la façade sert à la décoration de la place de la nouvelle Eglise de Sainte-Genevieve. Si l'on s'en rapporte aux gens de l'art, cet édifice ne fait pas beaucoup d'honneur à son Architecte, M. *Souflot*. Sur une table de marbre blanc on lit ces mots: *Scholæ Juris*. Il n'y a rien de bien remarquable dans l'intérieur qu'un portrait de Louis XV, & le grand plan de Paris de l'Abbé *la Grive*.

C'est par un illustre Professeur en Droit, le Jurisconsulte *Barthole*, que fut imaginé le très-ridicule procès entre *la Vierge & le Diable*, où l'on voit ce dernier donner assignation au genre humain, pour comparoître devant le tribunal de J. C. La Sainte-Vierge se présente pour plaider la cause du genre humain, le Diable la récuse pour deux raifons ; la premiere parce qu'elle est mere du Juge, & la seconde parce que les femmes sont exclues de la fonction d'Avocat.

La Vierge allégue contre cette récusation des moyens triomphans ; le Diable est fort en peine, mais il demande une provision comme ayant été possesseur du genre humain depuis la chûte d'Adam, & fait valoir la prescription. Enfin, après bien des débats, des formules & des citations, intervient un jugement définitif, par lequel le Diable est condamné, comme de raison, à la damnation éternelle, & St-Jean Evangéliste est le Greffier qui expédie la Sentence.

ECOLE *gratuite de Dessin.* Elle est située dans l'ancien amphitéâtre de Saint-Côme, rue des Cordeliers, & fut établie en faveur des arts & métiers, le 20 Octobre 1767.

Cette Ecole ne peut contenir que 1500 jeunes gens, & pour cela on n'en admet pas davantage.

De quelque qualité que soit l'enfant, pour y être admis, il suffit qu'il se présente au Directeur ; on l'inscrit gratis, puis on lui délivre un jeton pour 12 sols : s'il veut apprendre le dessin des trois genres qu'on y enseigne : savoir, l'Architecture, la Figure & l'Ornement, il faut qu'il prenne autant de jetons que de genres, & qu'il donne autant de pièces de douze sols que de jetons.

Ces jetons servent de billets d'entrée. C'est M. *Bachelier*, Peintre du Roi, qui est Directeur de cette Ecole.

Quand un Eleve a remporté un premier prix de quartier, il peut aspirer au concours des grands prix qui se distribuent avec grande cérémonie le lendemain de Noël dans une salle des Tuileries, en présence de M. le Lieutenant de Police & de plusieurs autres Magistrats. Les Eleves qui ont remporté ces grands prix, gagnent la maîtrise de l'état ou métier auquel ils se sont destinés.

ÉCOLES *Nationales*. Un homme aussi recommandable à l'état par ses biens & sa noblesse, que cher aux bons citoyens par sa bienfaisance & son patriotisme, est le principal fondateur de cet établissement ; c'est M. le Duc *de Charost*, qui, dans cette entreprise, a été secondé par M. le Comte de Thélis, Capitaine aux Gardes Françoises, & par M. de Bruny, Chevau-Léger de la garde du Roi.

Le but de cette Ecole est l'instruction des jeunes Gentilshommes dans toutes les parties de l'art de la guerre. A l'exemple de l'Ecole des Ponts & Chaussées, l'instruction est réciproque ; aussi-tôt qu'un Elève est en état d'enseigner deux ou trois autres Elèves, on les lui confie, & il en rend compte tous les jours ou tous les deux jours aux divers Professeurs, chacun selon leur partie.

Les Elèves ne sont admis à cette Ecole qu'à 12 à 13 ans. Les parens n'ont à payer que la nourriture & l'entretien, qui peut aller à 500 liv. à Paris, & à 360 liv. en Bourgogne, où l'Ecole ira bientôt. L'instruction est payée des bienfaits de la Famille Royale.

ÉCOLES *de Charité*. Il y a dans chaque Paroisse des Ecoles gratuites en faveur des pauvres, tenues par les Sœurs de la Charité, qui enseignent aux enfans à lire, à écrire, & qui vont encore visiter les pauvres malades de leur Paroisse.

ÉCOLE *Royale Vétérinaire*. Elle est établie au Château d'Alfort, près Charenton. (Voyez *le vol. des Environs*.)

ÉCOLE *Royale Militaire*. Cette Ecole est un magnifique monument de la protection accordée par Louis XV à la jeune Noblesse de son Royaume. Elle fut fondée par ce Prince en 1751, afin que 500 jeunes Gentilshommes sans fortune, ou dont les peres seroient morts au service, pussent recevoir une Education Militaire.

Cet établissement a éprouvé des révolutions. Sous le Ministère de M. de Saint-Germain, l'Ecole fut entierement détruite, & les Eleves furent dispersés en différens Colléges du Royaume, qui ont pris le titre d'Ecole Militaire.

Enfin, pour occuper les bâtimens, ce

Ministre y établit 150 Eleves qu'il tira de ces Colléges Provinciaux, & y joignit un nombre de Pensionnaires, composé tant de Nationaux que d'Etrangers Catholiques, qui doivent faire preuve de quatre degrés de noblesse. Le prix de ce pensionnat est de 2000 liv. par an.

Les jeunes gens sortant de cette Ecole, jouissent chacun d'une pension de 200 liv. jusqu'à ce qu'ils aient acquis un grade qui leur donne 1200 liv. d'appointement.

La Maison a été construite sur les Dessins de M. *Gabriel*, Architecte du Roi; elle est vaste & magnifique. L'intérieur renferme plusieurs objets précieux, bien dignes de fixer l'attention des Curieux. Nous en avons fait la description dans le volume des Environs, auquel nous renvoyons nos Lecteurs.

ÉCOLE *ou Institution en faveur des pauvres Orphelins Militaires*. C'est M. le Chevalier de Paulet qui est Auteur de cet Etablissement. Cent cinquante enfans y sont à ses frais entretenus & élevés avec soin.

ÉCOLE *de Natation*. Elle est établie au bas du Pont de la Tournelle, par M. Turquin, avec l'agrément du Corps Municipal. Le prix de la souscription, pour apprendre à nager, est de 36 liv. Et en cas d'absence ou d'autres empêchemens, les Eleves qui ne seront pas assez instruits dans une année, pourront, l'année suivante, se présenter & achever gratuitement leur cours. Ceux qui ne souscriront pas, payeront 30 sols par leçon.

Le 10 Août 1786, M. le Prévôt des Marchands, le Corps Municipal, & MM. de l'Académie des Sciences, ont assisté à cette Ecole, & en ont marqué leur satisfaction. Le Corps Municipal est convenu d'accorder l'année suivante un prix d'encouragement.

ÉCOLE *Royale de Chant, de Déclamation, de Danse, &c.* Développer & perfectionner, s'il se peut, par une éducation soignée, les dispositions qu'annoncent les jeunes personnes qui se destinent au Théâtre Lyrique; assûrer en même-temps à ce Spectacle des Sujets intéressants qui puissent augmenter sa célébrité, voilà le but de cette Ecole, que le Roi, à l'instigation de M. le Baron de Breteuil, a fondée le 3 janvier 1784, & dont l'ouverture s'est faite le premier avril de la même année.

Pour enseigner le Chant, la Musique instrumentale, la Danse, la Déclamation, & on a fait choix de Maîtres dont les talens étoient connus.

Cette Ecole est située rue Poissonniere, au coin de la rue Bergere. Tous les trois mois, il s'y tient une assemblée générale des Maîtres & des Elèves, dans laquelle se fait un examen des progrès de l'institution.

M. Gossec est le Directeur de cet établissement, & c'est à lui qu'il faut s'adresser pour y être admis.

ÉCOLE *de Filature des Enfans Aveugles.* M. Hildebrand, Méchanicien, Directeur de cette Ecole, fait exécuter, rue de la Mortellerie, n°. 150, un travail de Filature par quelques-uns des enfans aveugles secourus par la Société Philantropique, au moyen d'une machine de son invention, & d'une préparation de chanvre qui lui est particulière.

ÉCOLE *de Boulangerie.* Elle est située rue de la Grande Truanderie; M. le Lieutenant-Général de Police qui l'a formée, en est le Président. On y fabrique journellement du pain des deux espèces : du pain blanc, destiné pour l'Ecole Royale Militaire, & du pain bis pour les prisons de Paris.

Les leçons se donnent les Mercredis & Samedis à 11 heures du matin, pendant les mois d'Avril, Mai, Septembre & Octobre, en présence de MM. Parmentier & Cadet de Vaux. M. *Brocq* est le Directeur de cette Ecole.

ÉCURIES. *Écuries de* MONSIEUR, *frère du Roi.* Elles sont situées près le Boulevard des Invalides, & ont été construites sur les dessins de M. *Brongnard*, Architecte du Roi.

ÉCURIES *de Monseigneur Comte d'Artois.* Elles occupent une partie de l'emplacement de l'ancienne pépiniere du Roi, dont Monseigneur Comte d'Artois a fait l'acquisition. Le génie de M. *Bélanger*, qui en est l'Architecte, n'a point trouvé de limites dans la construction de cet édifice ; il pouvoit disposer d'une vaste étendue de terrein ; aussi voit-on qu'il a réuni la commodité au vrai caractere de son sujet.

ÉCURIES *de Monseigneur le Duc de Chartres.* M. *Poyet* est l'Architecte de ce bâtiment qui est situé rue Saint-Thomas du Louvre. Il faut l'aller voir pour juger du talent de cet Artiste.

ÉGOUTS *de Paris.* Un égout général, qui embrasse toute la partie du nord de la ville, reçoit les eaux de plusieurs autres égouts distribués dans différens quartiers. Il se nettoye par le moyen de quatorze écluses remplies & lâchées à propos.

ÉLISABETH. (*Dames de Sainte*) Ce Couvent est situé rue du Temple. Le Pere *Vincent Mussart* en est l'instituteur. La Reine Marie de Médicis, qui s'en déclara la protectrice conjointement avec son fils Louis XIII, posa la premiere pierre, tant de l'Eglise que du Monastere, & la Mere *Claire-Françoise de Besançon*, la premiere Supérieure, avec ses Religieuses, vinrent s'y renfermer en 1630.

L v.

L'extérieur de cette Eglife, non plus que l'intérieur, n'offrent rien de curieux ; on remarque près le fanctuaire, à gauche, l'Epitaphe de M. *Babinot*, un des bienfaiteurs de cette Eglife.

Les jeunes Penfionnaires portent un uniforme noir. Les penfions d'Education font de 500 livres.

ENFANT JÉSUS. (Voyez *Communauté de l'Enfant Jéfus*, page 204).

ENCEINTES *de Paris*. Les Gaulois, pour fe défendre des Romains, ceux-ci pour réfifter aux conquêtes des Francs, & ces Francs ou François pour fe mettre à l'abri des incurfions fréquentes des Normands, firent conftruire fucceffivement de nouvelles enceintes à la ville de Paris. Philippe-Augufte & puis Charles V entourerent encore, l'un après l'autre, cette Capitale de nouvelles murailles, flanquées de tours & bordées de foffés, à l'occafion des guerres contre les Anglois. Du côté du nord, la Baftille, les Portes de Saint-Martin, de Saint-Denis, faifoient partie de cette vafte enceinte, que Charles IX étendit encore en y renfermant le Château & le jardin des Tuilleries.

La même enceinte, tracée du temps de Philippe-Augufte autour de la partie méridionale de Paris, exiftoit encore vers la fin du régne de Louis XIV. Ce Roi fit abattre, en 1672, la muraille dont on voit encore des restes dans le Couvent des Jacobins de la rue Saint-Jacques, & le Fauxbourg Saint-Germain se trouva réuni au quartier de l'Université.

A cette époque les anciens Boulevards servoient de limites à la Ville du côté du nord ; au midi les limites embrassoient le fauxbourg Saint-Germain, passoient entre les Eglises du Val-de-Grace, des Capucins de la rue Saint-Jacques, & renfermoient le Jardin du Roi.

Dans la suite les Barrieres établies pour la perception des droits d'entrée, éloignerent beaucoup les limites de Paris, & celles que l'on fait construire aujourd'hui avec un mur d'enceinte lui donnent encore une étendue plus considérable.

Ce mur commence proche la Gare, sur les bords de la Seine, embrasse l'Hôpital de la Salpetrière, suit le Boulevard jusqu'au-delà des Barrieres construites sur la route d'Orléans ; il entre dans les terres, renferme les premieres maisons de *Vaugirard*, traverse la plaine de *Grenelle*, embrasse le Château de ce nom & aboutit aux bords de la Seine, plus bas que l'extrémité de l'isle des Cygnes.

Sur toutes les routes sont construits des Bureaux & Guérites, & dans l'intervalle de ces Bureaux, aux angles du mur, on a élevé des Pavillons d'observations.

Les Bureaux placés sur les principales routes ont une frise dorique, dans les mé-

L vj

topes de laquelle est sculpté le blason de chaque Ville où ces routes conduisent. Chaque écusson est accompagné d'une petite figure allégorique de la Ville.

Depuis le premier Bureau placé près de la Gare jusqu'au dernier qui est sur la même rive, au-delà de l'isle des Cygnes, on aperçoit dans l'Architecture de chacun une progression de singularité, & une maniere différente qu'on ne devoit pas s'attendre à trouver dans des constructions, qui, ayant toutes le même objet, doivent avoir le même caractere. Cependant les unes, par leur forme solide, lourde, rustique, par leurs bossages de tous les genres, leurs énormes assises qui offrent des rochers entassés, ont un caractere de prison ou de construction souteraine ; tels sont les Bureaux du *Mont Parnasse*, *de la Voirie*, *de Grenelle*, &c. Les autres présentent l'extérieur d'une Chapelle, d'une Eglise, comme celui des *Paillassons* & ceux qui sont construits au-dessus de *Chaillot*, ou d'une Chapelle sépulcrale, comme ceux de l'Ecole Militaire. Je crois qu'il ne falloit ni Eglise, ni Prison, mais une maison simple & commode pour loger des Commis de Barriere.

Dans la partie septentionale de Paris, le mur est commencé en différens endroits ; les Bureaux sont presque tous fondés ou élevés en partie ; mais la plupart de ces constructions n'étant point achevées, je ne peux en donner ici qu'une légere idée.

Du côté du nord, les premiers Bureaux sont placés sur la route de Versailles dans l'angle de la montée des Bons-Hommes : en conséquence l'enclos des Moines a perdu en étendue ce que la route a gagné en largeur.

Le Bureau, contre l'ordinaire, est placé au milieu du chemin ; un péristile & une voussure en cul de four, ornée de caissons, forme l'entrée de ce bâtiment ; aux deux côtés sont deux Guérites, formant socles, sur lesquelles sont assises deux figures en pierre, allégoriques & de douze pieds de proportion ; elles représentent deux Capitales de Province où conduisent la riviere & la route. Celle qui est du côté de l'eau est la ville de *Rennes*, portant son blason & accompagnée des productions de la province de Bretagne.

Celle qui est du côté de la montagne est la ville de *Rouen*, appuyée sur un aviron & tenant aussi son blason : ces deux figures, d'une belle pose, sont l'ouvrage de M. *Moitte*, chargé de la plus grande partie des sculptures qui ornent ou orneront les Bureaux faits & à faire.

Le mur laisse en dehors l'enclos des Bons-Hommes, s'élève sur la plaine au-dessus de Chaillot, où sont déjà construits des Bureaux en forme de Chapelle, & aboutit à l'étoile de la route de Neuilly.

Les Bureaux, placés sur cette route magnifique, forment deux Pavillons carrés & parfaitement péristiles, de six colonnes doriques sur chaque face. Ces colonnes, d'une grande proportion, comprennent toute la hauteur du bâtiment, & en sont détachées de maniere à laisser entre deux une galerie tout autour.

Sur la route de Bezons, voisine & parallele à celle de Neuilly, est un autre Bureau plus élevé, plus vaste & d'un plan plus compliqué. Les Bureaux qui doivent être les plus remarquables de ce côté sont ceux des fauxbourgs S. Denis, S. Martin & Saint-Antoine : les projets sont d'une magnificence dont on aura lieu d'être surpris.

Ceux du fauxbourg Saint-Antoine, situés au-delà de l'étoile sur la route de Vincennes, annoncent déjà ce qu'ils doivent être. Deux vastes bâtimens symétriques, placés des deux côtés du chemin, ont le caractere imposant d'un monument public : les Guérites avancées sur les bords de la route, serviront de piedestaux à deux colonnes de soixante quinze pieds de haut, chargées de trophées. On arrivera à la cime de ces colonnes par un escalier à vis pratiqué dans leur intérieur.

L'activité que l'on met à la construction de cette longue muraille & de ces Bureaux magnifiques bâtis sur les dessins de M. *le Doux*, fait espérer que leur exécution sera parfaite dans peu de temps, & qu'enfin on pourra sentir les effets de cette entreprise.

ESPIONS *de Police.* Sous Henri II, un

Recteur de l'Université, Espion & délateur du Cardinal de Lorraine, fut cause qu'on donna aux Espions le surnom de *Mouche* ou *Mouchard*, parce qu'il s'appelloit *Mouchi*. Sous le ministere du Cardinal de Richelieu, un Capucin, le Pere *Joseph*, célebre intriguant, imagina les Espions soudoyés par la Police.

Cet état est le plus vil, aux yeux même du peuple. M. de Saint-Foix raconte qu'une fille débauchée ayant, sans le savoir, épousé un Espion de la Police, lui dit, lorsqu'elle connut l'état de son mari: *Apparemment que vous n'avez pris ce métier qu'après avoir réfléchi qu'on risque sa vie à faire celui de voleur & d'assassin?* elle sort & va se précipiter du Pont-Royal dans la Seine où elle se noya.

Sans doute que les maux qu'ils évitent à la société l'emportent sur les maux qu'ils lui causent. Ils ressemblent à ces caustiques brûlans qui dévorent tout ce qu'ils touchent, & qui par leur qualité destructive arrêtent les progrès d'un plus grand mal.

ÉTIENNE-DES-GRÈS. (*Saint*) C'est une Eglise Collégiale située rue Saint-Jacques, & au coin de la rue qui en porte le nom. Elle est très ancienne, très-petite & très-dépourvue d'objets de curiosité. Son surnom *des Grès* a occasionné de longues dissertations; on a soutenu qu'il dérivoit de *Sanctus Stephanus a Gressibus*, vel *gra-*

dibus, d'autres *a Grecis* ou *ab egreſſu Urbis*. Enfin Raoul de Preſles penſe que ce pourroit bien être *Saint Etienne des Gueux*.

C'étoit dans cette Egliſe que Saint François de Salle, pendant qu'il étudioit en l'Univerſité de Paris, venoit prier la Sainte Vierge de lui obtenir de Dieu la vertu de continence.

ÉTIENNE-DU-MONT. (*Saint*) Cette Egliſe ne fut, dans ſon origine, qu'un Oratoire renfermé dans l'Egliſe baſſe de Sainte Genevieve. Le terrein des environs s'étant conſidérablement peuplé, & les Paroiſſiens étant devenus très-nombreux, on fut obligé, en 1221, de conſtruire une Egliſe Paroiſſiale contiguë à celle de Sainte-Genevieve. En 1491, elle fut augmentée du côté du chœur, & dans la ſuite on conſtruiſit encore, à différentes époques, les différentes Chapelles qui la rendent plus ſpacieuſe, ſans la rendre moins belle.

Il manquoit un Portail à cette Egliſe gothique, & on en fit conſtruire un dans le genre Grec. Ce fut la Reine *Marguerite de Valois*, premiere femme de Henri IV, qui fit, pour cet effet, préſent de 3000 livres, & qui, le 2 Août 1610, en poſa la premiere pierre.

L'Architecture de cette Egliſe eſt remarquable par ſa hardieſſe & ſa ſingularité : elle offre un mêlange de genres Grec &

Gothique. Des arceaux furbaiffés, naiffant au tiers de la hauteur des pilliers qui fupportent la voûte de l'Eglife, forment une galerie bordée de baluftres, dans laquelle feulement un homme de front peut faire le tour de la nef & du chœur.

Le Jubé, chargé de fculpture d'affez bon goût, eft trop bas, &, ce qui eft extraordinaire dans l'architecture gothique, il eft fupporté par une voûte furbaiffée. Mais ce qui s'appelle un chef-d'œuvre de conftruction, ou, pour ainfi dire, un tour de force du génie de l'Architecte, ce font les deux tourelles à jour qu'on voit aux deux extrémités de ce Jubé. Elles renferment les deux efcaliers pour arriver à la galerie dont on vient de parler; & ce qui en rend l'afpect fi furprenant, c'eft qu'étant à jour, on voit le deffous des marches portées en l'air par encorbellement, & dont le mur de leurs têtes n'eft foutenu que par une foible colonne d'un demi-pied de diamètre, placée fur le bord extérieur de l'appui de la cage, tournée en limaçon.

Vis-à-vis la Chapelle de la Vierge, qui eft nouvellement conftruite, font incruftés dans le mur trois bas-reliefs en marbre blanc de l'habile *Germain Pilon*. Ces trois morceaux donnent une idée du talent de cet Artifte. En revenant dans la nef, on obfervera à la voûte du plafond de la croifée, une clef pendante qui a plus de deux toifes de faillie hors du nud de la voûte, & où vont aboutir plufieurs de fes arrêtes.

La Chaire du Prédicateur mérite aussi de fixer l'attention des observateurs ; elle a été sculptée par *Claude Lestocard*, d'après les desseins de *Laurent de la Hire*.

Les Tapisseries de cette Eglise, qui représentent le martyr de Saint-Etienne, ont été faites d'après les desseins de *la Hire* & de *le Sueur*. Ces desseins sont conservés dans la salle où s'assemblent les Marguilliers de cette Paroisse.

Dans le passage qui conduit à l'Eglise de Sainte-Génevieve, on voit plusieurs figures en terre, de *Germain Pilon*, qui représente Notre Seigneur mis au tombeau. (*V*. Abbaye de Sainte-Génevieve, p. 13).

Dans cette Eglise sont déposées les cendres de plusieurs hommes célebres. *Blaise Vigenere* de Saint-Pourçain, Secrétaire du Duc de Nevers, & Traducteur estimé de plusieurs ouvrages des anciens. Il est mort à Paris en 1596.

Nicolas Thognet, fameux Chirurgien, mort le 29 Décembre 1642. Il fut inhumé derriere la Chaire du Prédicateur ; son Epitaphe finit par ces deux vers louangeurs.

Mortels, pensez à vous, dans le siecle où nous sommes,
Puisque *Thognet* n'est plus, qui pourra vous guérir ?

Sur une table de marbre blanc, soutenue par un Génie en pleurs, tenant à la main un flambeau renversé, on lit l'épitaphe de *Pierre Perrault*, Avocat au Parlement, originaire de Tours, recommandable parce qu'il est le pere de deux hommes célebres, *Claude & Charles Perrault*; ce pere chéri mourut en 1669. Ce Monument des regrets de ses enfans, est l'ouvrage de *François Girardon*.

L'Abbé *Jean Gallois*, un des quarantes de l'Académie Françoise &c., qui fut pendant long-temps seul Auteur du Journal des Savans : il mourut le 13 Avril 1707.

Un Peintre fameux que la mort à trop tôt enlevé aux beaux Arts & à la gloire de la Nation Françoise, Peintre qui a mérité le surnom du *Raphaël de la France*, repose dans cette Eglise : c'est *Eustache le Sueur*, dont le pinceau correct, gracieux, simple, sublime, a excité l'admiration & l'envie des plus illustres Artistes de son temps (1). Il est mort au mois de Mai 1655, âgé de 38 ans.

Jean Racine, si célebre, non pas parce qu'il étoit Trésorier de France en la Généralité de Moulins, Secrétaire du Roi, ni Gentilhomme ordinaire de Sa Majesté, mais

---

(1) Le Brun fut toujours extrêmement jaloux des talens de le Sueur. Se croyant seul, dans le Cloître des Chartreux, il disoit tout bas en voyant les peintures de le Sueur : *Que cela est beau ! que cela est bien pensé ! que cela est admirable !* Le Brun étoit furieux de voir que tout le monde préféroit le talent de le Sueur au sien ; il visita ce dernier lorsqu'il étoit sur le point de mourir, & dit en s'en allant, *la mort va me tirer une grosse épine du pied.*

parce qu'il étoit le Poëte Dramatique RA-CINE. Il mourut le 4 Février 1684, âgé de 71 ans.

Derriere le chœur, auprès de la Chapelle de la Vierge, à main droite, est la tombe sous laquelle fut inhumé un des plus grands, des plus sublimes génies que la France ait produit : c'est *Blaise Paschal*, natif de Clermont en Auvergne ; la mort l'enleva au milieu de son étonnante carriere. Que n'eût-il pas fait, si l'esprit de son siecle n'eût pas été dominé par la vaine manie des guerres Polémiques, dans lesquelles il s'est même immortalisé ! Que n'eût-il pas fait, si la mort n'eût si-tôt arrêté les progrès de sa gloire ! il mourut à Paris le 19 Août 1662, âgé de 39 ans. Son épitaphe, gravée sur une table de marbre blanc, est confondue parmi une foule d'autres, à droite, à côté de la porte de l'Eglise (1). Nous ne la transcrirons point, parce qu'elle n'a rien de remarquable, & nous en rapporterons une autre plus digne du grand homme, & qui peut passer pour un modele par sa simplicité & son énergie.

Hîc jacet. Pietas si non moritur,

---

(1) Dans toutes les grandes Eglises, on est étonné de trouver le Monument d'un Bourgeois de Paris, d'un Marchand de Vin, plus apparent que celui d'un grand homme : mais l'étonnement cesse, lorsqu'on vient à lire que, par contrat passé pardevant tel Notaire, le Bourgeois de Paris, le Marchand de Vin, ont fondé telle rente, cédé tels

æternum vivet vir conjugii nescius, Religione sanctus, virtute clarus, doctrinâ celebris, ingenio acutus, sanguine & pariter & animo illustris, doctus non Doctor, æquitatis amator, veritatis defensor, virginum ultor, christianæ moralis, corruptorum acerrimus hostis. Hunc Rhetores amant facundum, hunc Scriptores norunt elegantem, hunc Mathematici stupent profundum, hunc Philosophi quærunt sapientem, hunc Doctores laudant Theologum, hunc pii venerantur austerum, hunc omnes mirantur omnibus ignotum, licet omnibus notum. Quid plura, viator, quem perdidimus PASCHALEM IS LUDOVICUS erat MONTALTIUS ? Heu ! satis dixi, urgent lacrimæ sileo, & qui benè precaberis, benè tibi inveniat, & vivo, & mortuo. Vixit annos 39 &c.

Dans les charniers de cette Eglise on admire la beauté des vîtres, dont les peintures étonnent par la fraîcheur & la vivacité du coloris.

Dans le cimetiere est enterré un des plus fameux Botanistes de l'Europe, *Joseph Pitton de Tournefort*, né à Aix en Provence, le 5 Juin 1656 ; il fut Profes-

---

fonds, afin de faire dire des Messes pour le repos de leur ame. Les pilliers des Eglises sont chargés de Monuments qui transmettront à la postérité que tels Marchands Bourgeois ont vécu & sont morts ; & Racine n'a pas seulement une Epitaphe.

feur en Botanique au Jardin Royal des Plantes à Paris. Puis ayant voyagé par ordre du Roi en Grece, en Afie, en Afrique, on lui donna, en 1702, une place de Profeffeur en Médecine au College Royal. Il mourut le 28 Décembre 1708 (1).

Simon Pietre, fameux Médecin de la faculté de Paris, fut également inhumé dans le Cimetiere comme il l'avoit précifément ordonné, dans la crainte que la putréfaction de fon cadavre produifit des exalaifons nuifibles à la fanté de ceux qui s'affembleroient dans l'Eglife. Perfuadé de l'infalubrité de cet ufage, il voulut le détruire par fon exemple. Voici fon épitaphe :

> *Simon Pietre* qui fut jadis
> Docteur Médecin de Paris,
> D'une probité finguliere,
> A voulu que fon corps fût mis
> Au milieu de ce Cimetiere,

---

(1) En revenant de l'Académie, & paffant dans la rue des Poulies, il fut preffé dans la poitrine par l'effieu d'une charette qui lui fit d'abord cracher le fang, & dont il mourut quelques mois après. Cette charette étoit une de celles qu'on nomme *Haquet*, inventées par *Pafcal*. Ce grand homme n'imaginoit pas que cette invention feroit un jour fatale au plus célebre Botanifte de France. C'eft ainfi qu'après avoir échappé à mille évenemens dans fes voyages, il fut tué au fein de fa Patrie. Son fort rapelle celui d'un autre célebre Botanifte du regne de Henri III, *Pierre Bellon*, qui après avoir parcouru fans malheurs, la Grece, l'Arabie, l'Afie & l'Afrique, fut affaffiné aux portes de Paris, par des voleurs, un foir qu'il venoit un peu tard d'herborifer.

Craignant ailleurs de faire tort
Dans une place mieux choisie,
Et qu'ayant fait à tous du bien pendant sa vie
Il ne pût nuire après sa mort.

Ce fut dans cette Eglise qu'en 1563, le 22 Décembre, un jeune fanatique se précipita sur le Prêtre célébrant la messe, & arracha l'Hostie de ses mains. Il fut condamné d'avoir le poing coupé, d'être pendu étranglé, & son corps brûlé à la place Maubert. Cinq jours après, pour l'expiation de ce crime, il se fit une Procession générale, qui se continue encore aujourd'hui, à laquelle le Roi Charles IX, la Reine mere & toute la Cour assisterent, chacun portant à la main un cierge de cire blanche.

Le Curé de Saint-Étienne-du-Mont est à la nomination de l'Abbé de Sainte-Genevieve, qui y nomme toujours un Religieux de sa Congrégation.

« Le Curé de cette Paroisse, dit M. de
» Saint-Foix, s'étant plaint que le nommé
» *Michau*, un de ses Paroissiens, l'avoit
» fait attendre jusqu'à minuit pour *la bé-*
» *nédiction du lit nuptial*, Pierre de
» Gondi, Evêque de Paris, ordonna qu'à
» l'avenir cette cérémonie se feroit de jour,
» ou du moins avant souper. Autrefois les
» nouveaux mariés ne pouvoient pas s'aller
» mettre au lit qu'il n'eût été béni : c'étoit
» un petit droit de plus pour les Curés,

» à qui l'on devoit aussi ce qu'on appel-
» loit *les plats de noces*, c'est-à-dire,
» leur dîner en argent ou en espèces (1) ».

EUDISTES. Le Pere *Eudes*, frere de l'Historien *Eudes de Mezerai*, institua cette Congrégation de Prêtres séculiers qui a porté son nom. Elle fut d'abord fondée à Caen, puis à Paris, le 28 Mars 1671. Après avoir été établie dans la Cour du Palais, elle fut enfin fixée en 1727, où elle est aujourd'hui, rue des Postes. Le décret de M. l'Archevêque pour les y maintenir, sous le titre de Communauté & de Séminaire pour les jeunes gens de leur Congrégation, est du 28 Juillet 1773; en conséquence, il leur a été permis d'acquérir jusqu'à 6000 livres de rente.

Les Ecclésiastiques des Provinces, qui ont quelques séjours à faire à Paris, trou-

---

(1) Les Curés de Picardie étoient gênans; ils prétendoient que les nouveaux mariés ne pouvoient pas, sans leur permission, coucher ensemble les trois premieres nuits de leurs noces. Il intervint Arrêt le 19 Mars 1409, portant *défenses à l'Evêque d'Amiens & aux Curés de ladite ville, de prendre ni exiger argent des nouveaux mariés, pour leur donner congé de coucher avec leurs femmes la premiere, la seconde & la troisieme nuit de leurs noces*, & fut dit *que chacun desdits habitans pourroit coucher avec son épousée, sans la permission de l'Evêque & de ses Officiers*. (Essais Historiques sur Paris, par M. de Saint-Foix).

vent dans cette maison un logement honnête pour un prix raisonnable.

EUSTACHE (*Saint*). Sur les ruines d'une ancienne Chapelle bâtie à la fin du XIIe siecle, fut commencée, le 19 Août 1532, la construction de l'Eglise qu'on voit à présent. *Jean de la Barre*, Prévôt & Lieutenant-Général au Gouvernement de Paris, en posa la premiere pierre. Elle ne fut achevée qu'en 1642, par les secours & la protection du Chancelier *Seguier* & de Claude *Bullion*, Surintendant des Finances.

Cette Eglise est une des plus vastes de Paris ; son architecture est un mélange bizare des genres grecs & gothiques.

La Chaire, dont tous les reliefs sont dorés, ainsi que les six vertus qui ornent son pourtour, a été exécutée par d'habiles Sculpteurs, d'après les dessins de *le Brun*.

L'œuvre est la plus magnifique de Paris ; elle a été exécutée par *le Pautre* ; d'après les dessins de *Cartaud*. Cette œuvre a coûté 20,000 livres, que M. le Duc d'Orléans, Régent, donna pour le prix d'un tableau de Saint-Roch, qui étoit dans cette Eglise, & dont ce Prince voulut enrichir son Cabinet.

Au-dessus & derriere le maître-autel est un tableau représentant la Cène, par *Porbus*.

Dans la Chapelle des fonds, est un Cru-

M

cifix de bronze, le plus grand qui soit en France de cette matiere ; il pese 1054 livres. En 1726, on voulut raccommoder un des chaînons qui l'attachoient, on le fit tomber; & on apperçut sous la plante des pieds du Christ ces inscriptions : *Etienne la Porte m'a fait, & Rufinus Presbyter sollicitus est mei.*

Dans la Chapelle qui suit celle des fonds, est un tableau représentant Saint-Jean dans le désert, par M. *Vincent*.

On remarque à la voûte du Chœur & à celle de la croisée de cette Eglise, deux Clefs qui font une saillie prodigieuse, au bout desquelles se réunissent des faisceaux d'arrêtes détachées.

Plusieurs personnes illustres ont été enterrées dans cette Eglise, dont la plupart n'ont point de monument ni d'épitaphe; voici les plus considérables.

Dans la premiere Chapelle à gauche, en entrant par la rue des Prouvaires, est un petit monument à la mémoire de M. *Secousse*, précédant Curé de cette Paroisse; on y voit son portrait en médaillon & son épitaphe au-dessous.

Bernard de Girard, Seigneur *du Haillan*, natif de Bordeaux, Historiographe de France. Il a écrit l'Histoire générale de France. Il mourut à Paris le 23 Novembre 1610.

Marie Jars de Gournai, Savante à qui le public est redevable de la compilation des *Essais de Montaigne*.

Vincent Voiture, Poëte, courtisan & un des plus beaux esprits de son temps. Il mourut à Paris le 27 Mai 1648.

Claude Favre, sieur de Vaugelas, de l'Académie Françoise, célebre Grammairien. Il mourut en 1650.

François de la Motte le Vayer, de l'Académie Françoise, Précepteur de Philippe de France, Duc d'Orléans. Il mourut en 1675.

Amable de Bourzeys, un des quarante de l'Académie Françoise, né à Volvic, près Riom en Auvergne, & mort à Paris le 2 Août 1672.

Antoine Furetiere, de l'Académie Françoise, connu par son excellent Dictionnaire; mort le 14 Mai 1688.

François d'Aubusson de la Feuillade, Pair & Maréchal de France, mort subitement la nuit du 18 au 19 Septembre 1691, laissant un fils unique, nommé *Louis d'Aubusson*, qui est mort aussi Maréchal de France.

Isaac de Benserade, Gentilhomme, né en 1612, à Lyons, petite ville de la haute Normandie, Poëte également favorisé de l'amour & de la fortune. Un Chirurgien mal-adroit lui donna la mort en voulant le saigner, le 19 Octobre 1691.

Anne Hilarion de Constantin, Comte de Tourville, Vice-Amiral & Maréchal de France, un des plus grands hommes de mer que la France ait produit; la mort l'enleva la nuit du 27 au 28 Mai 1701, âgé de 59 ans; il fut enterré sans épitaphe.

Charles de la Fosse, un des grands Peintres de l'Ecole Françoise, éleve de le Brun; il s'est distingué par une peinture moëlleuse, une intelligence de tintes, des effets admirables de couleur, il a excellé dans le paysage & dans la fresque; c'est lui qui a peint la coupole de l'Eglise des Invalides. Il fut Directeur, Chancelier & Recteur de l'Académie Royale de Peinture; il mourut le 13 Décembre 1716, âgé de près de 80 ans.

A côté du chœur à main droite, est la Chapelle de Sainte-Marguerite, où sont les monumens & épitaphes d'*Hilaire Rouillé du Coudray* & du Marquis *de Vins*.

Auprès de cette Chapelle est celle de St-Jean-Baptiste, où sont inhumés le Garde-des-Sceaux d'*Armenonville* & son fils. Leur tombeau est exécuté par *Bouchardon*. Sur l'autel de cette Chapelle est un Saint-Jean dans le désert, par *le Moine*.

Au chevet de cette Eglise est la Chapelle de la Vierge; on y voit deux tableaux de la Salutation Angélique par *la Fosse*.

A gauche, à côté de cette Chapelle, est un des plus beaux monumens qu'il y ait en France, aussi intéressant par les cendres du grand homme qu'il renferme, que par l'habileté des Artistes qui l'ont exécuté. C'est le tombeau du Ministre *Colbert*, élevé d'après les dessins de *le Brun*, par *Jean-Bap-*

tiste *Tuby* & *Antoine Coyzevox*, deux habiles Sculpteurs.

M. Colbert est représenté à genoux sur un sarcophage de marbre noir, devant un Ange qui tient un livre ouvert (1). La Religion & l'Abondance, figures grandes comme nature, contrastées sur des fonds noirs, servent d'accompagnement. Coyzevox a sculpté les statues de Colbert & de l'Abondance, & Tubi celles de la Religion & de l'Ange. Dans des cartouches de bronze doré, on voit Joseph faisant distribuer du bled en Egypte, & Daniel donnant les ordres du Roi Darius, aux Satrapes de Perse. Au bas de ce tombeau, du côté de la Chapelle qui lui est adossée, on voit son épitaphe qui est en Latin.

Vis-à-vis de ce monument est celui de Martin *Cureau de la Chambre*, Médecin ordinaire du Roi, un des quarante de l'Académie Françoise (2). On lit dans un cartouche au-dessus :

Spes illorum Immortalitate plena est

---

(1) Un homme mécontent de ce Ministre pendit au cou de sa statue un carton où se lisoit, en lettres capitales, le vers suivant :

RES RIDENDA NIMIS, VIR INEXORABI-
LIS ORAT.

C'est une chose bien risible que de voir en prieres un homme que les prieres ne pouvoient fléchir.

(2) On assure dans un ouvrage moderne qu'il existe une correspondance secrette entre ce Martin Cureau, & Louis XIV, où l'on voit que ce

Et plus bas autour du médaillon de ce Médecin :

MARTINUS DE LA CHAMBRE, Archiater, obiit 1669, œtatis 75.

Ce précieux monument est de l'exécution de *Jean-Baptiste Tuby*, fameux Sculpteur, & fut dessiné par le *Cavalier Bernin*.

A droite, en entrant par la principale porte, est gravée, sur une table de marbre blanc, l'épitaphe de M. *de Chevert*, remarquable par sa singuliere précision, & digne de ce grand homme par la noble hardiesse de son style. C'est la plus belle épitaphe Françoise qu'il y ait à Paris.

Cy gît FRANÇOIS DE CHEVERT, Commandeur, Grand'Croix de l'Ordre de Saint-Louis, Chevalier de l'Aigle Blanc de Pologne, Gouverneur de Givet & Charlemont, Lieutenant-Général des Armées du Roi.

Sans ayeux, sans fortune, sans appui ; orphelin dès l'enfance, il entra au service à l'âge de onze ans ; il s'éleva, malgré l'envie, à force de mérite, & cha-

---

Monarque étoit persuadé que son Médecin avoit le talent de connoître sur la physionomie le caractere des personnes, & qu'il le consultoit toujours dans le choix de ses Ministres, &c. On ajoute qu'à la fin du recueil de cette correspondance on lit cette note du Médecin, « si je meurs avant Sa Majesté, elle court grand risque de faire, à l'avenir, beaucoup de mauvais choix ».

que grade fut le prix d'une action d'éclat. Le seul titre de Maréchal de France a manqué, non pas à sa gloire, mais à l'exemple de ceux qui le prendront pour modele.

Il étoit né à Verdun sur Meuse le 2 Février 1696 ; il mourut à Paris le 24 Janvier 1769.

Le nouveau portail de cette Eglise construit sur les dessins de M. *Mansart de Jouï*, est formé de deux ordres l'un sur l'autre : le dorique & l'ionique ; aux deux extrémités s'éleveront deux tours carrées ou campanilles, dont une est déjà construite. Au tympan du fronton est un bas-relief représentant le Sacrifice de la Messe, par M. *Berruer*, Sculpteur du Roi. Ce frontispice fait infiniment honneur à M. *Mansart*. Cet Architecte a montré, dans cet ouvrage, qu'il est digne de porter son nom ; ce n'est pas seulement comme Artiste, mais encore par son noble désintéressement, qu'il a des droits à la reconnoissance publique. Il a refusé absolument le prix de ses travaux & de ses soins qui auroient montés à plus de 40,000 livres. Les Marguilliers, sensibles à ce trait de générosité, lui ont assuré, pendant sa vie, un logement *gratis* dans une maison qui leur appartient rue Montmartre. C'est à M. Colbert que l'on doit les premiers fonds affectés à la construction de ce portail. Cette construction se continue maintenant sur les dessins de M. *Moreau*, Architecte du Roi, ainsi que les nouveaux bâtiments qui sont élevés au rond point de cette Eglise, faisant l'angle des rues Trainée & Montmartre. Le rez de chaussée forme un corps-de-garde pour le Guet de Paris tant à pied qu'à cheval, le premier étage sert de sacristie, & le second de trésor.

EXECUTEUR *de la Haute-Justice*, vulgairement appellé *Bourreau*. Il a pour gages 18,000 livres par an; il n'en touchoit que 16,000 il y a quelques années. « Il avoit » le droit, dit M. Mercier, de porter ses mains » immondes sur les denrées publiques, pour » en prendre une portion. On l'a dédom- » magé en argent ».

M. Mercier se récrie avec raison contre l'usage qui ne met point de différence entre l'extérieur des citoyens & celui de l'homme qui exerce un métier si atroce. « Il est frisé, » poudré, galonné, en bas de soie blancs, » en escarpins, pour monter au fatal po- » teau : ce qui me paroît révoltant, puis- » qu'il devroit porter en ces momens terri- » bles, l'empreinte d'une loi de mort. Ne » saura-t-on jamais parler à l'imagination, » & puisqu'il s'agit d'effrayer la multitude, » ne connoîtra-t-on jamais l'empire des for- » mes éloquentes ? l'extérieur de cet homme » devroit l'annoncer » (1).

---

(1) M. de Saint-Foix parle d'un Bourreau, nommé *Capeluche*, Courtisan de Jean-sans-Peur,

EXPERTS - *Jurés des Bâtimens.* Ils ont été créés par Edit du mois de Mai 1690, pour faire les rapports & estimations de tout ce qui concerne les bâtimens. Ces Offices coûtent 6000 livres; leur Bureau est rue de la Verrerie.

EXPERTS-*Jurés Ecrivains*, (voyez *Bureau académique d'écriture, page* 37).

FABRIQUE *Royale de la soie, vraie galette de France*, & des étoffes connues sous le nom d'*étoffes de Paris*, tenues par les sieurs *Duperron* & la Dame veuve *Pallouis*, grande rue du fauxbourg Saint-Martin, à l'Hôtel des Arts.

FABRIQUE *d'étoffes impénétrables à l'humidité, à l'air & à l'eau*, connues sous le nom de *taffetas de France*, supérieur à celui d'Angleterre ; par les sieurs *Tourillon* & Compagnie, rue Pavée Saint-André-des-Arcs, au coin de la rue de Savoie. Ces Messieurs font vendre ces étoffes chez le sieur *Costrejean*, Mercier, rue des Noyers, vis-à-vis celle des Lavandieres, près la place Maubert.

Duc de Bourgogne. « Il fut condamné à mort pour plusieurs crimes, dit cet Ecrivain ; étant sur l'échafaud & voyant que celui qui devoit lui couper le cou, s'y prenoit mal, il se fit délier, arrangea lui-même le billot, regarda si le coutelas étoit bien tranchant, tout comme s'il eût voulu faire ledit office à un autre ; ensuite, il cria *merci à Dieu*, & fut décollé par son Valet ».

M v

FABRIQUE *Royale de crayons de composition de différentes couleurs*, inventés en faveur des Artistes des Académies Royales de Peinture, Sculpture & Architecture; par le sieur *Nadaux*, Graveur & Dessinateur, seul possesseur de ce secret. Toutes les espèces de crayons de ce genre se vendent à raison de 12 sols la douzaine, à l'exception des pierres noires d'Italie ferme, qui sont à 20 sols.

FABRIQUES *de crayons & d'encres coloriés, en pains, comme celle de la Chine*, de la composition du sieur *la Fosse*, privilégié du Roi, rue du Carrousel, en face de la porte des Tuileries. Ces couleurs s'emploient comme l'encre de la Chine. On trouve dans le même magasin des pinceaux de la premiere qualité seulement, & des papiers pour tenture d'appartemens, de la manufacture du sieur Réveillon.

FACULTÉS. Quatre Facultés, celle de Théologie, de Droit, de Médecine & des Arts, forment l'Université. Pour connoître quelle a été la marche des Sciences dans la Monarchie Françoise, il faut chercher les époques des établissemens de chacune de ces Facultés. L'Histoire nous apprend que les Ecoles de la Théologie & des Arts ont précédé de beaucoup celles de Jurisprudence & de Médecine. La Philosophie venue la derniere; elle fut d'abord enseignée de trois façons : la premiere étoit simple & selon la maniere ancienne : la seconde étoit selon les principes d'Aristote & des Péripatéticiens : & la troisieme consistoit en subtilités & en vains discours.

La Faculté des Arts comprend tous les Etudians qui ne sont point Docteurs ; elle a pour objet la Grammaire, la Rhétorique & la Philosophie. La Faculté de Théologie est composée de Docteurs qui sont ou de la Maison de Sorbonne, ou de celle de Navarre, & des Docteurs Ubiquistes, c'est-à-dire, qui ne sont d'aucune société.

FALOTS ou *Porte-Falots*. Ils éclairent pendant la nuit, les particuliers dans les rues de Paris. Ils portent sur leur falot un numéro qui sert à les faire reconnoître, & ils ont toujours sur eux la commission qui leur donne le droit de porter le Falot. Leur Bureau est à l'Estrapade ; en cas de plainte on peut y avoir recours. Le prix de leurs courses n'est point fixé.

FEUILLANS. En 1562, Dom Jean *de la Barriere*, Abbé de Feuillans, dans le Diocèse de Rieux, fut le réformateur de cette Communauté, qui étoit de l'Ordre de Citeaux. Ce réformateur vint en 1583, prêcher devant Henri III qui fut si charmé de son éloquence & de ses mortifications qu'il voulut le retenir à Paris ; mais le zélé la Barriere préféra d'abord le séjour de son Monaſtere ; enfin cédant aux vives ſollicitations de ce Roi, cet Abbé rangea ſes 62 Religieux en Proceſſion, ſe mit à leur tête, & chantant l'Office, ils firent tous, dans ce même ordre, cette longue route juſqu'à Paris, où ils arriverent le 9 Juillet 1587. Henri III les logea d'abord à Vincennes, dans la maiſon aujourd'hui habitée par les Minimes, en attendant que la maiſon qui leur étoit deſtinée à Paris fût préparée. Le 7 Septembre ſuivant ils revinrent à Paris, & furent mis en poſſeſſion de leur maiſon de la rue Saint-Honoré.

Le Roi Henri IV, en 1601, poſa la premiere pierre de l'Egliſe qu'ils ont aujourd'hui, & ordonna que ce Monaſtere jouiroit de tous les droits & prérogatives dont jouiſſent les maiſons Religieuſes de fondation Royale. Le portail de cette Egliſe, ainſi que la porte d'entrée qui eſt ſur la rue Saint-Honoré & en face de la place Vendôme, ſont élevés ſur les deſſins de *François Manſard*. Les défauts & les beautés de ces ouvrages annoncent à-la-fois la jeuneſſe & le génie naiſſant de ce grand Architecte (1).

Le tableau du maître-autel eſt une Aſſomption par *Jacques Bunel*; ſa largeur

---

(1) Un particulier examinoit attentivement le Portail de cette Egliſe ; c'eſt de l'ordre Corinthien, lui dit quelqu'un. *J'aurois juré*, répondit-il, *que c'étoit de l'Ordre de Saint-Bernard.*

n'eſt que de quatre pieds, & ce Peintre a eu l'adreſſe de repréſenter, dans ce petit eſpace, les douze Apôtres grands comme nature, ſans aucun embarras. Ce Peintre Bunel refuſa, parce qu'il étoit Calviniſte, de peindre la figure de la Vierge, *la Foſſe* s'en eſt chargé. Les deux Anges adorateurs, dans un rond au-deſſus, ſont de ce dernier Peintre.

Dans la premiere Chapelle à droite en partant du maître-autel, eſt une figure de marbre blanc de grandeur naturelle, ſupportée par un piédeſtal de marbre noir & blanc, laquelle repréſente *Raimond Phelipeaux*, Conſeiller d'Etat, mort le 2 Mai 1629; dans la troiſieme eſt une ſtatue de la Vierge, qui eſt de *Jacques Sarrazin*; dans la quatrieme eſt un tombeau de marbre noir, accompagné de deux Vertus de marbre blanc : au milieu eſt un buſte auſſi de marbre, qui repréſente *Guillaume de Monthelon*, Conſeiller d'Etat, mort le 11 Mai 1722; la cinquieme renferme le tombeau de *Louis de Marillac*, qui eut la tête tranchée en place de Grève le 10 Mai 1631, un des plus ſages & des plus vertueux hommes de ſon temps, victime ſacrifiée à la cruelle politique du Cardinal de Richelieu. Sa femme *Catherine de Médicis*, fille de Coſme de Médicis, mourut de chagrin peu de temps avant l'exécution de ſon mari (1).

---

(1) Le Cardinal, promoteur de cette exécution révoltante, plaiſanta enſuite les Juges qui

On voit, entre ces deux Chapelles, vis-à-vis la chaire du Prédicateur, un cénotaphe ou tombeau vuide de *Henri de Lorraine*, Comte d'Harcourt, & d'*Alphonse de Lorraine*, son fils. Ce monument est du dessin & de l'exécution de *Nicolas Renard*, Sculpteur de Nanci.

La Chapelle suivante est décorée de plusieurs peintures de *Simon Vouet*. Au plafond, le Saint-Michel qui précipite le Diable dans le fond des enfers, est regardé comme le chef-d'œuvre de ce Peintre. En face de l'autel est un tableau singulier ; sur le premier plan sont deux Anges, l'un vêtu d'un manteau Royal semé de fleurs-de-lys, l'autre tenant une flamme à la main. Dans un arriere-plan, on voit un autre Ange qui joue parfaitement du violoncelle &c.

De l'autre côté, dans la plus proche Chapelle du maître-autel, est un sarcophage de marbre blanc de douze pieds de longueur sur douze de hauteur d'un seul bloc. Au-dessus est placée une urne cinéraire, accompagnée de deux lampes antiques & de guirlandes de fleurs de cyprès ; il est soutenu par un socle de marbre jaspé, où repose la Princesse *Anne de Rohan*, Princesse de Guémenée, qui de son vivant se fit ériger ce tombeau. Elle mourut le 14 Mars 1685 ; en face de ce tombeau est un beau Christ.

---

avoient condamné *Marillac* : *Vous êtes bien ignorant*, leur dit-il, *il n'y avoit pas de quoi le faire mourir.*

Dans la troisieme, le plafond offre plusieurs sujets de l'Histoire de la Vierge, peints par *Michel Corneille*, & gravés par lui-même.

La cinquieme appartient à la famille de *Rostaing*; elle est très-riche par ses marbres & sa sculpture. Sur un mausolée de marbre noir, sont représentées, à genoux, deux figures de marbre blanc, chacune accompagnée d'un Génie; sous l'une on lit:

Ci-dessus est la représentation de haut & puissant Seigneur Messire TRISTAN DE ROSTAING, *Chevalier des Ordres du Roi, décédé le 7 Mars 1691, âgé de 78 ans.*

Et sous l'autre est cette inscription:

Ci-dessus est la représentation de haut & puissant Seigneur Messire CHARLES DE ROSTAING, *décédé le 4 Janvier 1660.*

Sous quatre colonnes de breche noir & blanc, surmontées de bustes en marbre blanc, sont les corps de *Louis*, *Jean*, *Antoine* & *Gaston de Rostaing*, tous inhumés dans cette Chapelle.

Vis-à-vis l'autel de la même Chapelle, est une colonne de marbre portor, sur laquelle est une urne qui renferme le cœur d'Anne *Hurault*, fille du Chancelier de *Chiverni*, & femme de *Charles*, Comte de *Rostaing*, morte à Paris le 16 Avril 1635.

Dans la Chapelle qui est auprès, on voit la statue à genoux, en marbre blanc, de

Claude de l'*Aubépine*, femme de *Médéric de Barbesières*, Grand Maréchal-des-Logis du Roi; elle mourut le 22 Juin 1613, âgée de 63 ans.

Dans le Cloître de ce Monastere, il y a quelques peintures d'*Aubin Vouët*, qui représentent la vie de Saint-Bernard. Mais on regarde avec plus de plaisir les peintures des vitres, qui représentent la vie & les miracles du fondateur Dom *Jean de la Barriere*.

L'Apothicairerie est d'un luxe peu convenable à des Moines, & encore moins à des Moines dont la regle est fondée entierement sur l'abstinence & l'humilité (1).

Dans le vestibule d'entrée sont plusieurs grands tableaux, parmi lesquels on en remarque un de *Nicolas Loyr*, qui représente un Seigneur qui descend de cheval, & vient prendre l'habit de Feuillant.

---

(1) Rien n'étoit plus austere que la regle de cette réforme. Les premiers Religieux alloient nuds pieds, sans sandales, la tête nue; dormoient tout vêtus sur des planches, prenoient leur réfection à genoux, buvoient dans des crânes faits en forme de tasse, ne mangeoient ni huile, ni beure, ni œufs, ni poisson, ni même de sel, se contentans d'herbes cuites, seulement à l'eau, & de pain d'orge paîtri avec le son. Ils exerçoient toutes sortes de métiers pour gagner leur vie & n'être à charge à personne. En une semaine il mourut quatorze de ces Religieux, à cause de leur trop grande austérité. Cette Regle est prodigieusement adoucie aujourd'hui; & ne fait plus mourir personne.

Le chapitre mérite d'être vu, il est orné de plusieurs beaux tableaux ; un de M. *Vien* représentant la Résurrection du Lazare ; un autre peint par *Challes*, & dans le fond est un grand tableau de *Restout*, dont le sujet est la Présentation au Temple.

Le réfectoire est également curieux par ses tableaux, dont quatre sont peints par *Restout*, & représentent l'Histoire d'Esther & du Roi Assuérus.

On remarque sur-tout celui qui est au-dessous de la porte où l'on voit le Festin donné par le Roi Assuérus aux grands de sa Cour. Le Peintre gêné par la porte, a placé ingénieusement un escalier à deux rampes, par lesquelles on monte à la salle du festin.

On y voit aussi un cinquieme tableau qui représente un Duc d'Acquitaine, qui fut converti par Saint-Bernard ; il paroît être dans la maniere du Valentin.

L'exemple des Feuillans justifie aujourd'hui le propos de Dufresny, qui parloit ainsi du Louvre à Louis XIV : *Superbe monument, palais digne de nos Monarques, vous seriez achevé, si l'on vous eût donné à l'un des quatre Ordres Mendians.* Ces Religieux viennent de faire construire, dans la rue Saint-Honoré, un bâtiment immense, dont les revenus des loyers les dispense à l'avenir du travail des mains ordonné par leur humble & fervent Fondateur. Voilà ce qui s'appelle de bonnes œuvres, voilà les fruits spirituels de la pénitence.

Dom *Bernard de Percin de Montgaillard*, fut un des plus grands Prédicateurs de cette Communauté; il est connu dans l'Histoire de la Ligue sous le nom de *Petit Feuillant*. Son éloquence le faisoit admirer (1); mais sa conduite le fit mépriser. Il se déclara d'abord hautement pour le parti du Roi contre celui de la Ligue; enfin le Duc & le Cardinal de Guise étant morts, il se rangea du côté de la Ligue, & déclama contre le Roi son maître & son bienfaiteur (2).

FEUILLANS *des Anges Gardiens*, rue *d'Enfer.*

___

(1) *Mére des Dames, écueil des Moines*, dit le Journal de Henri III, qui ajoute *qu'elles l'alloient souvent voir, & lui firent présent de si bonnes confitures, qu'il y prit appétit*, ce disoit-on. La Satyre Ménipée le représente à la ridicule Procession de la Ligue de la maniere suivante.... « Un Feuillant boiteux, qui armé tout à crud se faisoit faire place avec une espée à deux mains, & une hache d'arme à sa ceinture, son bréviaire pendu par derriere, & le faisoit bon veoir sur un pied, faisant le moulinet devant les Dames ».

(2) *Ravaillac*, l'horrible assassin d'Henri IV, avoit été Frére Convers aux Feuillans de la rue Saint-Honoré; ces Religieux le renvoyerent avant qu'il eût fait ses vœux, parce qu'ils reconnurent qu'il étoit *lunatique* & même *Démoniaque*. (*Abrégé chronologique de l'Histoire de France, par M. le Président Hénault*).

Ce Monastere fut d'abord destiné pour servir de Noviciat. La premiere pierre en fut posée le 21 Juin 1633 par *Pierre Séguier*, pour lors Garde-des-Sceaux de France. Cette Eglise n'a rien de remarquable.

FEUILLANTINES, *rue Saint-Jacques*. Ces Filles, d'abord établies par le bienheureux *Jean de la Barriere* à Montesquiou, Diocèse de Rieux, puis transférées à Toulouse en 1599, répandoient une odeur de sainteté qui parvint jusqu'à la Reine Anne d'Autriche ; elle les attira de Toulouse à Paris en 1622. *Marguerite de Clausse de Marchaumont* fut la premiere Supérieure de cette Maison. Veuve de deux époux à l'âge de 22 ans, lassée des liens trop fragiles de ce monde, elle voulut devenir l'épouse du Seigneur.

Le tableau du maître-autel est une copie du fameux tableau de *Raphaël* qui est à Versailles, représentant la Sainte-Famille. Cette Maison est sous la direction des Peres Feuillans.

FIACRES. (Voyez *Bureau des Fiacres*, page 92).

FILLES *d'Assomption ou Haudriettes*, *rue Saint-Honoré*. Le Cardinal de la *Rochefoucaud*, avec une partie de l'emplacement de son Hôtel & avec les biens de l'Hopital des Haudriettes qu'il réunit à ce Couvent, fit bâtir cette maison & y plaça des Religieuses qui suivent la regle de Saint-Augustin.

L'Eglise de cette Communauté fut achevée en 1676. L'intérieur est de figure ronde & décoré de quatre arcs, entre lesquels sont des pilastres corinthiens qui soutiennent la grande corniche qui regne au pourtour : cette architecture fourmille de défauts de goût & de convenance (1).

Le tableau du maître-autel qui représente la Nativité, est généralement admiré ; il est peint par *Houasse*. Le grand Crucifix qui est vis-à-vis de la porte, est de *Noël Coypel*. On se plaint de ce que la Vierge qui est au pied de la Croix, paroît beaucoup plus jeune que Jésus-Christ son fils. Au-dessus de la porte est un morceau de peinture d'*Antoine Coypel*, fils de *Noël*. Dans une des quatre Chapelles ménagées entre les pilastres, est un excellent tableau *de la Fosse*, qui représente Saint-Pierre en prison, consolé par un Ange.

Les tableaux qui sont dans l'attique, entre les vitraux qui éclairent le Dôme, représentent des sujets pris de la vie de la Vierge. Celui de son mariage avec Saint-Joseph est de *Bon Boulogne* : il est fort estimé. L'Annonciation est de *Stella* ; celui de la Visitation est d'*Antoine Coypel*,

---

1) Le dôme de cette Eglise a fait naître un calembourg, on l'a nommé le sot dôme.

ainsi que celui de la Purification, & la Fuite en Egypte est de *le Moine*. Le plafond du chœur des Religieuses, qui a soixante pieds de longueur, a été peint par *la Fosse*.

FILLES *de la Conception* (1), *rue Saint-Honoré*. Ce Couvent fut bâti en 1635. Son état étoit très-chancelant, lorsque Louis XIV, à l'instigation de M. d'Argenson, lui accorda, par Arrêt du 29 Mai 1713, une loterie qui a produit à ces Religieuses, à raison de quinze pour cent de bénéfice, une somme très-considérable.

Le tableau du maître-autel de l'Eglise est une Conception de la Vierge par *Boullongne l'aîné*, dans une Chapelle à droite est peint Saint-Germain donnant une médaille à Sainte-Genevieve, par *Boulongne le jeune*.

FILLES *de l'Immaculée Conception ou Récollettes, rue du Bacq*. Les Récollettes étoient déjà établies à Paris dans la rue du Bacq depuis le 11 Août 1640, lorsque la Reine *Marie-Thérese d'Autriche*, pour remercier Dieu d'avoir mis au monde un

---

(1) Des ames innocentes & Religieuses, ne sont pas faites pour prévoir les mauvaises interprétations qu'on peut donner à ce titre. Mais il seroit peut-être prudent de ne jamais offrir à la plaisanterie des mondains des expressions qui, dépouillées de ce qu'elles ont de sacré, laissent un sens qui n'est rien moins que respectable.

Dauphin, obtint du Pape Alexandre VII la permission de fonder un Couvent de *l'Immaculée Conception*. Elle jugea les Récollettes dignes de remplir le but de sa dévotion. En conséquence il leur fut accordé de prendre l'habit, l'institut, la regle & la dénomination des Religieuses de l'Immaculée Conception, ainsi que celles établies en Espagne par la Bulle du Pape Jules II. Les Lettres du Roi qui constituent ce Couvent de fondation Royale, furent enregistrées au Parlement le 24 Octobre 1564.

L'Eglise de ces Religieuses, rebâtie à neuf, fut achevée en 1703. Le tableau du maître-autel, qui représente l'Immaculée Conception, est de *la Fosse*.

Dans un Hospice voisin de ce Couvent, habitoient des Récollets, Directeurs de leurs Sœurs Récollettes. Tant que les Freres & Sœurs furent pauvres, la paix régna parmi eux; mais enrichis des bienfaits de la Cour, ils furent bientôt dominés par cette arrogance, fille de l'opulence & mere des dissensions Monacales. Les contestations furent portées au Conseil du Roi, qui par son Arrêt du mois de Mars 1708, condamna les Récollets à se retirer.

FILLES *de la Congrégation de Notre-Dame*. *Pierre Fourier*, Curé de Mathaincourt, est le fondateur de ce Couvent, qui est situé rue Neuve Saint-Etienne, fauxbourg Saint-Marcel. Ces Religieuses sont

Chanoinesses & suivent la regle de Saint-Augustin : elles prennent des Pensionnaires pour le prix de 4 à 500 livres.

FILLES *de la Croix*, *rue de Charonne*. *Charlotte-Mari Coiffier Ruzé d'Effiat*, enterrée dans le chœur de l'Eglise de ce Couvent, en est la fondatrice. L'Eglise de ces Religieuses est petite, mais jolie & très-ornée; le tableau du maître-autel est un excellent morceau copié par *Jouvenet* en 1706, d'après un petit tableau original, peint sur cuivre, qui est dans l'intérieur du Monastere. Le sujet de ce tableau est une Elévation de Croix.

Cyrano de Bergerac, Gentilhomme Gascon, Auteur de plusieurs ouvrages pleins de cette imagination qui décèle son pays, & de ce mauvais goût qui caractérise son siècle, fut enterré dans cette Eglise.

On trouve encore dans cette ville trois autres Communautés de Filles de la Croix, dont le but est l'instruction de la jeunesse.

La premiere, située *rue Saint-Antoine, cul-de-sac Guémené*. Les pensions d'éducation sont de 350 livres.

La seconde, *rue d'Orléans, près Saint-Médard*. Elles ne prennent point de Pensionnaires, mais elles font les écoles de charité.

La troisieme est *rue des Barrez*. Les pensions d'éducation sont de 3 à 400 livres.

FILLES *de l'Instruction Chrétienne*.

Marie Gournay, veuve de *David Rousseau*, Marchand, est la fondatrice de cette Communauté, où l'on tient des écoles gratuites pour les pauvres filles, & où l'on prend aussi des Pensionnaires à raison de 350 à 400 livres.

FILLES *de la Madeleine*. (Voyez *Madelonettes*).

FILLES *de la Petite-Union Chrétienne, rue de la Lune, à la Villeneuve.* Cette Communauté sert de retraite à des filles persécutées par leurs parens, pour s'être converties à la foi Catholique, Apostolique & Romaine; & aux pauvres filles qui cherchent conditions.

FILLES *de Saint-Chaumont, nommées l'Union Chrétienne.* Cette Communauté est située rue Saint-Denis, & tient des classes de charité & des Pensionnaires à raison de 4 à 500 livres.

M. *Convers*, Architecte de S. A. S. Madame la Princesse de Conti, vient de reconstruire la Chapelle & une partie de la maison; cette Princesse en a posé la premiere pierre le 28 Avril 1781; elle a aussi fait don d'un très-beau tableau qui orne le maître-autel, représentant une Nativité, par M. *Ménageot*, Peintre du Roi.

FILLES *de la Providence ou Couvent de Saint-Joseph, rue Saint-Dominique.* Cette

Cette maison sert d'éducation aux pauvres filles orphelines. Elles peuvent y entrer dès l'âge de 9 ans, & y rester jusqu'à 18 à 20, lorsqu'elles sont en état de gagner leur vie, de se marier, ou de se faire Religeuses.

FILLES *de la Providence, rue de l'Arbalétre*. Les personnes qui composent cette Communauté, ne font que des vœux simples. Pension d'éducation de 350 à 400 livres.

FILLES *de Notre-Dame de la Miséricorde*. La Mere *Madeleine*, fille d'un Soldat, institua à Aix cette Communauté. L'Archevêque, piqué de voir ces Religieuses s'établir sans son consentement, s'y opposa de tout son pouvoir. Mais la Mere *Madeleine* qui, sans doute, avoit hérité du courage de son pere le Soldat, triompha de ces obstacles. La Reine Anne d'Autriche écrivit au Cardinal-Archevêque d'Aix, de lui envoyer cette Mere *Madeleine* avec une colonie de Filles de son institution; mais l'Archevêque crut cette émigration dangereuse, & osa refuser à la Reine. Cette Princesse, piquée du refus du Prélat, fit expédier des lettres au nom du Roi, par lesquelles il fut ordonné aux Religieuses de la Miséricorde d'Aix, de venir à Paris pour y établir un Monastere de leur institut. La Mere *Madeleine*, en dépit de l'Archevêque, partit donc avec trois Religieuses, le 12 Novembre 1648. Après avoir essuyé bien des retards & des craintes, occasionnés par les troubles dont Paris étoit alors agité, elle éprouva encore un obstacle de la part de l'Abbé de St-Germain-des-Prés, qui s'obstina très-long-temps à refuser son consentement à ce que ces Religieuses s'établissent où elles sont aujourd'hui rue du Vieux-Colombier. C'étoit une maîtresse femme que cette Mere *Madeleine*; toujours dévote, toujours intriguante, elle vint à bout de fonder plusieurs Maisons de son institution, & de leur procurer une subsistance honnête. Supérieure aux événemens, voyageant de Monastere en Monastere pour ranimer le zele de ses cheres filles répandues dans la Provence, elle donnoit à-la-fois des exemples de fermeté, de dévotion & d'activité, résistoit à ses ennemis, & couvroit des ailes de sa prévoyance sa mystique famille; enfin, persécutée à Paris, elle fut obligée de se retirer en Provence, & voulant aller faire un voyage à Rome, elle tomba malade en chemin, & mourut à Avignon le 20 Février 1678.

Le but de cette Communauté est de donner un asyle aux Demoiselles de condition peu fortunées.

Sur l'autel de leur Chapelle est une Notre-Dame des sept Douleurs, tableau fort estimé.

FILLES *Bleues*. (Voyez *Annonciades Célestes*, page 44).

FILLES *de l'Ave Maria*. Le méchant,

le superstitieux, le dévot Roi *Louis XI &* *Charlotte de Savoye*, furent les fondateurs de ce dévot *Monastere*, l'an 1475, comme il est écrit en-dedans du portail de ce Couvent, qui est situé rue des Barrez. Aux côtés de ce même portail sont les statues de Louis XI & de Charlotte de Savoye.

Les Béguines qui, en 1273, étoient au nombre de 400, en 1480 furent réduites, on ne sait pourquoi, à trois. Louis XI qui avoit une dévotion particuliere à la Sainte-Vierge (1), & qui en conséquence a institué la priere de *l'Angelus*, donna le Couvent de ces Béguines aux Religieuses *de la tierce ordre Pénitence & Observance de M. Saint-François*, & ordonna que leur Maison seroit appellée désormais *l'Ave Maria*. Ces Religieuses de Saint-François n'étoient point du goût de l'Université, qui s'obstina à ne point consentir à leur établissement. A peine deux ans s'étoient écoulés depuis leur installation, que l'Université renouvella son opposition. Les Ordres Mendians, le Provincial des Cordeliers &c., s'y joignirent ; la querelle devint sérieuse, & fut portée à la Cour du Parlement. L'Arrêt qui en intervint, condamna l'Université

---

(1) Il poussoit cette dévotion jusqu'à garnir son bonnet de petites *Notre-Dame* de plomb. On assure qu'il en avoit une à laquelle il demandoit pardon d'avance du crime qu'il vouloit commettre, en lui disant : *Encore celui-là, petite bonne Vierge*.

& ses adhérans, & maintint les Religieuses de la tierce ordre Pénitence dans leur état.

L'Université & Compagnie, en voulant expulser ces Religieuses, proposoient de les remplacer par les Filles de *Sainte-Claire*. Dans la suite, les Filles de Saint-François, édifiées de la vie sainte & pénitente de ces Filles de Sainte-Claire, furent les premieres à les inviter à venir s'établir dans leur Monastere.

La Regle de cette institution est très-austere ; l'Eglise n'a de remarquable que les tombeaux des personnes illustres qui y ont été inhumées. Le cœur de *Dom Antoine*, Roi de Portugal, chassé de son Royaume, & mort à Paris l'an 1595, repose dans la muraille, au côté gauche du maître-autel. On y lit deux épitaphes ; voici la premiere.

Intra Cancellos magni præcordia Regis
Invenies, quibus hæc urbs decorata fuit
Expulsus Regno, sed non è cordibus unquam,
Condidit in tenero plurima corda suo.

Dans la seconde épitaphe qui est en prose latine, l'Auteur raconte, comme une grande preuve de la grandeur de ce Roi, que son cœur se trouva tout entier parmi ses entrailles qui étoient corrompues. Ce fait, qu'il regarde comme un miracle, ne prouve autre chose que le défaut de connoissances dans l'économie animale, & les inclinations louangeuses de l'auteur de l'épitaphe, qui d'ailleurs étoit un Cordelier, cousin-germain du défunt.

Une superbe figure de femme, à genoux sur un Mausolée de marbre placé dans le chœur, représente la fameuse *Charlotte-Catherine de la Trémouille*, femme de *Henri de Bourbon, Prince de Condé*, morte le 29 Août 1629, âgée de 61 ans.

Dans une des chapelles de la nef, en face de la porte de cette Eglise, sont deux Mausolées ; le premier représente la figure d'une femme à genoux, de marbre blanc, sur une table de marbre noir, soutenue par quatre colonnes aussi de marbre. C'est la figure de *Claude-Catherine de Clermont, Duchesse de Retz*, fameuse par son esprit & son érudition ; elle possédoit parfaitement les langues savantes ; ce fut elle qui répondit en latin, pour la Reine Catherine de Médicis, aux Ambassadeurs de Pologne, qui apporterent au Duc d'Anjou le décret de l'élection à cette couronne. Cette Dame n'eut qu'un jour pour préparer son discours, & il fut préféré d'une commune voix à ceux du Chancelier de Birague & du Comte de Chiverni, qui avoient aussi répondu, le premier pour le Roi Charles IX, & le second pour le Duc d'Anjou. Le second Mausolée qui est dans la même Chapelle, représente *Jeanne de Vivonne*, fille de Claude de Clermont, Seigneur de Dampierre. Au bas de ce Mausolée est une très-longue épitaphe latine.

Sur l'un des piliers de la nef de cette Eglise, est l'épitaphe de *Robert Tiercelin*, Chevalier de l'illustre maison de *Saint-Bernard*, mort le 28 Octobre 1616.

En face du Chœur & attenant la grille, est une tribune de pierre de Liais, au-dessus de laquelle est un cartouche avec cette inscription en lettres d'or:

Le Corps entier de SAINT LÉONCE, *Martyr, donné par Madame de Guénegaud, en* 1709.

Dans le Chapitre des Religieuses, ont été enterrés, par permission du Pape, *Mathieu Mollé*, Garde des Sceaux de France, & *Renée Nicolaï*, sa femme.

FILLES-DE-SAINTE-ELISABETH (Voyez *Elisabeth*, page 249).

FILLES de *Saint-Thomas d'Aquin*, de l'Ordre de Saint-Dominique, dont le Couvent est en face de la rue Vivienne. Elles ont pris le nom de Saint-Thomas, parce qu'elles entrerent dans cette maison le jour que l'Eglise célebre la fête de ce Saint Docteur. La Comtesse de *St-Paul*, leur fondatrice, morte le 2 Juin 1642, fut inhumée dans l'Eglise que ces Religieuses ont eue dans la rue d'Orléans au Marais, & ses cendres ont été transportées dans celle-ci, lorsque ces Filles s'y sont établies.

Dans une Chapelle, est un Saint-Jérôme au désert, par d'*Ulin*.

FILLES de *Sainte-Marthe*, *rue de la Muette*, *Fauxbourg Saint-Antoine*. Cette Communauté a été fondée en 1713 pour l'instruction des pauvres Filles, par *Isabelle Jourdan*, veuve du sieur *Théodon*, Sculpteur du Roi.

FILLES-DIEU. Un Evêque de Paris, *Guillaume d'Auvergne*, ayant converti un grand nombre de filles & de femmes de mauvaise vie, leur fit bâtir entre cette ville & Saint-Lazare, une maison consistante en deux arpens & demi. A la sollicitation de cet Evêque, Saint Louis, qui n'avoit que douze ans & qui commençoit la premiere année de son regne, accorda à ces Filles beaucoup de priviléges & de revenus, & malgré le Curé de Saint-Laurent, le Prieur & les Religieux de Saint-Martin-des-Champs, cet établissement prit une consistance solide ; quoiqu'il n'eût pour but que de *retirer des Pécheresses qui toute leur vie avoient abusé de leurs corps, & à la fin étoient en mendicité* : on rapporte que déjà, sous le regne de Saint-Louis, ces Religieuses étoient au nombre de 200.

Elles devinrent riches, & les richesses, comme on sait, amenent le relachement & le désordre ; c'est ce qui arriva à ces pécheresses pénitentes. On leur avoit confié la conduite d'un Hôpital, situé où est encore aujourd'hui l'enseigne de l'Echiquier,

Elles ne remplirent, ni leurs devoirs d'hospitalieres, ni celui de la Religion; leur pénitence n'avoit pas sans doute entiérement effacé le souvenir de leur premier état. Les travaux & les soins qu'exigeoient les malades, les dégoûterent au point qu'on ne vit plus alors que deux ou trois Religieuses & quatre ou cinq Converses. C'est à cette époque que Charles VIII ordonna, par ses Lettres-Patentes du 27 Décembre 1483, que cette Maison seroit occupée à l'avenir par les Religieuses réformées de Fontevrauld. Elles furent tirées, en 1495, du Monastere de la Madelaine, près d'Orléans, & de celui de Fontaine, près de Meaux. Elles prirent le nom de *Filles-Dieu*. Le Roi Charles VIII leur fit bâtir l'Eglise que l'on voit aujourd'hui, & elles exercerent l'hospitalité jusqu'au commencement du siecle dernier (1).

---

(1) En 1784, le Pape envoya de Rome à ce Couvent le corps d'une ancienne Vierge & Martyre, déterrée depuis peu, & qu'on croit être celui de Sainte-Victoire. Ces Relieuses ont exposé pendant quelque temps, cette Relique à la vénération & à la curiosité du public. Les dévôts se sont émerveillés de voir un teint aussi frais, aussi enluminé à cette Sainte, morte depuis plusieurs siecles; & c'étoit pour eux un miracle qui prouvoit incontestablement sa sainteté. Les incrédules, qui ne regardent jamais avec les yeux de la foi, comme ces choses doivent être vues, ont pensé que la figure étoit fabriquée, & qu'elle offroit une de ces fraudes pieuses qui ont fourni si souvent des armes à l'impiété. Mais ces incrédules se trompent; voilà la

On voit encore au chevet extérieur de cette Eglise, un Crucifix devant lequel on conduisoit, dans les siecles précédens, les criminels qu'on alloit exécuter à Montfaucon. Ils le baisoient, recevoient de l'eau bénite, & les Filles-Dieu leur apportoient trois morceaux de pain & du vin. Ce triste repas s'appelloit *le dernier morceau du patient* (1).

Quatre colonnes corinthiennes de marbre, du dessin de *François Mansard*, décorent le maître-autel de cette Eglise. Contre un des piliers de la nef, est un morceau de sculpture qui, dit-on, a été fait en Angleterre. Il représente Jésus-Christ attaché à la colonne. Ce n'est pas cette figure qu'on admire, c'est la corde avec laquelle elle est liée, qui est d'une vérité & d'une ressemblance parfaite.

Les pensions d'éducation sont de 400 l.

FILLES *Pénitentes & Volontaires*. Ce Couvent est situé rue de Vendôme, au Marais, en faveur des filles débauchées, pau-

---

vérité : ces Religieuses ont cru devoir couvrir d'un masque de cazé la tête de la Sainte & la revêtir entiérement, pour épargner aux yeux du public le spectacle hideux d'un squélette ; on doit leur savoir gré de cette précaution.

(1) Cet usage semble être imité des Juifs, qui donnoient du vin de Myrrhe & quelques autres drogues aux criminels, pour les rendre moins sensibles aux supplices qu'ils alloient souffrir.

vres & converties. Elles ne font point de vœux & font gouvernées par les Hospitalieres de Saint-Thomas de Villeneuve.

FILLES *Pénitentes de Sainte-Valere.* Cette Communauté est située à l'extrémité de la rue de Grenelle, fauxbourg Saint-Germain; elle a été instituée dans les mêmes vues que la Communauté précédente; sur la porte on lit cette inscription:
Si scires donum Dei.

FILLES *Pénitentes ou repenties de Saint-Magloire*, établies rue Saint-Denis; ells furent instituées en 1496 par un Cordelier nommé *Jean Tisseran*. Ce Moine se sentant un grand talent & une inclination particuliere pour opérer la conversion des filles débauchées, voulut mettre en usage ses heureuses dispositions. Il prêcha contre le libertinage, & en démontra si bien les suites dangereuses, qu'un grand nombre de femmes & filles libertines furent touchées & converties, par l'éloquence vigoureuse du Cordelier. Deux cents femmes publiques vinrent se jetter dans les bras de la pénitence; le Pere Tisseran les reçut & les cloîtra, le Roi Charles VIII autorisa cet établissement, le Pape Alexandre VI le confirma par une Bulle du mois d'Octobre 1495, & Jean Simon de Champigny, Evêque de Paris, voulut lui-même en dresser les statuts, dans lesquels, pour être reçues, on exigeoit que les Filles fissent preuves de libertinage; comme ils sont curieux nous les rapporterons.

On ne recevra aucune Religieuse malgré elle. Aucune qui n'ait mené, au moins pendant quelques-temps, une vie dissolue; & pour que celles qui se présenteront ne puissent pas tromper à cet égard, elles seront visitées en présence des Meres, Sous-Meres & Discrettes, par des Matrônes nommées exprès, & qui feront serment sur les saints Evangiles de faire bon & loyal rapport.

Afin d'empêcher les filles d'aller se prostituer pour être reçues, celles qu'on aura une fois visitées & refusées, seront exclues pour toujours.

En outre, les postulantes seront obligées de jurer, sous peine de leur damnation éternelle, entre les mains de leur Confesseur & de six Religieuses, qu'elles ne s'étoient pas prostituées à dessein d'entrer un jour dans cette Congrégation, & on les avertira que si l'on vient à découvrir qu'elles s'étoient laissées corrompre à cette intention, elles ne seront plus réputées Religieuses de ce Monastere, fussent-elles Professes, & quelque vœux qu'elles aient faits.

Pour que les femmes de mauvaise vie n'attendent pas trop long-temps à se convertir, dans l'espérance que la porte leur sera toujours ouverte, on n'en recevra aucune au-deſſus de l'âge de trente ans.

Elles demeurerent à l'Hôtel d'Orléans, où étoit autrefois l'Hôtel de Soiſſons, & où eſt aujourd'hui la Halle aux farines. Les Moines de Saint Magloire ayant été transférés dans l'Hôpital de Saint-Jacques-du-Haut-Pas, ces Filles pénitentes furent introduites dans le Monaſtere de la rue Saint-Denis qu'ils venoient de quitter, & elles y ont toujours demeuré depuis ; mais le but de l'inſtitution n'eſt plus le même aujourd'hui, il n'eſt pas beſoin, pour y être reçue, de prouver, comme autrefois, qu'on a été une libertine déterminée : on n'y reçoit que des filles honnêtes.

La Ligue ayant porté le déréglement dans les Monaſteres même les plus réguliers, il s'étoit introduit dans cette Maiſon un relâchement, un déſordre ſi ſcandaleux, que l'on fut obligé de tirer de l'Abbaye de Montmartre la Mere *Alvequin* avec ſept autres Religieuſes qui entrerent à Saint-Magloire le 2 Juillet 1616, pour y rétablir la regle ; mais cependant avec quelqu'adouciſſement des anciennes auſtérités pratiquées dans cette Communauté (1).

L'Egliſe n'a rien de remarquable que le

---

(1) La Reine mere vouloit faire mettre *Ninon de l'Enclos* aux Filles Repenties : Bautru dit à cette Princeſſe ; *Madame, elle n'eſt ni fille, ni repentie.*

Mausolée d'*André Blondet*, Seigneur de Roquemont, & Contrôleur-Général des Finances, qui légua 300 livres de rente pour être inhumé dans l'Eglise de ces Filles pénitentes.

Ce Mausolée de bronze est le chef-d'œuvre du célebre *Jean Gougeon*, d'autres disent de *Paul Ponce*. C'est un demi-relief qui est admirable par la composition & la correction du dessin; il étoit auparavant au milieu de la nef dans un sens horisontal, & comme il doit être; mais parce qu'il embarassoit, on l'a placé contre un des piliers de cette Eglise verticalement, comme il ne doit pas être.

FILLES *Publiques*. Charlemagne voulut détruire dans son Royaume les Filles Publiques; il les condamna au fouet, & ordonna à ceux qui les auroient logées, ou chez qui on les auroit trouvées, de les porter sur leur cou jusqu'au lieu de l'exécution; l'expérience prouva l'inutilité de ce châtiment. *Les femmes amoureuses ou filles folles de leurs corps*, comme on les nommoit alors, firent bientôt un corps à part, en conséquence furent imposées aux taxes, & avoient coutume de faire tous les ans une procession solemnelle le jour de la Madeleine. On leur assigna des rues particulieres où elles pouvoient établir leur *Clapier*. C'étoit les rues Froimentel, Pavée, Gladigny, Tiron, Chapon, Tireboudin, Brisemiche, Champfleuri, &c. (1).

En 1420, Louis VIII, pour distinguer les Filles publiques des honnêtes femmes, défendit à celles-ci de porter spécialement des ceintures dorées. Vaine défense, tout fut comme auparavant; les honnêtes femmes s'en consolerent par le témoignage de leur conscience, d'où est venu le proverbe: *bonne renommée vaut mieux que ceinture dorée.*

En 1560, par l'article 101 de l'Ordonnance des Etats-tenus à Orléans, tous les lieux de prostitutions publiques qui avoient été tolérés pendant plus de 400 ans, furent abolis (2). Le nombre des Filles ne diminua pas, quoique leur profession ne fût plus re-

---

(1) Jeanne, Reine de Naples, & Comtesse de Provence, le 28 Août 1347, établit à Avignon un B.... dont elle dicta elle-même les constitutions. Elle ordonne que les Filles dudit lieu n'aient entr'elles aucune dispute ni jalousie; qu'elles ne dérobent point, qu'elles ne se battent point, mais qu'elles vivent ensemble comme sœurs. Si elles ont quelques démêlés, la Supérieure jugera de leurs différens, & elles se conformeront à ce qu'elle aura décidée. Qu'il y ait une porte qui s'ouvre à tout le monde, mais qui se ferme à la clef, de peur que quelques jeunes gens ne voient les Filles de ce lieu sans la permission de la Supérieure, qui sera élue tous les ans par le Conseil de la Ville... Défense à la Supérieure de souffrir qu'aucun Juif entre dans ledit lieu : s'il arrive qu'il s'en introduise furtivement, & ait commerce avec une des Filles, il sera emprisonné & fouetté publiquement, &c.

(2) *Celles qui suivoient la Cour*, disent du

gardée comme un état; & en leur défendant d'être nulle part, on les obligea de se répandre par-tout.

« On compte à Paris, dit M. Mercier, trente mille *Filles publiques* (1), & dix mille environ moins indécentes, qui sont entretenues, & qui d'année en année passent en différentes mains.....

» Depuis l'altiere Laïs qui vole à long-Champ dans un brillant équipage (que sans sa présence licencieuse on attribueroit à une jeune Duchesse), jusqu'à la

---

Tillet & Pasquier, *étoient tenues, tant que le mois de Mai duroit, de faire le lit du Roi des Ribaults.* Cette charge du *Roi des Ribaults* consistoit à veiller à la police de la Maison du Roi, & à chasser de la Cour les inutiles & les fripons. Cette charge n'existe plus aujourd'hui.

(1) Par un état tenu à la Police, on comptoit, en 1773, jusqu'à 28,000 Filles. Quelle digue opposer à ce torrent destructeur, qui porte avec lui l'outrage & la corruption. Ce n'est pas seulement le respect des bienséances; ce n'est pas seulement l'innocence des mœurs qu'il détruit; mais il engendre ce mal funeste & honteux, qui porte le poison jusqu'aux sources de la vie, & qui menace la génération future d'une existence à laquelle la mort est préférable. Dans une ville prodigieuse par sa population, où les Filles publiques sont mises au nombre des maux nécessaires, qui pourra mettre en balance la somme des maux qu'elles produisent, & la somme des maux qu'elles préviennent ? En ce cas, qui pourra déterminer les meilleurs moyens pour faire que le bien l'emporte sur le mal. Ces questions toujours dédaignées, mériteroient l'attention des Académies, qui n'en proposent pas toujours d'aussi utiles.

» *Raccrocheufe* qui se morfond le soir au
» coin d'une borne, quelle hiérarchie dans
» le même métier! Que de distinctions, de
» nuances, de noms divers, & ce, pour
» exprimer néanmoins une seule & même
» chose! Cent mille livres par an ou une
» piece de monnoie pour un quart d'heure,
» causent ces dénominations qui ne marquent
» que les échelles du vice ou de la profonde
» indigence ».

FOIRES. Des Spectacles de tous les genres, des curiosités de toutes especes, des Cafés nombreux, des Restaurateurs, des marchands de pain d'Epice, de Joujoux, de Modes & de Bijouterie : voilà ce qui compose à-peu-près les deux plus fameuses Foires de Paris, la Foire de Saint-Germain & celle de Saint-Laurent, où le plaisir l'emporte de beaucoup sur le commerce.

Dans les commencemens de la Monarchie Françoise, le commerce, bien loin d'être en vigueur, étoit regardé par les Chrétiens comme un état méprisable. Les Marchands, couverts d'opprobre par les sermons des Prédicateurs de ce temps, souvent pillés dans les campagnes par les Seigneurs qui, du haut de leurs donjons, croyoient avoir le droit de saisir tout ce qui passoit sur leurs terres, voyageoient toujours par caravanes; maltraités dans les villes, ils mettoient tout en usage pour se concilier la bienveillance des habitans qui les avoient en horreur, ils amenoient toujours avec eux des Bateleurs & des Muſiciens. C'eſt-là l'origine de cette aſſociation des plaiſirs & du commerce.

FOIRE *Saint-Germain*. Située dans le voiſinage de Saint-Sulpice à l'extrémité de la rue de Tournon ; elle fut fondée par Louis XI, l'an 1480, & donnée à l'Abbaye de Saint-Germain-des-Prés. Elle ouvre le 3 Février, & dure juſqu'au Dimanche des Rameaux excluſivement. L'ouverture s'en fait par le Lieutenant-Général de Police.

La nuit du 16 au 17 Mars 1763, un affreux incendie, qui mit l'allarme dans tout le quartier, conſuma entiérement les Halles de cette Foire, dont la charpente étoit admirée de tous les habiles Conſtructeurs.

L'année ſuivante, la Foire fut reconſtruite telle à-peu-près qu'on la voit aujourd'hui. L'*Ambigu-Comique*, ainſi que les *Grands Danſeurs*, y donnent leurs Spectacles. Cette Foire eſt franche, & tous Marchands étrangers peuvent y venir vendre leurs marchandiſes ; mais elle eſt beaucoup moins brillante, depuis l'établiſſement des galleries qui entourent le Palais Royal.

FOIRE *Saint-Laurent*. Elle fut inſtituée par Philippe-Auguſte, qui la donna aux anciens Religieux de Saint-Lazare. Son étendue eſt d'environ ſix ou ſept arpens ;

elle s'ouvre le 28 Juin & dure jusqu'à la Saint-Denis. Elle est plantée d'arbres, les rues sont larges & bien disposées, l'air y est pur ; mieux décorée généralement que la Foire Saint-Germain, elle en a d'ailleurs les mêmes prérogatives, les mêmes Théâtres, les mêmes plaisirs ; elle n'a point de *Waux-Hall*, mais un spectacle d'un genre nouveau en tient lieu, sous le nom de *Redoute Chinoise*.

Des Escarpolettes, une Roue de fortune, un Jeu de Bague, une foule d'autres petits Jeux inconnus, des Danses, des Décorations charmantes & singulieres, un Jardin, un Sallon Chinois pour la Danse, une Grotte pour un Café, un Bâtiment Chinois pour un Restaurateur, c'est en gros le tableau de la Redoute ; tout y est gai, nouveau & varié ; elle a été exécutée sur les desseins & sous la conduite de M. *Mellan*, Architecte, & la peinture est de M. *Munich*. Il en coûte pour entrer 1 livre 16 sols par personne.

FOIRE *des Jambons*. Elle ne dure qu'un jour, c'est celui du Mardi-Saint ; elle appartient à l'Archevêché & au Chapitre de Notre-Dame (1).

---

(1) Les François autrefois aimoient beaucoup la chair de porc. Parmi les titres du Chapitre de Notre-Dame, il en est un qui fait mention de redevances dites, *de carnibus porcinis* : qui sont peut-être l'origine de cette foire qui de temps immémorial, se tient au Parvis de l'Eglise N. D.

FOIRE *du Temple*. Elle ouvre le jour de Saint-Simon & Saint-Jude. Elle appartient à M. le Grand-Prieur de France. On y vend principalement de la Mercerie, des Manchons, des Fourures, &c.

FOIRE *Saint-Clair*. Elle se tient depuis les rues des Fossés-Saint-Victor & Saint-Bernard, le long de la rue Saint-Victor jusqu'à celle du Jardin Royal. Elle dure huit jours; les Marchands Forains on la liberté d'y étaler.

Il y a plusieurs autres petites Foires; il s'en tient une devant chaque Eglise le jour du Patron.

FONTAINES. Il y a 60 Fontaines à Paris, dont 26 donnent de l'eau de la Seine, quelques-unes fournissent de l'eau d'*Arcueil*, telles que les deux Fontaines du Palais du Luxembourg, celles des rues de Seine, Tarrane, Mouffetard & Garencieres, la Fontaine appellée d'*Alexandre* ou de *la Brosse*, rue de Seine près la Pitié, la Fontaine de la Croix du Trahoir, au coin des rues de l'Arbre-sec & Saint-Honoré; quelques autres de l'*eau du pré Saint-Gervais*, telles que la Fontaine vis-à-vis Saint-Lazare, celle du Ponceau, rue Saint-Denis, & celle Sainte-Catherine, rue Saint-Antoine. Il y a encore des Fontaines qui fournissent de l'*eau de Belleville*, telles que la Fontaine Saint-Martin, près la prifon, celle de l'Échaudé, vieille rue du Temple, celle appellée *du Paradis*, près la Merci, celle de la rue Saint-Avoye, celle du Temple, & celle dite de *Vendôme*, rue du Temple. La Fontaine de la rue du Paon, quartier Saint-André-des-Arcs, fournit de *l'eau de Rongis*, ainfi que celle des Carmélites, celle de la place Saint-Michel.

FONTAINE *de Birague*. Louis XIII, pour rendre l'entrée de l'Eglife de la Maifon Profeffe des Jéfuites, rue Saint-Antoine, plus libre & plus fpacieufe, donna, en 1629, la place qui eft vis-à-vis, & que l'on nommoit auparavant le *Cimetiere des Anglois*. Là on éleva cette Fontaine qui a pris fon nom de *René Birague*, Cardinal & Chancelier de France, qui la fit achever. Sous la Prévôté de Nicolas Bailleuil, Lieutenant-Civil, elle fut refaite, & fut encore reconftruite pour la troifieme fois en 1707.

FONTAINE *des Innocens, rue Saint-Denis*. Quoique le ftyle de cette Fontaine fente un peu fon vieux temps (elle fut conftruite en 1550), elle n'en eft pas moins un chef-d'œuvre, digne d'exciter l'admiration de tous les connoiffeurs. Rien n'eft plus correct, plus gracieux, que les figures en bas-relief qui repréfentent des Nayades. Les Draperies qui les couvrent font d'une légéreté & d'une vérité furprenante ; en général, la sculpture en est parfaite, & digne de la réputation de son auteur, *Jean Gougeon*. L'architecture n'est pas moins remarquable par la beauté de ses proportions, elle est de *Pierre Lescot de Clagny*. On y lit cette Inscription :

FONTIUM NYMPHIS.

Le Poëte Santeuil fit ces deux vers qui y sont aussi gravés :

Quos duro cernis simulatos marmore fluctus,
Hujus Nympha loci credidit esse suos
1689.

FONTAINE *de la rue de Grenelle.* Ce charme des proportions qui constitue le vrai beau, cette heureuse & savante disposition, des petits détails & des grandes masses qui, en contrastant réciproquement, se font mieux sentir & se font admirer sans embarras, cette noblesse dans la composition qui ne produit que de grands effets, sont les qualités qui se trouvent réunies dans l'architecture de la Fontaine de la rue de Grenelle. Elle fut achevée l'an 1739.

C'est au génie & au ciseau du fameux *Edme Bouchardon* que l'on doit le dessin de ce beau monument, ainsi que la sculpture de tous les ornemens, bas-reliefs & statues.

FONTAINE *de la Samaritaine.* Ce Bâtiment renferme une pompe qui éleve l'eau, & la distribue ensuite, par plusieurs canaux, au Louvre & à quelqu'autres quartiers de la ville. Au-dessous du cadran est un Groupe doré qui représente Jésus-Christ & la Samaritaine auprès du Puits de Jacob, figuré par un bassin dans lequel tombe une nape d'eau, qui sort d'une coquille au-dessus. La premiere de ces figures est de *Bernard*, & la seconde de *Fremin*, Sculpteurs de l'Académie de peinture & de sculpture ; sous le bassin est cette inscription,

Fons Hortorum
Puteus aquarum viventium.

Application heureuse de ces paroles de l'Ecriture à la destination de cet édifice, qui est de fournir de l'eau au Jardin des Thuileries.

Au milieu & au-dessus du ceintre, est une campanille de charpente revêtue de plomb doré, où sont les timbres de l'horloge & ceux du carillon, qui doit jouer à toutes les heures & demi-heures.

FONTAINE *des Audriettes*. Elle est élevée sur les dessins de M. *Moreau*, la simplicité de sa composition & la pureté de ses profils, en font le principal mérite ; la figure de Naïade en bas-relief & les ornemens qu'on y voit sont de M. *Mignot*.

FONTAINE *à la pointe Saint-Eustache*. Cette Fontaine n'est que projettée ;

mais doit s'exécuter inceſſamment à la ſuite des autres embelliſſements de ce quartier. M. *Pajou* vient de propoſer d'y placer le monument qui eſt en face du pont au change, & qui doit être enlevé, lorſqu'on en démolira les maiſons. Ce Monument, bien digne d'être conſervé, ſemble parfaitement convenir à l'emplacement de cette Fontaine.

Fin de la premiere Partie.

NOUVELLE DESCRIPTION DES CURIOSITÉS DE PARIS.

NOUVELLE DESCRIPTION DES CURIOSITÉS DE PARIS,

Contenant l'Histoire & la Description de tous les Etablissemens, Monumens, Edifices anciens & nouveaux, les Arts & communautés, les ornemens de la Ville, &c. avec tout les objets d'utilité & d'agrément qui peuvent y intéresser les Étrangers & les Habitans de cette Ville.

SECONDE ÉDITION,

Corrigée & augmentée.

DÉDIÉE AU ROI DE SUÈDE.

Par J. A. Dulaure.

SECONDE PARTIE.

Prix 3 liv. br., 3 l. 12 s. reliés en
4 liv. 4 s. reliés.

A PARIS,

Chez LEJAY, Libraire, rue Saint-
Jacques, près celle des Mathurins.

M. DCC. LXXXV.

NOUVELLE DESCRIPTION DES CURIOSITÉS DE PARIS:

CONTENANT l'Histoire & la Description de tous les Etablissemens, Monumens, Edifices anciens & nouveaux, les Anecdotes auxquelles ils ont donné lieu, enfin les détails de tous les objets d'utilité & d'agrémens qui peuvent, intéresser les Etrangers & les Habitans de cette Ville.

SECONDE ÉDITION,
Corrigée & augmentée;

DÉDIÉE AU ROI DE SUEDE,

Par J. A. DULAURE.

SECONDE PARTIE.

Prix 3 liv. br., 3 l. 12 s. relié en un vol. 4 liv. 4 s. en deux.

A PARIS,

Chez LEJAY, Libraire, rue Neuve-des-Petits-Champs, près celle de Richelieu.

M. DCC. LXXXVII.

AVEC APPROBATION ET PRIVILÈGE DU ROI.

NOUVELLE
DESCRIPTION
DES
CURIOSITÉS DE PARIS

Contenant l'Histoire & la Description de tous les Édifices, Hôtels, Monuments, Édifices & douanes, les Établissements qui ont été faits jusqu'à ce jour, le nombre des Édifices, leur position & leur étendue, les Foyer de comédie & lieux d'assemblées, les Hôtels d'Ambassades, les Abbayes & couvents, &c.

SECONDE ÉDITION

Corrigée & augmentée

DÉDIÉE AU ROI DE SUÈDE

Par L. A. Oguier.

SECONDE PARTIE

Chez Buisson, Libraire, rue des ....
Prix 3 liv. 10 sous.

A PARIS

Chez VIALLY, Libraire, rue Neuve-des-
Petits-Champs, vis-à-vis rue de Richelieu.

M. DCC. LXXXVII.

Avec Approbation et Privilege du Roi.

NOUVELLE DESCRIPTION
DES
CURIOSITÉS DE PARIS.

FRANCS-MAÇONS. Suivant les sectateurs de la Franc-Maçonnerie, l'antiquité la plus reculée a vu naître cette mystérieuse association. L'initiation est à-peu-près semblable à celle que les Payens observoient pour les Mysteres des Divinités de Cérès, d'Isis, &c.; ce n'est qu'après de longues & très-pénibles épreuves que l'on peut y parvenir. Ces épreuves ne sont que des terreurs paniques que les Maçons apprêtent au Récipiendaire, plus ou moins effrayantes, suivant les circonstances. Voilà le foible côté de ces Confrairies. L'aumône est un point essentiel de ces Corps, l'égalité des conditions est observée rigoureusement dans les assemblées. Le Prince & le Roturier oublient en entrant leur dignité & leur état: ils sont freres. Ce qui fait l'éloge de ces sociétés, & ce qui est presque inoui parmi les associations mystérieuses des hommes, c'est que l'esprit de parti, les cabales, le fanatisme, n'a jamais pris naissance chez elles. La confraternité, la paix, l'union, la discrétion, voilà ce qui les distingue de tous les autres Corps tant Séculiers que Religieux ; malgré ces vertus pacifiques & bienfaisantes, les Francs-Maçons ont souvent été persécutés comme des Sorciers, ou des gens dangereux ; ils ont éprouvé dernierement, dans le Royaume de Naples, une persécution digne des siècles d'ignorance ; & à Rome, le Pape Benoît XIV crut qu'il ne feroit pas mal de les excommunier.

Paris, contient plusieurs Loges brillantes, nous n'entreprendrons point d'en faire ici le détail, nous dirons seulement que la Loge du *Grand Orient*, rue du Pot-de-Fer, & celle des *Neufs Sœurs*, même rue, sont, sur-tout, distinguées des autres. Les fêtes brillantes de cette derniere, ses séances Académiques, l'assemblage de tous les plus célebres contemporains de tous les états, de tous les talens, l'ont rendu la plus illustre de toutes.

FRERES. *Freres des Ecoles Chretiennes.* Communauté située rue Notre-Dame-des-Champs. C'étoit autrefois une Communauté de Filles, établie en 1640 par Mme. *Cossart*, qui est inhumée dans la Chapelle.

FRERES *Tailleurs*. C'est une Communauté de Tailleurs établie en 1645. Ils travaillent pour le Public & ne font point de vœux. Leur Maison est située rue Bertin Poirée.

FRERES *Cordonniers*. C'est une Communauté de Cordonniers établie en 1645 par le Baron *de Renti*, très-dévot Gentilhomme. *Henri Michel Buch*, surnommé le *bon Henri*, à cause de sa probité, fut le premier Cordonnier de cette association. Un Docteur de Sorbonne, M. *Coquerel*, fit leur Réglement.

Ces Freres ont la réputation de donner de très-bonne marchandise ; ils ont deux Maisons, l'une rue de la grande Truanderie, l'autre rue Pavée-Saint-André-des-Arcs.

GALILÉE. (*Haut & Souverain Empire de*) Jurisdiction qui appartient aux Clercs de la Chambre des Comptes. Elle connoît des différens qui naissent entr'eux. Les Juges qui la composent prennent le titre de Chancelier, de Maître des Requêtes, &c.

Tout comme le Chef de la Basoche prenoit le titre *Roi*, celui de Galilée prenoit le titre d'*Empereur*. Henri III ôta à l'un & à l'autre dans le même-temps leurs titres de *Roi* & d'*Empereur*. (Voyez *Basoche*, page 68).

A ij

GARDE-MEUBLE *de la Couronne, Place Louis XV*. C'est une des premieres curiosités que les étrangers ont à voir à Paris. Ce bâtiment occupe toute la colonnade de la Place Louis XV, du côté des Tuileries ; la porte d'entrée est sur la Place, au milieu de la façade.

La premiere salle renferme principalement des Armures étrangeres & françoises. On voit à droite en entrant, dans une même niche, trois armures de nos Rois, celle de Henri II, qu'il portoit lorsqu'il fut blessé à mort par le Comte de Montgommeri, dans le malheureux Tournois de la rue St. Antoine ; celle de Louis XIII, & la superbe armure que François Ier. portoit à la bataille de Pavie ; elle est de fer poli, cizelée en relief ronde bosse, sur les dessins de *Jules-Romain*. C'est la plus curieuse qu'il y ait en Europe, par sa légéreté & par la beauté & le fini de son travail.

On voit ensuite un Bouclier rond, en argent, qui fut trouvé à Lyon dans le Rhône ; il a environ deux pieds quatre pouces de diametre : il représente au milieu un combat de Cavalerie en bas-relief ; autour sont de petits sujets historiques aussi en bas-relief : l'exécution en est bien traitée, & le dessin offre toute l'énergie & la beauté antique. Ce monument est très-curieux.

Dans la niche suivante sont trois armures; celle d'Henri III, avant qu'il fût nommé Roi de Pologne; celle de Henri IV, & celle de Louis XIV. C'est un présent que la République de Venise fit à ce Roi; elle est ornée de gravures soigneusement travaillées. A côté de cette niche sont deux épées de Henri IV.

Au milieu sont deux canons montés sur leurs affuts, damasquinés en argent, présentés à Louis XIV par les Ambassadeurs du Roi de Siam (1) en 1684.

Dans une troisième niche, on voit l'armure de *Casimir*, Roi de Pologne, celle de *Philippe de Valois* de fer bruni, enrichie de bandes d'or damasquinées, & celle du Duc de Bourgogne, fils de Louis XIV, & pere de Louis XV. Cette armure, qui est très-petite, fut présentée à ce Prince par la ville de Paris, lorsqu'il n'avoit que dix ans.

Proche la fenêtre on voit l'épée du Roi Casimir & l'Espadron du Pape *Paul* V. Il a près de cinq pieds de longueur; il est doré & décoré des attributs pontificaux; c'étoit sans doute dans la guerre contre les Vénitiens que ce Saint Pere devoit s'en servir.

Puis, entre les deux fenêtres, sont pla-

―――――――――――――――――――

(1) Louis XIV ayant répondu à propos des forces du Roi de Siam, qu'il ne le craignoit pas, parce qu'il ne devoit pas avoir de canons. Le Prince Asiatique, ayant appris cela, envoya ces canons à Louis XIV, pour lui faire voir qu'il en avoit.

A iij

ces deux Mannequins revêtus chacun d'une armure Chinoise, composée de morceaux de baleines; le casque qui ressemble assez à ceux des anciens François, n'en differe que par un masque de fer verni en noir.

Outre les objets dont nous venons de parler, on en voit beaucoup d'autres fort curieux, comme des modeles de canons, des anciens fusils, pistolets, épées, lances, massues, & de différens Peuples, & de différens temps.

La salle suivante est la salle des Tapisseries; on y voit des choses admirables en ce genre par la richesse & la beauté de l'exécution.

Les plus belles & les plus estimées ont été faites sous François Ier. De ce nombre sont les batailles de Scipion, contenant 120 aunes en 22 pieces, que ce Roi acheta vingt-deux mille écus des Ouvriers Flamands. Cette Tapisserie est sur les desseins de *Jules-Romain*, ainsi que l'histoire de Saint-Paul qui coûta à-peu-près la même somme.

Celles d'après les desseins de *Raphaël* représentent l'Histoire de Josué, de 43 aunes en huit pieces; la fable de Psiché en 106 aunes; & les Actes des Apôtres, en 10 pieces de 53 aunes.

Louis XIV en a fait fabriquer une très-grande quantité aux Gobelins d'après les desseins de *le Brun*, dont la plupart sont rehaussées d'or & d'argent; elles représentent, sur-tout, les premiers évènemens de son regne; elles sont composées de 16 pieces.

On voit aussi, de la même Fabrique des Gobelins, & d'après les dessins de *Coypel*, plusieurs sujets de l'ancien Testament; d'après *Jouvenet*, quelques sujets du Nouveau, en 8 pièces; d'après *de Troy*, l'histoire d'Esther en 9 pièces; sur les dessins d'*Oudry*, divers sujets de Chasse en 9 pièces; & sur les dessins de *Coypel fils*, plusieurs traits de l'histoire de Dom Quichotte.

La troisieme salle renferme une quantité d'objets très-précieux, comme Vases de jaspes, d'agathe &c.; la Nef d'or du Roi, servant dans les grandes cérémonies, qui pese 106 marcs, & qui est enrichie de diamans & de rubis; c'est un ouvrage de *Balin*, célèbre Orfévre.

Dans une armoire particuliere, est renfermée la Chapelle d'or du Cardinal Richelieu, dont toutes les pieces sont garnies d'une grande quantité de diamans.

Dans une autre Armoire, on voit une partie des présens que l'Ambassadeur *Saïd Méhémet* présenta au Roi le 11 Janvier 1742, au nom du Grand-Seigneur. Ce présent est composé de deux Caparaçons de cheval & une Selle de velours cramoisi, le tout brodé d'or, d'argent, de perles & pierreries les plus précieuses; ainsi que deux Etriers, plusieurs Carquois, Fusils & Pistolets garnis d'or, de perles & de diamans;

A iv

le costume complet des Musulmans &c., le tout de la plus grande richesse.

Les armoires qui entourent cette Salle, sont remplies de vases, bijoux & autres objets d'une richesse & d'une rareté extraordinaires; au milieu, est une belle table de porphire & entre les fenêtres, un magnifique bufet en mosaïque.

Le Public y entre tous les premiers mardis de chaque mois, le matin depuis neuf heures jusqu'à une heure, à commencer à la Quasimodo jusqu'à la Saint-Martin.

GERMAIN-*l'Auxerrois*. (*Saint*.) C'est une Eglise Royale & Paroissiale qui existoit au VIIe siècle, mais dont l'origine est fort incertaine. Elle porta jusqu'au XIIe siècle le nom de *Saint-Germain le Rond*.

Son grand portail paroît être du regne de Philippe-le-Bel. Il est précédé d'un vestibule ou porche qui est décoré de six statues de pierres, aussi grandes que nature; on croit qu'elles représentent Saint-Vincent, Childebert, Ultrogotte, Saint-Germain-l'Auxerrois, Saint-Marcel & Sainte-Genevieve.

Cette Eglise étoit autrefois Collégiale & avoit un Chapitre composé d'un Doyen (1), d'un Chantre, de treize Chanoines, douze

_____
(1) Gabrielle d'Estrées, maîtresse d'Henri IV, demeuroit dans la maison du Doyen, apparemment pour être proche du Louvre & de la Marquise de Sourdis sa tante. Elle y mourut la veille de Pâques 1599.

Chapelains &c. ; mais l'esprit de chicane qui régnoit scandaleusement entre le Chapitre & le Curé, joint au mauvais état des affaires des Chanoines de Notre-Dame, firent penser à la réunion de ces deux Chapitres : la premiere proposition en fut faite en 1736.

Après bien des débats, des procédures, des Arrêts du Parlement & du Conseil, après bien des oppositions, le 12 Août 1744, fut rendu un Arrêt définitif du Parlement, qui ordonna l'enregistrement des Lettres-Patentes pour l'union du Chapitre de Saint-Germain à celui de Notre-Dame. Et le 15 Août, jour de l'Assomption, les Chanoines de Saint-Germain se rendirent à Notre-Dame en robes violettes, & prirent leurs places suivant leur rang d'ancienneté, comme s'ils eussent toujours été Chanoines de cette Cathédrale.

Le Curé de Saint-Germain prit alors possession du Chœur, & projetta tout à son aise avec ses Marguilliers, une quantité de réparations dans cette Eglise (1).

---

(1) Un Curé de cette Paroisse, le jour de Pâques 1245, étant monté en Chaire, dit que le Pape Innocent IV vouloit que dans toutes les Eglises de la Chrétienté, on dénonçât comme excommunié l'Empereur Frédéric II : *Je ne sais pas*, ajouta-t-il, *quelle est la cause de cette excommunication ; je sais seulement que le Pape & l'Empereur se font une rude guerre ; j'ignore lequel des deux a raison ; mais autant que j'en ai le pouvoir, j'excommunie*

Le Jubé étoit un morceau très-estimé; pour en persuader nos Lecteurs, il suffit de leur dire qu'il étoit l'ouvrage des deux mêmes Artistes à qui Paris doit la belle Fontaine des Innocens: l'architecture étoit de *Pierre Lescot de Clagny*, & la sculpture du célebre *Jean Goujon*. On y remarquoit sur-tout un grand bas-relief qui représentoit l'Ensevelissement de Jésus-Christ, admirable par son ordonnance & son exécution. Il a été détruit.

On répara entierement le Chœur; M. *Batary*, Architecte, fut chargé de cet ouvrage. En cannelant les pilliers, en rehaussant les chapitaux de deux pieds, cet Architecte est parvenu à faire accorder d'une maniere assez heureuse les genres Grec & Gothique.

La table du maître-autel est soutenue par quatre consoles de marbre avec guirlandes & gaînes de bronze doré d'or moulu. Un bas-relief de bronze doré, représentant Notre-Seigneur mis au tombeau, sert de devant d'autel. Le tabernacle est formé d'un fût de colonnes tronqué, couronné d'un globe doré surmonté d'une Croix aussi dorée; les bras de cette Croix sont chargés d'une draperie qui descend jusqu'en bas, & dont les retroussis sont très-gracieux; en général le

---

celui qui a tort, & j'absous l'autre. Frédéric II, à qui l'on raconta cette plaisanterie, envoya des présents à ce Curé. *Essais Histor. sur Paris.*

tabernacle est d'un très-bon effet. Quatre Anges de bronze ornent le milieu des arcades du sanctuaire ; derrière l'autel, à droite & à gauche, sont deux statues de pierres, sculptées en 1783. La première représente Saint-Vincent, un des Patrons de cette Eglise ; elle est de M. *Gois*, la seconde Saint-Germain, par M. *Mouchy*.

Les grilles qui entourent le chœur sont d'un fer poli orné de bronze, & toujours bien entretenues. Elles méritent l'attention des curieux par le précieux de leur fini & la beauté de leur dessin : c'est l'ouvrage de M. *Dumiez*, Serrurier célèbre.

La Chapelle qui étoit celle de la Paroisse avant la réunion du Chapitre à celui de Notre-Dame, est à droite ; elle est décorée de trois tableaux de *Philippe de Champagne* ; celui du milieu représente une Assomption, les deux autres, Saint-Vincent & Saint-Germain.

Près des fonts est un petit monument de marbre blanc, adossé contre un pilier de la nef. C'est une draperie, au milieu de laquelle est placé un médaillon, où l'on voit le portrait d'une femme mourante, nommée *Henriette Selincart*, épouse d'*Israël Sylvestre*, fameux Dessinateur & Graveur : cette peinture sur marbre est de *le Brun*.

Sur l'autel d'une Chapelle qui est auprès de celle de la Paroisse, on voit un tableau de Saint-Jacques aussi de *le Brun*.

Dans la croisée à droite est un excellent

tableau de *Jouvenet*, qui repréſente un miracle opéré par le Sacrement de l'extrême-Onction.

Du même côté, au-deſſus de la porte latérale, eſt un grand tableau repréſentant Jéſus prêchant, par *Bon Boulongne*.

Cette Egliſe renferme les cendres d'un ſi grand nombre de perſonnes illuſtres, que nous nous reſtraindrons à ne parler que de celles qui tiennent le premier rang, ou qui ont des mauſolées & épitaphes remarquables.

Pomponne Bellievre, Chancelier de France, ſurnommé le *Neſtor* de ſon ſiècle; il mourut le 5 Septembre 1607, âgé de 78 ans.

Concino Concini, Marquis d'Ancre & Maréchal de France, fut inhumé, la nuit du 24 au 25 Avril 1617, au-deſſous de l'orgue de cette Egliſe; mais dès qu'il fit jour, la populace en fureur le tira de la foſſe, on pillat ſa maiſon, on le traîna par les rues juſqu'au bout du Pont Neuf; on le pendit par les pieds à une des potences qu'il avoit fait élever pour ceux qui parleroient mal de lui; après l'avoir traîné à la Grève & en d'autres lieux, on le démembra & on le coupa en mille pieces. Sa mort doit ſervir de leçon aux déprédateurs des Finances (1).

---

(1) Adroit Courtiſan, par conſéquent fourbe & ambitieux. Quand il ſortoit, dit Amelot de la Houſſaye, de la chambre de la Reine, Marie de

Dans la Chapelle de Saint-Laurent est la sépulture de MM. *Phelipeaux de Pontchartrain*. On compte dans cette Maison jusqu'à dix Secrétaires d'État, depuis Paul Phelipeaux jusqu'au Comte de Saint-Florentin inclusivement.

François Malherbe, Poète François. Boileau en fait l'éloge dans son Art Poétique; il disoit que par lui la Langue fut réparée, qu'il fixa les regles de la Poésie......

       Et ce guide fidele
Aux Auteurs de ce temps, sert encore de modele

Dans une Chapelle qui est auprès de celle du Saint-Sacrement est un mausolée de marbre noir, où l'on voit, l'une au-dessus de l'autre, deux figures de marbre blanc; l'inférieure qui est à genoux, est celle d'*Etienne d'Aligre*, Chancelier de France, mort en 1677; la supérieure qui est à demi-couchée, représente *Etienne d'Aligre*, pere

---

Médicis aux heures qu'elle étoit couchée, ou toute seule, il affectoit de renouer son aiguillette, pour faire croire qu'il revenoit de coucher avec elle; après avoir fait à la Cour une fortune prodigieuse, Louis XIII ordonna à Vitri de l'arrêter; Concini résista; & il fut tué sur le pont-levis du Louvre. Sa femme, Eléonore Galigaï, accusée de magie, & d'avoir ensorcelé la Reine, sa maîtresse, eut la tête tranchée, par Arrêt du Parlement; elle répondit à ses Juges: *Je ne me suis jamais servi d'autre sortilége que de mon esprit. Est-il surprenant que j'aie gouverné la Reine, qui n'en a point du tout?*

du précédent, aussi Chancelier de France, mort en 1635. Ces deux figures sont l'ouvrage de *Laurent Magnier*, surnommé *le Romain*, Sculpteur de l'Académie des Maîtres.

Jacques Stella, Peintre célèbre, émule du Poussin. Sa maniere de peindre étoit agréable & finie; il a excellé dans les jeux d'enfans, dans les Pastorales, la Perspective & l'Architecture. Ses ouvrages se sentent un peu de son caractere qui étoit froid & languissant. Il mourut en 1657, âgé de 61 ans, aux galleries du Louvre, où Louis XIII l'avoit logé avec distinction (1).

Jacques Sarrasin, habile Sculpteur, mort en 1666.

Jean Warrin, Gentilhomme Liégeois, Peintre, Sculpteur & Fondeur; il mourut le 26 Août 1672, âgé de 68 ans; Santeuil fit les deux vers suivans pour être mis sous le portrait de cet Artiste extraordinaire.

Infuso novus ære MIRON, *liquido que colore* ZEUXIS, *& inciso marmore* PRAXITELES.

Martin Vender Bogar, Sculpteur connu

---

(1) Pendant son séjour à Rome, *Stella*, sous de faux rapports, fut mis en prison; il s'amusa à dessiner sur le mur, avec du charbon, une Vierge tenant l'Enfant Jésus; on la trouva si belle, que le Cardinal Barberin vint exprès dans la prison pour la voir. Les Prisonniers tiennent toujours depuis, en cet endroit, une lampe allumée, & y font leurs prieres.

fous le nom de *Desjardins*; c'eſt lui qui a fait le grand grouppe qui eſt à la place des Victoires, & quelques autres ouvrages eſtimés.

Guillaume Sanſon, Géographe ordinaire du Roi, ſecond fils de Nicolas Sanſon, mort le 15 Mai 1703. Tout le monde ſait combien la Géographie eſt redevable à ceux de ce nom.

Noël Coypel, Peintre fameux, avoit un génie fécond; l'expreſſion, la correction paroiſſoient dans tous ſes tableaux, il s'étoit acquis un bon goût de couleur, & *le Sueur* lui revenoit dans toutes les idées de ſes compoſitions. Il mourut le 24 Décembre 1707, âgé de 79 ans.

René Antoine Houaſſe, Peintre, ancien Directeur de l'Académie Françoiſe de Peinture établie à Rome, éleve du fameux *le Brun*, mort le 7 Mai 1710, âgé de 65 ans.

Jean-Baptiſte Santerre, Peintre très-eſtimé; il deſſinoit correctement, avoit un beau pinceau, du ſéduiſant dans l'expreſſion, de belles formes & beaucoup de vérité dans les attitudes; auſſi froid dans ſa peinture que dans ſes diſcours, il s'eſt peint lui-même.

Antoine Coyzevox, né à Lyon, un des plus fameux Sculpteurs du ſiècle de Louis XIV, auſſi diſtingué par ſes talens que par ſa modeſtie. Il mourut le 10 Octobre 1720, âgé de 81 ans.

Antoine Coypel, premier Peintre du Roi Louis XV, fils de *Noël Coypel*. Le Duc d'Orléans Régent, fut si content de ses travaux, qu'il lui fit présent, en 1719, d'un carrosse & d'une pension de 1500 liv. pour l'entretien de l'équipage (1). Son génie facile fournissoit à tous ses ouvrages. Souvent trop outré dans ses airs de têtes, on lui a reproché de donner des grimaces pour des graces. Il mourut le 7 Janvier 1722, âgé de 61 ans.

André Dacier, de l'Académie Françoise & de celle des Inscriptions & Belles-Lettres, Littérateur fort connu, mort le 18 Septembre 1722.

Anne le Fevre, fille de Tanneguy le Fevre. Elle a égalé son pere, André Dacier, & son mari en érudition, & les a surpassé dans l'art de bien écrire notre langue. Elle mourut le 16 Août 1720.

---

(1) Coypel ayant eu quelques sujets de mécontentement en France, étoit tenté d'accepter les offres avantageuses qu'on lui faisoit en Angleterre, lorsqu'une voiture entierement fermée s'étant arrêtée à sa porte, on vint lui dire qu'un de ses amis qui ne pouvoit descendre de cette voiture, demandoit à lui parler. Il y courut aussi-tôt; & quel fut son étonnement, en entrant dans ce carrosse, de reconnoître la voix du Prince son bienfaiteur (M. le Duc d'Orléans Régent), qui le menant dans une promenade solitaire, daigna employer les raisonnemens & les représentations pour le persuader de ne point quitter la France! (*Vies des Peintres du Roi, tom. II, pag.* 11).

Le cénotaphe de M. *le Comte de Caylus* que l'on voit dans une Chapelle ouverte très-bien ornée & pavée en marbre, est d'un porphire très-précieux que cet Amateur des Arts avoit réservé pour son tombeau. Il est élevé sur un piedestal de marbre veiné noir & blanc, & au-dessus du tombeau est placée une lampe sépulchrale de bronze. Sur une grande table de marbre noir adossée au mur, on lit cette inscription :

Hîc jacet A. Cl. Ph. de Thubieres, Comes DE CAYLUS, utriusque & Litterarum & Artium Academiæ Socius. Obiit die VI Septembris. A. M. DCC. LXV., ætatis suæ LXXIII.

Le tableau de cette Chapelle représente Saint-Germain & Saint-Vincent couronnés tous les deux par un Ange; c'est un des meilleurs ouvrages de M. *Vien.*

Près de cette Chapelle est celle de la famille de *Rostaing*, où sont plusieurs mausolées. On en voit un sur lequel est une figure de femme à genoux, en marbre blanc; on voit encore les bustes de marbre blanc de la famille. Cette Chapelle est décorée de sculpture si bizare & de si mauvais goût qu'elle en devient curieuse.

L'œuvre de cette Eglise est du dessin de *Perrault*, auquel *le Brun* a ajouté quelques ornemens. Le manteau Royal qui en fait le couronnement, est admiré de tous les gens de goût.

La salle d'assemblée des Marguilliers est

ornée d'une belle copie de la cène, peinte à Milan par *Léonard de Vinci*, dans le réfectoire des Dominicains.

GERMAIN-*le-Vieux* (Saint); au bout du Marché Neuf, isle du Palais. C'étoit anciennement une Chapelle bâtie par les soins de Saint-Germain, sous l'invocation de Saint-Jean-Baptiste. Dans la crainte des incursions des Normands, les Religieux de Saint-Germain-des-Prés apporterent, en 886, dans cette Chapelle de Saint-Jean, le corps de Saint-Germain, pour le mettre à l'abri des insultes & déprédations de ces barbares. Ce précieux dépôt resta deux ans dans cette Eglise, & par reconnoissance les Religieux, en le retirant, y laisserent un os du bras de Saint-Germain; depuis ce temps elle prit le nom de ce Saint. On ignore le temps auquel cette Eglise fut érigée en Paroisse, mais elle l'étoit en 1368.

Quatre colonnes corinthiennes de marbre de Dinan & un tableau représentant le Baptême de Jésus-Christ par *Stella*, décorent le maître-autel. On voit à une Chapelle près de la sacristie, un Lavement de Pieds par *Vouët*, & à celle de la Vierge, une Assomption par *Stella*. Les jours de grandes fêtes, on expose dans cette Eglise une tapisserie faite du temps de Charles VI, où l'on voit l'histoire de la vie de Saint-Germain; les personnages correctement dessinés, nous font connoître le costume & le degré des arts de ce temps-là.

GERVAIS. (*Saint*) C'est la plus ancienne Eglise Paroissiale de la partie septentrionale de cette ville; elle est située dans la rue du Monceau, en face de celle du Martoir. Elle existoit l'an 576, Saint-Germain Evêque de Paris en ouvrit miraculeusement les portes en présence de Fortunat, Evêque de Poitiers, qui raconte ce fait. Elle fut reconstruite au XVe siècle, & l'an 1616 Louis XIII posa la premiere pierre du fameux portail élevé sur les dessins de *Jacques Desbrosses*. Il passe pour un des plus beaux de l'Europe. Malgré l'harmonie de ses proportions, l'heureuse disposition des trois Ordres, les Architectes qui tiennent aux regles, lui reprochent des défauts dans la frise de l'ordre dorique; les métopes qui doivent rigoureusement être par-tout carrés, ne le sont pas au-dessus des entre-colonnes.

La nef est ornée de six tableaux. Le premier à droite représente Saint-Gervais & Saint-Protais qu'on veut obliger à sacrifier aux Idoles. Il est de la main du célebre *le Sueur*.

Le second est Saint-Gervais sur le chevalet; il fut esquissé par *le Sueur*, & peint par *Goulay* son beau-frere.

Le troisieme qui représente la Décolation de Saint-Protais, fut peint par *Bourdon*.

Les trois autres à gauche qui représentent divers sujets de l'histoire de Saint-Gervais & Saint-Protais, sont dus au pinceau de *Philippe de Champagne*.

Ces six tableaux furent faits pour des tapisseries très-bien exécutées que l'on conserve dans cette Eglise.

Le tableau du maître-autel représente les Nôces de Cana. On ignore le nom du Peintre de ce morceau ancien, dont l'architecture est fort bien peinte. Les statues de Saint-Gervais & Saint-Protais sont de *Bourdin*, & les Anges de *Guérin*. Ce sont les mêmes Artistes qui ont sculpté le portail.

Le Crucifix qui est sur la porte du chœur est de *Sarrazin* ; les figures de Saint-Jean & de la Vierge sont de *Buirette*.

Les peintures des vitres du chœur représentent le Martyre de Saint-Laurent, la Samaritaine & le Paralytique ; celles des vitres de la Chapelle des trois Maries, offrent la vie de Sainte-Clotilde, dont les habits sont bleus & semés de fleurs de lys d'or gravées dans le verre. Ces Peintures furent faites en 1586, par *Jean Cousin*.

Dans la troisieme Chapelle à gauche, on voit, sur les vitres, représenté le Mont Saint-Michel, avec un nombre de Pélerins qui y arrivent ; elles sont de *Pinaigrier*.

Le Retable de la Chapelle de la Vierge est une copie réduite du magnifique portail de cette Eglise. Il est de bois, & a été fait par un nommé *Hanci*. La voûte de cette Chapelle est ornée d'une couronne de pierre de six pieds de diametre & de trois & demi de saillie, toute suspendue en l'air. Cette construction est d'une hardiesse surprenante. C'est un chef-d'œuvre des *Jacquets*, les plus fameux Maçons de leur temps.

Une Chapelle fermée qui est sous la croisée à main gauche, a son autel décoré d'un tableau de *le Sueur*, qui représente Jésus-Christ porté au tombeau par ses Disciples. Les grisailles des vitres sont deux morceaux peints en 1651 sur les dessins de *le Sueur*, par un nommé *Perrin*. Le premier est le Comte Astasius qui fait décapiter Saint-Protais, le second est le martyre de Saint-Gervais.

Dans la Chapelle de la Providence, est un grand tableau représentant la Multiplication des pains, par *Gazes*. C'est dans cette Chapelle qu'est le mausolée de Messire *François Feu*, qui a été pendant 62 ans Curé de cette Paroisse (1), il est exécuté en stuc par M. *Feuillet*. La fumée abondante qui sort de deux cassolettes paroît bien matérielle.

Dans la Chapelle de Fourcy, au côté droit du chœur, est un *Ecce Homo* très-estimé, que l'on croit être sculpté par *Germain Pilon*.

────────────

(1) M. *Sachot*, Curé de Saint-Gervais, chantoit une Messe de *requiem* pour un homme fort riche: lorsqu'il vit qu'on lui apportoit à l'offrande un cierge chargé d'écus d'or; il s'écria dans son enthousiasme: *ah que les cérémonies de l'Eglise sont belles!*

Trois Chanceliers, un Garde des Sceaux de France, un Contrôleur-Général des Finances, & un Ministre d'Etat, ont été inhumés dans cette Eglise.

Dans la Chapelle qui est à côté du chœur à main droite, est le tombeau de *Michel le Tellier*, Chancelier de France. Ce Magistrat est représenté à demi-couché sur un sarcophage de marbre noir; à ses pieds est un génie en pleurs: les figures de la Prudence & de la Justice sont sur l'archivolte; & sur les bases des pilastres, on voit la Religion & la Force. Cet ouvrage, qui est tout de marbre orné de feuillages & de festons de bronze doré, a été conduit & exécuté par *Mazeline & Hurtrelle*, d'après le dessin de *Philippe de Champagne*. Nous allons rapporter les expressions intéressantes & curieuses de son épitaphe.

.... *Dans des temps si difficiles* (1), *il n'eut d'autre intérêt que son devoir, & fut regardé, de tous les partis, comme le plus habile & le plus zélé défenseur de l'autorité Royale*...... *Enfin, à l'âge de 83 ans, le 30 Octobre 1685, huit jours après qu'il eut scellé la révocation de l'Edit de Nantes, content d'avoir vu consommer ce grand ouvrage, & tout plein des pensées de l'éternité, il expira dans les bras de sa famille,*

---

(1) La premiere année de la Régence d'Anne d'Autriche.

pleuré des peuples & regretté de Louis-le-Grand.

Pierre du Ryer, de l'Académie Françoise, connu par un grand nombre de traductions, mort le 6 Novembre 1658, âgé de 58 ans.

Paul Scarron, fils d'un Conseiller au Parlement, d'une ancienne famille, est devenu fameux, par le contraste de son corps perclus & souffrant avec son esprit joyeux & bouffon, par ses Poésies burlesques, ses Comédies dont quelques-unes ont resté au Théâtre, & son Roman comique, mais plus fameux encore parce qu'il épousa Mademoiselle d'*Aubigné*, qui devint dans la suite l'épouse de Louis XIV. Il mourut le premier Octobre 1660, âgé de 59 ans. On attribue à Ménage les vers suivans mis sous le Portrait de Scarron, & qui expriment parfaitement son caractere.

Ille ego sum vates, radibo dota præda dolori,
Qui supero sanos lusibus atque Jocis.

A gauche en entrant, on voit, dans la première Chapelle, à côté de l'autel, un petit monument de marbre, exécuté en 1782 par M. *Pajou*, Sculpteur du Roi, en mémoire de *Marie Gabriel le Subtil de Boisemont*. Il est composé d'une urne cinéraire de marbre noir veiné de blanc, laquelle est supportée par un socle de marbre blanc, où l'on voit le médaillon de cette Demoiselle, accompagné de deux Génies en pleurs ; au-deſſous, ſur une grande table de marbre noir eſt, en lettres d'or & en latin, une épitaphe dont voici quelques expreſſions qui donnent une idée de la défunte. *Venuſtate corporis, feſtivitate ingenii commendatiſſima.* Très-recommandable par la beauté de ſon corps & l'enjouement de ſon eſprit. Elle eſt morte le 9 Novembre 1779, après avoir vécu 45 ans.

Philippe de Champagne, Peintre fameux, né à Bruxelles en 1602, & mort à Paris le 12 Août 1674. Un deſſin correct, un bon ton de couleur, peu de mouvement dans ſes tableaux ; il faiſoit bien le portrait, le payſage & l'architecture : voilà comme on l'a jugé (1).

Abraham-Nicolas Amelot de la Houſſaye, mort à Paris le 8 Décembre 1706. Auteur diſtingué par ſon amour pour la vérité ; ſon hiſtoire du gouvernement de Veniſe lui fit beaucoup d'honneur, & le conduiſit à la Baſtille.

Tous les vendredis, & le premier Sep-

---

(1) La Reine, mere de Louis XIII, avoit pour lui une eſtime particuliere. Le Cardinal de Richelieu, jaloux de groſſir le nombre de ſes partiſans, s'efforça d'enlever à la Reine un ſerviteur auſſi dévoué. Champagne fut inébranlable, & répondit, en refuſant les offres d'une grande fortune : *Je borne toute mon ambition à devenir le premier de mon art ; ainſi je n'ai rien à deſirer de ſon Eminence, puiſqu'il lui eſt impoſſible de me rendre le plus habile Peintre.*

tembre

tembre de chaque année, on célèbre dans cette Eglise l'office du Saint-Sacrement en mémoire d'un grand miracle qui y est arrivé.

En 1724, un voleur s'étant emparé du ciboire de cette Eglise, prit la fuite & s'arrêta à Saint-Denis. Il n'eut pas plutôt ouvert ce ciboire, que voilà l'hostie qui s'envole & qui tourne autour de lui sans qu'il pût jamais la saisir. Ce voleur fut pris, & l'Abbé de Saint-Denis lui fit faire son procès.

Un autre évènement qui s'ensuivit, & qui n'est pas un miracle, c'est la querelle qui s'éleva entre l'Abbé de Saint-Denis & l'Evêque de Paris : tous deux vouloient avoir cette hostie. La discussion fut vive. Pour les mettre d'accord, on ne donna cette hostie ni à l'un ni à l'autre; ce fut au Curé de Saint-Gervais qu'elle fut rendue, à cause que c'étoit lui qui l'avoit consacrée.

GOBELINS. *Gilles Gobelin* de Reims, le plus fameux ouvrier pour la teinture de laine qu'on ait vu jusqu'alors, vivoit sous le regne de François Ier. Il fit bâtir une maison sur la riviere de Bievre, qui fut d'abord appellée la *Folie Gobelin*, & qui reçut par la suite le nom d'hôtel des Gobelins, qu'elle a conservé.

C'est au zèle du Ministre Colbert que la France doit l'établissement de cette célèbre Manufacture. En 1667, le Roi lui donna, par un Edit, une forme constante, & en confia la direction au fameux *le Brun*, son premier Peintre. Rien n'est plus curieux que ce travail, rien n'est plus beau que les ouvrages qui sortent de cette Manufacture, soit en haute & basse-lisse, & que les riches tentures qui y sont fabriquées, qui par la correction du dessin, la richesse des matieres, la force & la vivacité des couleurs peuvent le disputer, pour l'effet, aux tableaux des grands maîtres.

Tout ce qui se fabrique dans cette Manufacture appartient au Roi, & sert à la décoration des Maisons Royales. Trois Peintres du Roi la dirigent; M. *Pierre* en est le Directeur, M. *Taraval* le Sur-Inspecteur, & M. *Belle* l'Inspecteur.

GRAND *Prieuré de France*. Ce grand Prieuré consiste dans l'enclos de cette ville nommé le *Temple*, où sont situés l'Hôtel Prieural & une Eglise conventuelle servant de Paroisse, desservie par six Religieux de l'Ordre. Ce grand Prieuré, dont l'enclos a haute, moyenne & basse-justice, vaut, avec les Domaines considérables qui y sont annexés, 200,000 livres de rente, sur quoi il faut déduire environ 40,000 livres de charges. Monseigneur le Duc d'Angoulême, né le 6 Août 1775, & fils de Monseigneur Comte d'Artois, est maintenant en possession de ce grand Prieuré. Voyez *Temple*.

GUET *de Paris*. C'est une Milice que

les Francs établirent à l'exemple des Romains. Une Ordonnance de Clotaire II, année 595, porte que *lorsqu'un vol sera fait de nuit, ceux qui seront de garde dans le quartier en répondront s'ils n'arrêtent pas le voleur ; que si le voleur, en fuyant devant ces premiers, est vu dans un autre quartier, en étant aussi-tôt avertis, négligent de l'arrêter, la perte causée par le vol tombera sur eux, & qu'ils seront en outre condamnés en cinq sols d'amende, & ainsi de quartier en quartier* (1).

La Garde de Paris est composée de cavalerie & d'infanterie. M. le Chevalier *Dubois* en est le Commandant, ainsi que de la Compagnie d'infanterie pour la garde des ports, ponts & quais. Le total de la Garde de Paris monte à 1100 hommes (2).

---

(1) Le Guet ou la Garde à Alger, est responsable des vols qui s'y commettent, & paye sur-le-champ, si elle n'a pas arrêté les voleurs.

(2) « On rossoit autrefois le Guet, dit M. Mercier, & c'étoit même un amusement que se procuroient les jeunes gens de famille & les Mousquetaires ; on cassoit les lanternes ; on frappoit aux portes ; on faisoit tapage dans les mauvais lieux ; on enlevoit le souper qui sortoit du four, & l'on claquoit la servante ; on déchiroit ensuite la robe du Commissaire. On a réprimé ces excès avec tant de sévérité, qu'il n'est plus question de pareils jeux.... Ce n'est pas là un des petits avantages de la Capitale. L'âge mûr n'a rien à craindre de l'âge bouillant. Un

B ij

GUINGUETTES. Ce sont des lieux peuplés de cabarets situés au-delà des différentes barrieres de cette ville, où le peuple vient les fêtes, & souvent le lendemain, boire du vin à meilleur marché qu'à la ville; c'est-là qu'il oublie, à sa maniere, les travaux de la semaine & la misere de toute sa vie; tel amant y vient danser avec sa maîtresse, telle famille est descendue de son septieme étage pour y venir dîner à 10 sols par tête en partie de plaisir. Dans chacun de ces cabarets est, pour l'ordinaire, un vaste sallon qui peut contenir cinq à six cents personnes. Le bruit des instrumens, les clameurs & les chants des buveurs, les pas peu mesurés des danseurs, les expressions ridicules des ivrognes, les protestations énergiques, les galanteries soldatesques, annoncent un délire universel, & l'empire de la grosse gaieté. C'est un spectacle, non pas charmant, mais bon à voir une fois.

Les principales Guinguettes sont les Porcherons, la Nouvelle-France, la Petite-Pologne, le grand & le petit Gentilly, la Rapée, Vaugirard, le Gros-Caillou & la Courtille.

HALLES. Le quartier des Halles est situé

```
" Magistrat a dit qu'il vouloit que le pavé de Pa-
" ris fût respecté comme le Sanctuaire & le Ta-
" bernacle. Il a raison, & il a bien dit ".
```

entre les rues de la Ferronnerie, de Saint-Denis, Comtesse-d'Artois & de la Tonnellerie. Louis VI, dit *le Gros*, établit le premier dans ce terrain un Marché pour les Merciers & les Changeurs. Philippe-Auguste, pour l'agrandir, acheta des Religieux de *Saint-Ladre* ou de *Saint-Lazare* une foire qui leur appartenoit, & la transféra dans le même lieu où Louis-le-Gros avoit établi son Marché.

Les Halles se multiplièrent au point, que non-seulement tous les Marchands de Paris y avoient chacun la leur, mais encore les Marchands de toutes les villes des provinces voisines. Au milieu de la place des Halles étoit une tour octogone appellée *Pilori* (1). (Voyez *Pilori*.)

---

(1) Ce fut au milieu des Halles, que *Jacques d'Armagnac*, Duc de Nemours, eut la tête tranchée, le 4 Août 1477. On avoit tapissé les chambres du Marché au Poisson où il devoit se reposer; on y avoit répandu du vinaigre & brûlé du genievre pour dissiper l'odeur de la Marée. Il fut ensuite, dit M. de Saint-Foix, conduit à l'échafaud par une galerie faite exprès; on avoit eu l'attention de rembourer le carreau où il se mit à genoux; le Bourreau, après lui avoir tranché la tête, & l'avoir plongée dans un baril plein d'eau, la montra au peuple. Cent cinquante Cordeliers, avec des torches allumées, vinrent terminer ce triste spectacle; on portoit devant eux un cercueil découvert; on y mit la tête & le corps du malheureux Duc de Nemours; on leur donna de l'argent pour l'inhumer, & il s'en retournerent en chantant.

La HALLE *à la Marée* a été transportée à la Cour des Miracles, quartier du Petit-Carreau, par lettres-patentes enregistrées le 3 Septembre 1784; elle est construite sur les deffins de M. *Dumas*.

La HALLE *au poiffon en détail*, nouvellement construite dans l'emplacement de l'ancienne Halle au Bled.

HALLE *aux Draps & la Halle aux Toiles*, toutes deux nouvellement construites dans leur ancien emplacement, entre les rues de la Poterie, de la Lingerie, de la petite Friperie & de la Tonnellerie, sur les deffins de MM. *Molinos & le Grand*, avantageusement connus par la construction de la coupole de la Halle aux Bleds. Ces Architectes ont employé pour la couverture de ces Halles le même procédé de charpente que pour la Halle aux Bleds. La voûte à plein cintre de ces deux Halles réunies, a quatre cents pieds de longueur, & cinquante croisées qui l'éclairent.

Un escalier à deux rampes est placé au milieu de ce bâtiment; des armoires pratiquées au pourtour servent à renfermer les marchandises, fans nuire à la décoration, qui à l'intérieur comme en dehors, a beaucoup de caractere; une rue ouverte, rue Saint-Honoré, en face de celle des Bourdonnois, conduit à l'entrée principale, dans la rue de la Poterie, une autre rue percée rue des Prouvaires, en face de celle des deux Ecus, vient aboutir à la porte de cette Halle rue de la Tonnellerie.

La HALLE *au Vin*, construite au-delà de la porte Saint-Bernard.

HALLE *aux Cuirs*, construite nouvellement dans l'emplacement de l'ancien Théâtre Italien, rue Mauconseil, sur les desseins & la conduite de M. *Dumas*.

La HALLE *au poisson d'eau douce*, située rue de la Coffonnerie.

HALLE *au Bled & à la Farine*. Elle est située sur le terrain de l'ancien Hôtel de Soissons. M. *de Viarmes*, Prévôt des Marchands, conçut le projet d'élever une Halle aux Farines dans l'emplacement de cet Hôtel, dont la Ville venoit de faire l'acquisition; M. *le Camus de Meziere* en fut l'Architecte. Cet ouvrage a été commencé au mois de Mars 1762, & dans l'espace de trois ans cette Halle & les bâtimens circonvoisins ont été achevés.

La forme ronde de cette Halle, la solidité de sa construction, sa commodité, & la noble simplicité de sa décoration, conviennent parfaitement au but & au caractere de l'objet proposé. Au-dessus du rez-de-chaussée, sont de vastes greniers voûtés, auxquels on monte par deux escaliers très-curieux; celui qui est du côté de la rue de Grenelle est en pierre de liais; il est supérieurement appareillé. On monte à celui qui lui est opposé par quatre côtés, jusqu'au premier pallier; ensuite on reprend par deux rampes de fer qui se croisent parallèlement, & conduisent jusqu'au haut.

On a élevé au-dessus de cette Halle, une vaste coupole qui en couvre toute la cour. Elle est la plus grande qui soit en France (1); elle a 120 pieds de diametre, & forme un demi-cercle parfait, dont le centre est pris au niveau de la corniche, à 40 pieds de terre: la voûte de cette coupole n'est composée que de planches de sapin d'un pied de largeur, d'un pouce d'épaisseur, & d'environ quatre pieds de longueur. Ce procédé ingénieux, nouvellement mis en usage, est dû au génie de *Philibert de Lorme*, célèbre Architecte du Roi Henri II. La charpente de cette voûte découpée en fenêtres est couverte en plus grande partie de lames de cuivre étamé & en lames de plomb.

MM. *le Grand* & *Moulinos*, Architectes de cette coupole, ont rendu à l'Auteur du procédé qu'ils ont employé, un hommage qui fait leur éloge, en plaçant le médaillon de *Philibert de Lorme* dans la coupole, parmi ceux de M. *Lenoir*, Lieutenant de Police, de *Louis XV* & de celui de *Louis XVI*. Ces portraits, d'une belle

---

(1) La voûte du Panthéon de Rome, qui est la plus grande connue, n'a que 13 pieds de plus que celle-ci.

exécution, sont dûs au ciseau de M. *Roland*.

La grande colonne d'ordre dorique que l'on voit à l'extérieur de ce bâtiment, servoit d'Observatoire à Catherine de Médicis. Elle fut construite sur les desseins de *Bullant*, par les ordres de cette Princesse, qui y montoit souvent accompagnée d'Astrologues, & y faisoit plusieurs opérations, afin de découvrir l'avenir dans les Astres (1).

Cette colonne cannelée, dans le fût de laquelle se trouve un escalier à vis, est chargée, en quelques endroits, de couronnes, de trophées, de *C* & de *H* entrelassés, de miroirs cassés & de lacs d'amour déchirés, figures allégoriques, pour signifier le veuvage de cette Princesse. On a pratiqué au bas de ce monument unique à Paris, une belle Fontaine qui donne de l'eau de la Seine ; en haut est un Méridien d'un genre singulier, qui marque l'heure précise du soleil à chaque point de la journée, & dans chaque saison : il est de l'invention du Pere *Pingré*, Chanoine régulier de Sainte-Genevieve, & de l'Académie des Sciences (2).

---

(1) Catherine de Médicis croyoit à l'Astrologie judiciaire, & portoit sur l'estomach une peau de velin, d'autres disent d'un enfant écorché, semée de figures, de lettres & de caracteres de différentes couleurs; elle étoit persuadée que cette peau avoit la vertu de la garantir de toute entreprise contre sa personne.

(2) Les particuliers à qui appartenoit le terrein de l'Hôtel Soissons, vouloient faire abattre cette Colonne. M. *Bachaumont*, pour conserver ce Mo-

HALLE *aux Veaux*, transférée du quai des Ormes sur le terrein des Bernardins, par Lettres-Patentes du mois d'Août 1772.

Cette Halle est couverte, isolée & environnée de quatre rues; elle fut achevée en 1774, d'après les desseins de M. *Lenoir*, Architecte; elle est de la forme parallélograme. Aux quatre angles est un pavillon pour monter à des greniers qui renferment le fourrage; elle a trois issues, deux sur le quai des Miramiones, & une rue des Bernardins.

HILAIRE. (*Saint*) Eglise paroissiale qui existoit avant l'an 1300. Elle est sous l'invocation de Saint-Hilaire, Evêque de Poitiers; elle a été réparée au commencement de ce siècle, par les soins & les libéralités de feu M. *Rollin*, qui en étoit le Curé.

Dans la Chapelle de la Vierge, est un Saint-Jean & un Saint-Joseph peints par M. *Belle*, Peintre du Roi, & Inspecteur des Gobelins.

Cette Eglise, en 1513, fut profanée & ensanglantée par deux Peintres qui s'y querellerent & s'y battirent, à l'occasion d'un tableau qui représentoit Adam & Eve dans le Paradis Terrestre : *L'enfant*, disoit l'un,

---

nument curieux, se présenta pour l'acheter; on la lui vendit 1800 liv. Il la recéda ensuite à la Ville, lorsqu'elle eut acheté l'Hôtel de Soissons.

quand il sortit du corps de la mere, y reste encore attaché par un assemblage de vaisseaux que l'on coupe & qu'on noue le plus près du ventre possible, & c'est ce qui fait ce qu'on appelle le nombril; or, Adam & Eve n'ayant point eu de mere, il faut être aussi sot que vous l'êtes, pour les avoir représentés avec un nombril. Ce Peintre pouvoit bien avoir un peu raison, mais il ne falloit pas se battre pour cela.

HONORÉ. (Saint) C'est une Eglise Collégiale, fondée en 1204 par *Renold Chereing*, & *Sybille* sa femme. Il n'y eut d'abord qu'un seul Prêtre desservant. Un an après il y en eut quatre; en 1208, cette Chapelle fut érigée en Collégiale, & il y eut jusqu'à 21 prébendes; mais Renaud, Evêque de Paris, les réduisit à 12.

En 1579, on augmenta le bâtiment de l'ancienne Chapelle, telle qu'on la voit aujourd'hui.

Un des plus beaux morceaux de *Philippe de Champagne* décore le maître-autel; c'est une Présentation au Temple.

Dans la premiere Chapelle à droite est le mausolée du *Cardinal Dubois*, du dessin & de l'exécution de *Coustou le jeune*, habile Sculpteur. Il est représenté à genoux; il a derriere lui une pyramide, & devant lui un livre ouvert: sa tête est tournée sur l'épaule gauche, & du côté de l'Eglise.

B vj

Cette figure devoit être placée sous une arcade à droite du maître-autel : ainsi il ne faut pas s'étonner si sa tête est tournée à gauche; dans cette disposition, ses regards auroient été fixés vers l'autel.

Un Recteur de l'Université, M. *Couture*, est l'Auteur de son épitaphe. Ce sujet étoit délicat à traiter, & l'on voit qu'il l'a été d'une maniere qui ne compromet ni la franchise du Recteur, ni la réputation du Cardinal. Après avoir fait l'énumération de ses titres & dignités, l'Auteur s'écrie *quid autem hi tituli ? nisi arcus coloratus, & fumus ad modicum parens. Viator stabiliora solidioraque bona mortuo apprecare. Obiit anno 1723. Hæredes grati erga Regem, & summum Pontificem animi Monumentum posuêre.*

HOPITAUX *de Paris. Hôtel-Dieu.* Saint-Landry fut, dit-on, le premier qui fonda cet Hôpital; Saint-Louis & Henri IV, en furent les bienfaiteurs.

En 1625, les Administrateurs de l'Hôtel-Dieu demanderent au Roi Louis XIII & à la Ville, la permission de faire construire un pont de pierre sur la riviere, pour y établir une nouvelle salle, ce qui leur fut accordé. On laissa un petit passage pour les gens à pied, & le Roi ordonna que chaque personne payeroit un double à son passage, ce qui s'est toujours pratiqué depuis, & ce qui a donné à ce pont le nom de *Pont-au-Double* (1).

La nuit du premier au 2 d'Août 1737, le feu prit à l'Hôtel-Dieu, & causa un embrasement considérable; il ne fut entièrement éteint que le 5 du même mois. Mais l'incendie arrivé la nuit du 29 au 30 Décembre 1772, fut encore plus désastreux, par le grand nombre de malades qui ont péri sous les ruines de plusieurs salles.

De quelque pays, de quelque Religion que soit un malade, il est reçu, pourvu qu'il n'ait aucune maladies scrophuleuses, épileptiques & vénériennes. Cent trente Religieuses de l'Ordre de Saint-Augustin font le service de cet Hôpital; 24 Ecclésiastiques, dont le premier a la qualité de Maître, desservent cette maison; deux de ces Prêtres doivent savoir les langues étrangères.

Huit Médecins pensionnés, un Expectant, un Chirurgien-Major & 99 Chirurgiens, sont occupés journellement auprès des malades de cet Hôpital.

Un Mémoire sur la nécessité de transférer l'Hôtel-Dieu par M. C***, suivi d'un projet de construction par M. *Poyet*, Architecte, a rappellé les anciens projets de MM.

---

(1) Le double vaut 2 deniers : comme il n'y a plus de monnoie de cette espèce, on paye un liard; cependant, quand on est trois personnes, on ne doit payer que 2 liards.

Chamousset, Duhamel, Petit, &c., sur l'indispensable translation de cet Hôpital, & a remis sous les yeux du public le tableau effrayant de maux causés par son peu d'étendue & par sa situation. On a répondu à ce Mémoire, & cette réponse n'a fixé l'attention des honnêtes gens que parce qu'elle paroissoit sous les auspices d'un nom respectable. L'Auteur du Mémoire a répliqué d'une manière aussi modérée que victorieuse ; alors les défenseurs du vieil Hôtel-Dieu ont gardé le silence, & les constructions pour maintenir cet Hôpital dans son incommode & insuffisant emplacement se sont continuées avec plus d'ardeur.

L'Hôtel-Dieu actuel n'a que 1219 lits, les agrandissemens qu'on y exécute pourront augmenter ce nombre de 777, ce qui produira 1996 lits. Cette quantité de lits sera toujours insuffisante, puisque le nombre moyen des malades est de 2500, & le nombre extrême de cinq ou six mille, à moins que l'on veuille conserver encore le système meurtrier de faire coucher dans le même lit plusieurs malades, qui s'empoisonnent mutuellement de leurs propres émanations.

Les opérations Chirurgicales y sont très-dangereuses ; celle du trépan y est toujours mortelle, tandis que dans les autres Hôpitaux de Province ou de la ville, il meurt un quinzième, un douzième, un neuvième ou un septième des malades reçus, à l'Hôtel-Dieu, il en meurt un quart.

Voici ce que les Commiſſaires de l'Académie des Sciences ont dit dans leurs rapports : « nous avons d'abord comparé l'Hôtel-Dieu & la Charité relativement à leur mortalité. L'Hôtel-Dieu en 52 ans, ſur 1,108741 malades, en a perdu 244720, à raiſon d'un ſur quatre & demi. La Charité qui n'a qu'un mort ſur ſept & demi, n'en auroit perdu que 168700 ; d'où réſulte le tableau effrayant que l'Hôtel-Dieu en 52 années, a enlevé à la France 99044 citoyens qui lui auroient été conſervés ſi l'Hôtel-Dieu avoit eu un emplacement proportionnellement auſſi étendu que celui de la Charité. La perte de ces 52 années répond à 1906 morts par an, & c'eſt environ la dixieme partie de la perte totale & annuelle de Paris... La conſervation de cet Hôpital, ou du moins de l'emplacement qu'il occupe, produit donc le même effet qu'une ſorte de peſte qui déſoleroit conſtamment la capitale ».

Les habitans ſeront-ils toujours abreuvés d'une eau continuellement ſouillée par les immondices de pluſieurs milliers de malades, & reſpireront-ils toujours les exhalaiſons meurtrieres d'un cloaque ? les magnifiques projets d'abattre les maiſons des ponts, de former des quais & d'établir la circulation d'un air plus pur ; trouveront-ils un obſtacle dans la ſituation vicieuſe de cet Hôpital ? Nous montrerons-nous moins éclairés ou plus indifférens ſur les objets de ſalubrité que nos ignorans ayeux qui cependant avoient la prudence de placer leurs *maladreries* bien hors l'enceinte de la ville ? Non, la bonté du Souverain va mettre fin à tant de maux, Louis XVI frappé du tableau effrayant, mais véritable de l'état de l'Hôtel-Dieu, a ordonné à l'Académie des Sciences d'en constater la réalité (1). Le rapport des Commissaires nommés par cette Compagnie l'a convaincu de l'insuffisance de cet Hôpital & de la nécessité d'en établir quatre nouveaux composés de douze cents lits chacun, & l'a décidé à ordonner leur construction par une loi expresse, qui en déterminera l'emplacement, la forme & l'étendue. Sa Majesté a en même temps, invité, dans un Prospectus publié par son ordre, les bons Citoyens à concourir avec Elle à cette œuvre de bienfaisance ; Elle a en conséquence autorisé le Bureau de l'Hôtel-de-Ville à recevoir les souscriptions volontaires des Particuliers. La foule des Souscripteurs & les sommes abondantes, promises ou délivrées pour cette réforme, prouvent combien elle étoit desirée du public (2).

---

(1) Lorsque les Commissaires de l'Académie se sont transportés à l'Hôtel-Dieu, pour prendre des renseignemens certains sur les détails de cet Hôpital, ils n'ont pu rien obtenir des Administrateurs.

(2) Le public & les pauvres ont obligation à M. C***, Auteur des trois Mémoires sur la nécessité de trans-

HOPITAL-GÉNÉRAL, dit *la Salpêtriere*, ainsi nommé de la préparation des salpêtres qui s'y faisoient. Il a été fondé en 1656, par Louis XIV.

M. *Pomponne de Bellievre*, premier Président, la Duchesse d'*Aiguillon*, & le Cardinal *Mazarin*, après sa mort, furent les bienfaiteurs de cet Hôpital.

Plusieurs milliers de pauvres y sont entretenus, logés & nourris. Presque toutes les jeunes filles y sont occupées à faire de la dentelle, de la tapisserie & autres ouvrages.

Il y a trois grands dortoirs, composés de 250 cellules pour les vieilles gens mariés, qui ne peuvent point gagner leur vie, & ce lieu est nommé *les Ménages*.

Dans une cour séparée, est la maison de force, pour les filles & femmes débauchées, qu'on y met en correction. Il y a aussi un

---

férer l'Hôtel-Dieu, d'avoir réveillé l'attention du Ministere sur un objet de cette importance, & au zele bienfaisant de M. *le Baron de Breteuil*, d'avoir contribué beaucoup à cette réforme. On doit aussi bien des éloges au sage & lumineux rapport qu'ont donné les Commissaires; on devoit bien s'attendre qu'une innovation aussi utile, seroit applaudie, & protégée par des ames patriotiques & désintéressées; mais ce qu'on ne devoit pas prévoir, c'est que l'état actuel de l'Hôtel-Dieu, source de tant de maux & d'inconvéniens, ait trouvé des Apologistes. Quel motif leur avoit fait prendre la plume? de qui défendoient-il la cause?

emplacement où sont logées les folles & imbécilles.

On vient d'établir dans cet Hôpital, sous l'autorité du Gouvernement, un traitement gratuit pour les personnes attaquées de convulsions tant de la ville que de la campagne. M. l'Abbé *Sans*, Auteur de cette nouvelle méthode, recevra les malades présentés depuis six heures du matin jusqu'à six heures du soir, & il promet de détruire sur le champ les accidens de cette maladie, pourvu que les personnes attaquées se présentent dans le temps de la convulsion; & il les invite à se munir de certificats des Médecins & Chirurgiens qui les ont traités, dans lequel l'histoire de la maladie soit détaillée.

L'Eglise est du dessin de M. *Libéral Bruant*, Architecte; elle consiste en un dôme octogone, de 10 toises de diametre, percé par huit arcades qui aboutissent à quatre nefs de 12 toises de long chacune, & qui forment une croix, avec quatre Chapelles à pan dans les angles. On y voit un tableau représentant une Résurrection, par le *Frere André*, Religieux Dominicain. Le maître-autel est au centre du dôme, & peut être vu de toutes les nefs destinées pour séparer les deux sexes.

Pour le spirituel, cet Hôpital est sous la direction d'un Recteur & de 22 Prêtres, & pour le temporel, les chefs sont les mêmes que ceux de l'Hôtel-Dieu.

Le Chateau de Bicêtre. (Voyez *Bicêtre au vol. des Environs* p. 39).

HOPITAL *des Incurables*, rue de Sevre, fondé en 1637 par le Cardinal *de la Rochefoucauld*, pour toutes les personnes attaquées de maux réputés sans guérison, excepté les humeurs froides & le mal caduc.

Le tableau de l'autel est une Annonciation peinte par *Perrier*; celui de la Chapelle à droite est une Fuite en Egypte par *Philippe de Champagne*, de même que le tableau de l'Ange Gardien qui est dans la Chapelle vis-à-vis. Au bas de l'autel est une tombe, où furent déposées, en 1645, les entrailles du Cardinal *de la Rochefoucauld*, fondateur, & à côté sont celles de *Pierre le Camus*, Evêque du Bellai, célèbre par sa piété, son esprit, son intimité avec St-François de Sales, & sa haine contre les Moines, dont il a, plus qu'aucun Ortodoxe, senti l'inutilité (1). Il fut enterré au

___

(1) Dans les différents ouvrages contre les *Moines*, il prouve leur arrogance, & leur inutilité; il démontre encore qu'ils doivent travailler pour vivre; que par leurs regles même, ce travail leur est ordonné, & qu'ils ne leur est permis de mendier, que dans des cas urgens, où le service spirituel suspendroit le temporel. Alors c'est une simple permission, & non pas une loi. Les Moines assurent que l'Auteur est damné, parce qu'à sa mort, il n'a pas voulu se rétracter de ce qu'il avoit dit & écrit contre eux.

mois de Mai 1652, & avoit été sacré par Saint-François de Sales, le 30 Décembre 1609. On voit quatre bustes dans les angles, ceux de Saint-Charles Borromée & de St. François de Sales sont par *Durand*, & ceux du Cardinal de la Rochefoucauld & de l'Evêque du Bellai par *Beuyster*.

HOPITAL *des Petites-Maisons*, rue de Sevre, fondé par la Ville de Paris, d'abord en 1497, sous le titre de *Maladrerie de Saint-Germain*, pour y traiter ceux qui étoient attaqués de la maladie nommée autrefois *mal de Naples*, jusqu'alors inconnu en France, ce qui dura jusqu'en 1544; enfin, en 1557, l'Hôtel-de-Ville y établit un Hôpital pour les pauvres infirmes, pour les enfans malades de la teigne, pour les femmes sujettes au mal caduc, pour les foux & les insensés. *Jean Lhuillier*, sieur *de Boullincourt*, est un des principaux bienfaiteurs de cet établissement. On nomme cet Hôpital *Petites-Maisons*, parce que les cours qui le composent sont entourées de petites maisons fort basses, qui servent de logement à plus de 400 pauvres qui sont à l'aumône du grand Bureau, & qui y sont nourris pour la plupart.

On y reçoit aussi des vieilles gens des deux sexes infirmes, moyennant la somme de 1500 livres une fois payée, & on leur donne comme aux autres pauvres 3 livres par semaine.

On y conserve un Crucifix d'ivoire, par *Jaillot*.

HOPITAL *de Santé ou de Ste-Anne*, pour mettre, en temps de contagion, les malades de l'Hôtel-Dieu, dont il dépend. Il est situé sur le chemin de Gentilly.

HOPITAL *de Saint-Louis*. Henri IV, par un Edit du mois de Mars de l'an 1607, atttribua à l'Hôtel-Dieu, 10 sols à prendre sur chaque minot de sel qui se vendroit dans tous les greniers à sel de la généralité de Paris, pendant 15 ans, & 5 sols à perpétuité, après les 15 années expirées; à la charge & condition de faire bâtir un *Hôpital de Santé* hors de la ville, entre la porte du Temple & celle de Saint-Martin; de payer les gages de tous les Officiers, & de fournir tous les meubles & ustensiles nécessaires, tant à cet Hôpital, après qu'il seroit construit, qu'à celui de Saint-Marcel, que le Roi unit à l'Hôtel-Dieu pour le même usage.

En conséquence, la premiere pierre en fut posée le 18 Juillet 1607; on employa quatre ans & demi pour le bâtir, & il en coûta, tant pour sa construction que pour mettre en état celui du fauxbourg Saint-Marceau, & pour les meubler l'un & l'autre, la somme de 795,000 livres. Il fut nommé l'*Hôpital de Saint-Louis*, & celui du fauxbourg Saint-Marcel l'*Hôpital Sainte-Anne*.

Cet Hôpital consiste en un grand bâtiment qui est bien situé. Comme il est uni à l'Hôtel-Dieu, on y envoie les convalescens de cet Hôtel pour s'y rétablir & prendre l'air. Il est aussi desservi par des Religieuses de l'Hôtel-Dieu.

HOPITAL *du Saint-Nom de Jésus.* Cet Hôpital est situé du même côté que l'Eglise Paroissiale de Saint-Laurent. C'est au zèle du plus bienfaisant de tous les Saints, à *Vincent de Paule*, qu'on est redevable de cet établissement. Les pauvres des deux sexes sont dans deux corps-de-logis séparés, mais tellement disposés, qu'ils peuvent tous entendre une Messe & la lecture de table, même prendre leurs repas en commun chaque jour, sans se voir ni se parler. Les Prêtres de Saint-Lazare en ont la direction spirituelle.

HOSPICE *de la Paroisse Saint-Merri*, cloître Saint-Merri. Le 15 Décembre 1783 s'est faite l'ouverture de cet Hospice, qui est composé de 14 lits, dont 4 sont dans des chambres séparées; les malades y sont soignés par les Sœurs de la Charité, sous l'administration de M. le Curé de cette Paroisse.

HOSPICE *de Charité de la Paroisse Saint-André des Arcs*, rue des Poitevins. M. *Desbois de Rochefort*, Curé, a fait l'acquisition de cette maison pour les pauvres de la Paroisse. I contient six lits, vingt-cinq petites filles de la Paroisse y sont nourries pendant le jour, & y sont occupées à filer ; quatre Sœurs sont chargés du soin de cette maison.

HOSPICE *de Saint-Jacques-du-haut-Pas, rue du Fauxboug Saint-Jacques, en face de l'Observatoire*, construit sur les dessins de M. *Vieilh* ; il est dirigé par les Sœurs de la Charité ; il contient 18 lits pour les femmes, 16 pour les hommes. On y reçoit en outre des Pensionnaires infirmes qui peuvent y être au nombre de 20 à 25.

HOSPICE *Medico-Électrique.* Cet Hospice dans lequel l'électricité est, dit-on, l'agent curatif, est dirigé par M. *le Dru*, maintenant rue Neuve Saint-Paul N° 9. Les traitemens gratuits se font à différentes heures suivant les différentes maladies. A six heures du matin & à midi, on traite les affections nerveuses, à huit heures les maladies de la peau, & depuis dix heures jusqu'à onze du matin, les paralysies & autres indispositions occasionnées par les pertes de sensation & de mouvement. Il est toujours essentiel que l'état de la personne indisposée soit constaté par un Officier de santé, &, s'il est possible, par un Médecin de la Faculté de Paris.

Il y a des salles où les traitemens sont gratuits, d'autres où ils ne le sont pas. Cet établissement a commencé le 20 Novembre 1783. Les baquets magnétiques ont un peu ralenti l'ardeur des malades pour ce remede occulte.

HOPITAUX destinés pour les Hommes seulement.

HOPITAL *de la Charité des hommes*, rue des Saints-Peres. Il fut établi en 1602, par *Marie de Médicis*, seconde femme d'Henri IV, en 1602.

Cette maison est le chef-lieu de toutes celles de l'Ordre de *Saint-Jean-de-Dieu*. On y compte 208 lits distribués en six salles. On n'y reçoit que des hommes attaqués de maladies curables, mais non contagieuses, ni vénériennes. Depuis le printemps jusqu'à l'automne, on y reçoit les pauvres qui sont attaqués de la pierre, & qui veulent en subir l'opération.

Le portail de l'Eglise a été construit en 1722, par *de Cotte*. Les tableaux de la nef sont : le Martyre de Saint-Pierre & de Saint-Paul, par *Cazes*; Saint-Jean prêchant dans le désert, par *Verdot*; la Résurrection de Lazare, par *Galloche* (1); la Multiplication des Pains, par *Hallé*.

---

(1) Ce tableau remarquable par sa couleur, l'est aussi par une singularité ; on assure que le portrait de Jésus est celui de *Madame Galloche*, les figures de Marthe & de Marie ont été peintes d'après celles des deux demoiselles *Galloches*; la tête de la vieille enveloppée de draperie, qu'on voit sous le bras droit du Christ, est celle de la servante du Peintre, & la nourrice qui paroît sur le premier plan, offre le portrait de sa porteuse d'eau.

Les

Les deux morceaux du Chœur ont été peints par *d'Ulin* ; l'un est Jésus-Christ guérissant des malades, & l'autre la Belle-Mere de Saint-Pierre guérie de la fievre. Le Christ est de *Benoît*.

La Chapelle à droite est celle de la Vierge, dont la figure en marbre est sculptée par *le Pautre*. On y voit l'Annonciation & la Visitation, par *Verdot*.

Au milieu est le tombeau de *Claude Bernard*, dit *le Pauvre Prêtre*, mort en 1631 en odeur de sainteté ; sa figure à genoux, en terre cuite, est d'une grande vérité. Elle est de la main de *Benoît*.

La Chapelle vis-à-vis, offre à l'autel, l'Apothéose de Saint-Jean-de-Dieu, beau morceau de *Jouvenet*. Aux deux côtés, *Restout* a peint la Samaritaine & Abraham donnant l'hospitalité aux Anges.

Dans l'intérieur de cette maison, sur l'autel de la salle de Saint-Louis, on voit ce Saint Roi qui panse un malade ; tableau fort estimé, peint par *Testelin*. On y remarque aussi Notre Seigneur chez le Pharisien, & les Noces de Cana ; deux moyens tableaux de *Restout*.

Dans la salle de Saint-Michel est une femme qui représente la Charité jettant de l'eau sur une flamme ; c'est un des premiers ouvrages de *le Brun*.

M. *Antoine*, Architecte, vient de construire le petit porche qui sert d'entrée aux salles, ainsi que la salle neuve.

Partie II. C

HOPITAL *des Convalescens de la Charité*. Cette maison, qui est située rue du Bacq, fut fondée en 1642, par *Angélique Faure*, femme de *Claude Bullion*, Surintendant des Finances, en faveur des convalescens qui sortent de l'Hôpital de la Charité. Il y a 22 lits. Par une exclusion bien singuliere, on ne reçoit point les convalescens qui sont Prêtres, Soldats ou Laquais.

HOPITAL *des Quinze-Vingts*. Il fut fondé par Saint-Louis, vers l'an 1260, pour 300 aveugles mendians; & il est absolument faux que ce fût en faveur de 300 Chevaliers, à qui les Sarrasins avoient, dit-on, crevé les yeux pendant leur captivité en Egypte. Cet Hôpital, qui étoit situé rue Saint-Honoré, vis-à-vis celle de Richelieu, a été transporté, en 1780, sur la demande de M. le Cardinal de Rohan, à l'Hôtel ci-devant occupé par les Mousquetaires noirs, au fauxbourg Saint-Antoine. Au moyen du nouveau plan présenté par cette Eminence, cette Maison, qui n'étoit fondée que pour 300 Aveugles, reçoit aujourd'hui 800 Pauvres qui, au lieu de 13 sols 6 deniers par jour qu'ils avoient, ont chacun 20 sols quand ils sont veufs ou garçons, 26 sols quand ils ont femme, & en outre 2 sols pour chaque enfant, jusqu'à l'âge de 16 ans. Ils ont aussi le sel & sont traités & médicamentés par un Médecin & un Chirurgien attachés à cette Maison.

On fait apprendre un métier aux enfans quand ils font en âge, & on oblige alors les garçons de fortir de l'Hôtel.

On diftribue deux fois par femaine le pain à 150 pauvres Aveugles afpirans. On choifit, entre les plus vieux, ceux qui font infirmes & de meilleures mœurs.

L'Arrêt du 14 Mars 1783, porte aufli qu'il y aura un Hofpice établi dans cette Maifon pour 25 pauvres de Province, qui y feront reçus, nourris, habillés, & gratuitement traités des maladies des yeux. On traitera encore tous les pauvres de Paris affligés de la même maladie.

HOPITAL *de Saint-Gervais* ou *de Sainte-Anaftafie*, fondé en 1171, par *Guérin Maffon* & *Harcher* fon fils, qui confacrerent leur propre maifon à donner l'hofpitalité aux pauvres paffans. Cet Hôpital étoit fitué dans la rue de la Tixeranderie, près le Cimetiere Saint-Jean; mais les Religieufes qui le deffervent ayant obtenu des Lettres-Patentes du Roi Louis XIV, de l'an 1656, il fut transféré à l'Hôtel d'O, dans la vieille rue du Temple, qu'elles acheterent cent trente-cinq mille livres.

Les Religieufes Auguftines de cette Mail'on y donnent l'hospitalité pendant trois jours à tous les hommes qui se présentent.

HOSPICE, ou *Maison Royale de Santé*, établie sur le Boulevard neuf, près la barriere d'Enfer, par Sa Majesté Louis XVI, en faveur des Ecclésiastiques & Militaires malades. Ce monument, a été construit sur les desseins de M. *Antoine*, Architecte du Roi. Il y a 16 lits, dont 12 fondés par le Roi, 3 par la ville de Paris, & le seizieme dont un Prélat doit faire les fonds.

M. le premier Président & M. le Procureur-Général, nomment aux six lits destinés aux Militaires, & MM. les Agens généraux du Clergé nomment de préférence aux dix destinés aux Ecclésiastiques. On trouve encore dans cet Hospice des chambres particulieres, où des personnes étrangeres & non domiciliées de tous les pays, de toutes les religions, sont indistinctement reçues moyennant une somme convenue.

INSTITUTION *en faveur des pauvres Orphelins militaires*, rue & barriere de Sevre. (Voyez *Ecole* ou *Institution*, page 246, Ire *Partie*).

HOPITAL *Militaire des Gardes Françaises*, situé au Gros-Caillou. Il a été fondé par les soins vigilans & paternels de M. le Maréchal Duc de Biron en 1765; il contient 264 lits.

Le tableau de la Chapelle représente Saint Louis en adoration, peint par M. *du Rameau* (1).

HOSPICE *de Saint-Sulpice*, rue de Sevre, après le Boulevard. Pendant que M. *Necker*, à la tête des Finances du Royaume, s'occupoit du soulagement des peuples, sa vertueuse épouse soulageoit les malheureux & les prisonniers, & fondoit cet Hospice, dont elle a été nommée par le Roi l'Administratrice (1), conjointement avec le Curé de Saint-Sulpice.

Il est composé de 128 lits. Cette Maison étoit celle de Notre-Dame de Liesse; elle est desservie par des Sœurs de la Charité.

HOPITAUX *destinés aux femmes & aux filles.*

HOSPITALIERES *de la Miséricorde de Jesus*, sous le nom de Saint-Julien & de Sainte-Basilisse, Ordre de Saint-Augustin, rue Mouffetard. Il y a dans de belles salles 37 lits bien entretenus, dont une

---

(1) On assure que M. le Baron de Breteuil va établir à Popincourt un Hopital Militaire pour les malades de la Garde de Paris.

(2) Tous les ans cette Dame publie un compte de cet Hospice. Il résulte du dernier compte, que la journée de chaque malade coûte 17 s. 7 d. Le tableau de la mortalité est bien satisfaisant en 1784, sur 2068 malades, il n'en est mort que 172, & en 1785, sur 2035, il en est mort 307.

partie a été fondée par des particuliers qui ont droit de les faire occuper *gratis* ; les malades des autres lits payent 36 liv. par mois. Les femmes qui restent à l'année dans ces salles, payent 400 liv. de pension, & celles qui sont en chambre 500 liv.

HOSPITALIERES *de Saint-Thomas de Villeneuve*, rue de Sevre, fauxbourg Saint-Germain. Elles ne sont point cloîtrées, & tous les jours à dix heures, on y panse les malades des deux sexes qui se présentent, auxquels on donne à dîner. On saigne ceux qui en ont besoin, & on leur donne un bouillon.

HOSPITALIERES *près les Minimes de la Place Royale*, ou *Hôpital de Notre-Dame*. Cet Hôpital fut institué & fondé en 1624 par la Mere *Françoise de la Croix*, sous la protection de la Reine Anne d'Autriche, pour le service & le soulagement des pauvres filles & femmes malades.

Les Religieux de la Charité s'opposerent d'abord à l'enregistrement des Lettres-Patentes, à cause que ces Filles avoient pris la dénomination de *l'Hôpital de la Charité de Notre-Dame*. Un Arrêt du Parlement, du 4 Avril 1625, mit les parties hors de cour & de procès, à condition que ces Filles prendroient seulement le nom d'*Hospitalières de Notre-Dame*. Après un second procès qui fut encore intenté par les Administrateurs de l'Hôtel-Dieu, elles firent enfin leurs vœux le 24 Juin 1629; Madame *Brulart* fut déclarée leur fondatrice.

Il y a 21 lits pour les pauvres filles & femmes malades, qui ne payent rien & qui sont très-bien.

Cette Maison se glorifie d'avoir servi de retraite à *Françoise d'Aubigné*, Marquise *de Maintenon*, avant qu'elle allât à la Cour de Louis XIV.

Dans leur Eglise, on voit une Nativité peinte par *Coypel*.

HOSPITALIERES *de la Roquette*, rue de la Roquette, fauxbourg Saint-Antoine. Sept à huit ans après que les Religieuses Hospitalieres de la Place Royale furent établies dans l'endroit où elles sont, elles acheterent une autre maison située dans la rue de la Roquette, fauxbourg Saint-Antoine, & y établirent un autre Hôpital, dont la Chapelle est sous l'invocation de *Saint Joseph*. Les Lettres-Patentes pour ce second Hôpital furent expédiées au mois d'Octobre 1639.

Il y a 20 lits dans une belle salle. Les malades donnent 30 liv. par mois. Les personnes qui y restent leur vie, payent 400 l. de pension.

HOPITAL ou *Hospice des huit femmes veuves*. Il est situé dans la rue Saint-Sauveur, & fut fondé par *Jean Chenart*, Garde de la Monnoie, qui laissa à ses héritiers la disposition de ces places.

HOPITAUX *pour les garçons seulement.*

LA PITIÉ, *fauxbourg Saint-Victor*. C'est un Hôpital qui est le refuge de tous les petits garçons, enfans trouvés ou autres. On les éleve avec soin, & on les occupe à des travaux utiles. On fabrique dans la maison des draps pour les Hôpitaux & même pour les Troupes. Pour y être reçu, il faut avoir un certificat du Curé de la Paroisse, avec l'extrait baptistaire. Les peres & meres peuvent retirer leurs enfans au bout d'un temps, pourvu qu'ils soient en état de les nourrir ; c'est de quoi on s'informe exactement.

Dans le Sanctuaire de l'Eglise, est une descente de Croix, peinte par *Daniel de Voltere* ; très-beau tableau, mais un peu endommagé. A une Chapelle à côté, est un tableau de *Louis de Boullongne*, où sont de petites filles instruites par la Charité personnifiée.

ENFANS ROUGES. Cet Hôpital a été supprimé par Lettres-Patentes du mois de Mai 1772. (Voyez *Chapelle des Enfans Rouges, page* 170.)

MAISON *des Orphelins, rue du Vieux-Colombier, près Saint-Sulpice.* On y éleve cent pauvres Orphelins depuis le plus bas âge ; on les instruit avec soin, on les met dans le cas de faire l'apprentissage de quelques métiers. Le Curé de Saint-Sulpice est Supérieur de cette Maison, qui est servie par des Sœurs.

HOPITAUX *pour les filles seulement*.

HOPITAL *de Notre-Dame de la Miséricorde*, ou *les Cent-Filles*, rue Censier, fauxbourg Saint-Marcel. Cet Hôpital fut fondé en 1624 par *Antoine Seguier*, Président au Parlement de Paris, pour cent pauvres filles orphelines de pere & de mere, natives de la ville ou fauxbourgs de Paris, de légitime mariage, destituées de moyens, & âgées de six ou sept ans à leur entrée.

Cette Maison est administrée sous les ordres de M. le premier Président, de M. le Procureur-Général, & du chef mâle du nom & famille du fondateur, par une gouvernante & quatre maîtresses.

Les filles reçues dans cet Hôpital ne peuvent y demeurer que jusqu'à l'âge de 25 ans accomplis.

On remarque, dans la Chapelle de cette Maison, le buste d'*Antoine Seguier*, son fondateur, avec son épitaphe.

Louis XIV voulant favoriser cet établissement, ordonna, par Lettres-Patentes du mois d'Avril 1657, que les Compagnons de toutes sortes d'arts & métiers qui, après avoir fait leur apprentissage à Paris, épouseroient des filles orphelines de cet Hôpital, seroient reçus maîtres sans aucunes lettres, que l'extrait de la célébration de leur mariage, sans faire de chef-d'œuvre, & sans payer aucun droit de Banquet, de Confrérie ou autres.

Il n'y a plus de fonds que pour 65 à 75 pauvres Orphelines. On travaille dans cette Maison pour le public, en linge, broderie, &c.

Les ORPHELINES *de l'Enfant Jesus & de la Mere de Pureté, cul-de-sac des Vignes, rue des Postes.* On ne reçoit dans cette Maison qu'autant d'Orphelines que les fonds de la Maison le permettent. On y donne aussi l'éducation à de jeunes demoiselles, & les pensions sont de 300 l.

HOPITAL *de Sainte-Catherine, rue Saint-Denis.* La foule de Pélerins, que la célébrité des miracles de cette Sainte attiroit dans son Eglise, fut cause que l'on bâtit vis-à-vis un Hospice pour les recevoir.

Les Religieuses qui administrent cette Maison sous l'inspection d'un Supérieur Ecclésiastique, sont de l'Ordre de Saint-Augustin. Leurs principales fonctions sont de loger & de nourrir les femmes ou filles qui cherchent à entrer en condition, auxquelles elles donnent l'hospitalité pendant trois jours seulement. Leur nombre monte quelquefois jusqu'à 90. Elles reçoivent aussi les personnes qui viennent de province pour des procès ou affaires particulieres, & qui n'ont pas le moyen de se procurer un asyle coûteux.

La statue de Sainte-Catherine, que l'on voit sur la porte extérieure, a été faite & donnée en 1704 par *Thomas Renaudin*, Sculpteur de l'Académie Royale.

HOPITAUX *pour les enfans des deux sexes.*

HOPITAL *des Enfans-Trouvés du fauxbourg Saint-Antoine.* Anciennement les Seigneurs hauts-justiciers de la ville & des fauxbourgs, contribuoient chacun par une certaine somme à l'entretien, subsistance & éducation de ces enfans exposés dans l'étendue de leur haute-justice. Le nombre des Enfans-Trouvés augmentant tous les jours, Louis XIII leur donna la somme de 3000 livres, & celle de 1000 livres aux Sœurs de la Charité, qui les servoient, à prendre tous les ans par forme de fief & d'aumône, sur le Domaine de Gonesse. Le Roi Louis XIV, par ses Lettres-Patentes du mois de Juin, leur donna encore 8000 l. à prendre tous les ans sur les cinq grosses Fermes. Mais le nombre des enfans devint jusqu'à 40,000. Alors le Roi fit contribuer tous les Seigneurs hauts-justiciers de cette ville, qui sont tous des Communautés de Prêtres séculiers ou de Moines ; il fixa la contribution que chacun devoit payer par an, pour l'entretien des Enfans-Trouvés de Paris (1).

La Confrérie de la Passion ayant été supprimée au mois de Décembre 1676, ses revenus furent unis à l'Hôpital général pour être employés à la nourriture & à l'entretien des Enfans-Trouvés.

Après avoir plusieurs fois changé d'habitation, ils furent enfin fixés au fauxbourg Saint-Antoine, où, dans un très-vaste emplacement, on leur bâtit leur Maison & une Eglise, dont la Reine *Marie-Therese d'Autriche* posa la premiere pierre.

Le tableau du maître-autel représente Notre-Seigneur qui appelle à lui les petits enfans & les bénit; il est peint par *la Fosse*.

Cette Maison est desservie par des Sœurs Grifes, ou Sœurs de la Charité de Saint-Vincent-de-Paule.

HOPITAL *des Enfans-Trouvés*, vis-à-vis *l'Hôtel-Dieu*. Cet Hôpital est un

---

(1) Ces Communautés de Prêtres & de Moines fournissent aux Enfans-Trouvés environ 16 mille livres par an. Rien n'est mieux ordonné, rien n'est plus équitable que cette taxe : il est raisonnable qu'un si grand nombre de célibataires qui ne donnent aucun citoyen à l'Etat, comme nous en sommes très-persuadés, contribuent à la nourriture de ces Enfans délaissés, & tiennent lieu de pere à ceux qui n'en connoissent pas.

aide de celui qui est dans le fauxbourg Saint-Antoine. En 1747, l'Eglise de Sainte Genevieve-des-Ardens ayant été détruite, on reconstruisit à sa place cet Hôpital sur les desseins de M. *Boffrand*. L'Architecture est remarquable par sa simplicité, sa noblesse & sa solidité; les pavillons sont décorés de pilastres ioniques. L'entablement de la façade est orné de gros modillons, entre lesquels sont placées des fenêtres mezanines, ce qui n'est pas le plus admiré de cette Architecture. Le projet est d'élever un pavillon semblable du côté de l'Hôtel-Dieu pour former une décoration convenable à la place du Parvis de Notre-Dame. La distribution de l'intérieur fait beaucoup d'honneur à l'Architecte. La Chapelle a été décorée par deux Peintres, *Brunetti* & *Natoire*; le premier pour l'Architecture, le second pour l'Histoire. Celui-ci a peint tout ce qui remplit les arcades au rez-de-chaussée, & toute la partie du fond jusqu'à la voûte, où il a représenté la Nativité de N. S., l'Adoration des Mages & des Bergers, & une gloire d'Anges dans le haut. Les peintures du rez-de-chaussée ayant été faites trop tôt & avant que le plâtre fût assez sec, sont déjà presque effacées. C'est une perte pour le public, qui les avoit admirées avec justice. Trois portiques du côté de l'entrée, portent une tribune soutenue dans l'intérieur de la Chapelle par six colonnes cannelées d'ordre ionique. Depuis cette tribune jusqu'à la face de l'Autel formé de quatre groupes de colonnes peints en marbre de vert antique, la voûte paroît ruinée par le temps : une grande partie laisse voir le ciel à travers les ouvertures, & les ruines semblent soutenues par des étais couverts de planches, à moitié détruits par les injures de l'air. A droite de l'Autel, paroissent les marches conduisant à la crêche; le Roi Maure monte un de ces degrés, en prenant l'encensoir des mains d'un jeune Page. De l'autre côté, on voit dans l'enfoncement des Bergers qui ne s'éloignent qu'à regret, & sur le devant deux femmes pénétrées de ce qu'elles viennent de voir.

Dans cette Maison, on reçoit en tout temps, à toutes les heures du jour & de la nuit, sans questions & sans formalités, tous les enfans nouveaux nés qu'on y présente, dont le nombre va à plus de 8000 par an. On se contente de faire faire un procès-verbal par un Commissaire du quartier, pour constater le lieu, le jour & l'heure où l'enfant a été trouvé, & le nom de la personne qui le présente, qui n'est point obligée de rien dire sur aucunes autres circonstances; & le Commissaire est tenu de faire expédier ce procès-verbal *gratis*. Les enfans y sont élevés avec grand soin, jusqu'à ce qu'ils aient fait leur premiere Communion, & qu'ils soient en état d'apprendre un métier (1).

---

(1) Après avoir parlé des dépenses puériles des

HOPITAL *du Saint - Esprit*, *place de Grève*. Il fut fondé l'an 1362 par quelques Bourgeois charitables, en faveur des pauvres orphelins de Paris.

On y reçoit les orphelins jusqu'au nombre de 60 garçons & de 60 filles ; mais à condition, 1°. qu'ils soient nés de légitime mariage : 2°. qu'ils soient nés & baptisés à Paris : 3°. que les peres & meres soient morts à l'Hôtel-Dieu : 4°. que ces orphelins soient au-dessus de l'âge de 9 ans.

On leur apprend à lire, à écrire, & l'arithmétique. Il faut donner en y entrant 200 liv., qui sont rendues en sortant aux enfans lorsqu'ils sont en âge d'apprendre un métier, laquelle somme on donne au maître qui les reçoit en apprentissage.

L'Eglise a été rebâtie en moitié, en

---

riches, M. Mercier s'écrie : « Comment ne se trouve-t-il point un amateur de l'enfance, de cet âge riant, aimable, qui fasse élever sous ses yeux des enfans abandonnés qu'il adopteroit? Tel homme a trente chevaux dans son écurie, qui pourroit, s'il en retranchoit six, voir croître autour de lui six enfans dont il seroit le bienfaiteur. Quelle fête pour un cœur sensible!

Quoi! parmi tant d'hommes opulens, aucun n'a dit : J'éleverai de ces enfans qui n'ont point de parens; je les adopterai. Vingt jolis garçons m'appelleront un jour leur pere : j'en ferai des citoyens ; un seul qui parviendra à la perfection d'un art quelconque, me récompensera de tous mes travaux ».

1747, par *Boffrand*, qui gêné par l'ancien bâtiment, en a tiré parti d'une maniere qui lui fait honneur. On y voit quatre tableaux : un Saint-Sébastien par M. *l'Epicier*, Peintre du Roi : une Sainte-Genevieve, un Saint-Eloy & un Saint-Nicolas; tous les trois peints par *Eisen*. La classe des garçons est ornée d'une Vierge protectrice des Enfans bleus, par M. *Taraval*.

HOPITAL *de la Trinité*. La plupart des Historiens fixent l'origine de cette Maison en 1202. Des lettres de Pierre de Nemours, Evêque de Paris, en 1210, nous apprennent que *Jehan Paalée* & *Guillaume Escuacol*, son frere utérin, étoient fondateurs de cet Hôpital. Les Religieux Prémontrés de l'Abbaye d'Hermieres le desservirent jusqu'en 1545, que l'hospitalité avoit cessé d'y être observée. Alors les Confreres de la Passion louerent une grande salle de cet Hôpital pour y représenter leurs Mysteres. (Voyez *Comédie*, pag. 196, Ire *Partie*).

Cet Hôpital est aujourd'hui destiné, par Arrêt du Parlement de 1545, pour cent garçons & 36 filles, orphelins de pere & de mere seulement valides, & du nombre des pauvres qui sont à l'aumône du grand Bureau; on leur apprend à lire & à écrire, on leur donne ensuite un métier. L'enclos de la Maison est privilégié. Les Artistes qui s'y établissent gagnent la maîtrise, en inſtruiſant dans leur art un de ces enfans, qui acquiert la qualité de fils de maître.

HOSPICE ou *Maiſon d'éducation fondée par M. de Beaujeon, grande rue du fauxbourg du Roule*. Sur une grande table de marbre placée au-deſſus de la porte, on lit cette inſcription : *Hoſpice fondé par Nicolas de Beaujeon Conſeiller-d'Etat, pour l'Education Chrétienne des pauvres Enfans orphelins, & pour les Ecoles publiques de Charité, année 1784.* L'architecture & la diſtribution de ce bâtiment paroiſſent très-convenable à ſa deſtination.

Protégé par le Gouvernement, bâtie ſur les deſſins de M. *Girardin*, & dotée de 25,000 livres de rente, cet Hoſpice eſt deſtiné à la nourriture, entretien, & à l'inſtruction de douze garçons & douze filles orphelins de ce fauxbourg, depuis l'âge de ſix ans juſqu'à douze, époque à laquelle on leur donnera 400 liv. pour le prix de l'apprentiſſage du métier qu'ils auront choiſi.

HOPITAL *des Teigneux*, ſitué rue de la Chaiſe, du même côté que les Petites-Maiſons ; il contient vingt-un lits.

HOTELS.

Nous n'allons parler que des Hôtels les plus conſidérables.

HOTEL *de la Monnoie*, quai de

Conti. C'est à M. *Laverdy*, Ministre d'Etat, que l'on doit ce nouvel Hôtel des Monnoies, & c'est à M. *Antoine*, Architecte, que l'on doit la construction de ce magnifique bâtiment.

M. l'Abbé Terray, Contrôleur-Général des Finances, le 20 Avril 1771, en posa la premiere pierre au nom du Roi.

Au-devant de l'avant-corps, qui est décoré de six colonnes ioniques, s'éleve un attique qui, bien mieux que des fenêtres, offre des tables renfoncées, ornées de festons. A l'à-plomb des colonnes sont six statues représentant la Paix, le Commerce, la Prudence, la Loi, la Force & l'Abondance. Les quatre du milieu sont de M. *le Comte*, celle du côté des Quatre-Nations de M. *Pigalle* neveu, & celle qui lui est opposée de M. *Mouchy*.

Cet avant-corps a trois arcades, dont celle du milieu est la principale entrée de cet édifice, 24 colonnes doriques cannelées décorent le vestibule qui se distribue en trois galeries. Sur la droite est un escalier qui conduit aux salles destinées au service du tribunal de la Cour des Monnoies, & aux assemblées des Officiers de la fabrication.

Du même Pallier partent deux galeries qui réunissent la partie de ce bâtiment que la cage de l'escalier semble séparer.

Seize colonnes d'ordre ionique cannelées décorent cet escalier, & portent une voûte percée dans son milieu pour l'éclairer. La cour principale a 110 pieds de profondeur sur 92 de largeur, une galerie couverte regne au pourtour; elle est terminée par une piece circulaire, percée alternativement d'arcades & de portes carrées, au dessus desquelles sont placées les bustes de Henri IV, de Louis XIII, de Louis XIV & de Louis XV.

L'entrée de la salle destinée aux balanciers est ornée de quatre colonnes doriques. Cette salle, dont la voûte surbaissée est soutenue par des colonnes d'ordre Toscan, a 62 pieds de long sur 39 de large, & contient 9 balanciers. Au fond est une statue de la Fortune exécutée par M. *Mouchy*, Sculpteur du Roi.

Au-dessus de cette salle est celle des ajusteurs; elle est de pareille étendue, & contient cent places.

Cet édifice renferme six cours, que l'on a jugées nécessaires pour le service de la fabrication.

L'entrée des différens atteliers par la rue Guénegaud, présente une étendue de bâtiment d'environ 58 toises. Le milieu de ce bâtiment est indiqué par un avant-corps qui, faisant retraite à la hauteur de l'attique, est orné de quatre statues représentant les quatre élémens, par MM. *Caffieri* & *Duprez*. Trois inscriptions latines, placées dans l'attique entre les figures, indiquent l'usage du monument, & l'année de son érection.

M. *le Sage* y tient l'Ecole de Minéralogie. (Voyez *Ecole Royale des Mines*, page 242 Ire *Partie*).

HOTEL-DE-VILLE. Les Prévôt & Echevins de la ville de Paris acheterent, en 1357, la *Maison de Grève*, pour la somme de 2880 liv. Elle avoit appartenu aux derniers Dauphins du Viennois, & Charles V n'étant que Dauphin, y avoit demeuré : c'est sur les ruines de cette maison & de quelques autres qui l'environnoient, que l'on commença à bâtir l'Hôtel-de-Ville sur les dessins de *Cortonne*, en 1533; il ne fut achevé qu'en 1605.

Au-dessus de la porte d'entrée est une statue équestre de bronze en demi-bosse, sur un fond de marbre noir, représentant Henri IV : elle est l'ouvrage de *Pierre Biard*, disciple de *Michel-Ange*. Au-dessus est cette inscription : *Sub LUDOVICO MAGNO, felicitas urbis*. Entre deux pavillons, on voit une campanille où est une horloge décorée d'un nouveau cadran d'émail. Dans les réjouissances publiques, une cloche de cette horloge, appellée *Tocsin*, donne le signal, & sonne sans interruption pendant trois jours.

L'escalier qui conduit à la cour, est formé de degrés faits en ovale. Cette cour est décorée d'arcades, au-dessus desquelles sont des inscriptions relatives à l'histoire de Louis XIV, composées par *André Felibien*. Au milieu d'une de ces arcades, dont la baye est incrustée de marbre & ornée de colonnes ioniques, dont les bases & chapiteaux sont de bronze doré, est une statue pédestre en bronze de Louis XIV; c'est un chef-d'œuvre de *Coyzevox* : le piédestal est chargé de bas-reliefs & d'inscriptions. On remarque autour de cette cour les portraits des Prevôts des Marchands en médaillons.

Les appartemens de l'Hôtel-de-Ville sont grands, & ornés de tableaux magnifiques.

L'antichambre de la salle des Gouverneurs, est ornée d'un tableau peint par *de Troy* le pere, à l'occasion de la naissance du Duc de Bourgogne, pere de Louis XV.

La salle des Gouverneurs offre sur sa cheminée un portrait de Louis XV, donné, par ce Roi, en 1736, au Corps-de-Ville. A l'extrémité de cette salle, est un grand tableau de seize pieds de large sur onze de haut. On y voit Louis XV sur son Trône recevant les actions de graces des Prevôt & Echevins de Paris, à l'occasion de la paix de 1739. Ce tableau est de *Carle Vanloo*.

L'antichambre de la salle des petites audiences, est décorée de plusieurs tableaux; on remarque celui où Louis XIV reçoit les hommages des Echevins en 1654.

La grande salle, est d'une belle étendue;

à ſes deux extrémités ſont deux vaſtes & anciennes cheminées ornées de ſtatues & de tableaux; ſur celle qui eſt à gauche eſt un beau tableau de *Louis Boullongne*, repréſentant Louis XV qui rend à la Ville les Lettres de Nobleſſe, dont on l'avoit dépouillée; ſur les portes qui ſont aux deux côtés de cette cheminée, on voit deux tableaux peints par *Rigaud*, qui repréſentent des devoirs rendus par le Corps-de-Ville.

Le premier tableau en retour, offre le mariage du Duc de Bourgogne avec Marie-Adélaïde de Savoie; il eſt peint par *Largilliere*.

Le tableau ſuivant, eſt Louis XV reçu à l'Hôtel-de-Ville à ſon retour de Metz, où il avoit été ſi dangereuſement malade. Il eſt peint par M. *Roſlin*.

Le troiſieme fut peint par M. *Vien*, lors de l'inauguration de la ſtatue de Louis XV.

Le dernier de ce côté, peint par M. *Menageot*, repréſente la naiſſance du Dauphin fils de Louis XVI.

Sur la ſeconde cheminée, on voit un grand portrait de Louis XIV, & le buſte en marbre de M. *le Marquis de la Fayette*, ſculpté par M. *Houdon*.

C'eſt un tribut que la reconnoiſſance des Etats de Virginie a payé à la mémoire de ce jeune Héros, qui a combattu pour leur liberté. La réception de ce buſte, préſenté à la Ville au nom des Etats de Virginie, a été célébrée le 28 Septembre 1786 en grande cérémonie. A cette occasion, on a appliqué à M. *la Fayette* ce que dit Tacite de Germanicus : *fruitur fama sui.*

Les tableaux placés sur les deux portes aux deux côtés de la cheminée sont de *Porbus* ; ils représentent les Echevins aux pieds de Louis XIII avant & après sa majorité.

La salle d'audience est ornée de plusieurs tableaux, parmi lesquels on remarque celui où Henri IV fait son entrée dans Paris après la réduction de cette Ville.

Sur la cheminée, on voit l'entrée de Louis XVI dans Paris à l'occasion du rétablissement des Parlemens en 1774, peint par *Robin*. Dans une autre piece, on voit les douze mois de l'année sculptés par *Jean Gougeon*.

L'Horloge, une des meilleures de la Ville, est l'ouvrage de M. *le Pautre*.

Le Prevôt des Marchands & les Echevins tiennent leur *Jurisdiction* les mercredis & samedis matin : elle s'étend sur les rentes de l'Hôtel-de-Ville, sur la Police des quais & ports de la riviere, &c.

L'origine de cette Jurisdiction remonte à la plus haute antiquité ; les Romains, avant la conquête des Gaulois, la trouverent établie chez ces Peuples : ils la conserverent. Nos Rois firent plus, ils la confirmerent : elle étoit originairement divisée en deux administrations différentes &

également anciennes ; l'une étoit la prevôté de la marchandise de l'eau ; l'autre l'Echevinage, ou Corps Municipal de Paris.

Cette Jurisdiction est aujourd'hui composée du Prevôt des Marchands, de quatre Echevins, d'un Procureur du Roi, d'un Avocat du Roi, d'un Substitut & d'un Greffier.

M. le Prevôt des Marchands est nommé par le Roi ; sa Commission est pour deux ans ; mais ordinairement il est renouvellé suivant la volonté du Roi, tous les ans le jour de Saint-Roch.

HOTEL *Royal de l'Arquebuse*, situé rue de la Roquette. Louis XIV, par Lettres-Patentes de Décembre 1684, accorda aux *Chevaliers de l'Arquebuse* le terrein qu'ils occupent aujourd'hui, & confirma leur établissement, dont l'origine est très-ancienne : leurs brevets sont signés par le Gouverneur de Paris, Colonel de cette Compagnie Royale, dont la Jurisdiction ordinaire est le Siège de la Connétablie & Maréchaussée de France.

Leur uniforme est écarlate, galons d'or, avec paremens & revers de velours bleu de ciel, le bouton doré, avec arquebuse en sautoir, couronnée.

Lors des heureux événemens, ils ont le droit d'envoyer douze Députés pour complimenter le Roi, & lui demander un prix en réjouissance de l'événement ; ce prix est

est le même que celui de la Ville, dont nous allons parler, & leur est présenté de la même maniere.

Leurs exercices commencent le premier Dimanche de Mai, & se continuent jusqu'au jour de Saint-Denis inclusivement. Tous les Dimanches ils tirent des prix, composés de jetons d'argent, au coin de cette Compagnie, dont la devise est : *Per tela, per ignes.*

Le Dimanche le plus près de la Saint-Laurent, le Corps-de-Ville apporte à cette Compagnie trois prix, qui sont tirés en sa présence : le premier est une médaille d'argent, du poids d'un marc, aux armes de la Ville d'un côté, & de l'autre chargée de la devise suivante, entourée de branches de lauriers :

Equitum sclopetario victori
Primum præmium urbs præbet.

Les deux autres prix sont de deux médailles d'argent pareilles, mais de moitié moins de valeur.

HOTEL *d'Antin* ; cet Hôtel fut d'abord bâti par un Financier, nommé *la Cour des Chiens*, dans l'emplacement d'un ancien Marché aux Chevaux, & porte aujourd'hui le nom d'*Hôtel de Richelieu*, depuis l'acquisition que M. le Maréchal de ce nom en a faite en 1757.

L'Architecture de l'escalier de cet Hôtel

Partie II. D

est peinte par *Brunetti*, & les figures sont de *Soldini*.

Dans le jardin sont deux morceaux de sculpture, aussi recommandables par leur excellence que par leur rareté. La premiere figure représente un homme fort & vigoureux, dont les mains sont liées derriere le dos ; la seconde est celle d'un dormeur. Ces deux figures ont été sculptées par *Michel-Ange* pour le tombeau de Jules II à Rome. Elles sont dignes de ce grand maître ; mais ni l'une ni l'autre ne sont achevées.

Au milieu du jardin est un Bacchus antique, & sur les côtés, autour du bassin, sont huit autres figures de marbre, aussi antiques.

HOTEL *d'Aumont*, rue de Joui. Il est recommandable par le nom de son Architecte, *François Mansard*. On voit l'apothéose de Romulus sur un des plafonds des appartemens, par *le Brun*, & dans le jardin une figure antique & une Vénus à demi-couchée, par *Anguier*.

HOTEL *d'Auvergne*, rue de l'Université. Il est du dessin de *Lassurance*, Architecte. Son escalier, construit par *Servandoni*, est d'autant plus beau que son emplacement est très-resserré.

HOTEL *de Beauvais*, à l'entrée de la rue Saint-Antoine : il a été bâti par *le Pautre*. Les faces de la cour, enrichies d'une Architecture dorique, préfentent, de l'entrée du porche, un beau coup-d'œil.

HOTEL *de Beauvilliers*, bâti par *le Muet*, eft un des plus réguliers de Paris. Il eft fitué quartier Saint-Avoye.

HOTEL *de Biron*, rue de Varenne, fauxbourg Saint-Germain. Cet Hôtel eft fuperbe, mais il eft furpaffé par la beauté des jardins, bien dignes de déterminer la curiofité du public, à qui ils font ouverts depuis le premier Avril jufqu'au premier Octobre.

HOTEL *de Bouillon*, quai Malaquais. On y voit deux des plus grands tableaux de *Claude le Lorrain*; un Berger avec des moutons, par *Teniers*, & le portrait du Cardinal de Bouillon, affis entre les Ducs d'Albret & de Bouillon, fuperbe ouvrage de *Rigaud*.

HOTEL *de Bretonvilliers*, bâti par *du Cerceau*, & fitué à l'extrémité de l'Ifle Saint-Louis. Cet Hôtel fert aujourd'hui, aux Fermiers généraux, de Bureaux pour les entrées de la ville & du plat-pays. Le plafond de la galerie qui eft à plein ceintre, eft orné de peintures à l'huile, par *Bourdon*. Dans une falle d'appartement d'en-bas, on voit d'excellens tableaux copiés par *Mignard*, d'après les plus beaux morceaux de *Raphaël*. Dans une autre piece, quatre grands tableaux du

Poussin. Dans un cabinet, peint par *Vouet*, est sur la cheminée un tableau qui représente l'Espérance avec l'Amour & Vénus, qui veulent arracher les aîles de Saturne. Le Temps paroît au plafond, accompagné de plusieurs Divinités & d'Enfans, dans des carrés en compartimens.

HOTEL *de Broglie*. Il fut bâti en 1704, rue Saint-Dominique. On y admire un péristile, qui porte le plancher du premier étage. *Boffrand* fit, en 1711, plusieurs embellissemens dans cet Hôtel.

HOTEL *de Bullion*, quartier Saint-Eustache, rue Plâtriere. Il fut bâti en 1630 par *Claude Bullion*, Surintendant des Finances. Il y avoit autrefois des tableaux & des plafonds peints par *Vouet*, *Blanchard* & *Sarazin*, &c. En 1780, un particulier qui l'acheta le fit reconstruire conformément à ses intérêts. Il est occupé par différens locataires.

Cet Hôtel intéresse aujourd'hui par les ventes qui s'y font presque journellement de meubles précieux, de bijoux, de livres provenans de quelques bibliotheques particulieres, & de tableaux rares souvent du plus grand prix. Il y a plusieurs salles au rez-de-chaussée ; celle des tableaux se fait, pour l'ordinaire, dans la plus grande, qui est éclairée par le plafond. On donne aussi, dans cette même salle, des concerts d'amateurs, des bals & fêtes maçoniques.

HOTEL *de Madame de Brunoi*, rue du fauxbourg Saint-Honoré. La façade du jardin donne sur les Champs Elisées, & représente le Temple de Flore.

HOTEL *de Carnavalet*, quartier Saint-Antoine, rue de la Culture Sainte-Catherine. Trois des plus fameux Architectes ou Sculpteurs que la France ait produit, ont contribué à l'embellissement de cet Hôtel. La porte, ornée de refends vermiculés, de deux bas-reliefs & d'un écusson, est l'ouvrage de *Jean Gougeon*, ainsi que les grandes figures qui sont sur les trumeaux du côté de la cour, & les masques qui sont sur les claveaux des croisées. *Androuet du Cerceau* a continué le bâtiment, & *François Mansard* y a mis la derniere main. Tous les ornemens qui embellissent cet Hôtel sont du meilleur goût.

HOTEL *de Châtillon*, quartier Saint-Germain-des-Prés, rue Saint-Dominique. Il est nommé Châtillon, parce qu'il a appartenu au Duc de ce nom, Gouverneur du Dauphin, fils de Louis XV. *Lassurance*, éleve de *Jules-Hardouin Mansard*, en a été l'Architecte.

HOTEL *de la Compagnie des Indes*, rue Neuve-des-Petits-Champs. C'étoit l'ancien Hôtel Mazarin. Il contient aujourd'hui la Loterie Royale de France & la *Bourse*,

D iij

dont l'entrée est rue Vivienne. Voyez ces deux articles.

HOTEL *du Contrôle Général*, rue Neuve-des-petits Champs, bâti sur les dessins de *Levau*, est plus intéressant au moral qu'au physique.

HOTEL *de Clugny*, rue des Mathurins. C'est un monument de la magnificence Monacale, & de l'élégance du genre Gothique. Cet Hôtel, bâti en 1505 par *Jacques d'Amboise*, Abbé de Clugny & Evêque de Clermont, est très-bien conservé. Au premier étage est une Chapelle restée entiere; un seul pilier rond, élevé dans le milieu, en soutient toute la voûte; c'est de ce pilier que naissent toutes les arêtes. Un semblable pilier au rez-de-chaussée, correspond au premier, & soutient une voûte pareille à celle de la Chapelle. On voit contre les murs les figures de toute la famille d'Amboise, entr'autres celle du Cardinal: la plupart sont à genoux, habillés suivant le costume de leur siecle. On remarque dans la cour une tourelle en saillie qui sert d'escalier, couverte par une voûte singuliere, soutenue par un pilier qui s'éleve du noyau de l'escalier, & s'élargit en forme d'entonnoir en s'approchant de la voûte, qui a la forme d'une calotte; au-dessus de cette voûte est un observatoire qui sert aux observations Astronomiques de M. *Messier*, de l'Académie des Sciences. On montre sur la muraille de la cour de cet Hôtel le diametre de la cloche appellée *George d'Amboise*, qui est dans une des tours de la Cathédrale de Rouen. On assure que c'est dans cette cour qu'elle a été jettée en fonte. On voit encore dans cet Hôtel un jardin sur une terrasse fort élevée, & qui est un reste du palais des Thermes, sur les ruines duquel cet Hôtel a été bâti. (Voyez *Palais des Thermes*). Les Nonces du Pape ont souvent demeuré à l'Hôtel de Clugny. Il appartient à l'Abbaye de ce nom. Le sieur Moutard, Imprimeur-Libraire, en occupe les principaux appartemens.

HOTEL *des Fermes générales*, rue de Grenelle Saint-Honoré. Ce bâtiment, conduit par M. *Ledoux*, justifie la réputation dont jouit cet Artiste. Les plafonds, les vitres de cet Hôtel étoient autrefois remplis d'ingénieux emblêmes, de galantes devises, que l'amoureux Comte de Soissons prodiguoit par-tout, ainsi que ses chiffres enlassés avec ceux de Catherine de Navarre, sœur de Henri IV, sa maîtresse. Cet Hôtel fut ensuite habité par ce Courtisan si poli, si aimable & si chéri, le Duc de Bellegarde. Enfin, après la mort du Cardinal de Richelieu, ce même Hôtel, long-temps habité par les Amours & les Graces, devint l'asyle des Muses. L'Académie Françoise y tint ensuite ses séances. Aujourd'hui les Amours & les Muses ont fui bien loin ; un peuple de Commis les a remplacés; c'est l'*Hôtel des Fermes*.

HOTEL *de Hollande*, vieille rue du Temple, près celle des Blancs-Manteaux. Il est bâti sur les desseins de *Cottard*, & remarquable par la beauté de son intérieur.

HOTEL *de Laval*, quartier Saint-Eustache, au bout de la rue Coquilliere. Cette Maison est du dessin de *François Mansard*. Elle fut bâtie auprès d'une tour de l'ancienne enceinte de la ville. Sur la fin du dernier siecle, on trouva, en fouillant la terre dans le jardin, une tête de femme de bronze antique, qui avoit une tour sur la tête, & dont les yeux avoient été arrachés; cette tête avoit 22 pouces de hauteur. Le Pere *Molinet* a cru qu'elle pouvoit être celle d'une statue d'*Isis*; d'autres ont prétendu que cet antique représentoit la Déesse *Lutece*.

HOTEL *de Lambert*, rue & isle Saint-Louis, bâti sur les desseins de *Levau*. Cet Hôtel n'a point de jardin; mais une grande terrasse sur la riviere lui fait jouir d'une vue très-agréable. Le plafond de la galerie représente les travaux d'Hercule, peints par *le Brun*. Un plafond d'un autre appartement, offre Phaëton priant le Soleil de lui laisser conduire son char : ce morceau est peint par *le Sueur*, qui a aussi décoré le cabinet des Bains.

HOTEL *de Longueville*, rue Saint-Thomas du Louvre. C'étoit l'ancien *Hôtel de Chevreuse*, le berceau de la fronde & de la politique de ce fameux Cardinal de Retz, qui eut, dit M. de Saint-Foix, toutes les grandes qualités qu'il voulut avoir, & qui ne voulut point avoir celles d'un Evêque, d'un citoyen & d'un honnête-homme. On trouve au rez-de chauffée un plafond où *Mignard* a peint l'aurore. Cet Hôtel, long-temps habité par des Ducs & des Princes, l'est aujourd'hui par des Commis; ce n'est plus le foyer des cabales & des intrigues, c'est un magasin de tabac qui appartient aux Fermiers généraux.

HOTEL *de Luynes*, rue Saint-Dominique, bâti sur les desfins de *le Muet*, Architecte, par *Marie de Rohan Montbazon*, Duchesse de Chevreuse. *Brunetti* en a peint l'escalier.

HOTEL *de Luxembourg*, rue Saint-Marc, bâti par *Lasfurance*. Dans un grand fallon, dont MM. *Natoire* & *Hallé* ont peint les dessus de porte, sont plusieurs tableaux & sculptures. *Le Carpentier* a augmenté cet Hôtel d'une salle à manger, qui forme pavillon sur le jardin; elle est ornée de sculptures, dues au célebre *Pineau*. Le plafond, peint par *Hallé*, offre les quatre Saisons, sous des figures d'enfans.

HOTEL *de Montesson*, Chaussée d'Antin, par M. *Brongniard*, Architecte du Roi.

HOTEL *de Montesquiou*, sur le boulevard des Invalides, bâti par le même.

HOTEL *de Madame la Princesse de Monaco*, rue & barriere Saint Dominique, bâti par le même.

HOTEL *Mazarin*, quai Malaquais. On y voit un plafond peint par *Briart*.

HOTEL *de Mazarin*, rue Neuve-des-Petits-Champs, occupé par Mme la Duchesse de Bourbon. Tout l'intérieur a été décoré par M. *Rousset*.

HOTEL *de Matignon*, rue de Varenne. *Cortonne* en a été l'Architecte. Le jardin, qui est très-vaste, répond à la beauté de l'Hôtel. On est agréablement surpris de trouver sur la gauche un petit Palais décoré avec goût.

HOTEL *de Mesmes*, rue Saint-Avoye, autrefois l'Hôtel d'Anne de Montmorenci, Connétable de France, où il mourut le 12 Novembre 1567, deux jours après la bataille de Saint-Denis, des blessures qu'il y avoit reçues (1). Le Roi Henri II y a

---

(1) Ce respectable vieillard, âgé de 74 ans, couvert de sang, son épée rompue, donna un si furieux coup de pommeau dans le visage de Robert Stuart, qui lui disoit de se rendre, qu'il lui cassa deux

demeuré quelquefois, & *Jean Law* y établit d'abord les Bureaux de la Banque générale.

HOTEL *de Montmorenci*, au coin de la Chaussée d'Antin, sur le boulevard, bâti sur les desseins de M. *Ledoux*, Architecte du Roi. Au-dessus de la corniche de cet Hôtel sont les statues des hommes illustres de cette famille. Cet usage de jucher sur les toits des maisons les statues des grands hommes, choque le goût & les bienséances.

HOTEL *de Montholon*, Boulevard Montmartre, construit sur les desseins de M. *Souflot le Romain*. Cet Hôtel est un des plus remarquable du Boulevard, par la beauté de la façade extérieure, qui réunit le charme des proportions au caractere noble & mâle qui lui convenoit.

HOTEL *de Noailles*, rue Saint-Honoré, vis-à-vis les Jacobins. Au fond de la cour est un beau péristile, composé de six colonnes doriques, & orné de quatre niches.

---

dents & le renversa de cheval : dans l'instant, un des soldats de Stuart lui tira dans les reins un coup de pistolet chargé de trois balles. Il avoit servi sous cinq Rois, s'étoit trouvé à près de deux cents combats, à 8 batailles rangées, & avoit été employé à 10 traités. (*Essais Hist. sur Paris, par M. de Saint-Foix*).

HOTEL *de Nivernois*, rue de Tournon, restauré extérieurement, & décoré dans l'intérieur par M. *de Peyre* l'aîné, Architecte du Roi. Il appartenoit autrefois à *Concino Concini*, célebre sous le nom de *Maréchal d'Ancre*. (Voyez *article Saint-Germain-l'Auxerrois, la note p.* 12). Il a aussi porté le nom d'Hôtel des Ambassadeurs extraordinaires. Méhémet Effendi, Ambassadeur de la Porte, y a logé en 1721.

HOTEL *d'Ormesson*, rue St-Antoine, ci-devant *Hôtel de Mayenne*, bâti par *du Cerceau*, pour *Charles de Lorraine*, Duc de Mayenne, Lieutenant-Général du Royaume pour la ligue. Les réparations ont été faites en 1709, sur les dessins de *Germain Boffrand*.

HOTEL *d'Orsay*, rue de Varenne, fauxbourg Saint-Germain. M. *Taraval* y a peint deux plafonds, dont l'un représente l'apothéose de Psyché, & l'autre des Amours dans les airs. Cet Hôtel rempli de choses rares & précieuses est un des plus curieux de Paris.

HOTEL *de Praslin*, rue de Bourbon, remarquable par sa magnificence & sa situation.

HOTEL *de Rochechouart*, rue de Grenelle, fauxbourg Saint-Germain, bâti par M. *Cherpitel*.

HOTEL *de la Rochefoucault*, rue de Seine, fauxbourg Saint-Germain, bâti par *le Mercier*. Il a appartenu au Vicomte de Turenne.

HOTEL *de S. A. S. Mademoiselle de Condé*, rue de Monsieur, & dont le jardin donne sur le Boulevard, bâti par M. *Brongniard*, Architecte du Roi.

HOTEL *de Savoisi*, aujourd'hui *Hôtel de Lorraine*, rue Pavée Saint-Antoine, fameux dans l'Histoire de l'Université de Paris, par les détails suivans rapportés par Piganiol. *Description de Paris tom. IV.*

» L'an 1408, le 14 Juillet, comme la
» procession des Ecoliers passoit le long de
» la rue du Roi-de-Sicile, allant à l'Eglise
» de *Sainte-Catherine du Val des Eco-*
» *liers*, un des Valets de Charles Savoisi
» revenant d'abreuver un cheval, & le fai-
» sant galopper par la rue au travers des
» Ecoliers, fit rejaillir de la boue sur l'un
» d'eux. Cet Ecolier donna un coup de poing
» au Valet, qui appella à son secours les
» autres Domestiques de son Maître, qui
» poursuivirent en armes les Ecoliers jus-
» qu'à la porte de l'Eglise de Sainte-Cathe-
» rine; & un des Valets tirant plusieurs flè-
» ches, il y en eut une qui vola de la
» porte de l'Eglise jusqu'au maître-autel,
» où la messe se célébroit. L'Université
» poursuivit si vivement cette insulte con-

» tre Savoisi, qui avoit avoué ses Domes-
» tiques, que par Arrêt du Conseil d'Etat,
» le Roi y séant avec tous les Princes du
» Sang, il fut ordonné que la maison se-
» roit démolie, & il fut condamné à 1500
» livres d'amende envers les blessés, & à
» 1000 livres envers l'Université. Trois de
» ses gens furent condamnés à faire amende
» honorable, nuds en chemise, la torche
» en main, devant les Eglises de Sainte-
» Geneviève, de Sainte-Catherine & de
» Saint-Severin, après quoi ils furent
» fouettés aux carrefours de la ville, &
» bannis pour trois ans (1) ».

Dans le mur du jardin de cet Hôtel, on lit encore une inscription qui conserve la mémoire de ce fait.

HOTEL *de Soubise*. La principale entrée est rue de Paradis, quartier Ste-Avoye. Les premieres constructions de cet Hôtel sont dues à *Olivier de Clisson*, Connétable de France. Il a appartenu à la Maison de Lorraine, & a porté le nom de *Guise*, jusqu'en 1697, que *François de Rohan*,

---

(1) Deux ans après, Savoisi obtint du Roi la permission de faire rebâtir son Hôtel; mais l'Université s'y opposa avec acharnement. Ce ne fut que 112 ans après, qu'elle souffrit sa reconstruction, avec la condition que l'Arrêt contre Savoisi seroit gravé sur une pierre qu'on placeroit au-dessus de la porte.

Prince de Soubise, qui l'acheta des héritiers de la Duchesse de Guise, le fit construire presqu'entier, tel que nous le voyons à présent.

Sa construction fut commencée en 1706, sous la conduite de *Lemaire*, Architecte. Le portail principal est orné de colonnes corinthiennes & de trophées qui portent sur chaque chaîne de refends; son amortissement est formé des armes de la Maison de Soubise, & des figures d'Hercule & de Pallas, sculptées par *Couftou le jeune*. Les statues de la Prudence & de la Renommée, assises sur les acroteres de la balustrade du côté de la cour, sont de *le Lorrain*.

La cour est entourée d'une galerie couverte & soutenue par des colonnes groupées d'ordre composite, dont le comble est bordé de balustrades qui font un très-bel effet.

La face du bâtiment est ornée des ordres composite & corinthien, d'un fronton où sont les armes de Rohan-Soubise, de groupes d'enfans, & des figures, grandes comme nature, des Saisons, sculptées par *le Lorrain*, & placées dans les arrieres-corps de cette façade, sur des groupes de colonnes.

L'escalier, peint par *Brunetti*, est d'un effet admirable.

La Chapelle est toute peinte par *Nicolo*. Une salle d'assemblée a ses dessus de porte peints par *Restout*. Plusieurs autres salles sont enrichies des peintures de *Boucher*, de *Tremoliere* & de *Parocel*, &c.

Armand Gaston de Rohan, Evêque de Strasbourg & Cardinal, a fait bâtir un grand Hôtel sur une portion du terrein de l'Hôtel Soubise, & que l'on nomme *Hôtel de Strasbourg*; il a sa principale entrée dans la Vieille rue du Temple. Le jardin qui est entre ces deux Hôtels est public.

HOTEL *de Telusson*, chaussée d'Antin, en face de la rue d'Artois. Un sallon circulaire, dont la moitié est en saillie au milieu de la façade de cet Hôtel, est orné d'un péristile corinthien, & paroît assis sur un rocher qui forme une grotte : c'est un temple à Vénus, auquel on a adossé une maison par derriere. Malgré la bizarrerie de cette construction, l'intérieur est recommandable par la beauté de ses peintures ; celles du sallon d'assemblée, & du plafond de la salle de Concert, sont de la plus grande beauté.

HOTEL *de Toulouse*, en face de la place des Victoires, bâti vers l'an 1620, sur les dessins de *François Mansard*, pour Raymond Phelipeaux. Il porta le nom d'*Hôtel de la Vrilliere* jusqu'en 1713, que M. le *Comte de Toulouse* en fit l'acquisition. *Robert de Cotte*, Architecte du Roi, y fit plusieurs changemens considérables.

La grande porte, d'ordre dorique, est digne de la réputation de son Auteur, *François Mansard*. Au-dessus de l'entablement sont assises les figures de Mars & de Vénus, par *Biard fils*. On prétend que cet Artiste les a copiés d'après deux statues assez semblables qui sont à Rome, dans la Chapelle de Médicis.

Dans l'intérieur, est la salle des Rois de France, remplie de leurs portraits, au nombre de 66. Cette décoration est due à M. *Vassé*.

Au-dessus de la porte des grands appartemens, *Bourdon* a peint Salomon sacrifiant à la Déesse des Sidoniens. Dans la piece suivante, est un dessus de porte représentant Rébecca qui donne à boire au serviteur d'Abraham, par *Alexandre Veronese*. Les deux autres tableaux sont de l'Ecole de *Vandyck*. La tapisserie a été faite d'après les dessins de *Lucas de Leyde*.

Le grand cabinet qui fait le centre de cet appartement, est remarquable par deux morceaux de *Guerchin*, & par la sculpture qui est de *Vassé*.

La galerie est enrichie des tableaux des plus grands Maîtres, tels que *Pietre, de Cortonne, le Valentin, le Guide, le Poussin*, &c.

Le tableau de la Chapelle est de *le Brun*.

HOTEL d'*Usez*, rue & près la porte Montmartre. Il est remarquable par le portail qui sert d'entrée, bâti par M. *Ledoux*.

HOTEL de *Valentinois*, rue de Varenne. C'est un des plus beaux Hôtels de Paris, bâti sur les dessins de *Cortonne*.

Les Artistes doivent aller voir le bâtiment élevé sur les dessins de M. *Ledoux*, situé chaussée d'Antin. Ce petit chef-d'œuvre d'architecture est un temple à Terpsichore ; le porche est décoré de quatre colonnes, au-dessus desquelles est un groupe isolé représentant cette Déesse de la Danse couronnée par Apollon. Ces figures sont du ciseau de M. *Lecomte*, ainsi qu'un bas-relief relatif au sujet. Tout est charmant, tout est gracieux dans ce Temple, tout y a pris le caractere de la Divinité qui l'habite. Cette Divinité est la Terpsichore Françoise, Mademoiselle *Guimard*, célebre par son talent, ses graces & ses actes d'humanité.

Mademoiselle Guimard n'est plus propriétaire de cette jolie maison. Ayant résolu de s'en défaire, elle a voulu que ce fût d'une maniere peu commune ; & la maison a été mise en loterie.

Il existe dans Paris un bien plus grand nombre d'*Hôtel* de *pavillons*, &c. Assez curieux pour mériter des notices détaillées, mais qui seroient trop longues pour cet ouvrage, d'ailleurs l'intérieur de ces bâtimens presque toujours habités, ne sont pas facilement accessibles au public, on ne s'arrêtera pas non plus à décrire une grande quantité de petits édifices à la mode, d'un caractere bizare, ridicule ou sans caractere, comme ces pavillons gothiques Chinois &c., ces fermes Holandoises, &c. &c., ou comme ces maisons en forme de temple, d'après lesquels on peut juger de la modestie du Dieu qui les habite & du génie de l'Architecte qui les a construit.

HIPOLYTE. (*Saint*) Petite Paroisse située rue Mouffetard, fort ancienne & très-bien ornée par treize grands tableaux de *Boifot*, de *Martin*, de *Challe*, de *Briand* & *Le Brun*. Ce grand Peintre, qui a donné les deffins de celui du maître-autel, a peint l'apothéose de Sainte-Hipolyte & le tableau de la Chapelle de la Communion. On trouve encore deux autres petits tableaux du fameux le *Sueur*. Tous ces tableaux font autant de préfens des Paroiffiens. La chaire eft admirée par fon deffin & fa fculpture; elle eft l'ouvrage de *Challe*, Sculpteur, frere du Peintre.

On voit dans cette Eglife un Monument élevé à la mémoire de M. le *Prêtre de Neubourg*, exécuté par *Gauthier*. L'épitaphe, qui eft Françoife, eft intéreffante.

C'eft dans cette Eglife qu'ont été enterrés plufieurs particuliers de la famille des *Gobelins*. On lit à gauche, contre le mur de la nef, une longue épitaphe d'un Gobelin très-confidéré en fon temps; une autre épitaphe en lettres gotiques s'exprime ainfi:

Ici gift Gobelin, ains fon corps feulement,
Car fon efprit heureux eft ore au firmamant;
Bien que la mort l'ait prins en la fleur de fon âge,
Si a-t-il accompli ce que Dieu veut de nous,
L'aimant de tout fon cœur, & bienfaifant à tous.
Peut-on, d'un plus long vivre, attendre davantage?

JACOBINS. En priant Dieu dans l'Eglise de Saint-Jean de Latran, Saint-Dominique eut une vision qui lui annonça sa mission apostolique; le Pape Innocent III fit un rêve qui le détermina à confirmer cette mission. Ainsi une vision & un rêve furent les fondemens de l'Ordre des *Freres Prêcheurs* ou *Dominicains*.

Après avoir, par ses exhortations, fait massacrer les Albigeois; après avoir le premier allumé les bûchers de l'Inquisition, Saint-Dominique vint à Paris l'an 1219; il y trouva trente Religieux de son Institution qui occupoient déjà une maison où logeoient des Pélerins, ainsi qu'une Chapelle de Saint-Jacques, le tout appartenant à *Jean de Saint-Quentin*, dévot & savant personnage qui leur en fit présent (1). A cause du nom de la rue & de cette Chapelle de Saint-Jacques, ils furent nommés *Jacobins*. St-Dominique prêcha à Notre-Dame (2), partit

---

(1) Un jour que ce bienfaiteur des Jacobins prêchoit sur la pauvreté Evangélique, pour en donner lui-même l'exemple, il descendit subitement de la Chaire, alla se vêtir de la robe de Saint-Dominique, & revint en ce nouvel appareil, achever son Sermon. (*Essais Hist. sur Paris, Tome VII.*)

(2) Il demeura une heure à faire sa prière; la Sainte Vierge lui apparut, brillante comme le soleil, & lui mit entre les mains un livret qui contenoit le sujet sur lequel il devoit prêcher. Ce sujet étoit le Salut que l'Ange fit le jour de l'annonciation.

au bout d'un mois pour l'Italie ; où il mourut deux ans après.

L'Université, comme à son ordinaire, se déclara l'ennemie de ces nouveaux venus. Mais Saint-Louis, le plus zélé de tous les protecteurs des Moines, fut le médiateur de ces querelles. L'Université, le Chapitre de Notre-Dame, le Curé de Saint-Benoît renoncerent à leurs oppositions sous plusieurs conditions, entr'autres que les Jacobins n'auront qu'une cloche, & dont le poids n'excédera pas 300 livres.

Il y a trois Couvents de Jacobins dans cette Ville, les *Jacobins de la rue Saint-Jacques*, qui sont les plus anciens ; les *Jacobins du Noviciat général, rue Saint-Dominique*, & les *Jacobins Réformés de la rue Saint-Honoré*.

JACOBINS *de la rue Saint-Jacques.* Saint-Louis les combla de bienfaits ; il fit achever leur Eglise ; bâtir leur dortoir & leurs Ecoles, & leur fit plusieurs autres dons ; & ce Saint Roi avoit tant d'amour pour cette Communauté, qu'il voulut lui-même se faire *Jacobin* (1).

---

(1) Il proposa sérieusement ce dessein à la Reine, la conjurant de ne point s'y opposer. Cette Princesse appelle ses enfans, & le Comte d'Anjou, frere de Saint-Louis. Elle demande aux premiers s'ils aimoient mieux être fils de Prêtre que fils de Roi ; sans attendre leur réponse : *Apprenez*, dit-elle, *que les Jacobins ont tellement fasciné l'esprit*

Le cloître fut reconstruit en 1556, par les libéralités d'un riche Bourgeois, nommé *Nicolas Hennequin*; & l'an 1560 les Ecoles qui tomboient en ruine, furent rebâties par le moyen des aumônes produites par un Jubilé que le Pape Pie IV avoit accordé pour cet objet à ces Jacobins.

Ces Moines ont abandonné leur Eglise depuis 1780, ainsi que le cloître & autres vieux bâtiments qui menacent ruine. Ils ont transporté les tableaux les plus précieux dans la salle appellée l'*Ecole de Saint-Thomas*, où se fait aujourd'hui l'Office Divin.

Cette salle ou Chapelle est ornée de plusieurs statues de pierre des grands Hommes de l'Ordre de Saint-Dominique, les tableaux qui la décorent sont, une Naissance de la Vierge, tableau dont les têtes sont admirables. Il est dans le goût de *Sebastien del Piombo*, Disciple de Michel-Ange. C'est un présent du Cardinal Mazarin. Un Saint-Thomas d'Aquin, prêchant; par *Elisabeth-Sophie Chéron*, distinguée par son talent pour le Portrait & pour la Gravure;

---

de votre pere, qu'il veut abdiquer la Couronne pour se faire Prêcheur & Prêtre. A ces mots le Comte d'Anjou s'emporte, & contre le Roi & contre les Religieux; le fils aîné du Monarque jure par Saint-Denis que, si jamais il parvient au trône, il fera chasser tous ces Mendians. Le Roi comprit qu'il devoit se sanctifier dans son état, & que sa véritable vocation étoit de régner avec sagesse. (*Elémens de l'Histoire de France, par M. l'Abbé Millot.*)

une Descente de Croix d'un bel effet, dont on ignore le nom du Peintre. La chaire est ornée de marbre & faite aux dépens de M. *Zamet*, Abbé de Joigny.

L'ancienne Eglise n'est point remarquable par son architecture, mais par les tombeaux des personnes illustres qui y sont enterrées, parmi lesquelles sont les chefs des trois branches Royales de Valois, d'Evreux & de Bourbon. Voici leurs noms.

Charles de France, Comte de *Valois*, chef de la branche de ce nom, laquelle a régné 260 années. Il porta le titre d'*Empereur de Constantinople*, du chef de la seconde femme, *Catherine de Courtenay*, fille de *Philippe* & petite-fille de *Baudoin*, Empereur de Constantinople; couronnée en 1300 Impératrice titulaire de Constantinople.

Charles de Valois, Comte d'*Alençon*, second fils de Charles de France; il fut la tige des Comtes d'Alençon.

Louis de France, Comte d'*Evreux*, chef de la branche de ce nom.

Robert de France, Comte de Clermont en Beauvoisis, sixième fils de Saint-Louis, & chef de la branche de Bourbon par son mariage avec *Béatrix de Bourgogne*. Son tombeau est placé dans le chœur au côté droit du maître-autel. Sur un marbre ajouté sont gravés quatre vers Latins, composés par le Poëte *Santeuil*, ainsi que quatre vers français, qui en font la traduction par M. de la *Place*.

Le premier des Bourbons, source d'un nom auguste,
Repose en ce Tombeau, berceau des plus grands Rois,
Prince venez lui rendre un hommage humble & juste,
Bourbon, malgré la mort, ici donne des loix.

Devant le grand autel est la tombe de *Humbert de la Tour du Pin*, II du nom, Dauphin de Viennois. La mort de son fils, qui s'étoit noyé dans l'Isere, le rendit inconsolable ; de désespoir il se fit Jacobin. Il fut fait Prêtre en 1350, ensuite Patriarche d'Alexandrie & Administrateur perpétuel de l'Archevêché de Reims. Il mourut à Clermont en Auvergne en odeur de sainteté le 22 Mai 1355 ; son corps fut transporté dans cette Eglise, où il fut enterré auprès du tombeau de sa tante *Clémence*, Reine de France, Sœur de sa Mere.

Cette Eglise renferme les Mausolées de plusieurs Princes & Princesses dont il seroit trop long de faire la description.

Dans la nef on voit deux bustes, celui de *Jean Passerat*, Professeur d'Eloquence, au Collège Royal, Précepteur de Jean-Jacques de Mesmes, qui lui a fait ériger ce monument ; & le buste de *George Critton*, Ecossois, savant Docteur en Droit Civil & Canonique, & Professeur Royal en langue Grecque & Latine.

Au-dessus de la porte de la Chapelle de la famille de *Dormy*, est la figure d'un Evêque à genoux. C'est celle de *Claude Dormy*,

Dormy, Evêque de Boulogne-sur-Mer, auparavant Moine de Clugny & Prieur de Saint-Martin-des Champs. Dans l'intérieur de cette Chapelle, au bas de cette figure, on lit l'inscription suivante, remarquable par l'affectation de ses jeux de mots :

In hoc gentilitio DORMIORUM DORMITORIO *quod olim parenti, nuper fratri, Carolus Franciscus* DORMY, *Regi ab Epistolis instauravit* OBDORMIRE *& ipse constituit. Securus* DORMIES *& non erit qui te exterreat.*

A côté de la chaire, on lit cette épitaphe : *Cy gist sage & vertueuse fille,* ADETTE LE DEAN, *native de Paris, Paroisse Saint-Benoît, laquelle, après avoir vécu pendant 72 ans en état de virginité & austérité de vie, faisant litiere de toutes les choses du monde... décéda le 14 Avril 1611.*

L'Orgue est estimé ; on l'entretient en attendant que les réparations de l'Eglise soient faites.

Le maître-autel a été décoré aux frais du Cardinal Mazarin. On y remarque deux colonnes corinthiennes de marbre d'une grande proportion.

Le galant Auteur du Roman de la Rose, un des plus anciens monumens de la Poésie Françoise, *Jean de Meung*, dit *Clopinel* à cause qu'il boitoit, fut enterré dans le cloître. C'est lui qui osa porter contre le beau sexe cette téméraire accusation.

Partie II. E

Toutes vous êtes ou vous fûtes,
De fait ou de volonté putes,
Et qui très-bien vous chercheroit
Toutes putes vous trouveroit (1).

On croit qu'il mourut vers l'an 1364. Par son testament il légua aux Jacobins de cette Maison un coffre fort pesant, rempli, disoit-il, de choses précieuses, & qui ne devoit être ouvert qu'après sa mort. Les Moines alléchés par ce prétendu trésor s'empressèrent de l'ouvrir après la mort du légataire. Mais ils furent bien étonnés de n'y trouver que des pieces d'ardoises. Les Jacobins piqués d'avoir été trompés, s'aviserent de déterrer *Clopinel*; mais le Parlement de Paris les obligea de lui donner une sépulture honorable dans le cloître de leur Couvent.

On voit dans l'enclos de cette Maison un reste des murs de la Ville.

La Confrérie du Rosaire attire dans cette Eglise un grand concours de dévôts tous les premiers Dimanches du mois. La Reine Anne d'Autriche engagea le Roi Louis XIII

---

(1) Les filles de la Reine voulurent se venger de l'audace de Jean de Meung; elles le saisirent à propos, & se disposoient à lui donner le fouet; il se débattoit en vain, & ne pouvant plus résister à la multitude, il demanda pardon : point de pardon; le Poëte alloit être fustigé : mais au défaut de ses forces, il eut recours à son esprit. *Eh bien j'y consens*, dit-il, *à condition Mesdames, que la plus grande pute de vous donnera le premier coup*.

à entrer dans cette Confrérie, & à y faire inscrire Louis XIV son fils, encore au berceau. Depuis ce temps, la coutume s'est introduite d'y inscrire les Enfans de France, peu après leur naissance. Un Religieux de Saint-Dominique va les recevoir de la Confrérie, & s'oblige de réciter pour eux le Rosaire.

Rien n'est plus miraculeux que l'origine du Rosaire. Un jour Saint-Dominique transporté d'un saint courage, s'étoit si vigoureusement fustigé, qu'il tomba à demimort sous les coups de sa discipline. Marie le voit, vole à son secours, &, le pressant contre son sein, lui dit: *Mon cher Dominique, sachez que la Sainte Trinité n'a point choisi d'autres armes pour effacer tous les péchés du monde, que la Salutation Angélique, qui est la base & le fondement de la Loi nouvelle* (1). Après cet avis, Dominique s'empresse de prêcher & distribuer par-tout le Rosaire. Ce fut alors que l'Enfer irrité fit retentir les airs d'un bruit affreux de démons qui hurloient & crioient: *Malheur à nous, parce que par le Rosaire, nous sommes liés & enchaînés avec des chaînes de feu*. C'est une grande preuve de la vertu du Rosaire, que le désespoir de ces diables.

Edmont Bourgoing & *Jacques Clément*, l'un Prieur & l'autre Frere des Jaco-

---

(1) *De fraternitate Rosarii mandalensis.*

bins de cette Maison, sans doute ne récitoient pas souvent leur Rosaire, car *Bourgoing* étoit un scélérat qui concerta, prêcha & voulut sanctifier le meurtre d'Henri III; *Clément* étoit un fanatique qui, suivant les sermons & les conseils de son Prieur, fut à Saint-Cloud assassiner son Roi d'un coup de poignard (1).

Hurault de l'Hopital, qui fut depuis Archévêque d'Aix, étoit un des Juges du procès de *Bourgoing*; il opina que dorénavant, en horreur de cet Ordre, il falloit que le Bourreau fût vêtu en *Jacobin*.

JACOBINS *du Noviciat général*, rue Saint-Dominique. Cette Maison a été fon-

___

(1) Ce n'est pas le seul Dominicain qui se soit distingué par son fanatisme; *Jérôme Savonarole* jouoit le rôle d'inspiré à Florence; il souleva le peuple contre les Médicis & le Pape Alexandre VI. Ceux-ci se défendirent avec les mêmes armes; ils lui envoyerent un Cordelier, autre fanatique, qui prêcha contre lui. Savonarole étoit décrédité, lorsqu'un autre Dominicain s'offrit à passer à travers un bûcher ardent, pour prouver la sainteté de son confrere l'inspiré. Un Cordelier proposa en mêmetemps la même épreuve, pour prouver que Savonarole étoit un scélérat. Curieux spectacle pour le peuple! Quand les deux champions virent de sang froid le bûcher embrasé, ils tremblerent. Le Dominicain ne voulut entrer dans le bûcher que l'Hostie à la main. Le Cordelier prétendit que cette clause n'étoit pas dans les conventions. Cette discussion favorable aux deux Moines, priva le public d'une scène dont il étoit très-avide.

dée en 1631, par le Cardinal de Richelieu, pour y élever les Novices de différentes provinces, dans l'observance étroite. Ces nouveaux Jacobins demeurerent 51 ans dans une maison isolée, au milieu de quelques jardins. En 1682, ils commencerent à faire élever le corps-de-logis qui est du côté de la rue de l'Université. L'année suivante l'Eglise fut commencée en 1735, jusqu'en 1740, ils firent bâtir trois autres corps-de-logis & les quatre aîles voûtées du cloître.

Hyacinte Serroni, premier Archevêque d'Albi, & *Anne de Rohan Montbazon*, Duchesse de Luynes, poserent la premiere pierre de l'Eglise, le 5 Mars 1683, qui fut élevée sur les dessins de *Pierre Bullet*. Cette Eglise a 22 toises de longueur, depuis le portail jusqu'au sanctuaire.

Le *Frere André*, Jacobin, Peintre d'Histoire, a décoré l'intérieur de plusieurs de ses tableaux.

Le maître-autel est orné d'une Gloire d'où tombent les Rideaux feints de bronze doré d'or moulu, qui étant relevés par des Chérubins, forment un espèce de pavillon sur cet autel. La Résurrection de J. C. est du dessin de *le Brun*, exécuté par *Martin*.

Le plafond, qui représente la Transfiguration de Notre Seigneur, est peint par *le Moine*. Cette composition, digne de son Auteur, ne doit être vue qu'en dedans du chœur.

Dans la croisée à droite, on voit un petit tombeau en marbre noir, dont le deſſin eſt d'*Oppenord*; il renferme les cendres de *Marguerite de Laigue*, veuve en ſeconde noces du Comte *Relingue*, Lieutenant-Général & premier Ecuyer du Comte de Toulouſe.

Il y a dans cette Egliſe les tombeaux de pluſieurs perſonnes diſtinguées, tels que ceux de *Hyacinte Serroni*, premier Archevêque d'Albi; de *Jacques de Fieux*, Evêque & Comte de Toul; de *Marie de Bellenave*, veuve du Marquis de *Clerembault*, & mere de la Ducheſſe de *Luxembourg*, d'*Amable Moneſtai*, Marquis de Chazeron; de l'Abbé *Artus Pouſſin*, qui donna ſa bibliotheque à cette Maiſon; de *Barthelemi Maſcrani*, Maître des Requêtes, qui légua 10,000 livres à cette Maiſon, à condition qu'on lui diroit tous les jours une Meſſe dans la Chapelle de Saint-Barthelemi, où l'on voit ſon épitaphe, &c.

La Sacriſtie eſt belle & ornée de pluſieurs tableaux du Frere *André*.

Dans une ſalle ſervant pour les récréations, on voit pluſieurs portraits, dont huit ſont peints par *Rigaud*.

JACOBINS *Réformés de la rue Saint-Honoré*. Le *Pere Sébaſtien Michaëlis*, voyant avec douleur le relâchement & le déſordre introduits chez la plupart des enfans de Saint-Dominique, s'imagina de faire revivre l'auſtérité de l'ancienne regle,

& la ferveur des premiers Dominiquains. Il vint en conséquence avec cinq Religieux de cette réforme, au Chapitre général qui se tint à Paris en 1611. Les Jacobins du grand Couvent s'éleverent avec tant de force contre cette innovation, & y mirent tant d'oppositions, que le Chapitre général ne l'adopta point. Mais le Pere Sébastien n'étoit pas homme à plier devant ses Confreres; le refus qu'il essuya redoubla sa persévérance. Il demanda & obtint du Roi & de la Régente, la permission de faire bâtir un Couvent de sa réforme; il obtint également le consentement de Henri de Gondi, Evêque de Paris, qui donna 50,000 livres pour la construction du Couvent & de l'Eglise. Cette libéralité, jointe à celles de *du Tillet de la Bussiere* & de plusieurs autres particuliers, suffirent à l'entreprise du *Pere Sébastien*, qui eut la gloire du succès, en dépit de tous les Jacobins du monde.

Dans la seconde Chapelle à droite, est un Saint-François par *Porbus*. Le tableau de la cinquieme Chapelle, de même côté, a pour sujet Saint-Hyacinte qui sauve l'Image de la Vierge des mains des ennemis du nom Chrétien. *Colombel*, de qui est ce tableau, a peint les têtes des Religieux, d'après ceux qui vivoient dans le temps.

Au maître-autel est une Annonciation de *Porbus*. A côté du maître-autel, à main gauche, est une magnifique Chapelle, qui a été bâtie & décorée aux dépends de *Ca-*

therine de *Rongé Dupleſſis-Belliere*, veuve de *François de Blanchefort de Créqui*, Maréchal de France. Le tableau de l'autel eſt une copie de la Deſcente de Croix de *le Brun*, par *Houaſſe*. Le tombeau de ce Maréchal a été exécuté par *Couſtou l'aîné* & *Joli*, d'après le deſſin de *le Brun*. La ſtatue qui repréſente la Valeur, ainſi qu'un bas-relief de bronze repréſentant une Bataille, ſont de *Joli*, & la figure du Héros à genoux, eſt de *Coyzevox*. Dans la Chapelle ſuivante, vous verrez un Saint-Pierre & un Saint-Paul, demi-figures peintes par *Rigaud*.

André Félibien, Hiſtoriographe des bâtimens du Roi, qui a donné au public pluſieurs ouvrages eſtimés, entr'autres les *Entretiens ſur les vies & les Ouvrages des Peintres*, & ſon fils *Nicolas-André Félibien*, Prieur de Saint-Etienne de Virazel, ont leurs ſépultures dans cette Egliſe.

En face de la chaire du Prédicateur, eſt le tombeau de *Pierre Mignard*, dit *le Romain*, né à Troyes en Champagne en 1610, de Pierre More, Officier dans nos armées, & mort le 30 Mai 1695, âgé de 85 ans. Grand coloriſte, ſes carnations étoient vraies, ſes ordonnances riches & gracieuſes; une penſée élevée, une riche harmonie, un pinceau moëlleux & léger le diſtingueront toujours parmi les connoiſſeurs. Il lui falloit un peu plus de feu; à force de finir il devenoit froid, & quelquefois il a manqué dans la correction & l'expression des passions. C'est lui qui a peint le fameux Dôme du Val-de-Grace (1).

Le monument élevé à la mémoire de ce célebre Artiste, est dû à la tendresse de Madame la Comtesse de Feuquiere, sa fille (2); le dessin & l'exécution sont de M. *le Moine*. Cette Comtesse est représentée à genoux, priant Dieu pour son pere. Elle avoit 82 ans lorsque cet Artiste fit son buste pour ce tombeau ; elle conservoit encore les charmes & la fraîcheur d'une belle femme de 40 ans. Cette figure est généralement admirée, le buste de Mignard, qui est placé entre deux Génies, fut fait de son vivant par *Desjardins ;* derriere s'éleve une pyramide que le temps découvre, en levant une grande draperie qui la cache.

La bibliothèque est composée de 25000 volumes, & dans un cabinet d'histoire naturelle on voit sept portraits par *Rigaud.*

JACQUES-DE-LA-BOUCHERIE.

---

(1) Il peignoit Louis XIV pour la dixieme fois. *Vous me trouvez vieilli,* dit le Monarque à Mignard, qui le regardoit avec attention. *Sire il est vrai,* répondit ce Peintre, *que je vois quelques campagnes de plus tracées sur le front de Votre Majesté.*

(2) Le Comte de Feuquieres l'épousa à cause de sa grande beauté. *Il ne lui manque rien,* disoit son pere à la célebre Ninon de l'Enclos, *que la mémoire. Vous êtes heureux,* répondit-elle, *votre fille ne citera point.*

E v

(*Saint*) C'est une église paroissiale située rue des Arcis, dont l'antiquité en cache l'origine. On pense qu'elle fut érigée en paroisse dans le XIIe siècle. L'église, telle que nous la voyons, ainsi que la tour, une des plus hautes de Paris, commencée au quinzième siècle, ne fut achevée que sous le règne de François I. Devenue trop petite pour le nombre des paroissiens, elle a été augmentée à diverses reprises ; c'est ce qui la rend tant irrégulière.

Parmi les bienfaiteurs qui ont contribué aux frais de ces différentes constructions, l'énigmatique *Nicolas Flamel*, dont nous allons parler, est le plus remarquable.

Le 24 mars 1414, lorsque la partie du chœur fut achevée, *Gerard Montaigu*, Evêque de Paris, vint faire la consécration du maître-autel. En cette grande occasion, les paroissiens donnèrent à dîner au Prélat. Voici l'état de la dépense de ce mémorable dîner : un plat de poisson qui coûta quarante sous, une aloze de 18 sous, & une quarte d'hipocras 12 sous.

Dans une chapelle des bas côtés, à droite du chœur, est un vîtrage qui représente un pressoir. Les Philosophes Alchimistes ont trouvé dans cette peinture de très-curieux hiérogliphes, & ont fait là-dessus de savans commentaires. C'est ainsi que M. *Oufle* croyoit voir un sorcier avec sa baguette magique dans un serrurier qui portoit une barre de fer. C'est ainsi que *Dom Quichote* prenoit un plat à barbe pour l'*armet de Mambrin*.

Au-dessus de la grille de fer qui entoure le chœur, est un Christ de bois, sculpté par le célèbre *Sarazin*. On assure que le modèle fut son morceau de réception à l'Académie.

La chapelle de Saint-Fiacre qui termine le bas-côté droit, est digne de l'attention des connoisseurs, par sa sculpture & ses dorures.

Dans une chapelle à main droite est une Sainte-Catherine par *Cazes*, & dans la suivante une Sainte-Anne de *Claude Hallé* & un Saint-Jacques que *Cazes* a fait pour bannière. Derriere la chaire, est un Saint-Charles distribuant ses aumônes, par *Quintin Varin*, Peintre d'histoire.

On voit dans cette église plusieurs épitaphes. Les plus anciennes sont d'abord celles de *Jacqueline Bourgeoise*, & de *Jean Taillefer*, & *Jeanne Damiens*, sa femme, trois bienfaiteurs de l'église. Elles sont en vers de l'année 1380. La première commence ainsi :

>Ami qui par ci prenés vo voye,
>Cest escrit chacun de vous voye,
>Feue Jacqueline la Bourgeoise
>Marchande loyale & courtoise
>Et en marivaux Tainturiere,
>Jadis comme large aumoniere
>A l'œuvre de céans laissa,
>Une maison quant trépassa, &c.

E vj

L'autre épitaphe commence de cette maniere:

> Paroissiens, prenez exemple
> Au bienfait dont ce tabel semple.
> Jehanne Damiens jadis femme
> Jehan Taillefer, pour la feue ame
> De son mari, enfans, parens,
> Huit livres quatre sols de rente
> Et sa maison qui plus de trente
> En vaut, à l'œuvre de céans
> Laissa, pour messes bien seans, &c.

Jean Fernel, premier Médecin du Roi Henri II, un des plus grands Médecins François, mort en 1558, est enterré dans cette église, où son épitaphe, gravée sur une table de cuivre, vient d'être restaurée. On lui trouva, après sa mort, trente mille écus argent comptant, cachés dans ses livres. Catherine de Médicis étoit si contente de ses soins, qu'elle lui donnoit dix mille écus à chaque couche.

Nicolas Flamel fut enterré dans cette église dont il fut le bienfaiteur. Quoique simple écrivain, cet homme a mérité une célébrité peu commune par ses fondations pieuses, par de prétendues merveilles, & par la rapidité de sa fortune. Les uns attribuent ses richesses à un commerce usuraire, d'autres, & c'a été le plus grand nombre, ont cru qu'il les devoit à la découverte de la pierre philosophale, & les plus raisonnables ont pensé qu'il n'a employé d'autre science que celle du *bon homme Richard*, l'activité & l'économie. *Flamel* vivoit à la fin du treizième & au commencement du quatorzième siècle, temps où le merveilleux étoit plus accueilli que la vérité. Sa fortune, bien au-dessus de son état, causa de l'étonnement, & toutes les choses qui étonnent les gens crédules sont pour eux surnaturelles. Delà les contes extravagans sur cet écrivain. On lui attribue plusieurs ouvrages d'alchimie. On assure que les nombreuses inscriptions & sculptures, qu'il a faites exécuter sur différens monumens de Paris, à la construction desquels il a contribué, sont autant de hiérogliphes (1), & que long-temps après sa mort on a trouvé dans les caves de sa maison des urnes, des phioles, des matras, & dans des pots de grès une certaine matière minérale, calcinée & grosse comme des pois. Les adeptes sont persuadés que *Nicolas Flamel* & *Pernelle*, sa femme, ne sont point morts, qu'ils feignirent une maladie, & qu'on enterra deux morceaux de bois à la place de leurs corps. *Paul Lucas*, voyageur de notre siècle, a accrédité cette fable en racontant qu'il a trouvé en Asie un Dervis qui connoissoit particulièrement Nicolas Flamel & sa femme, & que tous deux étoient encore en bonne santé. Mais ce rapport de *Paul Lucas* ne doit pas faire une grande difficulté : on sait que ce même voyageur a vu

---

(1) Voyez *la Bibliotheque des Philosophes chymiques*.

le diable Asmodée dans la haute Egypte.

Quelle que soit la cause de sa richesse, il est certain qu'il en fit un bon emploi; ses fondations pieuses, ses présens aux églises, ces œuvres de charité, en sont des preuves. On peut lui reprocher un peu d'ostentation pour avoir fait, en trop d'endroits, placer sa figure & celle de sa femme, & avoir employé pour ces petits monumens beaucoup de luxe relativement à son siècle & à son état (1). Il est mort le 22 mars 1417, & a été enterré à Saint-Jacques, & non pas au cimetière des Innocens, comme on l'a dit. Sur une porte de cette église qui donnoit dans la rue des Ecrivains, on voyoit sa figure & celle de sa femme; mais ces figures ont été enlevées lorsque, dans les dernières réparations en 1781, on a bouché cette porte. A cette occasion, la fabrique de cette église a fait transporter une inscription relative à ce bienfaiteur, d'un pilier de la grande nef à un autre pilier du bas-côté à droite du chœur, & a fait mention dans une inscription nouvelle placée au-

_____

(1) Il y a une quarantaine d'années que l'on voyoit six ou sept de ses figures existantes. Deux à Saint-Jacques-de-la-Boucherie: savoir, une sur la petite porte de l'Eglise, rue des Ecrivains, une autre, sur le pillier de la maison de Flamel. Une autre à l'ancienne Eglise de l'Hôpital de Saint-Gervais, & une ou deux dans la maison bâtie par Flamel, dans la rue de *Montmorenci*, & celle qu'on voit encore au Charnier des Innocens, (Voyez cet article, page 436, II *Partie*).

dessous, des motifs de ce changement. Voici l'ancienne inscription : « Feu Nico-
» las Flamel, jadis Ecrivain, a laissé par
» testament à l'œuvre de cette église cer-
» taines rentes & maisons qu'il a acquestées
» & achetées de son vivant, pour faire
» certain service divin, & distributions
» d'argent chacun an par aumône, touchant
» les Quinze-Vingts, Hôtel-Dieu, & autres
» églises & hôpitaux de Paris ».

« Soit prié pour les trépassés.

Il y a un rouleau sur lequel on lit :

Domine Deus, in tua misericordia speravi.

Audessus est gravé dans la pierre un cadavre avec ces deux vers :

De terre suis venu & en terre retourne
L'ame rends à toi J. H. V. qui les péchiés pardonne (1).

JACQUES-DE-L'HOPITAL (*St*), rue
St-Denis. On lisoit sur deux tables de marbre noir deux inscriptions, une latine, l'autre françoise ; voici cette dernière : *Hôpital fondé en l'an de grace 1319, par les Pélerins de Saint-Jacques, pour recevoir leurs confrères ; réparé & augmenté en l'année*

---

(1) Cette inscription avoit été faite par le fondateur, & il la gardoit chez lui. Elle fut ensuite placée selon sa volonté, sur un des pilliers où est maintenant l'Œuvre, puis sur un autre pillier de la nef, en face de l'Œuvre, enfin en 1781, au lieu où on la voit.

1652. C'est aujourd'hui un Chapitre dont le Tréforier exerce les fonctions de Curé dans l'étendue du cloître feulement. Dans la chapelle de Notre-Dame des Anges, eft une Sainte-Famille, par M. *Belle*, Peintre du Roi.

JACQUES-DU-HAUT-PAS (*Saint*). Cette églife paroiffiale, fituée rue & fauxbourg Saint-Jacques, fut rebâtie en l'année 1630; la première pierre en fut pofée par *Monfieur*, frère de Louis XIII. Mais alors on ne conftruifit que le chœur de cette églife; elle refta dans cet état jufqu'en 1675, que Madame *Anne-Geneviève de Bourbon*, Princeffe du Sang, Ducheffe Douairière de Longueville, qui pofa la première pierre de la tour & du portail, & qui contribua à une partie de la dépenfe; les paroiffiens firent le furplus : & par un exemple rare de piété & de zèle, les *Carriers* fournirent gratuitement toute la pierre dont cette églife eft pavée, & les ouvriers employés à la conftruction, donnèrent chacun libéralement un jour de leur travail par femaine. En 1688, on commença la chapelle de la Vierge dans le fond du chœur. L'architecture de cette églife eft de *Gittard*.

A l'extrémité de la nef du côté du chœur, eft un tableau repréfentant le martyre de Saint-Barthelemi; il eft de *la Hyre*. Ce tableau, qui eft d'une grande force de couleur, fut le premier qui mit ce Peintre en réputation.

Derrière le chœur on voit dans une chapelle un petit monument en pierre, exécuté avec beaucoup de goût ; il est composé d'un génie en pleurs, appuyé sur un vase cinéraire ; & tenant un médaillon qui représente une figure très-intéressante ; on lit autour : *Moriendo vivo*. Au-dessous est une épitaphe latine, bien faite, qui apprend qu'ici reposent les cendres d'*Alix Bonks*, épouse de *Jean Borlase*, Baron. Cette femme, Angloise, étoit de la religion Protestante ; après plusieurs voyages, elle vint en France. Une indisposition l'ayant conduite aux eaux de Bourbon, elle y changea de religion, & y trouva, dit son épitaphe, la santé de l'ame, en y cherchant celle du corps.

Cette église renferme les cendres de *Jean-Dominique Cassini*, le plus grand Astronome de son temps ; de *Philippe de la Hyre*, grand Géometre, & fils du Peintre de ce nom ; & de *Jean Desmoulins*, Curé, dont la mémoire est encore chere aux pauvres de cette paroisse : on lit son épitaphe sur son tombeau, élevé dans le cimetiere de cette église.

JACQUES ET S. PHILIPPE *du Roule* (St).

C'étoit autrefois une chapelle, qui fut érigée en paroisse le premier mai 1699. La petitesse de cette église, & la nécessité d'en construire une nouvelle, ainsi que des bâtimens pour le Curé, le Vicaire & les petites écoles, déterminerent Louis XV à permettre la construction de cette nouvelle église, qui fut achevée en 1784, d'après les dessins de M. *Chalgrin*, Architecte du Roi.

Cette église a 26 toises de longueur sur 14 de large. Le portail, ainsi que l'église, est décoré d'ordre Ionique. M. Chalgrin a été obligé de supprimer les ornemens qui entroient dans son plan ; mais il a laissé subsister les moyens de pouvoir les ajuster.

Le portail offre quatre colonnes doriques portant un fronton ; dans son tympan, est un bas-relief sculpté par M. *Duret*, qui représente la Religion & ses attributs.

JARDINS *publics*. *Jardins* DES TUILERIES (1). Ce magnifique Jardin, qui est jugé par les connoisseurs un des plus beaux de l'Univers, est l'ouvrage du célebre *le Nostre*. De chaque côté, il est bordé, dans toute sa longueur, de deux terrasses qui sauvent, avec un art admirable, l'irrégularité du terrein, & qui se rejoignent en fer-à-cheval au *Pont-Tournant*.

L'extrémité orientale de ce Jardin est

---

(1) M. de Saint-Foix a remarqué que par un hasard assez singulier, le plus beau Jardin public d'Athènes s'appelloit les Tuileries ou le Céramique, parce qu'il avoit été planté, comme le nôtre, dans un endroit où l'on faisoit de la tuile.

bornée par le superbe château des Tuileries, & l'extrémité occidentale, par la place de Louis XV. La statue équestre de ce Roi répond au milieu de la grande allée, de sorte que du vestibule du château, la perspective est du plus magnifique effet ; l'œil découvre d'abord le vaste parterre, décoré de bassins, de vases & de groupes de marbre, le massif du bosquet passe ensuite à travers la grande allée, rencontre la statue équestre, & toujours dans la même ligne, découvre le superbe chemin planté d'arbres, qui conduit au pont de Neuilly.

La grande terrasse est ornée de six statues & de deux vases de marbre, sculptés par l'*Espingola* & *Montean*. Les trois statues du côté du manege sont de *Coyzevox*, & représentent un Faune assis, jouant de la flûte traversiere, une Hamadriade qui l'écoute avec admiration, & une Flore. Les trois figures qui sont du côté de la riviere, offrent deux Nymphes & un chasseur ; elles sont de *Couslou l'aîné*.

Auprès du bassin sont quatre groupes de marbre. Deux du côté du manege représentent, l'un l'enlevement de Cybele par Saturne ; Cérès est à ses pieds, appuyée sur un lion, symbole de la terre ; il est sculpté par *Regnaudin*. L'autre est Lucrece qui se poignarde, il fut commencé à Rome par *Théodon*, & fini à Paris par *le Pautre*.

Vis-à-vis, les deux autres groupes offrent, l'un, Enée portant son pere Anchise qui tient par la main son petit-fils Ascagne : il est le chef-d'œuvre de *le Pautre*. L'autre, l'enlevement d'Orithie par le vent Borée, commencé par *Gaspard Marsy*, a été achevé par *Flamen*.

L'allée du milieu, est terminée par un grand bassin octogone. Huit figures se présentent, adossées au treillage du bosquet. La premiere, à droite, est Annibal comptant les anneaux des Chevaliers Romains tués à la bataille de Cannes : elle est de *Sébastien Slodtz*. Viennent ensuite l'Hiver, le Printemps, & une Vestale, par *le Gros*. Cette derniere, imitée de l'Antique, est un morceau accompli (1).

A gauche, la premiere est une superbe figure de Scipion l'Africain, par *Coustou l'aîné*. Celles qui suivent sont l'Eté, l'Automne, & Apripine, figure antique.

Du côté du Pont-tournant, à l'entour du bassin, sont quatre piédestaux, portant des figures qui représentent des fleuves & des rivieres. Deux sont chargés de chacun une figure de fleuve, l'un est le Tibre & l'autre le Nil ; elles ont été faites à Rome d'après l'antique, par les pensionnaires du Roi.

―――――――――――――

(1) Feu M. Grosley, de l'Académie Royale des Inscriptions & Belles-Lettres de Paris, a fait une curieuse dissertation sur cette belle Statue, dans le n°. 39 du Mercure de 1784. Il prétend que, comme imitée de l'Antique, elle est la *Vénus du Mont-Liban*, ou *Vénus à la triste pensée*.

Les deux autres piédestaux offrent deux groupes. Le premier est la Seine & la Marne, par *Couftou l'aîné*; le second, la Loire & le Loiret, par *Vancleve*. Ces deux groupes sont accompagnés d'enfans qui tiennent les attributs de ces rivières.

Au haut du fer-à-cheval s'élevent, sur des jambages rustiques, deux chevaux aîlés de marbre, dont l'un porte une Renommée qui embouche sa trompette, l'autre un Mercure. Ces deux excellens morceaux sont de *Coyzevox*; ils étoient à Marly, ainsi que les deux groupes précédens.

L'invention du pont-tournant qui termine & ferme ce Jardin, est due au Frere *Bourgeois*, Augustin, qui a également inventé le pont de bateaux qui est à Rouen.

On entre dans ce Jardin par six portes qui sont gardées par des Suisses ou des Invalides; la populace n'y entre jamais que le jour de la Saint-Louis, & la veille au soir, pour le bouquet du Roi (1).

On trouve chez les Suisses & Portiers, &

---

(1) On construit un vaste Amphithéâtre adossé à la façade du Château, qui est, à neuf heures du soir, garni de lampions & de Musiciens. On voit mieux les uns que l'on n'entend les autres. Le peuple vient en foule au Concert, parce qu'il ne coûte rien. Des Amateurs prêtent l'oreille attentivement aux vieux airs de Rameau, & s'impâtientent bien sérieusement contre des curieux bruyans qui, *assurément n'aiment pas la musique.*

sur la terrasse des Capucins, des cafés & des traiteurs.

JARDIN *du Luxembourg*. Moins magnifique, moins fréquenté, par ce qu'on appelle les gens du bon ton, que le jardin des Tuileries ; il a des avantages que ce dernier n'a pas. Le dessin du parterre en est plus simple & plus beau, l'air y est pur, la disposition en est champêtre. C'est la promenade des gens de lettres, de quelques nouvellistes & des bourgeois des environs.

On a depuis trois ans, retranché la moitié de ce Jardin ; ces allées sombres & solitaires, si propres à la méditation, & si cheres au littérateur tranquille, ont été victimes de l'inconstance humaine ; un lieu charmant est changé en un vaste désert.

C'est au milieu de ce terrain abandonné que M. l'*Abbé Miolan* fit au mois de Juillet 1784, l'expérience publique & mémorable de son inexpérience (1).

---

(1) Depuis 11 heures du matin jusqu'à 5 heures du soir, une prodigieuse foule de curieux de tous les états attendoient, pour leur argent, l'enlevement du malheureux Ballon qui ne s'enleva pas. Tout Paris s'étoit porté dans ce quartier, & en avoit absorbé les vivres. La faim, la chaleur, l'impatience & le dépit de se voir abusé éclaterent en fureur. On se jetta sur le Ballon indocile ; on déchira, on brisa tout ce qui se présentoit. Les Auteurs de cette inexpérience échapperent aux flammes ; mais non pas à la vengeance des Parisiens. Comme ces Phisiciens ne

JARDIN *de l'Infante*. C'est une terrasse qui dépend du château du Louvre, & qui regne sur le quai. Elle n'est ouverte que pendant l'été : on y entre par le pavillon de l'Infante, place du vieux Louvre.

Ce Jardin & ce pavillon ont été occupés par *Marie-Anne-Victoire*, Infante d'Espagne, envoyée en France à l'âge de 7 ans pour y épouser Louis XV. Les circonstances ne favoriserent pas cette alliance, & la Princesse fut renvoyée à Madrid (1).

JARDIN *du Roi*, ou *des Plantes*. Ce Jardin réunit l'agrément & l'utilité, Jean de la Brosse, Médecin de Louis XIII, engagea ce Monarque à fonder un Jardin pour la culture des plantes étrangères ; protégé par plusieurs Ministres, cet établissement acquit une faveur qu'il perdit bientôt, & qu'il reprit par le zele de MM. *Valot*

---

firent, pour appaiser le public, aucune espece de restitution, on s'est amplement dédommagé aux dépens de la gloire de l'Abbé Miolan, & de son confrere ; les chansons & les caricatures de tous les genres ont acquité la dette des *Aérostaticiens par souscription*. Dans l'anagrame d'*Abbé Miolan*, les plaisans ont trouvé *Balon abîmé*.

(1) La Cour de Madrid fut vivement piquée de cette conduite injurieuse du Ministere de France ; son Ambassadeur dit : *que l'Espagne n'auroit jamais assez de sang pour venger l'injure qu'elle recevoit ;...* Le Duc de Bourbon, premier Ministre, lui répondit *que la France n'auroit jamais assez de larmes pour pleurer l'éloignement d'une Princesse qu'elle adoroit.*

& *Fagon*, qui repeuplèrent ce Jardin d'un grand nombre de plantes; le catalogue qu'ils firent en 1665, fous le titre d'*Hortus Regius*, fe monta à plus de 4000. La Surintendance paffa en différentes mains jufqu'en 1718, que Louis XV y nomma M. *le Clerc, Comte de Buffon*, de l'Académie des Sciences, qui l'a porté au degré de fplendeur & d'utilité où on le voit aujourd'hui.

Ce Jardin, qui vient d'être prodigieufement augmenté, & qui s'étend jufqu'aux bords de la Seine, offre aujourd'hui une promenade, finon des plus fréquentées, au moins une des plus vaftes, des plus agréables, des plus variées & des plus falubres de la Capitale. On y trouve des arbres, des arbuftes & chaque efpèce de végétaux de tous les pays de la terre. Le Cabinet & le Jardin offrent le tableau, en raccourci, des productions de la nature entiere.

Une petite éminence au faîte de laquelle on parvient par une route en fpirale, & d'où l'on découvre une fuperbe vue, des collines irrégulieres, toujours ombragées, toujours couvertes de verdure, des points de vues, tantôt magnifiques, tantôt agreftes, délaffent de la majefté fymétrique du Jardin. On s'y promene long-temps fans defirer d'en fortir.

Un baffin carré, nouvellement creufé, dont le fond eft au niveau du lit de la riviere, & dont les talus en gradins forment des plates-bandes où font cultivées diverfes efpeces espèces de plantes aquatiques, ajoute à l'utilité & à la variété de ce Jardin. Une grille de fer (1), accompagnée de deux pavillons du meilleur goût, forme l'entrée du côté de la rivière.

La police est la même que dans les autres Jardins publics, & l'on trouve dans son enceinte des cafés pour s'y rafraîchir.

JARDIN DU PALAIS ROYAL. La destruction de l'ancienne plantation de ce Jardin causa moins de regrets aux Amateurs de cette promenade, que sa nouvelle disposition leur procure de plaisirs. Le local, en perdant un peu de son étendue, a gagné beaucoup du côté de l'agrément & de la commodité.

La forme de ce Jardin est un parallélograme, dont la longueur est de 117 toises, & la largeur de 50. Les deux grands côtés sont bordés chacun de deux allées de marroniers. Au milieu est une vaste esplanade de gazon, longue de 39 toises sur 22 de largeur, bordée d'un talus, & close par une grille inclinée (2).

Au-delà de cette belle pièce de gazon,

---

(1) L'abondance du fer mis en œuvre est remarquable dans ce jardin.

(2) On assure que le projet de M. le Duc d'Orléans, est de placer à l'extrémité de cette esplanade, les figures en marbre d'Henri IV, & de plusieurs Hommes célèbres.

Partie II. F

& au milieu d'une salle ménagée dans un quinquonce en tilleuls, est un bassin circulaire, entouré de quatre pavillons décorés en treillages. L'effet de cette salle de verdure, & des objets qui l'accompagnent, ne sera bien avantageusement senti que lorsque les arbres auront acquis plus de croissance.

Le Jardin est bordé de trois côtés par de nouveaux bâtimens uniformes, décorés de festons, de bas-reliefs de grands pilastres composites, cannelés, qui portent un entablement, dans la frise duquel on a percé des fenêtres. Une balustrade, dont les piédestaux supportent des vases de distance en distance, couronne ce bâtiment dans toute son étendue.

Au rez-de-chaussée, une galerie couverte regne autour du Jardin; elle est éclairée par 180 portiques ouverts sur le Jardin, qui ont chacun un réverbere suspendu au milieu de leur arcade. La nuit, ces réverberes allumés, au nombre de 180, produisent, du Jardin, l'effet d'une illumination.

Le quatrieme côté du Jardin, maintenant occupé par une double galerie en charpenté, n'aura ni portiques, ni entresol. Au lieu de pilastres composites, on y verra des colonnes de la même ordonnance, & le rez-de-chaussée formera un promenoir de six rangs de colonnes Doriques, qui communiquera, comme aujourd'hui, aux galeries qui entourent le Jardin. (*Voyez Palais-Royal*).

Ces galeries, dont le contour entier forme une étendue de plus d'un demi-quart de lieue, offrent au public, même dans les mauvais temps, une promenade aussi commode qu'agréable; d'un côté l'aspect riant du Jardin, de l'autre les boutiques où sont étalés tous les objets les plus piquans du luxe & des beaux-Arts, & par-tout une affluence continuelle de personnes de tous les états, de tous les pays, présentent le tableau le plus varié & le plus réjouissant. Les Cafés, les Salles de ventes, les Spectacles, les Clubs, &c. contenus dans les bâtimens de ce Jardin, y augmentent le concours, & y ajoutent un nouvel attrait.

Les Cafés *de Foix* & du *Caveau*, malgré les nouveaux établissemens de cette espece, ont conservé leur ancienne réputation; le premier est décoré avec autant de goût que de simplicité; dans le second, on voit sur des cipes les bustes de MM. *Gluck, Sacchini, Picchini, Gretry* & *Philidor*; deux beaux Paysages, & à droite sur une table de marbre encadrée, on lit ces mots en lettres d'or: *on ouvrit deux souscriptions sur cette table; la premiere le 28 Juillet, pour répéter l'expérience d'Annonay; la deuxieme le 29 Août 1783, pour rendre hommage par une médaille à la découverte de* MM. DE MONTGOLFIER. Au-dessus de cette table est un

F ij

médaillon qui repréſente les deux figures d'*Etienne & Joſeph de Montgolfier*.

Le Café Méchanique, ne mérite d'être viſité que par la ſingularité du méchaniſme, qui fait monter de deſſous la table la boiſſon qu'on demande. Il s'agit de dire des paroles par un trou pratiqué à chaque table, un inſtant après, & comme par enchantement, s'élève ce que vous avez demandé, & s'engloutit de même à votre volonté.

Il y a une *Salle de Vente* au plus offrant; il y en a d'autres *à prix fixe*. Les curieux peuvent parcourir ces dernieres pour voir les objets précieux qui y ſont expoſés, & ſur leſquels les prix ſont marqués.

Les *Spectacles* les plus conſidérables qui ſont au Palais-Royal, ſont les *Variétés Amuſantes* & les *petits Comédiens de S. A. S. Mgr le Duc de Beaujolois*; les autres ſont les *Ombres Chinoiſes*, le *Sallon de Curtius*, &c. &c. (Voyez *Spectacles*.)

Les *Clubs* ou *Sociétés*, dont les appartemens ſont dans les nouveaux bâtimens du Palais-Royal, ſont le *Club Politique*, n°. 82; le *Club du Sallon des Arts*, placé au-deſſus du Café du Caveau; le *Club des Planteurs*, ou *Société des Colons*, au n°. 172; le *Club Militaire*, dans les bâtimens neufs, rue de Beaujolois, en face de la deſcente de la rue Vivienne; la *Société des Amateurs des Echecs*, au-deſſus du Café de Foix; la *Société Olym-*

pique, au n°. 65, &c. (Voyez *Sociétés*.)

On trouve aussi sous les Arcades plusieurs Restaurateurs, & des bains de propreté & de santé au n°. 163. (Voyez *Bains*.)

Au milieu de la façade du fond du Jardin, est un *Méridien qui annonce midi par un coup de canon*. La lumiere de ce canon a une demi-ligne de large sur deux pouces de long : cette longueur est placée dans la direction de la méridienne. Deux alidades posées verticalement sur un plan horisontal, portent une lentille que l'on fixe tous les mois par les moyens de ces alidades à la hauteur du soleil, de maniere que le foyer de la lentille se trouve toujours à la lumiere du canon. Lorsque le foyer des rayons du soleil est arrivé sur la ligne, qui sert de lumiere au canon, la poudre s'enflamme & le coup part. Cette Horloge, d'une espece nouvelle, inventée par M. *Rousseau*, est sur-tout fort utile aux Myopes.

Par le concours de tant de moyens de charmer les ennuis, de plaire & d'intéresser, ce Jardin est devenu le centre des plaisirs & des nouveautés de la Capitale, & le lieu du Royaume le plus constamment fréquenté. Tout ce que la mode a de plus récent, tout ce que le luxe a de plus recherché, tout ce que l'industrie humaine peut inventer de plus propre à satisfaire ou à réveiller les passions des uns & les fantaisies des autres, s'y trouve soigneusement étalé. Par-tout l'intérêt, sous différentes formes, y tend avec succès des piéges à l'ennui, à la fatuité, à l'opulence. Le riche oisif y vient se soulager un peu du fardeau de son existence; le fat, qui a besoin de luxe & de modes nouvelles pour se faire considérer de ses semblables, s'empresse d'y acheter cette considération. Enfin le Jardin du Palais-Royal peut, sous plusieurs rapports, offrir à l'observateur le tableau en miniature du goût dominant d'une grande partie de la Nation.

JARDIN *de l'Arsenal*. On y voit le seul reste des fossés & anciennes fortifications de Paris. On vient d'y planter un quinquonce à la place de l'ancien parterre, qui promet une jolie promenade. La vue du côté de la riviere est superbe. On y trouve un Café. C'est dans ce Jardin qu'on vend en détail la poudre à tirer. (Voyez *Arsenal*, pages 46, I. *Partie*).

JARDIN *de Soubise*, est situé dans l'Hôtel qui en porte le nom; il est petit, & n'est fréquenté que par les habitans du quartier.

JARDIN *du Temple*, dépend de l'Hôtel du grand Prieuré. On y entre par l'enclos du Temple. Moins orné que le précédent, il est plus grand & plus solitaire.

JARDIN *des Apothicaires*, rue de

l'Arbalêtre, fauxbourg Saint-Marcel. L'utilité, bien plus que l'agrément, est le but de cet établissement. On y fait dans une salle des Cours de Chymie & d'Histoire Naturelle, & dans le Jardin des Cours de Botanique.

JARDIN *des Chevaliers de l'Arc*. Il est situé près le Marché aux Chevaux. Ces Chevaliers portent un uniforme bleu de roi, avec revers & paremens cramoisi. Dans les grandes cérémonies, ils portent une croix attachée à leur boutonniere avec un ruban.

JEAN-DE-LATRAN (*Saint*). C'est un grand Bailliage, dit *la Morée*, qui appartient à l'Ordre de Malte, située quartier Saint-Benoît, proche de la place Cambrai. Dans l'enclos qui a haute, moyenne & basse justice, on voit une tour de la plus haute antiquité, destinée autrefois aux Pélerins de Jérusalem.

L'Eglise, qui est Paroissiale, est desservie par trois Religieux Conventuels de l'Ordre.

Dans le Chœur est le tombeau de *Jacques Souvré*, pourvu de cette Commanderie, ensuite Grand-Prieur de France. C'est lui qui a fait bâtir l'Hôtel Prieural du Temple. Il avoit fait construire ce tombeau long-temps avant sa mort dans l'espérance d'y être enseveli ; mais les circonstances ne l'ont point permis : son cœur seul y repose.

Deux colonnes hermétiques foutiennent un grand entablement avec un fronton, fous lequel on voit ce Grand-Prieur à demi couché fur un farcophage de marbre noir; à fes pieds eft une cuiraffe furmontée d'un cafque, fon bras droit eft foutenu par un Ange en pleurs. Les deux corps qui portent l'entablement font de brèche antique. Cet ouvrage eft un des plus beaux de *François Anguier*, Sculpteur célèbre, qui a auffi fculpté la Vierge en marbre, qu'on voit au maître-autel : on regrette que cet Artifte ne l'ait pas complettement finie.

Les murs de cette Eglife offrent les Epitaphes de plufieurs Chevaliers Commandeurs & grands Baillis.

Dans la Chapelle de la Vierge eft le tombeau de *Jacques Bethun de Balfour*, Archevêque de *Glafcow*, Ambaffadeur d'Ecoffe en France pendant quarante-deux ans. On lit dans fon Epitaphe qu'il a vu fix de nos Rois, & qu'il eft mort en 1603 âgé de 82 ans (1). Tous les ans, le 24

---

(1) Ce Prélat, dès le commencement de la prifon de Marie-Stuart, Reine d'Ecoffe, s'étoit rendu à Paris, pour favorifer la vie & la liberté de cette Princeffe, par le moyen d'Henri III. Après la mort de ce Prince, le même motif lui fit embraffer le parti des ligueurs contre Henri IV. Lorfque ce Roi eut triomphé de la ligue, le Gouverneur de Paris crut cet Archevêque fufpect, & voulu le faire fortir de cette Capitale. Henri IV écrivit à cette occafion,

Avril, les Ecclésiastiques Hibernois viennent en corps faire célébrer dans cette Eglise un service pour ce Prélat, bienfaiteur de leur Séminaire.

JEAN-EN-GREVE (*Saint*). Cette Eglise Paroissiale, située quartier de la Grève, rue du Martroi, est un démembrement de la Paroisse de Saint-Gervais, dont elle étoit jadis une Chapelle où l'on baptisoit.

C'est dans cette Eglise que fut déposée l'Hostie miraculeuse profanée par un Juif (voyez *Carmes Billettes*, p. 134 I. *Partie*); elle est enchassée dans un petit soleil de vermeil, d'un travail précieux.

Cette Eglise fut bâtie sous le regne de Charles IV en 1322, telle qu'elle est aujourd'hui. La façade est entiérement masquée par l'Hôtel-de-Ville; la voûte qui porte l'orgue est admirable par sa construction hardie; elle forme une arriere-voussure de quatre toises de saillie qui ne paroît point soutenue. *Pasquier de Lisle* en fut l'Architecte.

---

une lettre à ce Gouverneur, dans laquelle il excusoit le Prélat d'avoir préféré à son parti celui de la ligue, qu'il croyoit seul favorable au salut de la Reine, sa maîtresse, & loin de vouloir punir ce Vieillard de s'être rangé du côté de ses ennemis, il le prenoit sous sa protection, & terminoit ainsi cette lettre : *Je desire qu'il soit traité honorablement, selon sa qualité.*

F v

Le maître-autel est d'un bel effet. Il est orné d'une demi-coupole soutenue par huit colonnes Corinthiennes de marbre de Rance. Ce morceau a été exécuté sur les desseins de *Blondel*. La suspension a été sculptée par *Dumont*. Sous cette coupole, est un groupe de marbre blanc, composé de deux figures grandes comme nature, qui représentent le Baptême de Jésus-Christ par S. Jean-Baptiste. C'est l'ouvrage de M. *le Moyne*. Le Sanctuaire est orné de huit petits tableaux. *Noël-Nicolas Coypel* a peint la danse d'Hérodiade ; *Lucas*, la Prédication de Saint-Jean dans le Désert ; *Dumesnil*, la Visitation, & les cinq autres sont de *Vermont*.

La Chapelle de la Communion, exécutée sur les desseins de M. *Blondel*, est ornée de pilastres Corinthiens accouplés, dont la frise est enrichie de trophées allégoriques à l'Ancien & au Nouveau Testament. Les deux tableaux placés dans cette Chapelle sont la Manne, par *Vermont*, & la Piscine, par *Lamy*.

Plusieurs personnes illustres ont été inhumées dans cette Eglise : *Michel-Antoine Baudrin*, connu par son Dictionnaire Géographique.

Claude de Lorraine, Chevalier de Malte, Général des Galères de la Religion, Abbé du Bec, & connu dans l'Histoire sous le nom de *Chevalier d'Aumale*. A la tête d'un parti de Ligueurs pendant la nuit, il entra par adresse dans Saint-Denis, qu'il vouloit surprendre; Dominique de Vic, Gouverneur de cette Ville, assisté de 12 chevaux seulement, tua ce Chevalier avec deux cens hommes de sa troupe, & mit le reste en fuite; ce qui fit dire que *le Chevalier avoit eu une courte joie, & le Roi une courte peur.*

Simon Vouët, Peintre célèbre, fut le Maître de le Sueur & de le Brun, & eut l'honneur d'enseigner le Dessin à Louis XIII; c'est lui qui a fait revivre le bon goût de la Peinture en France. La quantité d'ouvrages dont ce Peintre étoit chargé a nui à sa réputation: il travailloit trop vite. On reconnoît l'excellence de son génie dans les grands morceaux qui sont sortis de sa main. Il inventoit facilement, étoit correct, naturel & cherchoit *Paul Veronése*; ses dispositions étoient fort agréables sans être magnifiques; son premier goût avoit beaucoup de force: il tomba ensuite dans le gris.

Jean-Pierre Camus, Evêque du Belley. Son esprit, son éloquence, sa piété, ses ouvrages l'ont mis au rang des Grands Hommes de son temps (1). Constant en-

---

(1) Prêchant un Vendredi-Saint dans un Hôpital devant M. le Duc d'Orléans, Gaston, fils de France, il apostropha un Crucifix de cette maniere : *Ah! Monseigneur, je vous vois entre deux larrons.* Aussi-tôt M. le Duc d'Orléans, qui avoit à ses côtés un

pemi des Ordres Monaſtiques, il ne voulut pas, même à la mort, ſe rétracter de ce qu'il avoit écrit contr'eux; proteſtant devant Dieu qu'il n'avoit rien fait qu'il ne dût faire en conſcience (1).

JOSEPH. (*Saint*) C'eſt une Surcurſale de la Paroiſſe de Saint-Euſtache, rue Montmartre, conſtruite en 1640 aux frais du Chancelier Seguier. Elle eſt illuſtrée par les cendres de deux Grands Hommes, les deux plus rares génies que l'Europe ait produits, & qui aient honoré le ſiecle de Louis XIV: *MOLIERE* (2) *& LA FONTAINE*.

JOSSE. (*Saint*) Cette Egliſe Paroiſſiale, eſt ſituée rue Aubri-Boucher, quartier Saint-Jacques de la Boucherie. C'étoit

---

Sur-Intendant des Finances & le partiſant Monnerot, leva ſon chapeau, & ſalua comme ſi le Prédicateur parloit à lui & de ſes voiſins.

(1) C'eſt ſur-tout, les Ordres Mendians que ce ſavant Evêque combat avec plus de vigueur, dans ſon Livre intitulé *Saint-Auguſtin de l'ouvrage des Moines*. Il prouvent leur arrogance, leur inutilité; il avance qu'aucune loi, aucune conſtitution Eccléſiaſtique, n'a ordonné l'uſage de mendier; il démontre les dangers de l'oiſiveté & les vices de ſes partiſans, & il veut abſolument que les Moines travaillent pour vivre.

(2) L'Archevêque de Paris refuſant de lui accorder la ſépulture, *on refuſe*, dit ſa veuve, *un tombeau à celui à qui la Grèce auroit dreſſé des autels*.

autrefois une Chapelle, érigée en Paroisse en 1260.

L'Eglise d'aujourd'hui fut commencée en 1679, sur les desseins de *Gabriel le Duc*, qui éleva le portail jusqu'à la premiere corniche seulement.

On voit dans cette Eglise un Saint-Sébastien peint par *Fréminet*, tableau estimé des connoisseurs.

JULIEN DES MÉNÉTRIERS. (*Saint*) Deux Ménétriers, *Jacques Grare* & *Hugues le Lorrain*, établirent en 1330, dans l'emplacement de cette Eglise, un petit Hôpital en faveur d'une femme pauvre & paralytique, qui jour & nuit étoit exposée aux injures de l'air. La Confrérie des Ménestriers & l'Abbesse de Montmartre contribuerent à la consistance de cet établissement. On parvint à y bâtir une Chapelle sous l'invocation de Saint-Julien & Saint-Genest, & cette Chapelle fut érigée en Bénéfice, à la nomination des Ménestriers.

La maison du Chapelain est aujourd'hui occupée, & l'Eglise est desservie par les Peres de la Doctrine Chrétienne.

Les Joueurs d'instrumens ont conservé le droit de visiter si la Maison & l'Eglise sont bien entretenus par ces Religieux, & celui d'y nommer un Chapelain.

Sur l'autel est un Christ de *le Brun*.

Parmi les figures de Saints dont le portail est décoré, on en distingue un qui joueroit fort bien du violon si son archet n'étoit pas rompu.

JULIEN-LE-PAUVRE. (*Saint*) On lit dans un titre du 12e siecle, que cette Eglise étoit alors sous l'invocation de *Saint-Julien de Brioude* & de *Saint-Julien*, Évêque du Mans, homme très-charitable envers les pauvres.

Cette Eglise, qui appartient à l'Hôtel-Dieu, sert à plusieurs Confréries d'Ouvriers & de Marchands, & pour faire les Retraites & Catéchismes des Savoyards, fondés par l'Abbé de *Pont-Briand* (1).

JUSTICES *Ecclésiastiques & Séculieres de Paris*. (Voyez *l'Almanach Royal*.)

IMPRIMERIE ROYALE. Elle est plus ancienne que celle du Vatican; c'est à Louis XIII qu'on doit l'état de splendeur où elle est aujourd'hui. Elle est située dans les galeries du Louvre. On y imprime tous les ouvrages que le Gouvernement protége.

INNOCENS. (*Eglise Paroissiale des*

―――――――――――――――――――

(1) Au chevet de cette Eglise est un puit, dont l'eau étoit jadis très-renommée par les guérisons qu'elle opéroit. Cette eau fit toujours des merveilles tant qu'elle fut distribuée pour de l'argent; & dès qu'il fut permis de la puiser *gratis*, elle perdit entiérement son crédit.

SS.) Cette Paroisse vient d'être réunie à celle de Saint-Jacques de la Boucherie, & l'on a commencé la démolition le lendemain de la Fête des SS. Innocens 1786, pour rendre plus vaste & plus régulier le Marché aux légumes, établi dans l'emplacement du Cimetiere de cette Paroisse.

La destruction de l'Eglise & des Charniers des Innocens, est encore trop récente pour nous abstenir d'en donner la description; je crois même que la circonstance doit rendre cette description plus intéressante.

Cette Eglise, très-ancienne, subsistoit sous le regne de Louis-le-Jeune. Elle fut bâtie à neuf en 1445, & dédiée & consacrée le 22 Janvier de la même année, par *Denis Dumoulin*, Patriarche d'Antioche & Evêque de Paris. Louis XI y fonda quelque temps après six enfans de chœur pour y faire le service en musique; ce qui s'exécute encore aujourd'hui.

Sur le maître-autel étoit un tableau représentant le massacre des Innocens, peint par *Michel Corneille*.

Une figure de bronze, grande comme nature, étoit adossée à un des piliers de la Chapelle de la Vierge; elle représentoit *Aliz Burgotte, Recluse*, décédée en 1466 & inhumée dans cette Eglise. Cette figure devoit être placée horisontalement sur un marbre noir, soutenu par quatre lions : ce tombeau lui avoit été dressé par Louis XI.

Cette Recluse avoit succédé à une autre

Recluse nommée *Jeanne la Voiriere*, pour laquelle on fit une maisonnette toute neuve dans le Cimetiere des Innocens. L'Evêque de Paris, *Denis Dumoulin*, célébra la cérémonie de la Reclusion le 11 Octobre 1442; il fit un beau Sermon devant elle & tout le peuple assemblé, puis il la renferma dans sa clôture (1).

Cimetiere des Innocens. Il fut clos & muré, en 1180, par ordre de Philippe-Auguste, & n'appartenoit qu'en partie à l'Eglise des Innocens; plusieurs autres Paroisses voisines avoient également le droit d'y enterrer. *Le Charnier* ou la galerie voûtée qui l'entouroit fut construit à différentes époques, & aux frais de différens bourgeois, dont la plupart firent placer leurs armes ou chiffres, ou bien des inscriptions sur les voûtes qu'ils avoient fait bâtir.

La partie du Charnier, du côté de la rue de la Ferronerie, fut construite en 1399.

―――――――

(1) On appelloit *Recluses*, des filles ou des veuves qui se faisoient bâtir une petite chambre joignant le mur de quelqu'Eglise. La cérémonie de leur *Reclusion* se faisoit avec grand appareil; l'Eglise étoit tapissée; l'Evêque célébroit la Messe pontificalement, prêchoit & alloit ensuite lui-même sceller la porte de la petite chambre, après l'avoir bien aspergée d'eau bénite; on n'y laissoit qu'une petite fenêtre par où la *pieuse Solitaire* entendoit l'Office divin, & recevoit les choses nécessaires à la vie. (*Essais Hist. sur Paris*, &c.)

Une partie de celui du côté de la rue de la Lingerie, fut bâtie par le célebre *Nicolas Flamel* & par *Nicolas Boulard* en 1389 & 1397, & celle qui est du côté de la rue Saint-Denis fut également construite à-peu-près dans le même-temps par *Nicolas Flamel*, qui y fit élever un monument dont nous parlerons.

La voûte construite par *Nicolas Flamel*, du côté de la rue de la Lingerie, étoit marquée par les lettres initiales de son nom N. & F. Au-dessus étoit une peinture qui représentoit un homme tout noir : le temps l'avoit fait disparoître ; mais en 1786, avant qu'on eût ôté les pierres des Charnier, qui contenoient des inscriptions, on voyoit encore celle-ci :

Hélas ! mourir convient
Sans remede homme & femme
. . . . Nous en souvienne
Hélas mourir convient
Le Corps. . . . . . .
Demain peut-être Dampnés
A faute. . . . . . .
Hélas mourir convient
Sans remede homme & femme

Le monument placé contre le mur de l'arcade bâtie par *Nicolas Flamel*, du côté de la rue Saint-Denis, avoit été conservé ; la dorure, dont il étoit couvert, existoit encore dans quelques parties, & les inscriptions qui étoient au-dessous se lisoient au mois de Mai 1786 ; mais on les a enlevées quelque temps après.

Ce monument, qu'on a cru être le tombeau de *Nicolas Flamel* (1), est celui de sa femme; on le trouve gravé au premier volume de *la Bibliotheque des Philosophes Chymiques*, à la tête de l'explication des figures hiéroglyphes de ce même monument.

Il représente le Pere Eternel supporté par deux Anges jouant des instrumens; trois autres Anges environnent sa tête, lesquels portent des rouleaux, avec ces mots : *ô Pater omnipotens ! ô Jesus bone.* A droite est Saint-Pierre, présentant à Dieu *Pernelle*, qui est à genoux, & qui tient un rouleau avec ces mots : *Christe, precor, esto pius.* Derriere elle, est un Ange à genoux disant : *Salve Domine Angelorum.* A droite, est Saint-Paul qui présente à Dieu *Nicolas Flamel* à genoux; il tient un rouleau où est écrit : *Dele mala quæ feci.* L'Ange qui est à genoux derriere lui porte : *O Rex sempiterne !* Au-dessous sont cinq petits tableaux en bas-reliefs; celui du milieu représente le Jugement dernier; à côté, sont deux Anges avec ces mots : *Surgite mortui, venite ad judicium Domini mei.* De l'autre côté, est représenté un vieillard & une femme, avec ces deux inscriptions sur des rouleaux : *Homo veniet ad judicium Dei : Verè illa Dies*

---

1) Il a été enterré à Saint-Jacques-de-la-Boucherie. (*Voyez* cet article, page 105).

terribilis erit. Les deux bas-reliefs placés aux deux extrémités représentent des animaux, qui ont paru très-mystérieux aux yeux des Alchymistes, ainsi que toutes les figures & inscriptions dont nous venons de parler, & dont l'explication, attribuée à *Nicolas Flamel*, se trouve imprimée au tome premier de la *Bibliotheque des Philosophes Chymiques*.

Au-dessous j'ai lu ces mots gravés sur une pierre en gros caracteres Gothiques :

Nicolas Flamel, & Pernelle sa femme.

Mais cette pierre vient d'être enlevée, ainsi que celles qui étoient à l'entour, & qui contenoient les vers suivans (1).

 Les pauvres ames trépassées
 Qui de leurs oirs sont oubliés,
 Requierent des passans par cy
 Qu'ils prient à Dieu que Mercy
 Veuille avoir d'elles, & leur fasse
 Pardon, & à vous doint sa grace.
  L'Eglise & les lieux de céans,
 Sont à Paris bien moult séans,
 Car toute pauvre créature
 Y est reçeue à sépulture,
 Et qui bien y fera, soit mis
 En Paradis & ses amis.

---

(1) Pour exécuter un projet de construction, les Marguilliers de la Paroisse des Saints-Innocens voulurent faire abatre ce monument ; mais les Marguilliers de Saint-Jacques-de-la-Boucherie, en qualité d'exécuteurs testamentaires de *Nicolas Flamel*, s'y opposerent, & le projet n'eut point lieu.

*Qui ceans vient dévôtement
Tous les Lundis ou autrement,
Et de son pouvoir y fait dons
Aindulgence & pardons.
Ecrits ceans en plusieurs tables
Moult nécessaires & profitables.
Nul ne sait que tels pardons vaillent
Qui durent quand d'autres bons faillent.
De mon Paradis,
Pour mes bons amis,
Descendu Jadis,
Pour être en croix mis.*

Dans une armoire des Charniers, proche l'Eglise, on voyoit un squelette humain en marbre blanc, sculpté par *Germain Pilon*. Le bras gauche est cassé ; mais il en reste la main, qui tient un rouleau où sont écrits des caracteres Gothiques qu'on ne peut déchiffrer. Ce morceau étoit admirable par son exécution.

Ce Cimetiere est aujourd'hui destiné à un Marché de légumes & de fruits. Pour le disposer à cet objet, on a transporté pendant plusieurs mois, tous les soirs, des voitures remplies d'ossemens dans des Cimetieres situés hors la ville (1). Ce transport s'étant fait en 1786, pendant l'été, a causé beaucoup de maladies. Par ce nouvel établissement le gothique Cimetiere des Parisiens est converti en un marché de légumes & de fruits, des Monumens respectables par leur ancienneté, par les noms des hommes

---

(1) Ce transport se faisoit ordinairement la nuit.

dont ils confervoient la mémoire, & par une propriété acquife de leur emplacement, ont été facrifiés aux néceffités de la population actuelle. Les droits des morts font fans force, quant les befoins des vivans commandent. Ainfi par une bizarre deftinée, l'on va chercher le foutien de la vie dans un lieu jadis confacré à la mort.

La démolition des bâtimens qui entourent cet ancien Cimetiere a fuivi celle de l'Eglife des Innocens. On a conservé la belle Fontaine qui eft fur la rue Saint-Denis, & l'on doit conftruire à l'autre extrémité de la rue aux Fers, un pavillon qui lui fervira de pendant.

Au milieu du Cimetiere étoit une tour qui a fort exercé l'imagination des Antiquaires : on eft fort incertain fur fa deftination ; ce ne peut être qu'un fanal pour éclairer les caravanes de Marchands. J'en

---

Un foir, pendant qu'on chargeoit la voiture funèbre d'offemens, & que l'on confondoit les têtes froides du riche, du pauvre, du favant & du fot, on vit à la lueur des flambeaux, une de ces têtes remuer, fe tourner en plufieurs fens, faire deux ou trois bonds. Les cheveux des intrépides foffoyeurs fe dreffent, ils reculent d'effroi, on va chercher un Prêtre pour faire ceffer ce miracle finiftre ; mais les éclats de rire fuccéderent à la frayeur, lorfqu'on vit fortir de cette tête un gros rat qui s'y étoit logé, fans doute pour y vivre aux dépens de la cervelle du défunt.

ai vu de semblables en différens endroits du Royaume, également placés au milieu des Cimetieres, sans doute afin d'être protégés par leur clôture.

On y voyoit aussi une croix de pierre, sur laquelle *Jean Gougeon* a sculpté le triomphe du Saint-Sacrement en bas-relief. Cette croix étoit autrefois située place de Gatine. (Voyez ci-après *place de Gatine.*)

Suivant Gilles Corozet, on lisoit de son temps dans ce Cimetiere cette épitaphe gravée sur une plaque de cuivre.

Cy gist Iollande Bailly, qui trépassa l'an 1514, la 88e année de son âge, la 42e de son veuvage, laquelle a vu ou pu voir, devant son trépas, deux cents quatre-vingt-treize enfans issus d'elle.

« Mais, comme dit Sauval, à propos
» de cette plaque, quelques curieux de
» cuivre l'ont dérobée & fondue pour en ti-
» rer de l'argent ».

Voici les morts les plus remarquables enterrés dans ce Cimetiere. Un jeune enfant nommé *Richard*, qui fut, en 1179, crucifié à Pontoise par des Juifs.

Nicolas le Fevre; il fut Précepteur de Henri de Bourbon, Prince de Condé, puis de Louis XIII. Il cultiva paisiblement les Lettres au milieu des troubles du fanatisme, & mourut l'an 1612.

François-Eudes de Mézerai, un de nos plus célebres Historiographes, mort le 10

Juillet 1683, âgé de 73 ans; son cœur est dans l'Eglise des Carmes de la rue des Billettes.

INSTITUTION *de l'Oratoire.* Cette Maison, située rue & hors la barriere d'Enfer, a été fondée en 1650, par *Nicolas Pinette*, Trésorier de Gaston de France, Duc d'Orléans, frere de Louis XIII. Elle sert de noviciat à la Congrégation des Prêtres de l'Oratoire. Au-dessus de la porte de l'Eglise, est le grand tableau de l'*Ecce Homo*, que *Charles Coypel* avoit fait pour l'Oratoire de la rue Saint-Honoré. L'ordonnance & l'exécution de ce grand morceau de peinture est digne de la curiosité des connoisseurs.

Le tableau du maître-autel est une Présentation, par *Simon-François de Tours.*

Dans la Chapelle de la Vierge, est un monument de marbre, érigé en 1661, à la mémoire du *Cardinal Bérule*, dont la figure est représentée à genoux, & au-dessous de laquelle est une urne qui renferme son bras droit. Ce Mausolée est de *Jacques Sarrasin*. Sur l'autel est un tableau de *le Brun*, très-estimé.

INSTITUTION *des Sourds & Muets.* Faire connoître à des Sourds & des Muets toutes les difficultés de la Grammaire, leur faire comprendre par des signes les idées les plus métaphysiques, & les voir rendre ces idées & les exprimer sur le papier de la maniere la plus claire & la plus correcte; créer un nouvel organe qui remplace ceux de l'ouie & de la langue; enfin rendre à la société des citoyens presque nuls; voilà les prodiges qu'opere journellement M. l'Abbé l'Epée.

La demeure de ce respectable Ecclésiastique, de cet utile citoyen, est rue des Moulins, Butte Saint-Roch; il donne ses leçons les Mardis & Vendredis de chaque semaine depuis sept heures jusqu'à midi : les curieux peuvent y assister.

INSTITUTION *des Enfans aveugles nés*. Par les soins ingénieux & assidus de M. Haüy, Interprête du Roi & de l'Amirauté, les Enfans aveugles apprennent à réparer les torts de la nature, & à suppléer au sens qu'elle leur a refusé, avec l'instruction qu'ils reçoivent dans cet établissement. On leur enseigne la Lecture, la Géographie, le Calcul, l'Art de l'Imprimerie, par le moyen de livres, de cartes & de caracteres en relief. La finesse du tact est chez eux à un tel point, qu'un Eleve un peu instruit reconnoît parfaitement les cartes au toucher; il indique du doigt les pays & les villes ; si on lui présente une carte à rebour, il la remet à sens droit, & si on substitue une carte à une autre, il s'apperçoit de la supercherie.

D'autres s'occupent de la Musique, & exécutent de petits concerts d'instrumens &
de

de voix. Un enfant bat la mesure, & un autre plus habile touche du clavessin. Ce concert a cela de particulier, qu'il n'y est besoin ni de papier de musique, ni de pupître, ni de flambeaux ; les éleves savent les airs par cœur : mais M. Haüy s'occupe à leur préparer des livres de musique en relief, afin de leur apprendre cet Art par principe.

Rien n'est plus touchant que l'Hymne composée par M. l'Abbé *Aubert*, pour être chantée par ces enfans devant leurs bienfaiteurs ; elle a été mise en musique par M. *Gosset*. Comme elle est courte, je la rapporte ici. Mes lecteurs doivent me savoir gré de m'éloigner un peu de mon sujet en faveur de ce morceau plein de sentiment.

O Ciel ! pour combler tes bienfaits,
Ouvre un instant notre paupiere ;
Et nous n'aurons plus de regrets
D'être privés de la lumiere.
Que notre œil contemple les traits
De ceux dont la main nous soulage ;
Et referme le pour jamais,
Nos cœurs en garderont l'image.

L'institution des Aveugles nés est située rue Notre-Dame-des-Victoires. Les Mercredis & Samedis, à l'heure de midi, les curieux peuvent assister aux exercices de ces jeunes Aveugles.

INVALIDES. (*Hôtel Royal des*) Ce fut dans un temps de guerre, l'an 1671, que Louis XIV, jaloux d'une gloire plus solide que celle des conquêtes, entreprit de fonder ce magnifique & vaste monument, pour servir de retraite à ses braves serviteurs. On devoit cet asyle à la vieillesse de ces guerriers, dont le sang avoit coulé pour le salut & l'honneur de l'Etat. Ce Roi, sentant son goût pour bâtir d'accord avec son amour pour la justice, fit exécuter dans l'espace de huit années cet immense édifice, qui réunit le caractere mâle de son sujet, à celui de la magnificence de son fondateur.

Libéral Bruant, le 30 Novembre 1671, jetta les premiers fondemens de cet Hôtel, qui est composé de cinq cours d'une même forme, environnées de bâtimens. Celle du milieu, aussi grande que toutes les autres ensemble, est appellée la *Cour Royale*.

Une vaste esplanade plantée d'arbres, une cour extérieure, entourée de fossés revêtus de maçonnerie où l'on voit des mortiers à bombes & plusieurs canons de différens calibres, montés sur leurs affuts, forment la perspective du côté de la riviere, & conduisent à la principale façade de 200 toises d'étendue. Cette façade vient d'être entiérement regratée; les détails de la Sculpture ont peut-être gagné dans cette réparation, mais l'Architecture y a perdu cette teinte sombre qui donnoit à ce monument un caractere mâle & respectable. Au milieu est une porte Royale, accompagnée des figures colossales de Mars & de Minerve, sculptées ainsi que la tête d'Hercule à la clef du ceintre, par *Couſtou le jeune*.

Au-deſſus, dans une portion ceintrée, Louis XIV eſt repréſenté à cheval, accompagné des figures en demi-relief, de la Juſtice & de la Prudence, aſſiſes aux angles du piédeſtal.

Cette porte mene à la Cour Royale, dont les bâtimens qui la forment ſont décorés d'arcades l'une ſur l'autre, qui éclairent des galeries régnantes tout autour. Cette conſtruction eſt d'un grand caractere.

De cette cour on entre dans l'Egliſe: elle eſt décorée d'ordre Corinthien, & ſon plan a la forme d'une croix Grecque. La Chaire du Prédicateur, ſculptée par *Vaſſé*, eſt d'une menuiſerie dorée ſur un fond blanc. L'abat-voix, ſupporté par deux palmiers, a pour comble une couronne de France, que ſoutiennent des Chérubins.

L'autel eſt magnifiquement décoré de ſix colonnes torſes dorées, groupées trois à trois, & entourées d'épis de bled, de pampres & de feuillages; elles portent quatre faiſceaux de palmes qui ſe réuniſſant, ſoutiennent un baldaquin, terminé par un globe ſurmonté d'une croix. Les figures d'amortiſſement, & les autres ornemens, ſont de *Vancleve* & de *Couſtou l'aîné*.

Dans les embrâſures des fenêtres, *Louis de Boullongne*, à gauche en entrant par la campagne, & *Bon Boullongne* à droite, ont peint plusieurs groupes d'Anges qui font des concerts.

Le dôme forme une Eglise nouvelle, où les Soldats n'entrent point ordinairement. Autour de son plan circulaire, sont six Chapelles, dont la premiere du côté de l'Evangile, est celle de *Saint-Grégoire*. Au-dessus de la porte est un bas-relief de *le Gros*, représentant Saint-Louis qui donne à manger aux pauvres. Sur l'autel est la figure de Saint-Grégoire en marbre, par M. *le Moine*. Sur les côtés, sont Sainte-Emilienne, sa tante, par M. *d'Huez*, & Sainte-Silvie sa mere, par M. *Caffiery*. Les peintures de cette Chapelle, relatives à la vie de Saint-Grégoire, faites par *Michel Corneille*, avoient été entiérement dégradées par l'humidité ou par quelqu'autres causes ; elles ont été repeintes par M. *Doyen*, après la mort de Carle Vanloo, qui s'en étoit chargé. Au-dessous des fenêtres, on a placé des groupes d'Anges dorés, de *Coustou l'aîné*.

Dans la *Chapelle de la Vierge*, est sa statue en marbre, par M. *Pigalle. Coustou* & *Poirier* ont sculpté les deux Anges qui sont en adoration. Les bas reliefs de la porte sont de *Vancleve*.

La *Chapelle de Saint-Jérôme* est peinte par *Boullongne l'aîné*. Les peintures représentent les différens traits de la vie de ce Saint. Les deux bas-reliefs dorés, sous les fenêtres de cette Chapelle, sont de

Couſtou l'aîné. La figure en marbre de Saint-Jérôme eſt d'*Adam l'aîné*, celle de Sainte-Paule poſée en 1786, a été ſculptée en marbre par M. *Mouchy*, & celle de Sainte-Euſtochée, ſa fille, a été faite par *Allegrin.* Le bas-relief placé ſur la porte du dehors de cette Chapelle, eſt de d'*Eſpingola.* Les Anges au-deſſus de la porte du côté de la campagne, tant en dedans qu'en dehors, ſont de *Vancleve.*

Dans la *Chapelle de Saint-Auguſtin*, ſur la porte en dehors, eſt un Saint-Louis, qui reçoit l'Extrême-Onction, par *Vancleve.* Les peintures ſont de *Boullongne le jeune.* La ſtatue de Saint-Auguſtin placée ſur l'autel, eſt de marbre, & a été ſculptée par M. *Pajou;* celle de Sainte-Alipe eſt en pierre, par *Caffieri*, & celle de Sainte-Monique auſſi en pierre eſt l'ouvrage de M. *Houdon.*

Dans la *Chapelle de Sainte-Thérèſe*, on voit la figure en marbre de cette Sainte, par *le Moine.* Les deux Anges ſont, l'un de *le Moine*, & l'autre de *la Pierre.*

La *Chapelle de Saint-Ambroiſe* eſt peinte par *Boullongne l'aîné.* Le bas-relief qui eſt ſur la porte eſt de *Falconet,* ainſi que la figure de Saint-Ambroiſe. *Caffieri* a ſculpté celle de Saint-Satyre, & *Falconet* celle de Sainte-Marcelline.

Le dôme a 50 pieds de diametre, le pavé eſt en compartiment de différens marbres, très-précieux; en ſe plaçant au centre, on jouit d'un superbe spectacle; on voit parfaitement les peintures de la coupole, qui représentent la gloire des Bienheureux dans le Ciel; elles sont l'ouvrage de *Charles de la Fosse*. Cette coupole est éclairée par des fenêtres que l'observateur ne peut appercevoir.

Les grands tableaux peints à fresque par *Jouvenet*, représentent les Apôtres accompagnés de groupes d'Anges.

Autour du dôme sont douze grands médaillons qui offrent les portraits de douze Rois de France.

Dans les pendatifs du dôme, on voit quatre grands tableaux où *la Fosse* a peint à fresque les Evangélistes.

Toute l'architecture du dôme qu'on appelle la nouvelle Eglise, est du dessin de *Jules-Hardoin Mansard*. Le portail qui est du côté de la campagne, a 30 toises d'étendue; l'élévation du dôme, depuis le rez-de-chaussée jusqu'à sa plus grande hauteur, est de 300 pieds : cette façade est composée des ordres dorique & corinthien, & d'un attique au-dessus, qui est décoré de plusieurs figures : les deux principales, qui ont près de 11 pieds de haut, sont, l'une, Saint-Louis, modelée par *Girardon*, & sculptée par *Coustou l'aîné* ; l'autre Saint-Charlemagne, par *Coyzevox*, qui a fait aussi les quatre Vertus, savoir la Justice, la Tempérance, la Prudence & la Force.

Les groupes posés sur la balustrade, sont

les huit Peres des Eglises Grecque & Latine.

L'extérieur du dôme est décoré de quarante colonnes composites ; il a le caractere de l'élégance. La beauté de son ordonnance, sa décoration, & sur-tout les parties de l'ensemble qui concourent à la forme pyramidale, en font un chef-d'œuvre d'architecture.

M. *Brongniart*, Architecte de cette maison, aux talens duquel on doit plusieurs réparations utiles, a dessiné des avenues plantées qui communiquent de cette façade extérieure du dôme, aux Boulevards & à l'Ecole Militaire.

Les quatre réfectoires, ornés de grands tableaux à fresque par *Martin*, qui représentent différentes villes & places fortifiées, méritent l'observation des curieux. Un de ces réfectoires renferme six grands tableaux de *Parrocel le pere*.

La salle du Grand Conseil est placée au-dessus de la principale entrée ; c'est là, que se tient le conseil de guerre. On y voit les portraits de Louis XIV, de Louis XV & de tous les Ministres de la Guerre, depuis l'établissement des Invalides.

Dans le grand escalier qui conduit au Gouvernement, on voit le buste du brave Maréchal-des-Logis *Louis Gillet*, dont les Arts ont éternisé le courage & le désintéressement.

Rien n'est plus intéressant, rien n'inspire davantage des sentimens de vénération, que la vue de ces antiques défenseurs de la patrie ; soit qu'on les trouve au pied des autels, soit qu'à l'ombre des arbres qui entourent leur asyle, ils se plaisent, au sein du repos, à faire les récits des combats, des siéges où ils ont reçu telle blessure, couru tels dangers, & laissés tels membres : leur mémoire est leur plus douce jouissance.

« Ce qu'il y a de touchant, dit M. Mercier, c'est de voir ceux qui ne peuvent plus porter des alimens à leur bouche, être servis par des mains officieuses & journalieres. Ces tristes restes de la fureur insensée des batailles ; ces corps, selon l'expression d'un Poète, *dont le tombeau possede la moitié*, ne peuvent plus accuser la Patrie d'une criminelle indifférence ».

Lorsque le Roi entre aux Invalides, sa garde est sans fonction. Louis XIV allant un jour visiter cet Hôtel, les vieux Militaires s'empresserent autour de ce Monarque leur bienfaiteur, & pour qui ils avoient tant de fois exposé leurs vies dans les combats. Les Gardes du Roi les repousserent ; le Roi les fit raprocher, & déclara qu'il étoit en sûreté au milieu de ses anciens serviteurs (1).

ISLES. ISLE *Saint-Louis*. On ne com-

---

(1) Pierre le Grand étant à Paris, alla voir diner les Invalides. Il prit lui-même sur une table un demi septier de vin, qu'il but militairement à la santé de ses camarades.

mença qu'en 1614 à y bâtir des maisons, & à la joindre à une isle appellée *la petite isle aux Vaches*, dont elle avoit été jusqu'alors séparée par un canal de la riviere, à l'endroit où est aujourd'hui l'Eglise Saint-Louis; les ponts Marie & de la Tournelle ne furent achevés qu'en 1635. (*Essais Hist. sur Paris*).

ISLE *Louvier*. Cette isle est un vaste chantier couvert de bois. En 1549, les Prévôts & Echevins de Paris y firent construire un fort, pour donner à Henri II le spectacle d'un combat naval & d'un siége.

ISLE *des Cignes*, & par corruption *isle Maquerelle*, située au bout de la Grenouilliere & au bout du Gros Caillou : elle sert de chantier.

ISLE *du Palais*, ou *la Cité*. Elle comprend l'ancienne Cité de Paris, & de plus deux isles qui y ont été réunies, lors de la construction du Pont-Neuf. La plus grande de ces isles s'appelloient *l'isle aux Treilles*, & l'autre *l'isle de Buci*, ou *du Pasteur aux Vaches*.

LANDIT. (*le*) C'est une fête très-ancienne, que célebrent encore aujourd'hui les Ecoliers de l'Université. On disoit autrefois *Indictum*, puis *l'Indict*, *l'Endict*, enfin *Landit*. Ce mot, *indictum*, signifioit un lieu où l'on s'assembloit, par ordre ou par permission du Prince. Le bois de la vraie Croix étant nouvellement arrivé en France, excitoit singulierement la curiosité des fidelles; l'Evêque de Paris établit en conséquence un *Indict* annuel dans la plaine de Saint-Denis, où les Chrétiens pouvoient, à leur aise, satisfaire leur dévotion & leur curiosité. Le peuple y alloit en foule. L'Université s'y transporta; le besoin de manger & de s'y rafraîchir, y attira des Marchands; leur nombre s'accrut insensiblement. Enfin il s'y forma une foire qui dura plusieurs jours & devint très-fameuse. Le Recteur de l'Université y venoit faire sa provision de parchemin, fort en usage dans ce temps, & fort commun à cette foire; les Etudians voulurent escorter leur Recteur; ce fut pour eux une fête, une partie de plaisir, qui causa souvent à cette jeunesse impétueuse, des événemens & des désordres que le Ministere public fut obligé de prévenir plusieurs fois. La liberté, le vin, la jeunesse, introduisoient non pas seulement les querelles & l'indocilité, mais encore le libertinage; on vit souvent des filles & des femmes en habit de garçons se mêler parmi la troupe des Ecoliers, & participer à leurs plaisirs. On transféra la foire à la ville de Saint-Denis, & la foule fut moins grande. Les Ecoliers ont encore un jour de congé le Lundi après la Sainte-Barnabé, sous le nom du *Landit*. Ils passent ce jour en courses & en plaisirs qui se rapprochent peut-être un peu trop de l'ancienne licence.

LANDRY, *en la Cité* (*Saint*) Cette Eglife Paroiffiale eft du nombre de celles dont l'origine fe perd dans l'obfcurité des temps. On fait feulement qu'il y avoit une petite Chapelle où Saint-Landry, Evêque de Paris, alloit fouvent faire fes prieres. Cet Evêque mourut vers l'an 654, & l'on y conferve avec beaucoup de refpect, un os de fon doigt & un autre de fon cou.

Dans le bas-côté, à droite, eft un monument où le Chancelier *Boucherat*, mort en 1686, ne fut pas enterré, quoiqu'il l'eût fait élever exprès cinq ans avant de mourir. Le même Chancelier a fait faire dans la même Eglife l'épitaphe de *Bruffelle* fon parent, Confeiller au Parlement, furnommé à la Cour *le Patriarche de la Fronde*, & chez les Parifiens *le Pere du Peuple*; il ne mérita point cette derniere & précieufe qualité. Il prit & quitta par intérêt le parti du peuple pour embraffer celui de la Cour.

Du même côté, on voit le tombeau que *Girardon* fit fculpter, d'après fes deffins, par *Nouriffon* & *le Lorrain*, fes éleves, pour y renfermer les cendres de fon Epoufe & les fiennes. Ce monument, compofé de plufieurs figures, ne répond pas aux grands talens de celui qui l'a deffiné & qui y repofe Ce célebre Sculpteur, *François Girardon*, étoit né à Troyes en Champagne. Il n'enfantoit que des chef-d'œuvres. La ftatue équeftre de Louis-le-Grand & le tombeau du Cardinal de Richelieu (1), font des productions de fes talens. Il mourut en 1715.

A côté de la grande porte de l'Eglife eft une Chapelle où l'on voit les plus beaux Fonts-Baptifmaux qu'il y ait à Paris. C'eft un grand bloc de porphire parfaitement bien mis en œuvre, & dont les charnieres & autres ornemens, font de bronze doré d'or moulu. C'eft l'ouvrage de M. *la Pierre*, & c'eft un don fait en 1705 par M. *Garçon*, Curé de cette Eglife.

LAURENT. (*Saint*) En 543 c'étoit un Monaftere dont Saint-Domnole, Evêque du Mans étoit Abbé. Cette Eglife fut érigée en Paroiffe fous le regne de Philippe Augufte l'an 1220. Elle fut enfuite rebâtie en 1429 par *Jacques du Chaftelier*, Evêque de Paris : on la rebâtit prefque entiérement en 1595 : la grande porte n'a été élevée qu'en 1622.

Le maître-autel eft du deffin de *le Pautre*. Tous les ornemens de fculpture, le Chrift qui fort du tombeau, les deux Anges qui l'accompagnent, & les deux autres placés fur le fronton, font de *Guerin*, ainfi que le Crucifix qui eft au-deffus de la porte du

---

(1) Un Anglois, le Lord Stanhope, ravi d'admiration à la vue de ce chef-d'œuvre, court chez Girardon, & jette fur fa table une bourfe de cent louis, & le prie de l'accepter, comme une foible marque de fa fatisfaction & de fon eftime.

chœur, & la statue de Sainte-Apoline dans la Chapelle de ce nom qui est la seconde à droite dans la nef.

La décoration du chœur & celle de la Chapelle de la Vierge, ont été faites d'après les desseins de *François Blondel*.

La Chapelle des Fonts, élevée depuis peu d'années, est ornée de tableaux modernes, de pilastres & de sculptures.

LAZARE. (*Saint*) L'origine de cette Maison est très douteuse ; ce fut un Hôpital de lépreux jusqu'à la fin du XVIe. siecle. Pour en bannir le désordre qui s'y étoit établi, ainsi que dans presque toutes les Communautés Religieuses, on résolut de donner au respectable *Vincent de Paule*, & à la Congrégation qu'il avoit instituée en 1625, la Maison & l'Hôpital de Saint-Lazare, dont Adrien *le Bon*, Chanoine régulier de Saint-Augustin, étoit pour lors Prieur. Le Concordat entre M. *le Bon* & ses Religieux, d'une part ; M. *Vincent* & ses Prêtres de la Mission, de l'autre fut signé le 7 Janvier 1632.

Sous la direction du sage réformateur, cette Communauté fut entiérement régénérée, & devint enfin le chef-lieu de la Congrégation de la Mission, & la résidence du Supérieur Général. Elle est aussi maison de force pour les jeunes gens mis en corrections.

L'enclos de cette Maison est immense ;

c'est le plus grand qu'il y ait dans Paris & dans les fauxbourgs. L'Eglise gothique, seul reste de l'ancienne Communauté, est trop petite. Aussi-tôt que Vincent de Paule fut béatifié, elle fut décorée de plusieurs tableaux qui représentent les principales actions de sa vie. Le *Frere André*, Jacobin de la Maison du Noviciat, a peint celui où Saint-Vincent de Paule prêche les pauvres de l'Hôpital du Nom de Jésus qu'il avoit établi ; il a peint aussi dans un grand tableau qu'on voit dans la nef, l'apothéose de ce Saint donnant sa bénédiction aux Supérieurs-Généraux qui lui ont succédé dans cette Congrégation : dans le fond de ce tableau sont les Sœurs de Charité dont ce Saint grand homme a été aussi l'instituteur ; elles ont à leur tête Madame *le Gras*, qui coopéra à l'établissement de ces filles, & qui en fut la premiere Supérieure. Les tableaux qui représentent une Prédication, la mort de Louis XIII, le Conseil de Conscience d'Anne d'Autriche & l'Assemblée du Clergé sont par *de Troy fils*. *Galloche* a peint l'Institution des Enfans Trouvés, *Feret* la Présentation que fait Saint-Vincent à Dieu des Prêtres de sa Congrégation, & *Restout* celui qui représente le B. H. Vincent de Paule, donné pour Supérieur aux Dames de la Visitation par Saint-François-de-Sales. Le corps de Vincent de Paule fut mis après sa béatification, dans une châsse d'argent qui est placée sur l'Autel de la Chapelle Saint-Lazare.

LEU & Saint-Gilles. (Saint) Cette Eglise Paroissiale, située rue Saint-Denis, ne fut dans son principe qu'une Chapelle succursale, que l'Abbé & les Moines de Saint-Magloire permirent de bâtir en 1235; en 1617 elle fut érigée en Paroisse, puis réparée à différentes époques, notamment en 1727, que l'intérieur fut presqu'entièrement changé.

Les 8 & 10 Octobre de cette même année, la charpente du clocher de l'horloge fut transportée en entier d'une tour, qui menaçoit ruine, à une tour nouvellement bâtie. L'espace qui séparoit ces deux tours étoit de 24 pieds. Cette opération fut exécutée avec le plus grand succès par *Guillaume Guerin l'aîné*, habile Charpentier.

Le maître-autel de cette Eglise a été reconstruit sur les dessins de M. *de Wailly*; au-dessus est un tableau d'onze pieds de hauteur qui représente la Cène. C'est le chef-d'œuvre de *François Porbus*. Pour en faire l'éloge en peu de mots, il suffit de rapporter que *le Poussin* le trouvoit un des plus beaux tableaux qu'il eût vu.

Le chœur offre deux ouvrages d'*Oudry*, une Nativité & un Saint-Gilles en habit de Bénédictin. On voit aussi une Résurrection de *Bertin*, & le Vœu de Louis XV, qui y est représenté dans son enfance au milieu de toute sa Cour entre le Régent d'un côté & Madame de Ventadour, sa Gouvernante, de l'autre. Il est peint par *Justinar*.

Aux deux petits autels près de la grille du chœur sont d'un côté une Annonciation & une Samaritaine de l'autre, peintes par *Restout*.

Dans une Chapelle au côté droit du chœur est un tombeau de marbre blanc derriere lequel s'éleve une pyramide de marbre jaspé, terminée par une urne de marbre blanc; il est composé de deux Génies, dont l'un tient le portrait de la personne ensevelie, l'autre montre l'Eternité avec le doigt. Au-dessus est un très-beau bas-relief (1) : c'est le mausolée de *Marie Deslandes*, femme du Président *Chrétien de Lamoignon*. Il a été sculpté par le célebre *Girardon*, & l'épitaphe, composée par son fils, *Guillaume de Lamoignon*, premier Président du Parlement de Paris.

Sur l'autel d'une Chapelle derriere l'œuvre, est une Fraction de Pain dans le Repas des Pélerins d'Emmaüs, dont on ignore le

---

(1) Le sujet de ce Bas-relief est intéressant, il représente l'action des pauvres de la Paroisse, qui voyant le corps de cette Dame charitable exposé dans cette Eglise, pour être ensuite transporté dans celle des Récollets, ne voulurent pas que des restes aussi précieux leur fussent enlevés; ils creuserent eux-mêmes la fosse & l'enterrerent pendant que le Clergé & les parens étoient allés dîner.

(161)

Peintre. On a voulu voler ce tableau, depuis ce temps il est enfermé sous des volets.

LOTERIES. La Loterie Royale de France, celle des Enfans Trouvés & celle de Piété, sont les trois seules Loteries que le Roi ait conservées par son Edit du 30 Juin 1776. Le tirage de ces Loteries est un objet de curiosité : la Loterie Royale de France se tire à l'Hôtel de la Compagnie des Indes, rue Neuve-des-Petits-Champs. Cette opération intéresse par la maniere scrupuleusement évidente avec laquelle on démontre au Public l'impossibilité physique de le tromper (1).

LOUIS *du Louvre.* (*Saint*) La voûte de cette Eglise menaçoit ruine. En 1738 le Chapitre obtint du Roi la somme de 50,000 écus pour la reconstruire. On se retira dans le bas de l'Eglise pour y célébrer l'Office divin. L'édifice étoit commencé, lorsque

___

(1) Les Génois, pour maudire quelqu'un, employent une imprécation qui est une critique réfléchie des Loteries, & qui montre le danger même d'y gagner de foibles lots : *Che tu posci guadagnar' un ambeto! Puisses-tu gagner un petit ambe!* Celui qui a gagné un lot, est sûr d'entendre à sa porte les fanfares, des tambours & des fifres. Ce Charlatanisme ne doit être attribué qu'aux Ménestriers, très-exacts à faire cette politesse, parce qu'ils en sont toujours grassement payés ; cependant je crois que si l'on alloit battre du tambour à la porte de tous ceux qui se sont ruinés à ce jeu, on verroit bien moins d'amateurs.

tout-à-coup le 15 Septembre 1739, sur les onze heures du matin, dans le moment que les Chanoines s'assembloient pour tenir Chapitre, ce qui restoit de l'Eglise s'écroule avec fracas, écrase trois Chanoines ; deux près de la porte échappent à la mort en fuyant & sauvent un troisieme, qui entroit, en le poussant dehors.

Ce Chapitre écrasé avoit le titre de *Saint-Thomas-du-Louvre* ; on en érigea un nouveau sous celui de *St-Louis-du-Louvre*.

Le célebre *Germain*, Orfévre du Roi, a fourni les dessins de cette Eglise. Le bas-relief qui est au-dessus de la porte est de *Pigalle*.

Le principal autel est du dessin & de l'exécution de *Fremin*. On voit dans le chœur trois tableaux de *Charles Coypel*.

Sur un autel à gauche est un *Saint-Nicolas* peint par *Galloche*, & vis-à-vis est le Martyre de Saint-Thomas, Archevêque de Cantorbery, par M. *Pierre*.

C'est dans cette Eglise qu'on voit le mausolée du Cardinal de Fleury. Ce Prélat y paroît étendu sur un tombeau prêt à rendre les derniers soupirs entre les bras de la Religion. L'espérance & la France personnifiées caractérisent ce monument qui est l'ouvrage de M. *le Moine*.

Louis XV, dans l'excès de sa reconnoissance pour ce Cardinal son Précepteur & son premier Ministre, ordonna l'exécution de ce mausolée. Mais le temps ayant refroidi son zele, le monument restoit imparfait chez l'Artiste, lorsque le Duc de Fleury, l'Archevêque de Tours, l'Evêque de Chartres, & toute la famille se joignirent pour en payer les frais & en hâter la construction (1).

La Chapelle en face a pour tableau un bas-relief qui représente l'Annonciation, aussi de M. *le Moyne*.

Dans la Chapelle des Fonts est le Baptême de Notre Seigneur, par *Restout*. Vis-à-vis on voit la Magdeleine dans le Désert; tableau précieux & galant de *Carle Vanloo*.

LOUIS *en l'Isle.* (*Saint*) Elle est la seule Eglise de l'Isle Saint-Louis. C'étoit d'abord une petite Chapelle qui fut érigée en Paroisse l'an 1623. En 1664 on construisit cette Église avec la somme de 30,000 livres qu'avoit léguée pour cet objet *Jean-Baptiste Lambert*.

Les deux Chapelles de la croisée sont ornées chacune d'une statue; l'une est Sainte-Genevieve, l'autre est une Vierge, par *la Datte*.

Dans la Chapelle de la Communion, est

---

(1) Ce Cardinal mourut le 9 Janvier 1743, âgé de 90 ans. Il laissa, dit Voltaire, les affaires de la guerre, de la Marine, de la Finance & de la politique dans un Etat qui altéra la gloire de son Ministère, & non la tranquillité de son ame.

un tableau de Jésus chez Marthe & Madeleine (1).

Philippe Quinault, Auditeur des Comptes, l'un des quarante de l'Académie Françoise, fut inhumé dans cette Eglise sans épitaphe. *Boileau*, trop froid pour sentir tout le talent de cet Auteur, le ridiculisa. La postérité a rendu justice à l'harmonieux, au tendre, au délicat Quinault, il est encore aujourd'hui le Prince de la Poésie lyrique.

LOUIS, (*Saint*) ou *Eglise des ci-devant soi-disant Jésuites*. C'étoit l'ancienne *Maison Professe* des soi-disant Jésuites ; elle est aujourd'hui desservie par des Chanoines Réguliers de Sainte-Geneviève, autrement dits de la Culture de Sainte-Catherine.

L'Eglise fut élevée sur les dessins du *Père Derrand*. Le maître-autel construit à la Romaine, porte six grands chandeliers & une croix de bronze doré ; derriere ce maître-autel du côté du chœur des Religieux, on voit un bas-relief en bronze exécuté d'après le modele de *Germain Pilon*. Dans une

---

(1) Le lieu de la scène est une cuisine bien pourvue de tous les ustensiles du ménage, & d'une prodigieuse quantité de légumes & de volailles ; un grand perroquet figure entre les choux, les navets & les saints personnages qui font le sujet de ce singulier Tableau.

Chapelle à côté est déposé le cœur de Louis XIII, soutenu par deux Anges d'argent de grandeur naturelle, dont les draperies sont dorées. Sur les deux jambages on remarque quatre bas-reliefs de marbre, qui représentent les Vertus Cardinales, dans les ovales très-bien travaillés, entre lesquels sont des tables de marbre chargées d'inscriptions, & soutenues par deux Génies en pleurs. Ces beaux morceaux sont de l'invention & de la main de *Sarazin*.

Vis-à-vis est une Chapelle décorée dans le même goût. Deux Anges aussi en argent de la même proportion paroissent voler pour porter le cœur de Louis XIV, qu'ils tiennent avec le linceul. C'est *Nicolas Coustou* qui a modelé & jetté en fonte cet excellent ouvrage.

La Chapelle de Saint-Ignace, qui est à gauche, possede le superbe monument élevé à la mémoire de *Henri de Bourbon*, Prince de *Condé*, pere du Grand Condé. Quatre Vertus de bronze, de grandeur naturelle, sont assises sur des piédestaux aux angles de la balustrade, dont les bas-reliefs, au nombre de quatre, représentent diverses actions guerrieres de ce Prince. Deux Génies sont aux deux côtés de l'entrée & tiennent, l'un un Bouclier aux armes de Bourbon, l'autre une Table de bronze où il est écrit que Jean Perrault, Président de la Chambre des Comptes, fit élever ce monument à la gloire du Prince de Condé, dont il étoit l'Intendant. Toutes ces belles figures ont été modelées par *Sarazin*.

Le Crucifix de cet autel & le Saint-Ignace qui est à genoux, sont de bronze sur un fond de marbre noir.

Sous l'arc à côté est un Ange tenant un cœur d'une main & une Palme de l'autre, accompagné d'une urne & de plusieurs ornemens de bronze doré. Ce monument, élevé par Louis Henri, Duc de Bourbon, fils de Louis, à la gloire de ses ancêtres, a été fait par *Vancleve*.

Dans la Chapelle de la Vierge qui est en face, est une Assomption de la Vierge, par *Taraval*; on y voit aussi deux groupes sculptés par *Vinache*; l'un représente la Religion instruisant un Sauvage, l'autre un Ange foudroyant l'Idolâtrie.

Dans la croisée sont quatre grands tableaux, avec des bordures de marbre noir, peints par *Vouët*.

Dans la premiere Chapelle à droite en entrant, est placé le tombeau du Cardinal & Chancelier *René de Birague* & de son épouse. La figure en bronze de ce Cardinal est l'ouvrage de *Germain Pilon*, ainsi que le bas-relief qui est au bas.

Après la mort de sa femme, *René de Birague* fut fait Cardinal & Evêque de Lodeve, & il mourut au mois de Novembre 1583. Il disoit souvent « que le Roi ne vien- » droit jamais à bout des Huguenots par la » voie des armes; au lieu qu'il lui seroit

» aisé de s'en défaire par la main des Cui-
» siniers ; c'est-à-dire par le poison. (*Vita*
» *Colinii Amiralis*). Il disoit de lui-même,
» dit *Mezerai*, qu'il étoit *Cardinal sans*
» *titre*, *Prêtre sans bénéfice*, & *Chan-*
» *celier sans sceaux*. On pouvoit ajouter
» *Juge sans Jurisprudence & Magistrat*
» *sans autorité* ; parce qu'en effet il n'a-
» voit point d'étude & qu'il ployoit comme
» un roseau à tous les vents de la Cour,
» considérant plus un Valet de faveur, que
» toutes les Loix du Royaume (1) ». Il fut
un des principaux auteurs du massacre de la
Saint-Barthelemy.

Dans la Chapelle vis-à-vis est le tombeau
de *Pierre d'Orgemont*, Chancelier de
France, qui étoit placé, ainsi que celui de
René Birague, dans l'Eglise de la Culture
de Sainte Catherine qui est détruite.

Dans des salles supérieures de cette Maison est la bibliotheque de la Ville. (*Voyez*
cet article page 80, I. *Partie*).

C'est aussi dans cette Maison qu'est le dé-

---

(1) Quelques gens de robe se plaignant à ce Chancelier de ce que les charges de Judicature se ven-
doient à l'enchere, il leur répondit, qu'il s'éton-
noit qu'elles ne fussent pas encore plus cheres, ceux
qui les achetoient pouvant presque se promettre
de n'être jamais punis de leurs fautes. Parole bien
hardie, dit Etienne Pasquier, non, toutefois, su-
jette à contrôle, venant de la bouche d'un Chancelier. (*Mémoires Historiques*, &c., *par Amelot de la*
Houssaye).

pôt général des Cartes, Plans & Journaux de la Marine (V. dépôt, page 228).

Dans une salle sur la gauche du jardin, est l'apothéose de Saint-Louis, par *Vouët*, & un tableau de Saint-Roch guérissant les Pestiférés, que l'on croit être l'esquisse d'un grand tableau peint à Rome par *le Tintoret*.

Dans le réfectoire est une Annonciation, par *Philippe de Champagne*; une Visitation faisant pendant, par *Etienne Jeaurat*, & une transfiguration, copiée d'après celle de *Raphaël*.

LE LOUVRE. On est aussi incertain sur l'étymologie de ce mot *Louvre*, que sur l'origine du Château. Il est constant qu'il existoit avec ce nom sous le règne de Philippe-Auguste, qui l'environna de fossés & de tours, & en fit une Forteresse. *La grosse tour du Louvre*, célebre dans l'Histoire, étoit isolée & bâtie au milieu de la cour. Tous les grands Feudataires de la Couronne relevoient de cette tour, & venoient y faire la prestation de foi & hommage. « C'étoit, » dit M. de Saint-Foix, » une prison toute » préparée pour eux s'ils manquoient à leurs » sermens ». Trois Comtes de Flandres y furent enfermés en différens temps.

Le Louvre, peu riant par sa construction, recevoit encore de cette énorme tour, une teinte sombre & effrayante qui le rendoit indigne de la Majesté Royale; Charles V s'efforça d'égayer & d'embellir ce lugubre séjour,

séjour, & le rendit assez commode pour le temps. Plusieurs Monarques étrangers y ont été successivement logés; tels que *Manuel*, Empereur de Constantinople, *Sigismond*, Empereur d'Allemagne, & *Charles-Quint*.

Cette grosse tour du Louvre, qui avoit en différens temps servi de Palais à nos Rois de France, de prison à des grands Seigneurs, & de trésor de l'épargne, fut enfin détruite en 1528.

La *tour de la Librairie* étoit aussi renommée parmi plusieurs autres, parce qu'elle contenoit la bibliotheque de Charles V, la plus considérable du temps, & dont le nombre de volumes alloit jusqu'à 900.

La partie de ce Palais qu'on nomme aujourd'hui le *Vieux Louvre*, fut commencée sous François I, d'après les dessins de *Pierre Lescot*, *Abbé de Clagny*, & la sculpture fut exécutée par *Jean Gougeon*. Cet édifice, quoique achevé, ne fut point habité sous le regne de Henri II, mais il le fut par Charles IX, son fils.

Ce Palais devint sous ce Roi le théâtre sanglant des perfidies & des massacres dont gémissent encore les François; cruautés atroces, indignes du caractere aimable de notre Nation, & que le temps n'effacera jamais de la mémoire des hommes. Je veux parler des horreurs de la Saint-Barthelemi.

Pendant que les Citoyens alarmés traversoient la riviere à la nage pour éviter la

Partie II. H.

mort, du haut de ce Palais Charles IX tiroit sur eux à coups d'arquebuse. « Quand il fit » jour, dit Brantôme, le Roi mit la tête à » la fenêtre de sa chambre, & voyant au- » cuns dans le fauxbourg Saint-Germain » qui se remuoient & se sauvoient, il prit » une grande arquebuse de chasse qu'il » avoit, & en tiroit tout plein de coups à » eux, mais en vain, car l'arquebuse ne » tiroit si loin ; incessamment crioit : *tuez,* » *tuez* (1) ». La Capitale fut teinte du sang des sujets égorgés. Dans ce même Louvre, jusques dans la chambre de la sœur du Roi, jusques sur son lit, on poursuivit les propres serviteurs de la Cour (2).

---

(1) Ce Prince faisoit consister son adresse à abattre d'un seul coup la tête des ânes & des cochons qu'il rencontroit en son chemin. Lansac, un de ses favoris, l'ayant un jour trouvé l'épée à la main contre son mulet, lui demanda gravement : *Quelle querelle est donc survenue entre Sa Majesté Très-Chrétienne & mon mulet ?*

(2) M. de Tejan avoit un coup d'épée dans le coude, un coup de hallebarde dans le bras, & étoit encore poursuivi par quatre Archers, qui entrerent tous après lui dans la chambre de Marguerite de Valois, femme d'Henri IV. *Lui, voulant se garantir,* dit cette Princesse dans ses Mémoires, *se jetta sur mon lit ; moi, sentant un homme qui me tenoit, je me jette à la ruelle, & lui après moi, me tenant toujours à travers du corps... nous criyons tous les deux, & étions aussi effrayés l'un que l'autre ; enfin Dieu voulut que M. de Nançai, Capitaine des Gardes, vint, qui me trouvant en cet état là, encore qu'il y eût de la compassion, ne put se tenir de rire.*

Tirons le rideau sur ces scènes d'horreurs : passons rapidement de ce temps de fanatisme & de cruauté, où le Louvre fut souillé par tant de crimes, à des temps plus heureux, où ce Palais devint le berceau tranquille des Arts & des Sciences, l'école des talens, l'arène du Génie, & l'asyle des Artistes & des gens de Lettres.

Louis XIV résolut d'abord de faire continuer le Louvre sur le même plan commencé par François I; il y fit travailler quelque-temps; mais ayant conçu un dessein plus grand, plus magnifique, il fit poser les fondemens du superbe édifice qu'on voit aujourd'hui; le 17 Octobre 1665, sous le ministere de M. Jean-Baptiste Colbert.

Par un préjugé naturel, Louis XIV crut ne pouvoir trouver qu'en Italie un Artiste assez habile pour remplir ses projets de magnificence. Il fit venir de Rome, le *Cavalier Bernin*. Cet Artiste, dont la réputation étoit établie, fut reçu en France avec toute la pompe due aux Princes du Sang. Le Roi ordonna que dans toutes les villes de son passage, il seroit complimenté & recevroit les présens de ville. Des Officiers envoyés de la Cour, lui apprêtoient à manger sur sa route, & quand il approcha de Paris, un Maître-d'Hôtel de Sa Majesté fut envoyé à sa rencontre, pour le recevoir & l'accompagner par-tout.

Le *Cavalier Bernin* fut comblé de biens & d'honneurs; malgré la prévention que la

Cour avoit en faveur de cet Italien, malgré ses talens, cet Artiste ne réussit point dans cette entreprise. Après avoir avancé les fondations de cet édifice, il prétexta l'impossibilité de passer l'hiver dans un climat plus froid que le sien. « On lui promit, dit M. de
» Saint-Foix, trois mille louis par an s'il
» vouloit rester; mais il voulut absolument
» aller mourir dans sa patrie. La veille de
» son départ, on lui porta trois mille louis
» avec un brevet de douze mille livres de
» pension. Il reçut le tout assez froidement».

Plusieurs Artistes célebres se présenterent (1) pour achever cette grande entreprise. Qui l'auroit cru ? ce fut les desseins de *Claude Perrault*, ce Médecin si vilipendé par le Poëte Boileau, qui furent préférés, & qui méritoient de l'être. On plaisanta le nouvel Architecte Médecin (2), & Perrault répondit aux sarcasmes, en produisant la belle colonnade du Louvre, chef-d'œuvre de l'architecture Françoise, & admirée de toute l'Europe (3).

---

(1) Mansard présenta ses Desseins; Colbert en fut très-content; le Roi les vit & voulut absolument qu'ils fussent exécutés sans y rien changer. Mansard répondit qu'il aimoit mieux renoncer à la gloire de bâtir cet édifice, qu'à la liberté de se corriger & de changer son dessin, lorsqu'il croiroit mieux faire.

(2) On disoit que l'Architecture étoit bien malade, puisqu'on la mettoit entre les mains des Médecins.

(3) Excepté d'un Général des Cordeliers, Ita-

La façade de cette colonnade corinthienne a 87 toises & demie de longueur; elle est divisée en deux péristiles & trois avant-corps. La principale porte est dans l'avant-corps du milieu, qui est décoré de huit colonnes acouplées & couronnées d'un fronton dont la cimaise n'est composée que de deux pierres, qui ont chacune 54 pieds de longueur sur 8 de largeur, quoiqu'elles n'aient que 18 pouces d'épaisseur. Elles ont été tirées des carrieres de Meudon, & ne faisoient qu'un seul bloc, qui fut scié en deux. Les deux autres avant-corps sont ornés de six pilastres & de deux colonnes du même ordre, & dans la même disposition. Sur le comble regne, au lieu de toit, une terrasse bordée de balustrade, dont les piedestaux doivent porter de riches trophées entremêlés de vases.

Les ennemis de Perrault lui disputerent l'invention de ce chef-d'œuvre; ils soutinrent qu'elle appartenoit à l'architecte *Levau*; mais depuis la découverte du manuscrit original & des dessins de Perrault, il ne reste plus de doute sur le véritable auteur de cette belle production.

Le plan de tout le Louvre est un carré

---

lien, nommé *Bonaventure Calatagirone*, qui ne trouva de beau à Paris, que la quantité de broches qu'il vit tourner chez les Rotisseurs de la rue de la Huchette & de la rue aux Ours. *Veremente*, disoit-il, *quéste Rotisserie sono cose stupende*.

parfait, entouré de quatre corps de bâtimens, dont Louis XIV a fait élever le principal, & une partie des deux autres qui font les côtés. Louis XIII avoit fait aussi construire l'angle de la gauche parallele à celui d'Henri II, ainsi que le gros pavillon qui est au-dessus de la porte principale du Vieux-Louvre, sur les dessins de *Jacques le Mercier*. Les huit caryatides gigantesques qu'on y voit, ont été sculptées par *Sarrasin*, d'après celles de la salle des Cent-Suisses.

Dans la salle des Cent-Suisses, aujourd'hui dite *des-Antiques*, on admire une Tribune supportée par quatre caryatides, dont la sculpture est un chef-d'œuvre de *Jean Gougeon*. C'est-là que sont les modeles en plâtre, faits en Italie, par ordre de Louis XIV, des plus fameuses antiques, comme les bas-reliefs de la colonne Trajane, les statues d'Hercule de Farnese, du Gladiateur, de Laocoon, de la Vénus de Médicis, de la Vénus aux belles fesses, de l'Apollon Pythien & d'une infinité d'autres. On y voit aussi un beau bas-relief de *Puget*, représentant Diogene & Alexandre; un Saint-François & une Mere de Pitié par *Germain Pilon*, &c. C'est aussi dans cette salle que sont les statues de marbre destinées à être placées au *Muséum*. On entre dans l'appartement de la Reine, qui se divise en vieux & en nouveau. Le vieux n'est remarquable que par les ouvrages de *Diego de Velasquez*, qui sont dans le sallon des bains. La premiere piece du nouvel appartement de la Reine, est ornée de neuf paysages, peints à l'huile par *Borzon*; le plafond est peint à fresque par *Romanelle*; les figures de stuc, qui accompagnent les ornemens de la chambre de la Reine, sont de *Girardon*.

Le grand escalier conduit dans l'antichambre du Roi, où s'assemble aujourd'hui l'Académie des Sciences. (Voyez *Académies*, pag. 27, 28, &c., I. *Partie*).

La galerie d'Apollon, après avoir été consumée en 1661, fut rétablie & décorée comme on la voit à présent, d'après les dessins de *le Brun*. Elle fait partie des salles de l'Académie de Peinture. On y remarque, parmi plusieurs tableaux, un Louis XIV en pied, par *Rigaud*; une Annonciation dans le goût du *Titien*; les quatre fameuses batailles d'Alexandre, peintes par *le Brun*, & une descente de Croix par le même. Cette galerie communique dans le sallon où se fait l'exposition des tableaux tous les deux ans. (Voyez *sallon du Louvre*).

On arrive à ce sallon des tableaux par un magnifique escalier nouvellement construit par ordre de M. Dangiviliers, sur les dessins de M. Brebion.

Ce sallon doit servir d'antichambre à l'immense galerie du Louvre, que l'on rétablit depuis quelques années pour en faire un *Museum*. Cette galerie, qui regne tout le long du quai jusqu'aux Tuileries, a 227 toises de longueur. Elle renfermera les magnifiques tableaux de Sa Majesté, les statues en marbre des grands hommes de la France, par nos plus habiles Sculpteurs, dont plusieurs sont déjà exécutées ; enfin cette galerie deviendra un temple de mémoire, où seront à-la-fois immortalisés les grands hommes, les grands talens & la gloire du Ministre éclairé & du Prince bienfaiteur qui l'ont fondée.

Louis XIV habita long-temps le Louvre qu'il abandonna pour Versailles. Depuis ce temps, ce vaste palais est tout entier consacré aux Académies de tous les genres, aux Savans Artistes. Les Académies Françoise, des Sciences & des Inscriptions & Belles-Lettres, celles de Peinture, Sculpture & Architecture, y tiennent leurs séances, & ont des appartemens qui leur sont particuliers. La plus grande partie des Académiciens, ainsi que plusieurs hommes célebres, y sont logés par le Roi. La majesté royale ne pouvoit être plus dignement remplacée que par le génie (1).

---

(1) Nous n'oublierons pas un trait qui honore la bienfaisance du Roi qui nous gouverne, & la reconnoissance de ses sujets. Après que Louis XVI eut porté du secours à ceux de son peuple, que les rigueurs de l'hiver de 1784 avoit jettés dans la misere, on éleva, proche le Louvre, au passage du Coq, un Obélisque de neige dédié à Louis XVI. Chacun, à l'envi, venoit payer le tribut de sa grati-

LUXEMBOURG. (*Palais du*) Marie de Médicis, veuve d'Henri IV, acquit du Duc de *Pinei-Luxembourg*, son hôtel & ses dépendances, pour la somme de 90,000 l. Elle y fit construire, en 1516, ce Palais, par *Jacques de Brosse*, sur le modele du *Palais-Pitti*, des Ducs de Toscane à Florence.

Malgré cette nouvelle construction, malgré l'inscription qu'on lit en lettres d'or sur un marbre placé au-dessus de la grande porte, *Palais d'Orléans*, ce Palais a toujours conservé le nom de l'ancien hôtel qu'il a remplacé.

Le Palais du Luxembourg est, après celui du Louvre, le plus vaste de Paris; il est, sur-tout, distingué par son caractere mâle,

---

tude & de sa sensibilité, en attachant les Inscriptions où on lisoit l'expression du cœur des François. Ce Monument de neige étoit plus éloquent, plus glorieux, que le marbre & le bronze érigé par la flatterie. Parmi le nombre prodigieux d'inscriptions qui le couvroit, on remarquoit ce quatrain:

   Louis, les indigens que ta bonté protege
   Ne peuvent t'élever qu'un Monument de neige;
   Mais il plaît davantage à ton cœur généreux,
   Que le marbre payé du pain des malheureux.

M. *Jubault*, propriétaire d'une maison voisine, pour conserver ce fait à la postérité, vient de faire élever dans sa cour un Obélisque de marbre, sur lequel sont gravées les plus remarquables Inscriptions qui étoient attachées à l'Obélisque de neige.

H v

par sa régularité, & la beauté de ses proportions.

La façade qui est du côté de la rue de Tournon, forme une terrasse ornée de balustre, au milieu de laquelle s'éleve un pavillon terminé par un dôme avec sa lanterne. Ce pavillon est composé des ordres toscan & dorique l'un sur l'autre, & entouré de plusieurs statues. Cette terrasse est terminée, des deux côtés, par deux gros pavillons carrés. Chacun de ces pavillons sont décorés d'une statue de marbre nichée; celle du pavillon qui est à droite, représente Henri IV, l'autre Marie de Médicis.

Ces deux pavillons sont joints au grand corps-de-logis par des galeries soutenues chacune par neuf arcades qui éclairent de larges corridors très-bien voûtés.

De la cour qui est au milieu de ces bâtimens, on monte, par un perron, à une autre cour en terrasse, séparée par des balustrades en marbre blanc, dont les piedestaux portoient des statues de marbre qui furent vendues, ainsi que plusieurs autres qui décoroient le jardin, avec les meubles de Marie de Médicis. Cruels effets de la vengeance du Cardinal de Richelieu (1)!

_____

(1) Ce Cardinal ne borna pas sa persécution aux seuls objets qui décoroient cet Edifice, il poursuivit avec acharnement la malheureuse Princesse qui l'avoit fait bâtir. Exilée de France en 1631, elle erra long-temps en Flandres & en

Les ordres d'Architecture employés dans tout ce bel édifice, font le toscan & le dorique, revêtus de bossages alternatifs, & surmontés d'un attique ; mais on a ajouté l'ionique aux deux autres ordres, sur les quatre pavillons placés aux angles du principal corps-de-logis, parce qu'ils sont plus élevés que le reste des bâtimens.

La superbe galerie de ce Palais, que Marie de Médicis a fait peindre par le célebre *Rubens*, & qui représente, en 24 tableaux, l'histoire allégorique de cette Reine, en a été retirée depuis quelques années, ainsi que la collection de tableaux qui ornoit les appartemens de la feue Reine Douairiere d'Espagne, & de ceux du cabinet du Roi. Les uns & les autres doivent enrichir le *Museum* que l'on prépare aux galeries du Louvre.

La façade du côté du jardin est généralement admirée ; le parterre est fait d'une grande maniere. A droite, en remontant l'allée qui borde le mur des cours, est, en face, une fontaine, ou plutôt les ruines d'une fontaine, qui offrent un superbe morceau d'Architecture, dont l'ordonnance subsiste encore ; mais la sculpture est presqu'entiérement dégradée par le temps.

Angleterre, où l'implacable Cardinal obtint du Roi Charles I de la renvoyer. Elle se réfugia à Cologne le 3 Juillet 1642, âgée de 68 ans, & y mourut dans un grenier, presque de faim & de misere.

H vj

Le Palais du Luxembourg appartient aujourd'hui à MONSIEUR, frere du Roi. (Voyez *Jardin du Luxembourg*, p. 118, II. *Part*.

LYCÉE. Le *Lycée* a pris la place du *Musée*, fondé par le malheureux Pilatre du Rozier. Les collections, les machines, les instrumens, &c., appartenant à l'ancienne Société, ont été acquis pour la nouvelle. Le concours de plusieurs personnes distinguées par leur état & par leurs lumieres, ainsi que les bienfaits & la protection de deux Princes, ont donné au nouvel établissement une consistance, une dignité qui manquoient à l'ancien.

L'expérience a prouvé aux Directeurs du Lycée que l'ordre des séances, adopté en 1786, premiere année de cet établissement, exigeoit des changemens qui rendissent l'enseignement de chaque séance plus méthodique & plus commode aux Souscripteurs.

Cette nouvelle disposition des séances a semblé beaucoup plus avantageuse aux Administrateurs (1).

Les noms de MM. de la *Harpe*, *Garat*, *Fourcroy*, *Sue*, *de Parcieux*, *de la Croix*, &c. Professeurs de ce Lycée, suffisent pour faire l'éloge de cet établissement.

---

(1) Notez que cette année 1787, il y a sept Professeurs de moins que l'année précédente.

Les hommes qui desireront souscrire pour la premiere fois, seront tenus de se faire présenter par trois des anciens Membres du Lycée.

Les Dames qui auront le même desir, seront soumises à la même obligation. Elles doivent être présentées par trois Dames, *& rien ne pourra suppléer à cette formalité*, dit le prospectus du Lycée.

Le prix de l'abonnement est de *quatre louis*. Le Bureau pour recevoir les souscriptions est ouvert tous les jours au Lycée, place du Palais Royal, jusqu'à deux heures après midi.

MADELEINE-DE-LA-CITÉ. (*Sainte*) Cette église, située rue de la Juiverie, étoit une ancienne synagogue de Juifs. Lorsque cette nation fut chassée du Royaume, Philippe-Auguste donna à l'Evêque de Paris, en 1183, la permission de convertir cette synagogue en église. En 1491, elle fut érigée en Paroisse archipresbytérale. Trop petite, puisqu'elle ne consistoit qu'en la nef, elle fut agrandie de tout le chœur.

Il y a dans cette église la *grande Confrairie de Notre-Dame aux Seigneurs, Prêtres, Bourgeois, Bourgeoises de Paris*. Son ancienneté cache son origine, & la fait regarder comme la mere des autres Confrairies de Paris.

On voit, dans le chœur, quatre grands tableaux de *Champagne*, qui sont la suite de ceux du Chapitre de Notre-Dame. Savoir les noces de Cana, la mort de la Vierge, Notre-Seigneur au milieu des Docteurs, & la Visitation.

MADELEINE-DE-LA-VILLE-L'EVÊQUE. (*Ste*) C'étoit une ancienne chapelle fondée par le Roi Charles VIII, qui fut érigée en Paroisse l'an 1639. Le quartier étant considérablement accru, ainsi que le nombre des paroissiens, Louis XV ordonna, par lettres-patentes du 6 Février 1763, la construction d'une nouvelle église, plus grande que la première. M. *Contant d'Ivri* fut choisi pour en être l'Architecte ; il en commença les travaux ; mais cet Artiste étant mort en 1777, Sa Majesté Louis XVI en chargea M. *Couture le jeune*.

Cet édifice se continue, mais un peu lentement. Son portail, décoré d'un péristile corinthien d'une grande proportion, fera face à la place de Louis XV.

MADELONETTES, *situées rue des Fontaines en face du Temple*. Un riche Marchand de vin de Paris, *Robert Montoy*, trouva dans la rue deux filles débauchées, qui lui témoignerent le desir le plus vif, le plus sincere de changer de vie, & de se convertir : il les amena chez lui, & les convertit. Un Curé, un Capucin & un Militaire, touchés de cet acte d'humanité, résolurent de chercher par-tout de ces créatures, pour les convertir aussi, & en former un établissement, où elles puffent, en paix, pleurer leurs égaremens & leurs plaifirs. Le nombre de ces pécherelles pénitentes augmentoit chaque jour; les moyens manquoient à leur ferveur. *Marguerite-Claude de Gondi* leur laiffa en mourant 101,600 livres, & le Roi Louis XIII leur accorda une rente perpétuelle de 3000 livres.

Quelques foupçons fur la perfévérance de la converfion de ces filles, dont la mémoire & les anciennes habitudes étoient pour elles deux démons tentateurs bien à craindre, firent prendre le parti de les faire gouverner par des filles d'une vertu intacte, & fur lesquelles ces démons n'avoient plus de pouvoir: on eut recours aux Religieufes de la Visitation. La Mere *Marguerite l'Huillier*, & la Mere *Marie Bollain*, affiftées de quatre autres Religieufes, dirigerent cette Communauté pendant quelque temps, mais foit qu'elles n'euffent pas les talens néceffaires pour une adminiftration de cette efpece, ou foit qu'elles en fuffent dégoûtées, elles abandonnerent cette charge aux Urfulines; celles-ci aux Hofpitalieres, & fucceffivement les Hofpitalieres aux Religieufes de Saint-Michel, qui, depuis 1720, dirigent cette Communauté avec la douceur, la circonfpection & la fermeté qui lui conviennent (1).

---

(1) Cette Communauté fe divife en trois Claffes. Cette divifion eft auffi fage que curieufe. La pre-

L'église de ce Monastere fut bâtie en 1680. On y voit une chapelle, dont la construction est l'imitation fidelle de la chambre de la Vierge qu'on montre à Lorette.

MAGLOIRE. (*Saint*) Voyez *Filles pénitentes de Saint-Magloire*, I. *Partie*, page 298.

MAGNÉTISME. (*Établissement du*) Ce systême, anciennement connu de plusieurs Médecins, renouvellé par M. *Antoine Mesmer*, qui l'apporta vers l'an 1778, de l'Allemagne à Paris, produisoit des effets aussi merveilleux que nouveaux : à ces seuls titres, il devoit être admiré des François, & il le fut. *Antoine Mesmer* s'associa avec M. *François Deslon*, Médecin de la Faculté de Paris, qui profita des leçons de son maître, ensuite se retira. Quoiqu'il eût promis pardevant Notaire d'être discret, il ne le fut point, & il vendit bientôt au Public, à tout prix, ce qu'il savoit, ou ce qu'il ne savoit pas : grands débats entre *Antoine & François*. Pendant qu'ils du-

---

miere Classe, sous le titre de *la Madeleine*, est composée de celles dont la solide conversion ne laisse plus aucun doute. La seconde, sous le nom de *Sainte-Marthe*, comprend les dernieres converties qui attendent encore de Dieu la grace d'être insensibles aux joies de ce monde. Enfin, la troisieme est composée de ces femmes, dont les passions tumultueuses, le caractere indocile, leur font dédaigner les secours spirituels : leur pénitence est involontaire.

roient encore, voici qu'un M. *Monjoie* s'avife de publier, très-longuement, dans le Journal de Paris, les procédés, les merveilles, les dangers du Magnétifme, & les querelles d'*Antoine* & de *François*. A cette époque commença l'engouement univerfel; l'ouverture de la foufcription de 2400 liv. par perfonne, la grande vogue & la fortune d'*Antoine Mefmer*; laquelle il foutint par le charme des fêtes qu'il donnoit, & des cérémonies myftérieufes qu'il obfervoit dans les *initiations*. Moins cher, plus acceffible que fon maître, *François Deflon* profitoit de l'heureufe difpofition des efprits: il avoit auffi fes baquets bien environnés, fes prôneurs & fes convulfionnaires, chacun s'enrichiffoit, *Antoine* par la vertu de fon doigt, & *François* par la vertu de fa baguette. Delà les cris des Médecins; delà cette foule de brochures férieufes ou badines, indifférentes ou inftructives; enfin, delà ces fatals rapports des Commiffaires nommés par le Roi & par la Société de Médecine, qui ont décidé que le fluide magnétique n'exiftoit pas: tout-à-coup on a vu fe rallentir le cours de la fortune brillante des Magnétifans & le zele infenfé des Magnétifés.

Le *Somnambulifme*, ou le Magnétifme fous un nouveau nom, eft venu raffermir quelque temps la foi chancelante des profélytes. Sous ce déguifement, le Magnétifme auroit pu faire de nouvelles conquêtes sur l'esprit femelle des Parisiens ; mais la mode étoit passée.

Maison Philantropique. (Voyez Sociétés).

MANUFACTURES. Manufacture *Royale des Gobelins*. (Voyez *Gobelins*, II. *Partie*, page 25).

MANUFACTURE *Royale des Tapis de pied*, à la façon de Perse, dite *de la Savonnerie*, à Chaillot.

MANUFACTURE *Royale des Glaces*, rue de Reuilli, fauxbourg Saint-Antoine : on polit & l'on étame les glaces, qui sont transportées de Saint-Gobin en Picardie, où elles ont été coulées.

MANUFACTURE *Royale des Porcelaines & de Verrerie*, à Sève.

MANUFACTURE *des Porcelaines de la Reine*, rue Thiroux, Chaussée d'Antin.

MANUFACTURE *des Porcelaines de Monsieur*, établie à Clignancourt, près Montmartre, & dont le dépôt est rue Neuve-des-Petits-Champs, au coin de celle de Chabanois.

MANUFACTURE *des Porcelaines de Mgr Comte d'Artois*, fauxbourg Saint-Denis, vis-à-vis Saint-Lazare, dont le dépôt est au bâtiment neuf des Théatins, sur le quai de ce nom.

MANUFACTURE *des Porcelaines de M. le Duc d'Angoulême*, rue de Bondy.

MANUFACTURE *Royale de Terre d'Angleterre*, Pont-au-Choux.

MANUFACTURE *de Tapisseries & Tapis d'Aubusson*; son dépôt est rue Boucher, vis-à-vis la rue Etienne.

MANUFACTURE *de Velours à la Turque*, près les Enfans-Trouvés, fauxbourg Saint-Antoine.

MANUFACTURE *Royale de Papiers-Tontisses & Peints*, rue de Montreuil, au fauxbourg Saint-Antoine, tenue par M. Reveillon.

MANUFACTURE *de Papiers-Tontisses & Peints*, tenue par MM. Arthur & Grenard, sur le Boulevard de la Chaussée d'Antin, au coin de la rue de Louis-le-Grand.

MANUFACTURE *de Sparterie*, rue de Popincourt.

MANUFACTURE *de Dentelles de Points de Paris, d'Alençon, d'Argentan, d'Angleterre*, au Marché-Neuf fauxbourg Saint-Antoine, second pavillon à droite.

MARCEL. (*Saint*) Eglise Collégiale dans le fauxbourg de ce nom, vis-à-vis la rue Saint-Hippolyte; elle conserve sa construction originelle à quelques réparations près, qui ont été faites dans le chœur. Au bas du Sanctuaire, est enterré le Comte de *Lowendal,* frere du Maréchal de France, & Doyen de cette Eglise. Sur sa tombe on lit :

Hic jacet Uldericus-Fredericus Comes de LOWENDAL, *è Regia Danorum stirpe, Woldomaris, Franciæ Marescali, Bergæ-zoo-Man Expugnatoris frater, hujus Ecclesiæ Sancti Marcelli decanus. Obiit* 12 *Jul. anno* 1754.

Au milieu du chœur est encore le mausolée de *Pierre Lombard,* Evêque de Paris (1), surnommé *le Maître des Sentences.* Ce tombeau, élevé d'environ deux pieds, est de pierre, ainsi que la figure couchée de cet Evêque. On lit autour cette inscription : *Hic jacet Magister Petrus Lombardus Paris. Episc. qui composuit librum Sententiarum, Glossus Psalmorum & Epistolarum ; cujus obitus dies est* 13 *cal. Aug. anno* 1164.

MARCHÉS. *Marché aux Chevaux,* au bout de la rue Poliveau & près le Boulevard de l'Hôpital ; il est vaste, & planté d'arbres. On a fait construire en 1760 un pavillon qui sert de logement à l'Inspecteur de Police qui préside à ce Marché.

---

(1) L'esprit du Clergé de ce temps-là étoit de couper la barbe aux Prêtres & aux Séculiers. Pierre Lombard se distingua par son zele à détruire les barbes hétérodoxes. Celle du Roi Louis le jeune res-

Le Marchand qui vend les chevaux n'est garant que de trois vices ; la pousse, la morve & la courbature : mais dans ces cas, l'Acheteur n'a que neuf jours pour avoir action contre le Vendeur.

Ce marché se tient les Mercredis & Samedis de chaque semaine.

Le Marché aux Fleurs, sur le quai de la Mégisserie ou de la Féraille ; on y trouve des graines, oignons, arbres & arbustes de toutes especes.

Ce marché se tient les Mercredis & samedis de chaque semaine.

L'on vend les fleurs pour bouquets tous les matins, rue aux Fers depuis cinq heures jusqu'à huit.

Marché aux Légumes & aux Fruits dans l'emplacement de l'ancien Cimetiere des Innocents.

Marché de la place Maubert ; c'est un des plus grands de Paris : il tient les Mercredis & Samedis. *Albert-le-Grand* avoit une si grande réputation, qu'il ne trouvoit pas de place assez grande pour contenir tous ses Écoliers. Il donnoit ses leçons dans cette

---

toit encore sur son menton ; il lui persuada que, pour obtenir du Ciel le pardon de ses crimes, il n'y avoit pas de plus court moyen que de se raser. Le Roi se rendit à de si bonnes raisons, & l'Evêque eut la gloire de remplir auprès du Roi les fonctions de Barbier. (Voyez *Pogonologie*, C. IX, *de la barbe des Prêtres*, chez le Jay, Libraire).

Place, qui a conservé son nom ; de *Maître Albert* ou *Aubert*, on a fait Maubert.

Marché du Cimetiere Saint-Jean; il est très-vaste : l'emplacement qu'il occupe contenoit autrefois l'*Hôtel de Craon*; mais *Pierre de Craon*, la nuit du 14 Juin 1391, ayant assassiné le Connétable de Clisson, son procès lui fut fait (1), & ses biens furent confisqués. Le Roi Charles VI donna aux Marguilliers de Saint-Jean-en-Greve, cet Hôtel, pour en faire un Cimetiere, qu'on a depuis changé en un marché.

Marché Neuf, situé sur le bord de la riviere, entre le Pont Saint-Michel & Saint-Germain-le-Vieux ; la porte de la Boucherie est enrichie d'ornemens, sculptés par *Jean Gougeon*.

Marché de la Culture Sainte-Catherine, au quartier Saint-Antoine; ce Marché, nouvellement construit, est dans l'emplacement de la maison & de l'Eglise des Religieux de la Culture de Sainte-Catherine.

---

(1) Le Duc d'Orléans, frere de Charles VI, étoit fort amoureux d'une Juive qu'il alloit voir secrettement ; ayant soupçonné que Pierre de Craon, son Chambellan & son favori, avoit plaisanté de cette intrigue avec la Duchesse d'Orléans sa femme, il le chassa honteusement de sa maison. Craon imputa sa disgrace au Connétable de Clisson ; l'ayant attendu au coin de la rue Culture Sainte-Catherine, & le voyant venir peu accompagné, il fondit sur lui à la tête de vingt scélérats. (*Essais Hist. sur Paris*).

Marché Saint-Germain; sa principale porte, d'ordre dorique, est surmontée d'un attique, couronné par les armoiries du Cardinal de Bissy, qui fit construire le Marché & la porte.

Marché Saint-Martin-des-Champs, construit en 1765, sur une partie du territoire du Prieuré; l'emplacement est d'environ cinq cents toises.

Il y a plusieurs autres Marchés, dont nous ne croyons pas devoir faire mention. (*Voy. Halles, II. Partie, p. 28 & suivantes*).

MARÉCHAUX *de France.* (*Tribunal des*) Il se tient chez le plus ancien des Maréchaux de France; c'est aujourd'hui M. le Maréchal *de Richelieu.*

MARGUERITE. (*Sainte*) Cette Eglise située rue Saint-Bernard, fauxbourg Saint-Antoine, étoit une Succursale de la Paroisse de Saint-Paul; elle fut érigée en Paroisse en 1712.

On voit dans la Chapelle de Sainte-Marguerite un tableau estimé, représentant cette Sainte enchaînée; il est peint par *Alphonse du Fresnoi.*

A gauche de cette Eglise est une Chapelle sépulcrale construite sur les dessins de M. *Louis*; deux arcades forment l'entrée & représente au milieu le médaillon en marbre blanc, du célebre Méchanicien *de Vaucanson*, mort en 1782. L'intérieur est décoré de peinture à fresque de clair obscure, exécutées par M. *Brunetti*; elles repréſentent une ordonnance de colonnes, des ſtatues, des bas-reliefs & des inſcriptions relatives au lieu.

Cette Chapelle eſt éclairée par une ouverture carrée pratiquée à la voûte. L'autel eſt en forme de tombeau antique; au fond eſt un grand tableau qui repréſente le Purgatoire, peint par M. *Briard*. La décoration de ce lieu ſépulcral, l'air ſombre qui y regne lui donnent un caractere convenable à ſon objet.

MARINE. (*Sainte*) C'eſt la plus petite Paroiſſe de Paris; elle renferme l'Evêché & dix ou douze maiſons.

» C'eſt dans cette Egliſe que l'on marie
» ceux que l'on condamne à s'épouſer. An-
» ciennement on les marioit avec un anneau
» de paille; étoit-ce pour marquer au mari
» que la vertu de celle qu'il épouſoit étoit
» bien fragile? Cela n'étoit ni poli, ni
» charitable ». *Eſſais hiſt. ſur Paris.*

MARTIN. (*Saint*) Petite Egliſe Paroiſſiale dans le Cloître de Saint-Marcel; elle eſt ornée de boiſerie, & l'on y voit ſur le maître-autel une Aſſomption dans le goût de l'École Vénitienne, & dans une Chapelle près du chœur, une très-bonne copie de la Nativité, de *Rubens*.

MARTIN-DES-CHAMPS. (*Saint*) C'eſt un Prieuré Royal, qui étoit anciennement

nement une petite Chapelle. Détruite par les Normands, elle fut reconstruite, ainsi que le Monastere, par le Roi Henri Ier. Sous son regne, cette Eglise étoit desservie par des Chanoines Réguliers ; mais Philippe Ier, en 1079, leur substitua des Religieux de Clugny.

Le Cloître, commencé en 1702, fut achevé en 1720 ; mais le grand dortoir, qui regne le long du jardin, ne le fut qu'en 1742 : l'escalier qui y mene mérite d'être vu.

En 1706, on plaça dans l'Eglise quatre tableaux de *Jouvenet*, qui ont chacun vingt pieds de long sur douze de haut. Dans celui qui représente la Magdelaine aux pieds de Notre-Seigneur chez Simon le Pharisien, *Jouvenet* s'y est peint avec ses deux filles. Ces quatre tableaux sont des plus beaux de ce Maître.

Les tableaux qui sont aux deux côtés de la porte, sont de *Poerson* & de *Montagne*.

Ceux du chœur offrent d'un côté, le Centenier, par *Cazes*, l'Aveugle-né, commencé par *le Moine*, & terminé par *Natoire*, son Eleve.

De l'autre côté, l'Entrée de Jesus-Christ dans Jérusalem, par *J. B. Vanloo* ; le Paralytique sur le bord de la piscine, par *Restout*.

Le maître-autel, élevé d'après les dessins de *Mansard*, est décoré d'un tableau représentant une Nativité, par *Vignon*.

Partie II. I

Dans la Salle du Chapitre, on remarque une Annonciation, par *Cazes*; une Adoration des Mages, par *Oudry*; une Présentation au Temple, par *Carle Vanloo* & les Noces de Cana, par *Louis-Michel Vanloo*.

Le Réfectoire, dont l'Architecture est d'un beau gothique, & que l'on croit de *Montreuil*, est orné dans l'attique du lambris, de neuf petits tableaux, de la vie de Saint Benoît, peints par *Silvestre*. Les deux du fond, contre le tambour, ont été faits par *Galloche*. Le grand tableau à côté de la porte, représentant J. C. dans le désert, servi par des Anges, est de *Poilly*, Elève de *Jouvenet*.

Dans cette Eglise, sont les sépultures de *Guillaume Postel*, de *Philippe de Morvillier* & de *Jeanne du Drac*, sa femme, fondateurs de la Chapelle de S. Nicolas (1); & de *Pierre de Morvillier*, Chancelier de France, leur fils.

La Bibliotheque, qui n'est pas fort nom-

---

(1) Sur une table de marbre attachée à un des pilliers de cette Chapelle, on lit ces clauses dans l'acte de la fondation faite en 1426: Item. Chacun an, la veille de Saint-Martin & d'hiver, lesdits Religieux, par leur Maire & un Religieux, doivent donner au premier Président du Parlement, deux bonnets à oreilles, l'un double & l'autre sengle (simple) en disant certaines paroles, & au premier Huissier du Parlement, ungs gand & une escriptoire, en disant certaines paroles, &c. Cette fondation s'exécute régulierement tous les ans.

breuse, renferme un manuscrit contenant les Évangiles selon la Vulgate; il est écrit en lettres d'or sur vélin, & très-bien conservé : on le croit du temps de Charlemagne.

Les Religieux de Saint-Martin sont Seigneurs haut-justiciers dans leur enclos, dont une partie forme le *Marché de Saint-Martin*, construit en 1765.

MATHURINES. Communauté des filles de l'Ordre de la Trinité, située petite rue de Reuilly, fauxbourg Saint-Antoine; elle fut instituée par Madame *Sarabat*, qui avoit abjuré le Protestantisme. Les Sœurs portent un triangle en argent, symbole de la Trinité. Elles enseignent gratuitement les pauvres filles du fauxbourg, & prennent des demoiselles pensionnaires à raison de 3 à 400 livres.

MATHURINS, ou *Religieux de la Sainte-Trinité de la Rédemption des Captifs*, autrefois *Freres aux Anes*, parce qu'ils n'avoient point d'autre monture. Cette Communauté, située rue des Mathurins, doit ce nom à un ancien Hôpital, dédié à Saint Mathurin, placé dans le même lieu. Le récit des maux que souffroient les Chrétiens esclaves des Musulmans après les Croisades, suggéra à *Jean de Matha* & à *Felix de Valois*, de fonder des Religieux qui seroient employés à racheter ces esclaves. Le Pape Innocent III approuva cette institution en 1199, & elle se répandit en France sous Philippe-Auguste.

Ces Religieux s'établirent à Paris, & dûrent leurs bâtimens aux libéralités de Saint-Louis, & de Jeanne, fille du Comte de Vendôme. Le cloître fut rebâti en 1219 par *Robert Gaguin*, Général des Mathurins. Le nouveau portail, ainsi que la cour, fermée d'une grille de fer, ont été faits en 1729.

Au-dessus de la petite porte de l'Eglise est une longue pierre grise où l'on a sculpté en bas-relief les douze Apôtres. La nature de cette pierre a donné lieu à une aventure singulière.

Il y a environ dix ans que l'on fit à cette porte quelques réparations. Deux maçons démolissoient à l'entour de cette pierre. « Oh ! le villain qui m'empoisonne, dit » l'un en se bouchant le nez. — C'est toi, » répondit l'autre, en faisant la même gri- » mace. — Comment, tu viens m'empoi- » sonner, & tu dis que c'est moi qui ai... » — Oui, c'est toi, oui ». De paroles en paroles, d'injures en injures, ils s'échauffent, se battent, & la garde vient les séparer ; le sujet de leur querelle est si mince, qu'ils n'osent eux-mêmes l'avouer.

Le lendemain, nouveaux ouvriers & nouvelle querelle : « Le diable emporte l'o- » deur ; — c'est toi, — non, c'est toi-même ». Quelqu'un qui avoit été témoin de la première dispute, étonné de la voir encore renouvellée, observe la pierre des douze Apôtres, la racle, & apprend aux ouvriers qu'elle seule est coupable de l'incongruité dont ils s'accusoient mutuellement.

Des Naturalistes consultés vérifierent le fait, & reconnurent que le bas-relief étoit en *pierre de porc* (1), ou *pierre puante*, qui, lorsqu'elle est frottée vivement, répand une odeur insupportable.

Les panneaux des stalles du chœur, peints en 1633, par *Van Chulden*, Élève de Rubens, représente la vie de Saint-Jean de Matha & de Felix de Valois, les fondateurs de l'Ordre.

Le maître-autel est décoré de quatre colonnes composites de brocatelle, antique, jaune, & le Tabernacle de dix colonnes de marbre de Sicile.

Les quatre colonnes des deux Chapelles latérales, sont de brêche antique.

La grille qui sépare le chœur de la nef est ornée de six grandes colonnes de marbre de Rance.

Le cloître, dont la moitié a été nouvellement reconstruite, est remarquable par la tombe de deux Écoliers de l'Université, qui, convaincus d'avoir volé & assassiné

_____

(1) Pierre de Porc, *lapis suillus*; substance calcaire, combinée avec le soufre qui, au frottement, répand une odeur d'urine de chat, d'œuf couvi, ou de foix de soufre.

I iij

fur le grand chemin, furent arrêtés & pendus, malgré les réclamations de l'Université. Cette Société de Docteurs, par son entêtement & ses menaces, parvint dans ces temps d'ignorance à faire condamner le Prévôt des Marchands à détacher du gibet les deux Ecoliers, après les avoir baisés sur la bouche. Ce Prévôt les fit mettre, dit M. de Saint-Foix, « sur un chariot couvert de » drap noir, & marcha à la suite accom- » pagné de ses Sergens & Archers, des » Curés de Paris & des Religieux. Il con- » duisit ainsi les corps, premierement au » Parvis de Notre-Dame pour les présenter » à l'Evêque, & de-là aux Mathurins, où » le Recteur de l'Université les ayant reçus » de ses mains, les fit inhumer honora- » blement le 16 Mai 1408 ». Ce tombeau, qui est à un des angles de ce cloître, repré-sente deux formes de corps enveloppés, dont les têtes sont penchées du même côté ; il est entouré d'inscriptions latines. Tout proche de-là, contre le mur, est leur épitaphe Françoise sur une table de bronze, dont les caracteres sont en relief. Ces vo-leurs, ces assassins, protégés avec tant d'ardeur par l'Université, s'appelloient, l'un *Léger du Mouffel*, l'autre *Olivier Bourgeois*.

Dans le même cloître, on trouve une épitaphe singuliere, qui immortalise les talens d'un frere de cette Maison de la maniere suivante :

Ci gît loyal Mathurin,
Sans reprouche bon serviteur ;
Qui céans garda pain & vin,
Et fut des portes Gouverneur.
Paniers ou hottes, par honneur,
Au marchié volentier portoit,
Fort diligent & bon sonneur :
Dieu pardon à l'ame lui soit.

MÉDARD. (*Saint*) Église Paroissiale, située rue Mouffetard : elle a été réparée & agrandie à plusieurs reprises ; ce qui la rend fort irréguliere. On vient encore de la réparer & de l'agrandir, en rajeunissant le chœur, & en construisant derriere une nouvelle Chapelle, prise sur le terrain du petit cimetiere.

Cette Eglise est bien décorée pour une Paroisse : on y trouve plusieurs tableaux, parmi lesquels on distingue Notre-Seigneur au tombeau, qui est dans la Chapelle S. Denis.

La Chapelle de la Famille d'Avignon est toute incrustée en marbre.

C'est dans cette Eglise que fut inhumé le savant, l'éloquent & l'indigent *Olivier Patru*, Avocat au Parlement, qui a mérité le titre de *Quintilien François*. Faute d'argent, on ne put placer dans cette Eglise son épitaphe, qu'avoit composée un de ses amis (1).

---

(1) Bossuet l'étant venu voir pendant sa derniere maladie, lui dit : *On vous a regardé jusqu'ici,*

C'est aussi dans cette Eglise que repose le fameux *Pierre Nicole*, Ecrivain méthodique, un des plus zélés défenseurs du Jansénisme, aussi savant, aussi profond, la plume à la main, qu'imbécille & timide dans ses actions privées (1) : il avoit toute la science d'Arnaud, & la bêtise de la Fontaine ; Auteur de plusieurs ouvrages de controverse, entr'autres des *Essais de Morale, & des moyens de conserver la paix dans la Société*.

Dans le petit cimetiere de cette Paroisse, derriere le chœur, est le tombeau du Diacre *François Pâris*, bien plus célebre après sa mort que pendant sa vie.

Ce tombeau, qui consiste dans une simple pierre platte élevée horisontalement au-dessus de terre, avoit la vertu singuliere de faire danser & grimacer ceux qui se plaçoient dessus. Les Jansénistes avoient mis ces miracles en vogue ; mais le temps où l'on prenoit des grimaces pour des miracles commençoit à passer. Afin de prouver la sainteté de ce dévôt Janséniste, les illuminés de cette secte se distinguoient par

---

Monsieur, comme un esprit fort, songez à détromper le public par des discours sinceres & religieux. — Il est plus à propos que je me taise, répondit Patru, on ne parle dans ces derniers momens que par foiblesse ou par vanité.

(1). Ses examinateurs ne lui trouverent pas assez de capacité pour lui donner le Sous-Diaconat.

des tours de force étonnans. On leur donnoit des coups de bûche, des coups d'épée; on les pendoit en croix, on les faifoit rôtir à la broche, & ils n'avoient point de mal. Plufieurs crurent, & quelques-uns croient encore à la faintété de *Pâris*. Le Roi fit ceffer les miracles, en ordonnant, le 27 Janvier 1733, que ce cimetiere fût fermé; il l'eft encore aujourd'hui : des plaifans écrivirent le lendemain fur la porte ces deux vers:

> De par le Roi, défenfe à Dieu,
> De faire miracle en ce lieu.

MÉDECINE. (Voyez *Écoles de Médecine*. page 236, I. Partie, & ci-après, *Société Royale de Médecine*.).

MERCY. (*Religieux de la*) La famille de *Braque* fit bâtir, en 1348, dans la rue du Chaume, où font aujourd'hui ces Religieux, une Chapelle & un Hôpital, qui ceffa de l'être dans le commencement du fiecle paffé, & il ne refta que la Chapelle que pofféderent dans la fuite les Religieux de la Mercy.

L'Eglife & la Maifon ont été reconftruites depuis par *Cottard*, qui n'a fait que le premier ordre de ce portail, dont les colonnes Corinthiennes offrent un exemple rare de mauvais goût. Elles font ovales & engagées dans un pilaftre. Le fecond ordre, qui eft compofite, eft du deffin de *Boffrand*.

Le maître-autel est décoré de deux statues e pierre dues au ciseau de *François Anguier* ; elles repréſentent Saint Raymond Nonnat, Cardinal, & Saint-Pierre Nolaſque, fondateur de ces Peres.

Dans la derniere Chapelle à droite, eſt un Saint-Pierre Nolaſque recevant le premier, en 1223, des mains de l'Evêque de Barcelone, l'habit de l'Ordre de la Mercy ; le Roi d'Aragon aſſiſte à cette cérémonie ; ce beau tableau eſt de *Bourdon*.

On voit dans cette Egliſe le tombeau de la Maiſon de *Braque*, dont les figures ſont en marbre ; elle eſt fondatrice de l'ancienne Chapelle de cette Egliſe. *Nicolas Braque*, Maître-d'Hôtel du Roi, mort l'an 1388, y repoſe avec ſes deux femmes, *Jeanne de Tremblay* & *Jeanne la Bouteilliere de Senlis*, ainſi que *Charles de Themines* & *Pons-Charles de Themines* ſon fils.

Cet Ordre differe de celui des Mathurins, en ce que ces Religieux font un quatrieme vœu que ne font pas ces derniers ; non-ſeulement ils vont racheter les eſclaves, mais même ils doivent demeurer en otage pour eux.

MERRI ou **MÉDÉRIC**. (*Saint*) Une Chapelle fort ancienne dont on ignore l'origine, mais qui exiſtoit au ſixieme ſiecle ſous l'invocation de Saint-Pierre, a été le principe de cette Egliſe Collégiale

& Paroissiale; elle fut reconstruite telle qu'elle est aujourd'hui, sous le regne de François Ier.

Le chœur de cette Eglise a été décoré avec goût, d'après les dessins des freres *Slodtz*. Toutes les arcades sont revêtues d'un stuc imitant parfaitement différentes sortes de marbre. Aux bases des piliers du Sanctuaire sont placées, sur des culs-de-lampe, quatre figures d'Anges bronzées de grandeur naturelle, dont deux soutiennent une châsse de vermeil, qui renferme les reliques de Saint-Merri.

Le maître-autel de marbre est isolé, en forme de tombeau antique, avec des ornemens de bronze dorés. Au-dessus s'éleve une Gloire d'Anges qui accompagne la Suspension. Au bas du chœur, deux Anges grands comme nature portent chacun un livre servant de pupitre pour chanter l'Epître & l'Evangile.

A l'entrée du chœur, les deux Chapelles de côtés sont ornées de colonnes de marbre & de fronton. Les tableaux de ces Chapelles sont de *Carle Vanloo*.

On voit dans la Chapelle de Saint-Merri un tableau de *Vouët*; celui de la Chapelle de Saint-Pierre est de *Restout pere*.

Dans la seconde Chapelle à gauche, près le chœur, est un tableau en mosaïque fort estimé, fait en 1496 par *David Florentin*.

La Chapelle de la Communion où regne

l'ordre Corinthien, élevée sur les desseins de *Richard*, est éclairée par trois lanternes. Le tableau de l'autel représente les Pélerins d'Emmaüs, peints par *Charles Coypel*. Celui de côté, dont le sujet est la réparation d'une profanation commise dans cette Eglise, en 1722, est de M. *Belle*. L'autre représente le Purgatoire. La sculpture de l'autel est relative au tableau. Au-dessus des portes latérales, *Paul Slodtz* a sculpté deux figures représentant l'ancienne loi & la nouvelle.

Dans une Chapelle près la Sacristie, on voit le Mausolée de *Simon Arnaud*, Marquis de Pomponne, Ministre d'Etat, fils de Robert Arnaud d'Andilly, & neveu du célebre Antoine Arnaud du Port-Royal. Il fut employé dès l'âge de 23 ans en qualité de Négociateur. Il conclut plusieurs traités, & fut Ambassadeur extraordinaire en Suede : il mourut en 1699, âgé de 81 ans. Ce tombeau en marbre, orné de plusieurs figures, est sculpté par *Rastrelli*. Sur l'autel, *d'Ullin* a peint N. S. adoré par les Bergers.

Plusieurs personnes fameuses ont été inhumées dans cette Eglise. *Simon Marion*, Avocat général au Parlement de Paris, dont le Cardinal du Perron fait le plus grand éloge, en disant que c'étoit *le premier du Palais qui ait bien écrit, & que depuis Cicéron il n'y a pas eu un Avocat tel que lui.*

Jean Chapellain, de l'Académie Françoise, Ecrivain le plus estimé par ses qualités personnelles, le plus critiqué dans ses Poésies, & le mieux pensionné de tous les beaux esprits de son temps. Il est Auteur d'un Poëme de *la Pucelle*, fort connu par les satyres de Boileau, qui a mis en réputation & l'Auteur & ses ouvrages (1).

M. de Saint-Foix rapporte que Jourdain de l'Isle, qui avoit épousé la niece du Pape Jean XVII, ayant tué d'une maniere barbare deux Huissiers qui lui signifioient un Arrêt du Parlement, fut pris & condamné à être pendu; le lendemain de l'exécution, le Curé de Saint-Merri (2) écrivit au Pape: *très-saint Pere, dès que j'ai su que le mari de votre niece alloit être exécuté, j'assemblai mon Chapitre, & représentai qu'il convenoit de profiter de cette oc-*

---

(1) Quand Boileau, Racine & la Fontaine avoient fait ensemble quelques fautes de langue, ils s'imposoient réciproquement la pénitence de lire une page de *la Pucelle*.

(2) Un autre Curé de cette paroisse s'est distingué dans un cas différent. Il obtint du Prévôt de Paris une ordonnance qui chassoit de la rue Brisemiche les filles publiques qui y étoient établies. Des Bourgeois s'opposerent à cette ordonnance, & le Parlement, par Arrêt du 21 Janvier 1388, admit leur opposition. Quelque temps après, le Curé de Saint-Merri fit condamner un de ses Bourgeois à faire amende honorable un Dimanche, à la porte de la Paroisse, *pour avoir mangé de la viande le Vendredi*.

cafion pour vous marquer notre très-respectueux attachement & notre très-profonde vénération. A peine votre neveu étoit-il pendu, qu'avec grand luminaire nous allâmes le prendre à la potence, & nous le fîmes porter en notre Église, où nous l'avons enterré honorablement & GRATIS, &c.

MICHEL. (*Filles de Saint*) Fondées à Paris en 1724, dans une maison située rue des Postes. On y reçoit les filles pénitentes qui s'y présentent volontairement ou qu'on y envoie par ordres supérieurs. Le bâtiment de ces filles est séparé de celui des Religieuses.

On y fait aussi l'éducation des jeunes demoiselles, dont les pensions sont de 400 liv.

MINIMES *de la Place Royale.* Saint-François de Paule étoit fameux par son humilité, par ses grands miracles & par l'institution de son Ordre qu'il avoit commencé d'établir l'an 1439 en Calabre sous le nom d'*Hermites.* Le Pape Alexandre VI, qui en approuva les constitutions, changea le nom d'Hermites en celui de *Minimes* (1). Le Roi Louis XI

---

(1) C'est-à-dire *les plus petits.* Quelques-uns ont prétendu que J. C. avoit en vue les Minimes, en disant qu'il tiendra fait à lui-même ce qu'on aura fait aux plus petits des siens, c'est-à-dire à ses *Minimes : quod uni ex Minimis meis fecistis.*

étant malade, fit venir en France François de Paule, dans l'espérance qu'il lui rendroit la santé. Mais le Saint s'obstina à ne point vouloir faire de miracles pour le Roi, qui l'avoit cependant logé avec ses Religieux tout exprès dans son château du Plessis-les-Tours. Le Roi Charles VIII son fils fit bâtir à ce Saint un Couvent à Tours, dans lequel il mourut le 2 Avril 1507.

Marie de Médicis fonda les Minimes à Paris. Le portail de cette Eglise est le dernier ouvrage d'un des plus grands Architectes de la France, *François Mansard*. Il est composé de deux ordres d'Architectures : le dorique, & le composite au-dessus. Dans le tympan du fronton est un bas-relief qui représente Sixte IV accompagné de plusieurs Cardinaux, lequel ordonne à Saint François de Paule d'aller en France répondre aux desirs de Louis XI.

Le maître-autel est orné de six colonnes Corinthiennes de marbre de Dinan, & d'une descente de Croix copiée d'après le tableau de *Daniel Volterre*, qui est aux Minimes à Rome.

La première Chapelle à droite auprès du maître-autel, est celle de Saint François-de-Paule, qui est représenté, dans le tableau d'autel, ressuscitant un enfant. C'est le chef-d'œuvre de *Vouët*. Les Élèves de ce Peintre ont peint, sur les panneaux des lambris, l'histoire de la vie de ce Saint.

Dans la Chapelle suivante, dite de Saint-Michel, on voit le médaillon d'*Edouard Colbert de Villacerf*, Surintendant des Bâtimens de Sa Majesté, lequel est entouré d'une draperie heureusement jettée. C'est un des plus beaux ouvrages de *Coustou l'aîné*. Au-dessus sont les armes sculptées par l'*Espingola*.

La troisieme est celle de Saint François de Sales. Les quatre Vertus qui ornent les angles sont de *Desjardins*. Le superbe tombeau qu'on y voit, est celui du Duc de *la Vieuville*, parent de Saint François-de-Paule, & de la Duchesse sa femme, dont les figures sont grandes comme nature.

La cinquieme est la Chapelle d'Angoulême, où sont les tombeaux de *Dianne de France*, Duchesse d'Angoulême, fille naturelle d'Henri II & de *Charles de Valois*, Duc d'Angoulême, fils naturel de Charles IX, célebre dans l'Histoire par des mémoires qu'il a laissé au public, par ses projets de trahison & son long séjour à la Bastille (1).

---

(1) Deux fois ce Duc fut convaincu de trahison, Henri IV lui ayant pardonné sa premiere faute, étoit déterminé à faire justice de la seconde. Son Arrêt de mort fut prononcé; mais la clémence de Henri IV en arrêta l'exécution. On croit que la Marquise de *Verneuil*, maîtresse de ce Roi, & qui avoit trempé dans le complot, fut cause de ce pardon; on disoit à ce sujet, que l'amour avoit triomphé de la mort,

La sixieme renferme un grand tableau de *la Hyre*, représentant une Trinité.

De l'autre côté on voit, dans la quatrieme Chapelle, une Sainte-Famille peinte par le fameux Sculpteur *Sarrazin*, ainsi que les quatre médaillons en camaïeux du plafond, qui sont d'une grande beauté.

La Chapelle de Saint-Nicolas, à côté du maître-autel, renferme le mausolée en marbre blanc du premier Président *le Jay* & de *Magdelaine Marchand* son épouse, & les bustes de *Guillaume Lefrat*, Seigneur de Lanerau, & de *Charles le Jay*, Baron de Maisonneuve.

Dans la premiere des salles qui servent de Sacristie, est un grand tableau qui représente Saint François-de-Paule traversant, avec deux Religieux, le Fare de Messine sur son manteau qui lui sert de chaloupe. Ce tableau est de *Noël-Nicolas Coypel*.

Un tableau représentant une Réception de Saint François par Louis XI, peint par *Dumont*.

Un Miracle du même Saint, peint par *le Pape*.

Et un superbe tableau d'une moyenne grandeur qui représente Saint Pierre-ès-liens, dont les effets de la lumiere sont admirables ; on en ignore l'Auteur. Dans la seconde salle, on admire une Descente de Croix, qui n'est qu'une copie ; un grand tableau, original de *Largilliere*, représentant l'érection du Prévôt des Marchands à l'avénement de Philippe V au Trône d'Espagne. Dans la troisieme salle, qui est le Chapitre, on voit un grand Christ qui est de la plus grande beauté, & dont ces Peres ont refusé 30,000 livres.

Jean de Launoy, Docteur en Théologie de la Faculté de Paris, surnommé le *Dénicheur de Saints* (1), est enterré dans cette Eglise, ainsi qu'*Abel de Sainte-Marthe*, Doyen de la Cour des Aides, & Garde de la Bibliotheque Royale de Fontainebleau, Auteur de quelques Poëmes latins.

On voit dans les galeries qui sont au-dessus du cloître deux morceaux curieux de perspective qui font des illusions d'optiques, par le *Pere Niceron*. De loin, c'est une Magdelaine & un Saint Jean Evangeliste. A mesure que l'on approche l'objet principal disparoît, & on ne voit plus qu'un Paysage.

MIRAMIONES ou *Filles de Sainte-Genevieve*. Madame la veuve *Beauharnois de Miramion*, est la fondatrice de cette Communauté : les Lettres-Patentes accordées en sa faveur furent enregistrées au Parlement le 30 Juillet 1674.

_____

(1) *Je ne chasse point du Paradis,* disoit ce savant, *les Saints que Dieu y a placés ; mais bien ceux que l'ignorance superstitieuse des peuples y a fait glisser.* M. le Président Lamoignon lui parloit un jour en faveur de Saint-Yon, Patron d'un de ses villages. *Comment lui ferois-je du mal,* répondit le Docteur ? *je n'ai pas l'honneur de le connoître.*

Ces Religieuses ne font point de vœux. Elles se consacrent à l'instruction des jeunes filles & au soulagement des pauvres blessés. Elles font les saignées, & préparent les médicamens nécessaires. Ces secours sont gratuits, & administrés avec tout le zele de la vraie charité, ce qui les rend plus précieux.

MONASTERES. On en compte 124 dans la ville, fauxbourgs ou banlieue de Paris, qui sont composés d'environ 4 à 5000 individus (1). Moins scandaleux, moins réguliers qu'autrefois, ils se mêlent moins des affaires de l'Etat, & ils n'ont d'ennemis que quelques réformateurs d'abus (2).

---

(1) J'ai vu le projet d'un établissement, dont le but est de mettre à profit les talens de cette foule de jeunes gens qui, sans ressources, sans protection, languissent à Paris dans une oisiveté forcée, qui ne leur laisse souvent que le choix entre la misère & le déshonneur. Une Communauté semblable, où chaque talent trouveroit son occupation & son salaire, préviendroit bien des maux, & vaudroit bien, je pense, pour son utilité, une Société d'oisifs célibataires.

(2) Ils ont eu pendant quelque temps un ennemi qui n'entendoit pas badinage; c'étoit le furieux Capitaine *Bressaut*, Gentilhomme Angevin, qui ayant appris que le Pape avoit fait faire une Procession solemnelle en action de grace de la journée de Saint-Barthelemy, jura, dit M. de *Saint-Foy*, de châtrer tous les Moines qui tomberoient entre ses mains; & il n'eut pas honte de se rendre fameux, en portant un large baudrier qu'il avoit fait faire de ces ridicules mutilation.

MONNOIES. (Voyez *Hôtel de la Monnoie*, pages 65, 66 II. *Partie*).

MONNOIES des *Médailles*, *aux Galeries du Louvre*. C'est le lieu où l'on frappe les Médailles. On y voit tous les poinçons exposés dans les armoires à panneaux de glaces. Elles renferment deux suites complettes de Médailles, l'une est l'Histoire Métallique de Louis XIV; l'autre, celle de Louis XV.

MONT-DE-PIÉTÉ. Cet utile établissement est situé rue des Blancs-Manteaux; il n'a commencé, en France, que l'année 1777; on donne le tiers de la valeur des objets mis en gage, les intérêts sont peu considérables, & c'est par-là que cet établissement a détruit les manœuvres ruineuses & l'usure des Prêteurs sur gages.

MONTMARTRE, (Voyez *le Volume des Environs*).

MUSÉE *de Paris*. La rue Saint-André-des-Arcs *fut le berceau du Musée de Paris* (1), de-là, il fut transporté dans la rue Dauphine, théâtre de son triomphe & de sa décadence; enfin, après bien des querelles &

___

(1) *La rue Saint-André-des-Arcs fut notre berceau*, expression de M. C. D. G. ancien Président du Musée, dans un Discours prononcé lors de l'inauguration de la salle située rue Dauphine.

des divisions, le Musée de Paris reconnoissant ses erreurs & desirant venir à récipiscence, s'est retiré sagement aux Cordeliers (1). C'est dans cet asyle sacré, que pour prendre une nouvelle forme, il a publié des réglemens nouveaux, dont nous allons donner une idée.

Les Savans *Muséens* (2) commencent par avouer avec une franchise vraiment touchante, qu'ils ont pris la ferme résolution de *s'éclairer*, & qu'au lieu de se quereller comme autrefois, ils veulent *s'entr'aider mutuellement* (3), & pour donner une preuve plus frapante de leur sincere conversion, ils ont fixé dans la Société, le nombre des femmes à dix-huit, tandis qu'ils sont soixante Membres, sans compter les associés & les correspondans, dont le nombre est indéfini, ce qui fait plus de quatre Muséens pour une Muséenne.

La précaution de recommander dans les assemblées la paix & la décence, est le fruit des tristes expériences du Musée.

« Le Président maintiendra la décence,
» l'ordre & le silence, tant dans les assem-

___

(1) On sait que la plupart des Couvens de Cordeliers sont des Maisons de corrections où l'on punit les erreurs de la jeunesse.

(2) *Muséens*, *Muséenes*, Néologisme. La France doit aux membres des Musées l'utile invention de ces mots nouveaux.

(3) *S'entr'aider mutuellement*. Pléonasme à la tête des Réglemens du Musée de Paris.

» blées du Musée, que dans celle du Co-
» mité, &c.

» Si quelqu'un apporte du trouble dans
» une assemblée, ou se permet *quelques*
» *expressions offensantes*; le Président aura
» le droit d'*ôter la parole* (1) pour le reste
» de la séance, à celui qui se seroit ou-
» blié ».

.... « Une Société qui a pour base l'u-
» nion & la concorde... (2).

» *Le Président sera assis en face des*
» *Muséens, ayant à sa droite le Vice-*
» *Président, les Présidens honoraires,*
» *le Secrétaire de l'extérieur, l'adjoint*
» *de ce Secrétaire, le Trésorier & un Di-*
» *recteur des assemblées, & à sa gauche,*
» *le Secrétaire de l'intérieur, ensuite une*
» *place vuide pour le Lecteur, l'adjoint*
» *du Secrétaire de l'intérieur, le Biblio-*
» *thécaire, & d'un Directeur des As-*
» *semblées.*

» Les Membres & Associés du Musée,
» paieront 24 liv. par an, en 4 paiemens,
» de trois mois en trois mois, & *toujours*
» *d'avance* ».

Un autre article spécifie que, s'il se trouvoit quelque Savant qui n'eût pas donné six

---

(1) Expression impropre d'un châtiment qui seroit
insupportable aux Savantes Associées. On croit entendre parler un Régent de sixieme à une troupe d'é-
coliers indociles.

(2) Je souhaite que cette base devienne enfin
solide.

francs d'avance, ou bien 12 liv. à la fin du second trimestre, *il sera sensé retiré de la Société.*

Point d'argent, point de gloire Muséenne.

Les Correspondans qui resteroient à Paris plus de deux mois, seront tenus de payer au Musée leur séjour dans cette Capitale à raison de 20 sols par mois, ce qui se monteroit à la somme de six livres pour six mois.

D'après ce court exposé, on voit que, dans leur Réglemens, les *Muséens* ont tout prévu.

L'article de la contribution, qui n'est pas le moins important, s'il est pleinement exécuté, démentira les mauvais plaisans qui ont dit, à cause de son existence aux Cordeliers, que le *Musée étoit à la besace.*

MUSÉE *des Demoiselles*, situé Cloître Saint-Germain-l'Auxerrois.

Il seroit curieux de résoudre la question de savoir si les Assemblées savantes ne sont pas plus propres à entretenir le pédantisme & la morgue parmi les Membres, qu'à accroître leur connoissance. Si cela étoit prouvé, le Musée des Demoiselles seroit une institution nuisible, car outre qu'une femme Savante dédaigne ses devoirs comme trop minutieux, elle est ridicule aux yeux même des pédans, si elle affiche le savoir.

NAZARETH (*les Peres de*), *rue du Temple.* Ces Religieux qu'on nomme aussi

Pénitens du tiers-Ordre de Saint-François d'Assise (1); est une réforme introduite par le Pere *Mussart*, qui est parvenu à établir en France 60 Monasteres, dont celui des Picpus a été regardé jusqu'à présent comme le Chef.

L'Eglise a été achevée en 1632, par la libéralité d'une personne inconnue, qui mit à cet effet, dans un tronc, cinq mille livres en louis d'or.

Le cœur du Chancelier *Séguier*, leur principal Fondateur, est déposé dans le caveau de la Chapelle de cette famille; on y remarque une Annonciation, par *le Brun*, & un tableau de Marthe & Marie, peint par *Jouvenet*.

NICOLAS-DES-CHAMPS (*Saint*). Ce n'étoit autrefois qu'une petite Chapelle pour les domestiques du Monastere de Saint-Martin-des-Champs, dont elle dépend encore aujourd'hui. Elle fut érigée en Paroisse avant 1108. En différens tems, cette Eglise fut augmentée.

---

(1) Ce tiers-Ordre, dans les commencemens, n'étoit que pour les séculiers qui vouloient imiter, autant qu'ils pourroient, la perfection Monacale. Ils étoient dénommés *Fratriceaux*, *Frerots*, *Fratricelles*, *Béguards* & *Béguins*. Leurs débauches fit tomber cet Ordre dans un grand mépris; il suffisoit d'être de cette association, pour être soupçonné sur l'article de la chasteté.

Le

Le Maître-Autel est décoré d'un ordre corinthien, d'un tableau de la Vierge, peint par *Vouët*, & de quatre Anges en stuc, que *Sarazin* fit à son retour d'Italie; ouvrage qui le mit en réputation.

La Chapelle de la Communion, nouvellement décorée sur les dessins de M. *Boulan*, a son tableau, qui représente Saint-Charles Boromée, donnant la Communion aux pestiférés, peint par *Godefroy*.

Vis-à-vis la Chapelle de la Vierge est un petit monument adossé à un des pilliers, exécuté par *Laurent Magniere*, pour lui, sa femme & sa fille. Ce sculpteur, un des plus habiles de son siècle, mourut en 1760, âgé de 82 ans.

Dans cette Eglise repose *Guillaume Budé*, savant Médecin de François premier (1).

Pierre Gassendi, Professeur de Mathématiques au Collége Royal. Rival de Descartes, il renouvella les atômes & le vuide. Il prit d'Epicure & de Démocrite, ce que ces Philosophes paroissoient avoir de plus raisonnable, & en fit la base de sa Physique (2).

---

(1) Budé ayant été averti, pendant qu'il étoit dans son cabinet, que le feu venoit de prendre à sa maison, *avertissez ma femme*, répondit-il froidement, *vous savez que je ne me mêle point du ménage*.

(2) Un ignorant voulant lui expliquer le système

Partie II. K

Henri & *Adrien de Valois*, freres, savans & Historiens très-estimés. *Madeleine Scuderi*, un des beaux esprits de son tems, Auteur de plusieurs Romans. *Theophile Viaud*, Poëte François, fameux par son déréglement & la vivacité de son esprit ; on l'accusa d'être l'Auteur du *Parnasse Satyrique*, ouvrage, dit-on, plein d'obscénité & d'irréligion. Il fut en conséquence condamné à être brûlé ; mais il ne le fut qu'en effigie, &c.

NICOLAS-DU-CHARDONNET (*St*). Ainsi nommé à cause du territoire rempli de chardons, sur lequel cette Eglise étoit située. Elle forme aujourd'hui l'angle des rues Saint-Victor & des Bernardins ; elle a été érigée en Paroisse, dès l'an 1243, & fut reconstruite en 1656 ; les travaux interrompus pendant plusieurs années, furent repris en 1705, & achevés en 1709, à l'exception du portail qui n'est pas encore fini.

L'intérieur de cette Eglise, revêtue de marbre jusqu'à hauteur d'appui, est orné de pilastres composites, dont les chapiteaux n'ont qu'un rang de feuilles d'acante. Le Maître-Autel d'un dessin nouveau, est surmonté d'une Gloire d'un bon effet.

---

de la métempsicose, il lui dit : *Je savois bien que, suivant Pythagore, les ames des hommes entroient, après leur mort, dans le corps des bêtes ; mais je ne croyois pas que l'ame d'une bête entrât dans le corps d'un homme.*

A l'entrée du Chœur, sur les Chapelles de côté, on voit un Saint-Ambroise & le Baptême de Notre-Seigneur, par *Peters*. Le Chœur est tout pavé de marbre.

Le Crucifix & les Statues de bois de la Vierge & de S. Jean placées au-dessus du tambour de la porte de la croisée, sont sculptées par *Poultier*, d'après les desseins de *le Brun*.

Dans la Chapelle de la Communion on remarque plusieurs tableaux, celui qui est sur l'Autel représente les Pélerins d'Emmaüs, par *Saurin*; aux deux côtés sont le Miracle de la Manne, & le sacrifice de Melchisédech, par *Nicolas Coypel*, entre les croisées, le Sacrifice d'Abraham & Elisée dans le désert, par *Francisque*.

Dans la Chapelle de Sainte-Catherine, on voit cette Sainte peinte par *le Lorrain*; dans une autre Chapelle, M. *Jeaurat* a peint le Martyre de Saint-Denis.

Dans la Chapelle de la Vierge, est une Résurrection de Notre Seigneur, par *Verdier*, & une Assomption qui fait pendant, par M. *Robin*.

La Chapelle de Saint-Jérôme, qui est la seconde à droite près du Chœur, renferme le Tombeau de *Jérôme Bignon*, Avocat-Général du Parlement; on y voit son Buste en marbre, sculpté par *Girardon*; sous ce même Tombeau, sont aussi inhumés *Jérôme & Thierri Bignon*, ses fils.

Dans la troisieme Chapelle à droite, on voit le Mausolée & le Buste de *René III*, de *Voyer de Paulmy d'Argenson*, Ambassadeur à Venise, à l'âge de 27 ans, & de *Marc-René de Voyer de Paulmy d'Argenson*, Chef du Conseil des Finances & Garde des Sceaux de France, &c.

Mais, ce que cette Eglise renferme de plus précieux, c'est la Chapelle de Saint-Charles, qui est une des plus curieuses de Paris, par la beauté de ses Monumens. On y voit le Mausolée de la mere du célèbre Peintre *le Brun*, dont il a donné le dessin qu'il a fait exécuter par *Gaspard Colignon*, excepté la figure de l'Ange qui est de *Tuby*; ce morceau est plein de mouvement, de vérité & d'expressions. Dans la même Chapelle est le Tombeau de *Charles le Brun*, que sa veuve lui a fait élever. Son Buste placé au pied d'une pyramide, est de *Coyzevox*, ainsi que les autres figures de ce Mausolée; le tableau d'Autel est un chef-d'œuvre du Peintre célèbre qui repose dans cette Chapelle; il représente Saint-Charles Boromée qui, les pieds nuds, la corde au cou, demande à Dieu la guérison des pestiférés de Milan.

Au-dessous de ce Tableau, est un bas-relief de bronze doré, représentant Saint-Charles communiant les pestiférés. Le plafond de la même Chapelle, est également peint par *le Brun*.

Charles le Brun, un des meilleurs Peintres de l'Ecole Françoise, est connu par un grand nombre d'Ouvrages; son Tableau du

Serpent d'érain dans le réfectoire des Religieux de Picpus, le Saint-Charles dont nous venons de parler, la famille de Darius & la Madeleine Pénitente des Carmélites sont ses chef-d'œuvres. Il a laissé deux excellens Traités, l'un *sur la Phisionomie*, l'autre *des différens Caracteres des Passions*. Un beau génie se joignoit à beaucoup de correction & d'élégance; ses airs de têtes sont gracieux, toutes ses figures étoient bien caractérisées, & les passions y étoient exprimées avec la plus grande vérité. Louis XIV lui accorda des Lettres de Noblesse, l'honora du Collier de Saint-Michel, & lui fit présent de son Portrait enrichi de diamans.

NOTRE DAME (*Eglise Cathédrale de*). La premiere Eglise que les Chrétiens ont construits à Paris fut dédiée à Saint-Etienne, vers l'an 375, sous le regne de Valentinien premier; Childebert, fils de Clovis, en 522 la fit réparer, agrandir, & y joignit une nouvelle Basilique qui fut dédiée à *Notre-Dame*. Ces deux Eglises subsisterent jusqu'en 1160 sous le regne de Louis-le-Jeune, temps où l'on commença la construction de la Cathédrale que nous voyons. Elle ne fut achevée qu'en 1185, sous le regne de Philippe-Auguste.

Cette Eglise gothique est une des plus belles & des plus vastes du Royaume; majestueuse par sa grandeur, elle a reçu du tems une teinte qui la fait respecter; sa longueur est de 65 toises, sa largeur 24, & sa hauteur de 17. Elle est soutenue par 120 pilliers. Les Tours ont chacune 34 toises de hauteur; on y monte par un escalier de 389 marches. Dans la Tour du midi, sont deux cloches extraordinairement grosses, qu'on nomme *Bourdons*.

La façade est composée de trois portes, chargées de Statues & de Figures comme le sont toutes les façades des Cathédrales bâties dans les mêmes tems.

Les bas-côtés sont composés d'un double rang de pilliers qui regnent au pourtour de l'édifice; au-dessus sont de grandes Galeries espacées par de petites colonnes d'une seule piece, où l'on se place pour voir les grandes cérémonies.

Le peuple admiroit à droite en entrant la Statue de S. Christophe, parce qu'elle étoit colossale. On vient de détruire ce Monument ridicule du goût & de la dévotion de nos peres (1).

―――――――――――――

(1) Pierre des Essarts, Surintendant des Finances, eut la tête tranchée en 1413. Son frere Antoine des Essarts, qui avoit été arrêté avec lui, rêva dans sa prison, que Saint-Christophe rompoit ses chaînes & l'emportoit dans ses bras. Quelques jours après ce rêve il fut relâché, & en reconnoissance, il fit élever l'énorme Statue de Saint-Christophe. Il y a des Eglises à Paris, & plusieurs en Province où se trouve la Statue de Saint-Christophe, également placée à l'entrée; mais aucune

La nef est ornée de plusieurs tableaux superbes, le premier à droite en entrant, est Saint-Pierre guérissant les Boiteux, par *Silvestre*; le 2ᵉ. Saint-Pierre délivré de prison, par *J. B. Corneille*; le 3ᵉ. le départ de Saint-Paul de Milet pour Jérusalem, par *Galloché*; le 4ᵉ. le Martyre de Saint-Simon en Perse, par *Louis Boulongne, le pere*; le 5ᵉ. le Martyre de Saint-Jean l'Evangéliste près la porte latine de Rome, par *Claude Hallé, pere*; le 6ᵉ. l'Apparition de Jésus-Christ à Saint-Pierre, par *Jérôme Sourlai*. On pense que ce tableau est de *Mignard*, dont *Sourlai* étoit l'éleve. On y reconnoît les talens de ce grand Maître.

Le 7ᵉ. Saint-Pierre ressuscitant la veuve Tabithe, par *Louis Testelin*; & le 8ᵉ. représente Saint-Paul obligeant les Gentils à brûler leurs livres de Magie. Ce tableau est d'*Eustache le Sueur*, c'est un des chef-d'œuvres de ce Peintre, & peut-être un des plus beaux tableaux de l'Europe.

Le premier à gauche en recommençant au bas de la nef, représente Notre Seigneur chez Marthe & Marie, par *Simpol*; le 2ᵉ. la Multiplication des pains, par *Jean Christophe*; le 3ᵉ. la Vocation de Saint-Pierre & de Saint-André, par *Michel Corneille*;

---

n'égaloit celle de Notre-Dame de Paris, qui représentoit, sans contredit, le plus grand Saint-Christophe de France.

K iv

le 4e. les Vendeurs chassés du Temple, par *Claude Hallé*; le 5e. Notre Seigneur guérissant le Paralytique, par *Jouvenet*; le 6e. l'entretien de Notre Seigneur avec la Samaritaine, par *Louis Boulongne*; le 7e. le Centenier aux pieds du Sauveur, aussi par *Louis Boulongne*; & le 8e. Jésus-Christ guérissant le Paralytique sur le bord de la Piscine, par *Bon Boulongne*.

Dans la croisée, vis-à-vis la Chapelle de la Vierge, est un tableau représentant le Vœu de Louis XIII ; ce Prince offre sa couronne à la Vierge, & met sa personne & son Royaume sous sa protection ; il est de *Philippe de Champagne* ; à côté & vis-à-vis la Chapelle de Saint-Christophe est un tableau de Saint-Paul & Sillas flagellés, peint par *Louis Testelin*. Au dessus, Saint-André à genoux devant la Croix, peint par *Blanchard* ; sur la même ligne, en tournant, l'Apôtre Saint-Jacques conduit au martyre, par *Noël Coypel le pere*; de suite, l'Hemorroïsse, par *Cazes* ; à côté, Saint-Paul lapidé à Listre, par *J. B. Champagne le neveu*. Au-dessus de la Chapelle, Saint-Pierre prêchant à Jérusalem, par *Charles Poerson le pere*.

A la croisée à gauche, une Pentecôte, par *Blanchard*. A côté & vis-à-vis la Chapelle Saint-Marcel, Saint-Paul guérissant un boiteux, par *Michel Corneille*. Au-dessus, l'enlevement de Saint-Philippe, par *Thomas Blanchet*.

De suite en tournant, le Martyre de Saint-Etienne, par *Charles le Brun* ; le Martyre de Saint Pierre, par *Sébastien Bourdon* ; le Martyre de Saint-André, par *Charles le Brun*. Au-dessus de la Chapelle, la Conversion de Saint-Paul, par *Laurent de la Hire*.

Ces tableaux & plusieurs autres placés derriere le chœur, sont des présens que depuis long-temps la Communauté des Orfévres, & la Confrairie de Sainte-Anne & de Saint-Marcel étoient en usage de faire tous les premiers mai. Dans le principe, ce présent ne fut qu'un arbre verd, puis il devint un riche tabernacle, ensuite c'étoit un petit tableau représentant quelques traits de l'histoire de la Vierge ; enfin, un grand tableau de douze pieds, dont le sujet étoit tiré des actes des Apôtres. L'Eglise n'offrant plus d'espace pour placer convenablement ces grands tableaux, on a prétendu pouvoir exiger en argent la valeur de ces tableaux. Cette prétention discutée juridiquement a été jugée non recevable, & l'offrande a cessé d'avoir lieu.

Tous les tableaux ci-dessus dénommés viennent d'être entiérement restaurés sous la direction de M. *Godefroid*, Peintre & ancien pensionnaire du Roi à Rome.

Au dernier pilier de la nef à droite, est la statue équestre de *Philippe de Valois* (1),

---

(1) On a prétendu que c'étoit *Philippe-le-*

posée sur deux colonnes. Ce Roi est représenté la visiere baissée, l'épée à la main, tout comme il entra à Notre-Dame après la bataille de Cassel, pour y remercier Dieu & la Vierge de la victoire qu'il avoit remportée.

Le premier tableau à droite dans le chœur représente une Annonciation, par *Halle*; le deuxieme, une Visitation appellée le *Magnificat*, chef-d'œuvre de *Jouvenet*, & qu'il peignit de la main gauche, étant devenu paralytique de la droite; le troisieme, la Nativité de Notre Seigneur; & le quatrieme, l'Adoration des Mages, tous deux peints par *la Fosse*.

De l'autre côté à gauche le premier offre la Présentation au Temple, par *Louis Boulongne*; le deuxieme, une Fuite en Egypte; le troisieme, Notre Seigneur au milieu des Docteurs, & le quatrieme, l'Assomption de la Vierge, tous trois peints par *Antoine Coypel*.

Dans la Chapelle de Sainte-Anne on voit une Présentation de la Vierge au Temple, par *Vouët*; dans celle de Saint-Barthelemi, le Martyre de ce Saint, par *Baugin*; dans celle de Saint-Pierre, la Mort

---

Bel, l'inscription qu'on lit au-dessous de cette Statue l'annonce ainsi; mais cette inscription est très-moderne. M. de Saint-Foix, & M. le Président Hénault, ont eu une longue discussion sur ce sujet; il en est résulté que c'étoit la Statue de *Philippe de Valois*.

de la Vierge, par le *Poussin*, qu'il peignit avant son Voyage d'Italie. Dans la Chapelle de Vintimille, Saint-Charles Boromée, par *Carle Vanloo*.

Dans la Chapelle de Noailles, dont la décoration a été ordonnée par *Boffrand*, est sur l'autel, un bas-relief de métal doré, représentant l'Assomption de la Vierge, par *Fremin*. Le tableau de l'arrivée des Saintes Femmes a été peint par *Natoire*. L'urne qui est sur la corniche, contient le cœur du Cardinal de Noailles.

Dans la Chapelle de Sainte-Catherine, on voit le portrait de cette Sainte, par *Vien*. Dans la suivante, Sainte-Marie Egyptienne, par *Baugin*.

Les ornemens & la sculpture du chœur, sont de *Vassé* pere. A droite près l'autel, sont six Vertus; savoir, la Charité & la Persévérance, par *Poultier*; la Prudence & la Tempérance, par *Fremin*; l'Innocence & l'Humilité, par *Pierre le Pautre*. A gauche sont autres six Vertus, la Foi & l'Espérance, par *le Moyne pere*; la Virginité & la Pureté, par *Thierry*; la Justice & la Force, par *Bertrand*.

Aux piliers des arcades sont placés sur des culs de lampes, six Anges de bronze de grandeur naturelle, qui tiennent chacun un instrument de la Passion. Les deux plus voisins de l'autel, sont de *Vancleve*; *Hurtrelle* a fait celui qui tient l'éponge; *Poirier*, celui qui tient les clous; celui qui

K vj

porte l'inscription est de *Magnier*, & l'autre est de *Flamen*.

Le Sanctuaire est élevé sur plusieurs marches avec deux balustrades cintrées, dont les tablettes, les socles & les piedestaux sont de marbre de Rance, & les balustres de bronze doré. Sur les deux côtés sont posées deux torcheres de cuivre doré, à neuf branches chacune : elles sont du dessin de *Caffiery*. Le sanctuaire est fermé entre les arcades par des grilles de fer doré ; il est pavé de marbre de diverses couleurs, dont les compartimens sont des chef-d'œuvres en ce genre.

L'autel, construit de marbre d'Egypte, en forme d'un tombeau antique, est décoré de Chérubins & d'autres riches ornemens de bronze doré. Aux deux côtés sont les deux statues en marbre, grandes comme nature, de Louis XIII, par *Couftou le jeune*, & de Louis XIV, par *Coyzevox*.

Derriere l'autel est, dans une niche, un superbe groupe, communément appellé *le Vœu de Louis XIII*. Il est composé de quatre figures de marbre blanc. La Sainte-Vierge y est représentée assise, les bras étendus & les yeux fixés vers le Ciel ; sur ses genoux est la tête & une partie du corps de Jésus-Christ, posé sur un linceul. Un Ange soutient une main du Sauveur, & un autre tient la Couronne d'Epines. Derriere s'éleve une grande Croix de marbre blanc,

Ce groupe est de *Coustou l'aîné*, & c'est son chef-d'œuvre dans le genre pieux.

Le lutrin, placé au milieu du chœur, a été exécuté par *Duplessis*, Fondeur du Roi. La chaire Archiépiscopale est ornée de bas-reliefs. Les stalles sont d'une belle menuiserie, dessinée par *Goulon*.

Les deux Chapelles des côtés de la croisée doivent fixer l'attention des Observateurs. Dans l'une on voit la statue de marbre de la Vierge, par *Vassé*; un lampadaire d'argent, remarquable par l'élégance des contours, exécuté par *Ballin*, Orfévre célebre. Dans l'autre, est un Saint-Denis, sculpté par *Coustou l'aîné*. Ces deux Chapelles, dont *Cotte* a donné le dessin, sont ornées de colonnes corinthiennes, dont les entablemens sont revêtus de bronze. Deux Chapelles nouvellement construites aux extrémités de la croisée, font honneur aux Artistes qui les ont exécutées. L'une est dite de Saint-Christophe, par M. *Gois* ; l'autre de Saint-Marcel, par M. *Mouchy*.

Dans cette Chapelle de Saint-Marcel nouvellementr econstruite, nommée autrefois *la Chapelle du Diable*, fut enterré *Raimond Diocre*, Chanoine de Notre-Dame, qui mourut en odeur de sainteté, & qui fut fameux par ce qui lui arriva après sa mort. Son corps étant porté dans le chœur de cette Eglise, on en étoit à cet endroit de l'Office : *responde mihi quantas habeo iniquitates*, &c. Aussi-tôt on voit s'élever au-dessus du cercueil la tête du Mort, qui prononça ces mots: *justo Dei judicio accusatus sum*. La frayeur saisit les assistans, ils s'enfuirent & remirent la cérémonie au lendemain. Mais, au même verset, le Mort se leve encore & répond: *justo Dei judicio judicatus sum*. Le troisieme jour enfin, toujours au même verset, le Mort déclara nettement qu'il étoit damné, en disant: *justo Dei judicio condemnatus sum*. Ce conte de bonne femme a été regardé par les Chartreux comme un *miracle*. Ils assuroient, les bons Religieux, que *St-Bruno*, qui assistoit à cette scène épouvantable, en fut si frappé qu'il se tira du monde pour vivre dans la pénitence. Cette opinion fut si acréditée que *le Sueur* fut obligé en peignant la vie de Saint-Bruno dans le cloître des Chartreux, de représenter ce ridicule & fabuleux évènement. Le Docteur *de Launoy*, qui pensoit que de pareils miracles étoient plus nuisibles à la Religion dans un siècle éclairé, que profitables dans un temps d'ignorance, a démontré la fausseté de cette tradition.

Dans la Chapelle des Ursins est un tombeau élevé de deux pieds, sur lequel est représenté à genoux *Jean Jouvenel*, qui fut Prévôt des Marchands. En reconnoissance des bons services qu'il avoit rendu à la ville de Paris, on lui fit présent de l'Hôtel des Ursins. Ce fut sur ce frivole fondement que ses descendans prirent le nom & les armes *des Ursins*, une des plus illustres maisons d'Italie. Il mourut l'an 1431.

Dans la Chapelle de Saint-Eustache ont été inhumés *Jean-Baptiste Budes de Guébriant*, Maréchal de France, & *Renée de Bec-Crepin*, sa femme. Ce Maréchal ayant eu le bras cassé au siége de Rotweil, y mourut deux jours après avoir pris la ville, le 26 Novembre 1643. La Reine Régente voulut que les Cours Souveraines assistassent à ses funérailles; honneur qui ne s'étoit encore jamais rendu qu'aux Rois & aux fils de France. La Maréchale de *Guébriant* ne fut pas moins distinguée que son mari. Ce fut la premiere femme qui fut qualifiée d'Ambassadrice. Elle honora ce titre & son sexe lorsqu'elle fut choisie pour conduire la Reine Marie de Gonzague en Pologne.

Dans la Chapelle de Gondi on voit une statue de marbre blanc sur un tombeau de marbre noir. C'est la figure de *Pierre de Gondi*, Evêque de Paris & Cardinal de l'Eglise Romaine.

Derriere le chœur, on admire dans la Chapelle d'Harcourt les témoignages de la tendresse de notre moderne *Arthemise*. Les sentimens d'un violent amour étoient seuls capables d'enfanter la scène attendrissante qu'offre le sujet du mausolée du Comte d'Harcourt. Sa veuve l'imagina, & M. *Pigalle* l'a exécuté. Si les grandes douleurs font les plus éloquentes, on peut apprécier celle de Madame la Comtesse d'Harcourt en voyant cette composition.

L'Ange tutelaire leve d'une main la pierre du tombeau où est renfermé le Comte d'Harcourt, de l'autre il tient un flambeau pour le rappeller à la vie. Le Comte ranimé se débarrasse de ses linceuls, se souleve & tend une foible main à son épouse, qui se précipite pour se réunir à l'objet de ses larmes ; la mort inflexible, placée derriere le Comte, annonce à la Comtesse, en lui montrant son sable, que le temps est écoulé ; l'Ange alors éteint son flambeau. Voilà l'instant de la scène que représente ce beau mausolée, qui immortalise la tendresse de l'Héroine qui l'a imaginé.

L'on voit à l'entrée de cette Eglise deux bénitiers de granit de France, composés d'une grande jatte de trois pieds deux pouces de diametre, montés sur un fut de colonne de marbre.

On a blanchi, il y a quelques années, l'intérieur de cette vaste Eglise; en lui donnant plus de clarté, en la rendant plus agréable, on l'a privé de cette teinte sombre, religieuse & respectable que donne une longue suite de siecles & qui convient bien mieux à la majesté d'un temple, que les ornemens & les richesses que nous avons la manie d'admirer dans nos Eglises comme dans nos sallons.

NOUVEAUX *Convertis*. Cette Communauté, située rue de Seine Saint-Victor, fut projettée par le P. Hyacinte, Capucin, & autorisée par François de Gondi, Evêque de Paris, sous le nom de *Congrégation de la propagation de la Foi* & sous le titre de l'*Exaltation de la Croix*.

NOUVELLES *Catholiques*. Cette Maison, qui a le même but que la précédente, a comme elle les mêmes priviléges, ceux dont jouissent les Maisons de fondations Royales ; elle est située rue Sainte-Anne.

Le tableau du maître-autel de l'Eglise est un Christ peint par *le Brun*. A côté de la Chaire est un Saint-Claude ressuscitant de petits Enfans, par *d'Ulin*.

OBSERVATOIRE *Royal*. Cet édifice, situé au haut du fauxbourg Saint-Jacques, fut construit en 1664 par ordre du Ministre Colbert, & sous la conduite de M. *Perrault*. Sa forme est rectangle. On n'a employé dans sa construction ni bois, ni fer ; ce bâtiment est voûté par-tout ; les quatre faces sont exactement placées aux points cardinaux de l'horison.

Dans une grande salle au premier étage est tracée la ligne méridienne qui divise cet édifice en deux parties. C'est de-là que, prolongée au sud & au nord, elle traverse toute la France depuis Colioure jusqu'à Dunkerque.

L'Observatoire a encore servi à fixer la perpendiculaire élevée sur cette ligne méridienne. La ligne de la face méridionale de cet édifice se confond avec la perpendiculaire qui traverse la France d'Orient en Occident, depuis le Rhin jusqu'à l'extrémité des côtes de la Bretagne. Ces deux lignes qui se coupent au milieu de cette face méridionale de l'Observatoire, ont servi de base à ces travaux immenses, qui ont produit un monument qui n'a point son pareil au monde. C'est la carte générale de France, levée géométriquement & divisée en 181 feuilles (1).

Une piece de cet édifice est nommée la salle des Secrets, parce qu'en appliquant la bouche à la rainure d'un pilastre & en parlant tout bas, une personne placée au pilastre opposé entend ce que vous avez dit, pendant que les personnes qui sont au milieu n'entendent rien. Ce phénomene, dont le P. *Kirker* explique la cause, est commun à tous les édifices construits de cette maniere.

On descend dans les caves par un escalier à vis de 360 marches, laissant à la

---

(1) On voit avec regret que cet ouvrage a subi la destinée de toutes les grandes entreprises, dont l'exécution est confiée à différentes mains; il fourmille de négligences de toutes especes; une autre cause de ce vice, c'est que ceux qui sont à la tête de cet ouvrage, n'ont pas intérêt à ce qu'il soit mieux.

place du noyau un vuide qui correspond depuis le fond des souterrains jusqu'à la derniere voûte couvre cet édifice. Ces souterrains servent à plusieurs expériences Météorologiques, & forment une espèce de labyrinte où il seroit très-dangereux de pénétrer sans guide (1).

Depuis plusieurs années cet édifice éprouvoit des dégradations que le temps auroit rendu ruineuses, des réparations considérables viennent d'y être exécutées d'après les ordres de M. le Comte d'Angevillier. Les voûtes supérieures ont été reconstruites, & la plate-forme recouverte en dalles de pierres disposées de maniere à éviter l'infiltration des eaux.

OPERA. Cet établissement où les arts, les talens les graces & le génie se réunissent pour produire le plus magnifique, le plus brillant & le plus enchanteur de tous les Spectacles ; où les Héros revivent pour chan-

_____

(1) On raconte que deux Capucins ayant imprudemment descendu l'escalier de ces caves à la lueur des flambeaux qui éclairoient des personnes descendues avant eux, crurent pouvoir les atteindre & les suivre. Quand ils furent au bas de l'escalier, la lumiere disparut ; ils saisirent le premier passage qui se présenta, avancerent toujours dans l'espérance de retrouver la compagnie ; mais ils resterent dans cet affreux dédale. Huit jours après, on les trouva ensemble, les bras déchirés, & mort de faim & de désespoir.

ter leurs flammes & leurs désespoirs; où l'on voit tant de Divinités s'humaniser, tant de *Vénus* descendre du radieux Olympe pour venir ensuite se jetter dans les bras de plus d'un *Anchise*; enfin ce Théâtre des illustres galanteries, des belles illusions a pour premier fondateur un *Abbé*, M. l'*Abbé Perrin*, d'édifiante mémoire, qui voulut encore être Poète : il composa quatre Opéra. Ne pouvant supporter les fatigues de cette importante entreprise, il en céda le privilége à Lulli.

Ce Spectacle a le titre d'*Académie Royale de Musique*. Il est le plus brillant, le plus fastueux de la Capitale. Plus fait pour le plaisir des yeux & des oreilles, que pour celui de l'esprit, il est en conséquence le plus constamment suivi. Voltaire en a fait la peinture dans les jolis vers suivans.

<pre>
Il faut se rendre à ce Palais magique,
Où les beaux Vers, la Danse, la Musique,
L'art de charmer les yeux par les couleurs,
L'art plus heureux de séduire les cœurs,
De cent plaisirs, font un plaisir unique.
</pre>

Lulli, *Rameau*, & de nos jours, *Gluck* & *Piccini*, voilà les quatre Musiciens qui ont fait époque dans les fastes de ce Spectacle. Pour les Auteurs des paroles, depuis *Quinault* il n'en est guere question. C'est le Musicien qui a tout fait. Cette espèce de mépris pour les Poëmes des Opéras les auroit éternellement maintenus dans l'extrême médiocrité où il sont depuis long-temps, si

Louis XVI, qui daigne protéger tous les Arts, n'eût excité l'émulation des Poètes, en fondant des prix en faveur des meilleures Pieces, & en chargeant des Académiciens de les juger.

Le 8 Juin 1781, le théâtre du Palais Royal fut détruit. A peine le Spectacle étoit fini, que ce séjour des Grâces, des Divinités, tous ces Palais, ces Temples magnifiques, ces Bosquets enchanteurs, devinrent tout-à-coup la proie des flammes. Un affreux incendie consuma la salle. Plusieurs personnes périrent. Le feu dura pendant huit jours (1).

En attendant la construction d'un nouveau théâtre, on s'est occupé d'élever à la hâte une salle provisoire. M. *le Noir*, Architecte, en fut chargé. Dans l'espace de 75 jours elle fut construite & décorée. Elle est située proche la porte Saint-Martin. Un sou-

---

(1) Le lendemain matin, la populace regardoit les ravages affreux de cet incendie avec un visage consterné. Lorsqu'une voiture chargée de costumes échappés aux flammes, traversa la place du Palais Royal, un Crocheteur qui étoit dessus, s'avisa de mettre sur sa tête un casque qu'il trouva sous sa main ; il se couvrit ensuite d'un manteau royal. Debout sur la charette, comme un vainqueur qui fait son entrée dans un char de triomphe, il attira bientôt les regards du public, dont la tristesse se changea tout-à-coup en éclats de rire. Voilà le chagrin des François ! quelques jours après il y eut des étoffes couleur de *feu d'Opéra*.

baſſement à refend orné de huit cariatides, qui ſupporte une ordonnance de huit colonnes ioniques; entre ces colonnes, les buſtes de Quinault, Lulli, Rameau, & du Chevalier Gluck, & au-deſſus un grand bas-relief exécuté par M. *Boquet*, forment les principaux objets de cette façade qui a bien du caractere.

OPPORTUNE. (*Saint*.) Les Reliques de Sainte-Opportune, morte Abbeſſe d'Almeneche, étoient dans ce Monaſtere expoſées aux ravages des Normands. Hildebrand, Evêque de Seez, obtint du Roi Charles-le-Chauve, la permiſſion de les tranſporter dans une Chapelle nommée *N. D. des Bois*, déjà très-fameuſe par les miracles qui s'y opéroient & le grand nombre de Pélerins qui y accouroient de toutes parts. Les reliques de cette Sainte donnerent encore plus de vogue à cette Chapelle. On fut obligé de bâtir une Egliſe attenant ladite Chapelle. La nef de cette Egliſe ſubſiſte encore; mais le chœur fut démoli en 1154.

Cette Egliſe Royale, Paroiſſiale, Collégiale, a donné ſon nom au quartier qui l'environne. On y voit un cadelabre de bronze, donné par l'Empereur Charles-Quint lorſqu'il étoit à Paris. Dans la nef eſt une Préſentation au Temple, de *Jouvenet*, & dans la Chapelle Paroiſſiale on voit une Mere de Pitié, par *Champagne*.

Dans la Chapelle de *Notre-Dame-des-*

Bois est la sépulture de la famille *Perrot*.

Dans l'Eglise est le tombeau de *François Conan*, Maître des Requêtes & savant Jurisconsulte, mort en 1551. Sa femme, *Jeanne Hannequin*, fit faire le buste & l'Epitaphe de son mari. Plus passionnée, plus poétique que chrétienne, cette épitaphe offre un amour & des regrets dignes d'une Arthemise.

ORATOIRE, *rue Saint-Honoré*. La Congrégation des Prêtres de l'Oratoire est une Société de Prêtres séculiers dépendans d'un Supérieur-Général, qui est lui-même soumis aux Evêques. *C'est un Corps*, disoit le célebre Bossuet, *où tout le monde obéit & où personne ne commande*. Il fut long-temps l'objet de la jalousie des Jésuites, dont les cabales ont manqué de le faire détruire.

Pierre Berule, qui fut depuis Cardinal, institua cette Congrégation en 1611. Il fit d'abord bâtir, dans l'emplacement de l'Eglise d'aujourd'hui, une petite Chapelle; & par zele il voulut servir lui-même de manœuvre dans cette construction : il portoit la hotte & le mortier. Cette Chapelle se trouva bientôt trop petite, on construisit l'Eglise que l'on voit aujourd'hui, qui fut l'ouvrage de plusieurs Architectes.

Dans la quatrieme Chapelle à gauche, est

fur l'Autel, une Adoration des Mages, peinte par *Vouët*. Les paneaux cachés en partie par un confessional, sont bien peints; ils représentent l'Histoire de la Vierge. On voit aussi dans cette Chapelle, les tombeaux & figures en marbre, de *Nicolas de Harlaï* & de son épouse. Ce Nicolas étoit de la seconde branche de la maison de *Harlaï*, il se nommoit communément *de Sanci*; c'est contre lui, que d'Aubigné fit cette satyre fine, ingénieuse & sanglante, intitulée *la Confession de Sanci*, dans laquelle on lui reproche plusieurs crimes, & sur-tout d'avoir changé de Religion autant de fois que ses intérêts l'exigeoient (1).

La Chapelle suivante appartient à la maison de *Tubeuf*. On y voit les épitaphes de plusieurs morts de ce nom. Sur l'Autel, est une Nativité peinte par *Philippe de Champagne*; les paneaux qui représentent plusieurs traits de l'histoire de la Vierge, sont

---

(1) Au mois de Mai 1597, il abjura solemnellement la Religion réformée dans l'Eglise des Jésuites, rue Saint-Antoine: le Légat lui donna l'absolution, & le frappa de plusieurs coups de houssine, pour pénitence de son hérésie. Sanci se mit à pleurer, où il en fit semblant, comme dit *l'Etoile*. Alors le Légat dit tout haut: *Voyez-vous ce pauvre Gentilhomme qui pleure son erreur, & a le cœur si gros, qu'il ne peut parler*. Henri IV apprenant cette conversion, & en connoissant bien les motifs, s'en moquoit en disant, *qu'il ne manquoit plus à Sanci que le turban*.

un

du même Peintre, ainsi que l'Assomption qui est au plafond.

Pour voir la sixieme Chapelle de ce côté, il faut entrer dans le Sanctuaire; sur l'Autel, est un tableau peint par M. *Lagrenée l'aîné*; il représente Saint-Germain donnant une médaille à Sainte-Genevieve.

Dans la derniere Chapelle du même côté, est le mausolée du Cardinal *Berulle*, exécuté en marbre, par *François Anguier*; la figure de ce Prélat y est représentée à genoux devant un livre ouvert, supporté par un Ange.

Le Maître-Autel, d'un dessin aussi simple que beau, est couronné par un baldaquin & une gloire, qui sont soutenus par 4 grandes colonnes de marbre, dont les chapitaux & bases sont dorés. Pour devant d'Autel, est un grand & superbe bas-relief de bronze doré, qui offre Jésus mis au tombeau.

Le Chœur est placé derriere le Sanctuaire; trois grands tableaux peints par M. *Challe*, remplissent les fonds de trois arcades, celui du milieu représente le jugement dernier, celui qui est à gauche, la Résurrection; il est grandement composé, & l'autre, est une Ascension. Les deux petits tableaux au-dessus des portes, offrent l'un les Pélerins d'Emmaüs, & l'autre, l'incrédulité de Saint-Thomas; on les croit peints aussi par M. *Challe*.

Dans la sacristie est un beau tableau de *Philippe de Champagne*, restauré depuis

Partie II. L

peu ; par M. *Suvée*, il repréfente une Annonciation.

Dans une des Chapelles qui font à droite du Sanctuaire, eft un Saint-Antoine, à qui Jéfus apparoît. Ce tableau eft de *Vouët*. En face, eft le tombeau d'*Antoine d'Aubrai*, Comte d'Offremont, mort en 1670.

En face de la chaire, on doit admirer un fuperbe Chrift de *Philippe de Champagne*.

Dans la troifieme Chapelle à droite, on voit fur l'Autel, un Saint-Pierre dans les liens, à qui un Ange apparoît.

A caufe du voifinage du Louvre, les gens de la Cour fréquentoient cette Eglife de préférence ; pour les attirer davantage, le Pere *Bourgoing* imagina de mettre les Pfeaumes & quelques Cantiques fur des airs qui étoient à la mode alors. Voilà pourquoi les Prêtres de l'Oratoire ont un chant particulier.

La bibliotheque eft intéreffante à plufieurs égards. Dans la premiere falle on voit les portraits de plufieurs célebres Oratoriens, peints par de bons Maîtres. On y conferve entre plufieurs manufcrits, un ancien Rituel écrit fur vélin, & orné de miniatures ; la miniature qui précede l'himne de la Conception, repréfente ce Myftere d'une maniere un peu matérielle ; on voit un jeune homme qui embraffe une jeune perfonne, & lui donne un baifer fur la bouche : ce qui eft remarquable, c'eft que ces peintures sont l'ouvrage d'une Religieuse.

PALAIS *Archiépiscopal*. Il est situé au midi de la Cathédrale ; son jardin qui est à l'extrémité de l'isle de la Cité, jouit d'une très-belle vue. On admire dans l'Hôtel un grand escalier bâti sur les dessins de M. *des Maisons*, par ordre de M. de Beaumont, dernier Archevêque, qui a fait aussi décorer le principal corps-de-logis, où sont de belles salles ornées de portaits des Princes de la Maison de France, & destinées à recevoir les Seigneurs de la Cour, lors des *Te Deum* & autres cérémonies.

PALAIS BOURBON. *Louise-Françoise-de-Bourbon*, Princesse légitimée de France, *Duchesse de Bourbon*, fit commencer ce Palais en 1722, sur les dessins de *Girardini*, Architecte Italien, & de *Lassurance*. Cette construction fut ensuite continuée par *Gabriel le pere*, & lorsque M. le Prince de Condé en eut fait l'acquisition, *Barrau* & *le Carpentier* y firent exécuter de grandes augmentations.

Une vaste demi-lune précede l'entrée magnifique de ce Palais ; un péristile d'ordre corinthien avec un avant-corps au milieu, surmonté des armes du Prince, forme cette entrée. Deux pavillons terminent le péristile ; ils sont décorés du même ordre, & le même entablement couronne le même ordre dans toute l'étendue des bâtimens, & se raccordent avec les colonnes isolées par trois

L ij

entre-colonnemens de la cour d'honneur.

Cette cour est décorée du même ordre. Les ailes offrent deux avant-corps ornés de frontons, avec chacun un groupe représentant les Muses, sculptés par *Pajou*.

L'avant-corps du milieu du Palais est, ainsi que les ailes, composé de trois entre-colonnemens. Au milieu de l'entablement s'éleve un groupe représentant le Soleil sur son char, prêt à commencer sa course ; les Saisons désignées par quatre Génies, tiennent les rênes de ses chevaux ; ce morceau de sculpture est de M. *Coustou le jeune*.

L'intérieur de ce Palais n'est point terminé. Les bâtimens qu'on voit à gauche, qui formoient autrefois l'Hôtel de Brancas, sont, quant à présent, la seule partie du Palais Bourbon qui soit occupée.

Le petit Palais, ci-devant l'Hôtel de Brancas, élevé sur les dessins de *Lassurance* & sous la conduite d'*Aubert*, présente dans son intérieur un beau vestibule, où regne des pilastres corinthiens d'une grande proportion ; des deux côtés sont placées sur deux piedestaux qui servent de poëles, deux figures colossales en bronze, l'une représente Mars, l'autre Minerve.

La salle à manger est à droite, elle est ornée en stuc, les trumeaux sont de prime d'amethiste rapportées. Quatre termes en plomp, dorées & terminées par des gaînes, portent des girandoles. Sur les quatre portes font des enfans bronzés qui supportent des trophées dorés.

La chambre à coucher, est décorée de plusieurs portraits de famille ; à côté est un joli cabinet où l'on voit sur la cheminée un petit buste de Louis XV très-bien fait avec un maron.

Le cabinet de travail est magnifique par son étendue ; par sa décoration d'un fond blanc relevé d'ornemens en relief dorés ; sur la cheminée est une figure en tetre du Grand Condé ; on admire dans cette pièce, quatre dessus de portes qui représentent des Marines peintes par *le Lorrain*.

La chambre à coucher qui est à côté, est superbement décorée, le meuble d'hiver est sur-tout remarquable. Les tentures sont des tapisseries des Gobelins ; au milieu de chacune, est un médaillon où sont représentés des sujets exécutés d'après les dessins de *Boucher* ; au-dessus du chevet du lit est un grouppe doré, représentant une figure de Femme & un Génie, qui supportent & couronnent le chiffre en fleurs, du Prince & de la Princesse.

Le sallon est d'une grande beauté, la vue qu'offre la terrasse est magnifique, le meuble est très-riche, les quatre dessus de portes sont peints par *Mignard* ; ils représentent les emblêmes des beaux Arts.

Le petit sallon offre au-dessus des portes, deux tableaux du même Peintre, représentant l'Eloquence & l'Histoire. Les feux font remarquables ; ils ont été exécutés d'après les modeles de *Caffieri*.

La galerie des batailles est d'une belle proportion. Elle est composée de quatre grands tableaux de batailles qui ont illustrés M. le Prince de Condé; le premier à gauche représente la bataille de Nordlingen, il est peint par *le Paon*, Peintre de bataille de M. le Prince (1).

Entre deux, est le buste du Grand Condé, accompagné d'un trophée de guerre.

Le second tableau offre la bataille de Lens, peinte par M. *Casanova*.

Le troisieme qui est en face, est de M. *le Paon* ; il représente la bataille de Rocroi.

Le quatrieme est le combat de Fribourg, par M. *Casanova*.

Les quatre dessus de porte, sont peints par M. *le Paon* ; ils représentent les siéges d'Ypres, de Philisbourg, de Dunkerque & de Thionville; on y voit l'effet d'une mine pendant la nuit.

Les petits appartemens font honneur au goût de M. *Bellisard*, sur les dessins duquel ils ont été construits. La magnificence & la richesse caractérisent les appartemens

---

(1) M. *le Paon* étoit l'éleve de M. *Casanova*, & il est fort inférieur à son Maître, pour la composition & la couleur ; mais il lui est peut-être supérieur dans le tactique, la correction, & la vérité des sites.

qu'on vient de voir, le genre gracieux & agréable font le charme de ceux-ci.

Une galerie circulaire décorée en treillage entoure les bâtimens du côté du parterre, & mene d'abord au vestibule qui sert de salle à manger d'été; les trumeaux offrent des figures de Bacchantes, peintes en grisaille; au plafond on voit des rosaces & autres ornemens peints de la même maniere & imitant le relief jusqu'à faire illusion.

La salle à manger est un petit chef-d'œuvre d'agrément; sa décoration offre une salle de verdure; les peintures sont sous des glaces; le rain découpé à la maniere des Chinois semble laisser voir des jours à travers le feuillage.

Dans deux niches en forme de portique, en treillages rehaussés d'or, que des Amours couronnent de guirlandes, sont placées sur des piedestaux deux grandes statues d'après l'antique; d'un côté c'est la Vénus pudique, de l'autre la Vénus aux belles fesses; les glaces placées dans les niches réfléchissent des charmes que l'œil ne pourroit appercevoir.

Le salon magnifique avec goût, est un lieu d'enchantement; la forme est ronde entourée de colonnes ioniques groupées; dans les intervals, sont des portiques à fond de glaces, ornées de draperies retroussées agréablement avec des glands. Au-dessous sont des canapés; le plafond peint par M. *Callet* représente des cariatides qui soutiennent

L iv

une galerie circulaire, entre lesquels sont différens sujets, comme la Toilette de Vénus, le Départ d'Adonis accompagné des Nymphes &c.; tout est galant, tout est riche, mais voici le merveilleux : on tire un cordon, le plafond s'élève comme un nuage & laisse voir un vaste Ciel où il va se confondre. Un orchestre invisible placé au-dessus du plafond, se fait entendre par l'ouverture & produit un effet ravissant, lorsque M. le Prince y donne des fêtes. Ce n'est pas tout ; on tire un autre cordon, le jour cesse d'éclairer, & par le moyen des coulisses, des glaces viennent remplir l'ouverture des trois croisées, & l'on peut ainsi jouir en plein jour de la lumiere des bougies.

Chambre à coucher; le même goût a dirigé cette jolie piece ; on y admire sur-tout la grace du lit & les arabesques qui sont d'une grande beauté.

Le boudoir n'est pas moins curieux ; le parquet est de marqueterie formé de bois le plus précieux.

Le cabinet de travail est orné de plusieurs tableaux remarquables ; on y voit une collection de portraits en miniature de l'illustre famille des Bourbons, depuis Charles de Bourbon, Duc de Vendôme, jusqu'aux Princes vivans.

La galerie renferme de beaux tableaux de l'Ecole Flamande &c. Plusieurs petits tableaux fort curieux, & une collection précieuse des bustes antiques des douze Césars.

Le parterre est placé au milieu de ces appartemens, on y voit un petit temple en treillage sous lequel est placé un groupe en marbre représentant l'Union de l'Amour & de l'Amitié, par *Pigalle*.

La vûe du Palais Bourbon est magnifique, elle offre la plus belle partie de la Capitale. Des jardins, ou des appartemens de ce Palais, on découvre les Champs-Elisées, la place de Louis XV, les Tuilleries & la Seine qui forme un canal au bas de la terrasse, tous ces objets produisent le tableau le plus imposant, & le plus varié.

PALAIS ROYAL. Le Cardinal de Richelieu, commença en 1629 à faire construire ce Palais par son Architecte *Mercier*, sur les ruines des Hôtels de Mercœur & de Rambouillet. Il fut achevé en 1636, & l'on plaça sur la porte l'inscription suivante : *Palais Cardinal*, cette dénomination peu digne du fondateur de l'Académie Françoise excita beaucoup de critique (1).

Le politique Cardinal jugea à propos en 1639 de faire présent de ce Palais à Louis XIII. Après la mort de ce Roi, Anne d'Au-

___
(1) Les uns la trouverent pleine de vanité, parce qu'elle sembloit annoncer que le Cardinal étoit seul en France revêtu de cette dignité, ou qu'il étoit le Cardinal par excellence. D'autres soutenoient qu'elle n'étoit d'aucune Langue. *Balzac* se mêla long-tems de cette querelle littéraire.

L v

triche, Reine de France & Régente du Royaume, quitta le Louvre pour venir habiter ce Palais avec ses Fils, Louis XIV & le Duc d'Anjou. On représenta à cette Princesse qu'il ne convenoit pas à un Roi de France d'habiter une maison qui portoit le nom d'un sujet. Alors la premiere inscription fut ôtée, & ce Palais fut nommé *le Palais Royal*, nom qu'il a toujours conservé depuis, malgré les sollicitations de Madame d'Aiguillon qui obtint de la Reine la permission de faire replacer au-dessus de l'entrée l'inscription de *Palais Cardinal*.

Dans la suite, Louis XIV accorda à *Monsieur*, son Frere unique, la jouissance de ce Palais, & puis la propriété à son petit-Fils le Duc de Chartres.

Des circonstances différentes ont procuré des changemens considérables à ce Palais, de sorte qu'il subsiste très-peu de bâtimens construits par le premier Architecte.

Lors de la construction de la salle d'*Opéra* attenante au Palais Royal, on bâtit la façade du côté de la rue Saint-Honoré sur les desseins de M. *Moreau*. Cette façade offre deux pavillons ornés de colonnes doriques & ioniques, & couronnés chacun d'un fronton chargé de figures sculptées par M. *Pajou* ; un mur percé de portiques, unit de chaque côté ces pavillons aux trois magnifiques portes qui servent d'entrée.

Dans la premiere cour, on voit régner aux deux aîles des pilastres doriques & ioniques. Des colonnes de ces deux ordres ornent l'avant-corps du milieu qui est couronné par un fronton circulaire, dans lequel sont placées deux figures qui supportent les armes d'Orléans. Cet ouvrage est de M. *Pajou*.

La seconde Cour ou *Cour Royale* ornée de portiques au rez de chaussée & de pilastres, au premier étage, sera bientôt considérablement agrandie : l'avant-corps du milieu, qui en conséquence des changemens projettés, doit être répété sur la même ligne, offre une ordonnance de colonnes ioniques, au-dessus de laquelle est un attique terminé par un comble. On y voit quatre figures en pierre sculptées par M. *Pajou*. L'architecture de cet avant-corps est de M. *Contant*.

Le vestibule qui est entre ces deux cours est décoré de colonnes doriques ; à droite en entrant on y voit le superbe escalier qui mene aux appartemens.

Cet escalier, quoique placé dans un local peu favorable, est d'un bel effet ; son plan est ovale ; il est éclairé par les fenêtres d'un dôme fort élevé qui le couvre. M. *Contant* qui en a fourni les dessins, a imaginé, pour faire disparoître la masse trop raprochée du mur de face, d'y représenter de l'architecture qui a été peinte en perspective par M. *Machi*.

La rampe est d'une grande beauté ; son travail est aussi considérable que précieux ;

fon deſſin eſt d'un goût noble, c'eſt un chef-d'œuvre de ſerrurerie. On aſſure que trente-deux ouvriers y ont travaillé pendant deux ans.

Des deux côtés de cette rampe à la moitié de ſa hauteur, ſont placés deux Génies en bronze, portant chacun un palmier, au-deſſus duquel eſt un réverbere.

Le palier ſupérieur eſt décoré de colonnes ioniques cannelées, les portes ſont couronnées de ſculpture par M. *Caffieri*; au-deſſus de celle du milieu on a placé deux Anges plus grands que nature, qui ſupportent les armes d'Orléans. Les appartemens ſont dignes du Prince qui habite ce Palais. On y voit partout régner à la fois le bon goût & la magnificence. Les changemens qu'on exécute ne me permettent pas de faire la deſcription de ſon intérieur; je me bornerai à donner ici une idée des précieuſes collections qu'il renferme.

La collection de tableaux eſt due au zele ardent & éclairé de M. le Duc d'Orléans Régent; pour la peinture il ſatisfit de tout ſon pouvoir ce goût dominant, & comme ſon pouvoir étoit grand, il compoſa une des plus riches collection de l'Europe.

Cabinet des pierres gravées. Charles II, Electeur Palatin, avoit formé une belle collection d'antiques; ſa ſœur & ſon héritiere *Eliſabeth Charlotte* vint en France en 1685 épouſer *Monſieur*, frere du Roi, & y apporta du cabinet de ſon Frere une ſuite de médailles, & de pierres gravées. Cette collection passant entre les mains du Régent, s'augmenta considérablement. La collection fameuse de M. de Crozat est encore venu accroître & enrichir celle-ci, qui est aujourd'hui une des plus curieuse de l'Europe.

MM. l'Abbé *de Lachau* & *le Blond*, ont publié depuis quelques années une description de ce riche cabinet en deux volumes in-folio; les gravures pleines de goût sont de M. *de Saint-Aubin*.

Cabinet d'histoire naturelle. Il est principalement composé de minéralogie, & surtout de la minéralogie de chaque province de France ; il seroit trop long de détailler ici les curiosités qu'il renferme.

Collection des modeles des arts & métiers & manufactures. M. le Duc d'Orléans a rassemblé des modeles en petit, de toutes les productions des arts & métiers, ainsi que les outils qui y sont propres. Tous ces modeles sont dans la même proportion ; ce qui donne facilement le rapport qui existe entre leur grandeur réciproque. La proportion des modeles avec les objets qu'ils représentent, est d'un pouce & demi par pied.

Les changemens projettés au Palais Royal & qu'on exécute sur les dessins de M. *Louis*, intéressent bien du monde ; on va en indiquer ici les principales parties.

La cour royale, sera beaucoup agrandie du côté de la rue de Richelieu, de sorte que le milieu de cette cour correspondra au milieu du jardin.

Le vestibule qui est entre les deux cours, sera prolongé du côté de la rue Richelieu de près du double de sa longueur actuelle ; à son extrémité, en face du magnifique escalier on en construira un second qui sera éclairé par une coupole à jour, soutenu par quatre arcs doubleaux faisant pendatifs ; par cet escalier on arrivera aux appartemens de Madame la Duchesse d'Orléans, puis à une galerie immense qui contiendra la collection des tableaux. Le Prince propriétaire continuera d'accorder sa protection aux beaux arts, en permettant aux Artistes & aux Amateurs d'y venir admirer & étudier les ouvrages des grands Maîtres.

Cette vaste galerie qui formera la quatrieme façade du jardin, aura son milieu couronné d'un magnifique dôme carré, & sera soutenu au rez de chaussée par six rangs de colonnes doriques, qui formeront un promenoir public.

En conséquence de ces changemens, la *galerie d'Enée* dont le plafond étoit peint par *Antoine Coypel*, & la décoration sur le dessin d'*Oppenord*, est entiérement détruite ; mais par un moyen ingénieux, on a enlevé les peintures de ce plafond.

Du côté de la rue de Richelieu, se construit maintenant la salle du spectacle des Variétés, sur les dessins de M. *Louis*, qui en a garantie l'ouverture publique au jour de Pâques de l'année 1788.

La rue de Montpensier, formée par les nouveaux bâtimens du jardin & parallele à la rue de Valois, sera comme elle prolongée jusqu'à la rue Saint-Honoré.

Tant de changemens, en rendant ce quartier plus commode & plus beau, accroîtront, s'il est possible, sa population, sa splendeur & son tumulte. (Voyez *jardin du Palais Royal*, page 121, II. Partie).

PALAIS *du Luxembourg*, (v. *Luxembourg*, page 177, II. Partie).

PALAIS *des Tuileries*, ainsi nommé, parce qu'on y frabriquoit de la tuile. Catherine de Médicis le fit bâtir en 1564 sur les desseins de *Philibert Delorme* & de *Jean Bullan*; ce Palais ne consistoit que dans le gros pavillon carré du milieu, dans les deux corps-de-logis qui ont chacun une terrasse du côté du jardin, & dans les deux pavillons qui les terminent.

Henri IV, vainqueur de la ligue, agrandit ce Château, & fit commencer en 1600 la grande galerie qui le joint au Louvre sur les desseins *du Cerceau*. Louis XIV ordonna plusieurs ouvrages pour la restauration & l'embellissement de ce Palais; *Louis de Veau* & *François d'Orbay*, son éleve, deux Architectes célebres y travaillerent en 1654. Le gros pavillon du milieu n'avoit été décoré jusqu'alors que des ordres ionique &

Corinthien, on y ajouta le composite & un attique.

Toute la face de ce Palais consiste en cinq pavillons, & quatre corps-de-logis sur une même ligne. Les colonnes des ordres du côté du Carousel sont de marbre brun & rouge; sur l'entablement regne un fronton avec les armes de France accompagné de statues de pierres.

Le vestibule est soutenu par des colonnes ioniques rudentées, à chapiteaux composés & surchargés d'un Soleil, devise de Louis XIV. Le grand escalier placé sur la droite de ce vestibule conduit d'abord à la Chapelle, qui est décorée de plusieurs tableaux: une copie de la fameuse Nativité du *Corrége*, une Nativité de la Vierge & son Couronnement, par *Lanfranc*; un Saint-François, par *le Guide*; un Christ, par *le Brun*; & un Saint-Jean Baptiste, par *Annibal Carrache*. Deux rampes de cet escalier menent ensuite à l'appartement du Roi, décoré par les plus excellens Maîtres sur les desseins de *le Brun* & sous sa conduite.

La *salle* des *Cent-Suisses* est au-dessus du vestibule, & a servi long-temps au concert spirituel.

Sur la cheminée de la *salle des Gardes* est un tableau *du Loir*, représentant Diane & Indimion; toutes les peintures de cette salle sont du même Maître (1). L'an-

___
(1) Cette vaste pièce est disposée pour des con-

la chambre du Roi est encore décorée par cet Artiste. On voit sur la cheminée Louis XIV à cheval, couronné par Pallas, grand tableau peint par *Nicolas Mignard*. Le milieu du plafond de la grande chambre du Roi contient un tableau octogone, par *Bertholet Flemaël*; la corniche régnant au pourtour offre des ornemens en stuc, sculptés par *Lerambert*; les Enfans qui les accompagnent sont de *Girardon*, ainsi que les figures de l'Histoire & de la Renommée placée dans les angles. Les grotesques & autres ornemens du plafond & des lambris, ont été peints par les deux *le Moine*. Les peintures de la chambre à coucher & du cabinet du Roi sont de *Noël Coypel*.

Les tableaux de la Galerie des Ambassadeurs sont de *Pierre Mignard*, & les appartemens du rez de chaussée sont décorés par *Nicolas Mignard* (1).

La salle des machines est ornée de sculptures & de peintures, faites sur les cartons de *le Brun*, par *Noël Coypel*. *Vigarani* a donné des dimentions de ce superbe théâtre qui a servi aux Comédiens François, & qui sert aujourd'hui au Concert Spirituel.

PALAIS (*le*) *de Justice, en la Cité*. L'o-

---

certs que la Société Olympique, établie au Palais Royal, a obtenu la permission d'y donner.

(1) La Reine, pour avoir un pied-à-terre à Paris, a fait disposer à son usage le *Pavillon de Flore*.

rigine de cette édifice remonte au commencement de la Monarchie Françoise; on ignore l'époque de sa fondation. Il est certain qu'au commencement du sixieme siècle il y avoit dans le même endroit un Palais; Saint-Louis qui l'habita, y fit faire des réparations considérables & l'augmenta de la Sainte Chapelle, de la piece qu'on appelle encore *la salle de Saint-Louis* & de la salle qu'on nomme aujourd'hui la Grand'-Chambre. Philippe-le-Bel le fit presqu'entiérement reconstruire en 1383. Le Roi Charles VI y demeuroit. Charles VII l'abandonna entiérement au Parlement en 1531. On voit que François Ier y a fait aussi quelque séjour, puisqu'il rendit le pain béni en l'Eglise de Saint-Barthelemi comme premier Paroissien.

C'étoit dans la grande salle du Palais que nos Rois recevoient autrefois les Ambassadeurs, qu'ils donnoient des festins publics, & que l'on faisoit les nôces des Enfans de France. Elle étoit ornée des statues de nos Rois depuis Pharamond, sous chacune desquelles étoit une inscription.

Cette magnifique salle fut consumée ainsi qu'une partie des bâtimens du Palais, par un incendie arrivé le 7 Mars 1618. *Jacques de Brosses*, habile Architecte, fut choisi pour la reconstruire. Rien n'est plus vaste, plus majestueux que cette salle qui est l'unique en France de cette espece; les voûtes & les arcades qui les soutiennent sont à plein ceintre & en pierre de taille. Cet ouvrage est digne de la grandeur des Romains.

Un autre incendie arrivé le 10 Janvier 1776 consuma toute la partie du Palais qui s'étendoit depuis l'ancienne galerie des prisonniers jusqu'à la Sainte-Chapelle. On vient de réparer avec magnificence les ravages de cet incendie, une rue étroite & antique vient d'être élargie, & décorée de bâtimens modernes & uniformes. Au lieu de deux portes sombres, resserrées & gothiques, est une grille de vingt toises d'étendue, à travers laquelle on voit une vaste cour formée par deux aîles de bâtimens & par une façade majestueuse qui offre l'entrée du Palais.

La grille s'ouvre par trois grandes portes, remarquables par leurs richesses & leurs décorations; celle du milieu, qui reste ordinairement fermée est chargée de dorures. Elle a pour amortissement un globe couronné aux armes de France, & accompagné de guirlandes & autres ornemens. Malgré l'éclat de cette grille, on croit, artistement parlant, que le dessin en pourroit être mieux choisi.

La façade offre un perron de dix-sept pieds de haut, dessiné d'une grande manière & par lequel on monte aux galeries. Des deux côtés sont deux arcades ornées de refends. Celle qui est à gauche mene aux salles de l'Election & l'autre à la Conciergerie.

L'avant-corps du milieu est orné de quatre colonnes doriques ; au-dessus de l'entablement regne une balustrade ; au milieu s'éleve un dôme carré à la naissance duquel est placé un groupe en pierre, représentant les armes de France supportées par deux Anges ; il est sculpté par M. *Pajou*. Les quatre statues qui sont placées à l'aplomb des colonnes, représentent la Force, l'Abondance, la Justice & la Prudence. On a trouvé ces figures trop foiblement prononcées relativement à la distance.

Cette entrée seroit bien imposante si les bâtimens qui forment la cour avoient plus d'ensemble & plus de caractere. Il ne faut pas être doué d'un tact bien fin pour connoître que ces constructions sont l'ouvrage de plusieurs Architectes (1).

Trois portiques servent d'entrée. Au fond de la galerie à gauche on voit dans une niche une statue sculptée par M. *le Comte*, représentant *la Justice* ; tout près est l'entrée de la Sainte-Chapelle, (voyez *Sainte-Chapelle*, page 164, I. *Partie*).

L'escalier qui est en face de l'entrée con-

---

(1) Le corps du bâtiment principal du côté de l'entrée a été conçu par MM. *Moreau* & *Desmaisons*. A l'exception des aîles & pavillons, toutes les autres parties, ainsi que la plupart des intérieurs de tous les bâtimens de la Cour du May, ont été faits conjointement avec MM. *Antoine* & *Desmaisons*.

duit à *la Cour des Aides*; en y montant on voit dans une niche une statue qui représente *la Loi*; d'une main elle tient un Sceptre, de l'autre un Livre où sont écrit ces mots: *in legibus salus*.

Les salles de *la Cour des Aides*, nouvellement construites, sont décorées dans un genre simple & noble. La Chapelle de cette cour présente un ordre dorique & des figures entre les colonnes, peintes par MM. *Brenet* & *Renou*.

La grande salle dont nous avons parlé, n'est plus éclairée par des œil-de-beufs; mais par des ouvertures ceintrées, pratiquées aux extrémités. A un bout de cette grand'salle proche la chambre des Eaux & Forêts, on voit une statue colossale & mutilée appuyée contre le mur; c'est celle d'*Enguerand de Marigni*, Ministre accusé de vexation, condamné au supplice, mais innocent, & dont la mémoire a trouvé des défenseurs dans ce siècle-ci.

La grand'chambre du Parlement a été reconstruite, comme nous l'avons dit, sous le regne de Saint-Louis. Elle fut réparée sous celui de Louis XII, & décorée en 1722 par *Germain Boffrand*. Sur la cheminée est un bas-relief représentant Louis XIV entre la Justice & la Vérité, par *Coustou le jeune*. Le Crucifix & les figures qu'on voit au-dessus du siége sont attribués à *Albert Durer*. Le plafond riche & ancien est un chef-d'œuvre de construction & de mauvais goût.

Dans la salle des *Requêtes du Palais*, est un superbe plafond peint par *Boullongne l'aîné*. Le dernier incendie l'avoit endommagé, mais il a été rétabli par M. *Guérin*. Ce plafond représente la Justice, accompagnée de deux figures dont l'une tient un Mors, pour marquer qu'elle réprime les passions ; l'autre s'appuie sur un Lion, symbole de la Force ; plus bas est Hercule qui chasse la Calomnie & la Discorde.

Dans la *troisieme salle des Enquêtes*, on voit un tableau de *Bourdon* qui représente la Femme Adultere, un autre qui offre Susanne, par *le Brun*, & dans un cabinet est un Christ peint par *le Sueur*. Le plafond est peint par *Vouët* & représente le jugement dernier.

Les archives du Parlement, placées dans le comble au-dessus de la Grand'Salle, sont également curieuses par leur construction que par l'immense quantité des minutes des Arrêts & de leur expédition qu'elles contiennent. Elles forment trois salles paralleles pratiquées sur toute la longueur de la Grand'-Salle. Ces trois salles sont en briques & leurs voûtes sont formées de creusets carrés, en terre cuite, afin d'être assez légeres pour ne point charger les voûtes de la Grand'-Salle sur lesquelles elles portent.

Les pièces les plus anciennes de cette vaste collection, sont trois registres appellés *les Olim*. Ils commencent à l'an 1255.

Quoiqu'on trouve dans ces registres quelques pièces d'une date antérieure, il paroît que c'est seulement à cette époque qu'on a commencé à recueillir les Arrêts du Parlement (1).

On y trouve aussi un volume intitulé *le Registre Croisé* ; il contient les Arrêts, Edits, Ordonnances &c., rendus pendant que Paris étoit sous la domination Angloise & sous la Régence du Duc de Bethfort ; on voit sur la couverture une croix noire, qui marque ainsi que la dénomination du registre, la réprobation des pièces qu'il contient.

On conserve encore dans ces archives trois ou quatre registres contenant des lettres originales de plusieurs de nos Rois.

Les minutes de ces registres ont été brûlées lors de l'incendie de 1618 ; il en existe pourtant quelques liasses échappées au feu ; mais elles sont sans suite.

M. le Greffier en Chef du Parlement, est Garde-né de ces archives.

---

(1) Jusqu'au regne de François I., les Arrêts du Parlement étoient rendus en un Latin barbare. Un grand Seigneur qui avoit perdu un procès à cette Cour, dit au Roi, que s'il avoit perdu son procès, le Parlement, pour le dédommager l'avoit *déboté*. — *Comment, le Parlement vous auroit-il ôté vos botes*? — Oui, Sire, car il a prononcé *debotavit* & *debotat*, &c. Ce Latin barbare qui prêtoit à de pareilles allusions, détermina, dit-on, François I. à ordonner que les Arrêts seroient rendus en François.

(264)

Le dépôt des chartres de la Couronne est précieux par une infinité de titres & rouleaux très-anciens, très-curieux & sur-tout très-bien conservés. M. le Procureur-Général est Garde-né des chartres de la Couronne. Ce dépôt est situé dans une salle attenant à la Chambre des Requêtes.

Le Parlement est composé de *la Grand'-Chambre*, de *la Tournelle*, de trois Chambres des Enquêtes & d'une *Chambre des Requêtes*.

La rentrée du Parlement se fait tous les ans le lendemain de la Saint-Martin. Ce jour là on célebre la messe du Saint-Esprit dans la Grand'Salle du Palais, & MM. les Gens du Roi reçoivent les sermens des Avocats & Procureurs (1).

Le mercredi ou le vendredi suivant, se font les mercuriales ou harangues prononcées par M. le Premier Président & par l'Ancien de M. les Avocats-Généraux.

La Chambre des Comptes a un bâtiment particulier en face de la Chapelle du Palais; on y arrive par des portiques pratiqués dans les nouvelles constructions de la rue de la Barillerie (2).

---

(1) A cette cérémonie, les Conseillers & Présidens du Parlement se saluent suivant l'ancien usage, & de la même maniere, dont les femmes font la révérence.

(2) Les Officiers de cette chambre portoient anciennement des grands ciseaux à leur ceinture.

On

On trouve le détail des autres Jurisdictions dans l'Almanach Royal.

Palais *des Termes*. (*Voyez Thermes*).

PANTHÉON. Ce nom consacré par la Mythologie pour exprimer un temple en l'honneur de tous les Dieux, ne paroît avoir aucun rapport avec un Wauxall. Si l'on ne savoit pas que les Anglois nous ont donné l'exemple d'une pareille dénomination à un lieu semblable, & qu'en matiere de modes les Anglois sont d'une grande autorité, on croiroit que par le mot *Panthéon* on a voulu faire allusion à ces Divinités familieres qui vont quêtant les offrandes des humains, & dont les figures décorent & vivifient les Wauxalls.

Beaucoup de personnes ont trouvé l'intérieur de ce *Panthéon* charmant, délicieux parce qu'on y a réuni beaucoup de glaces, de dorures & de draperies couleur de rose. Les Artistes n'en ont pas jugé aussi favorablement ; ils trouvent que cette salle n'offre point de fond ; que l'œil égaré dans les glaces multipliées ne peut en saisir la forme ; que les colonnes, dont le plan est compliqué, forment avec l'incertitude du fond un papillotage bien fatiguant. Ils croyent que huit co-

---

pour marquer le pouvoir qu'ils ont de rogner & de retrancher les mauvais emplois dans les comptes qu'on leur présente.

Partie II.   M

lonnes qui ont l'air de supporter tout le plafond doivent avoir l'air aussi d'être appuyées sur quelque chose, & que les porte à faux de cette espèce ne sont excusables dans aucun lieu. Ils croyent aussi que des persiques à mines effrayantes ne conviennent guere à la décoration d'une salle consacrée à des fêtes. Ils n'ont pas davantage admiré les glaces posées devant les balcons, les statues dorées, les colonnes ovales, l'orchestre qui, par sa situation interrompt la galerie dont la salle de danse est entourée; ils ont encore critiqué d'autres détails qu'ils seroit trop long de rapporter (1). Je me bornerai à dire que M. *le Noir le Romain* sur les dessins duquel étoit construit le Wauxall de la Foire Saint-Germain est l'Architecte de ce *Panthéon*, qui a été ouvert pour la premiere fois le 8 Décembre 1785, & qui est situé au coin des

---

(1) L'Auteur de l'Almanach du Voyageur à Paris, de l'année 1786, & d'un gros livre appellé *le Guide des Amateurs*, fait ainsi l'éloge du Panthéon. « Il seroit difficile d'imaginer quelque
» chose de plus agréable & de plus galant que
» ce *délicieux* endroit, où *tout retrace & réunit*
» *les charmes de la féerie, sur-tout lorsqu'*UN SEXE
» ENCHANTEUR, *à la suite duquel marchent*
» *les graces, les amours & les ris*, VIENNENT
» *encore ajouter à l'agrément de ce séjour char-*
» *mant*, où tout *semble* inspirer la gaieté & la
» volupté ». Il faut bien noter que cette phrase a été composée depuis long-tems pour le Wauxall de la Foire Saint-Germain, ainsi le Panthéon ne doit point s'en glorifier.

rues de Chartres & de Saint-Thomas du Louvre.

PAUL. (*Saint*) Cette Eglise Paroissiale qui a donné le nom à ce quartier, étoit dans son origine une Chapelle que Saint-Eloi fit bâtir hors la ville sous le titre de *Saint-Paul*, dans un cimetiere destiné aux Religieuses du Monastere de Saint-Aure qu'il avoit fondé dans le lieu de la Cité qu'occupent aujourd'hui les Barnabites. Elle fut érigée en Paroisse en 1107. Etant devenue par la suite celle de nos Rois pendant qu'ils faisoient leur séjour à l'Hôtel de Saint-Paul & au Palais des Tournelles, elle s'accrut considérablement en peu de temps.

Charles V fit bâtir l'Eglise que l'on voit aujourd'hui, dont l'Architecture n'a rien de remarquable. On admire dans la premiere Chapelle à gauche en entrant la belle Sainte-Famille, appellée *le Benedicite*, peinte par *le Brun*. Dans la quatrieme Chapelle, du même côté, est une Ascension, par *Jouvenet*.

Proche la petite porte du chœur, aussi à gauche, on voit un monument de marbre blanc qui représente la Justice tenant le Médaillon de *François d'Argouges*, premier Président du Parlement de Bretagne, par *Coyzevox*.

Le maître-autel est orné d'une menuiserie dorée, du dessin de *Jules-Hardouin Mansard*; les deux Anges & la Gloire ont été

M ij

sculptés par *Vancleve*. *J. B. Corneille* a fait le tableau représentant l'Institution de l'Eucharistie.

En face de la Chapelle de la Vierge, M. *Hallé* a peint le Ravissement de Saint-Paul; ce tableau, qui est rond, étoit autrefois au maître-autel.

Sur un pilier près la Chapelle de la Communion se voit un monument en marbre érigé par *Coyzevox*, à la mémoire de *Jules-Hardouin Mansard*, célebre Architecte, Surintendant des bâtimens du Roi; c'est aux talens de cet Artiste que l'on doit le dôme des Invalides.

La Chapelle de la Communion est décorée de colonnes doriques. Les peintures des vitraux du côté des charniers, fort estimées, sont dues à *Desangives*, le plus habile des Peintres sur verre que nous ayons eu. Les peintures des autres vitraux sont également dignes d'être vues. C'est dans cette Chapelle qu'est le tombeau en marbre du Duc de Noailles inventé & exécuté par *Flamen*; ce Duc y est représenté à demi couché & soutenu par la Religion. Plus haut est une figure symbolique de la Résurrection & de l'Eternité, couverte d'une large draperie, tenant une Faulx & une Couronne de gloire; aux pieds du Duc est un Génie en pleurs. La Duchesse son épouse repose dans le même tombeau, & son épitaphe qui est à côté est soutenue par deux Génies.

Auprès du maître-autel ont été inhumés

trois favoris du Roi Henri III, *Louis de Maugiron*, *Jacques de Levis*, Comte de Quélus, & *Paul de Stuart de Cauſſade.* Ce Roi leur avoit fait élever des tombeaux en marbre noir, avec des épitaphes très-galantes que M. de Saint-Foix a conſervées. « Quand on apprit à Paris, dit cet
» Auteur, la mort des Guiſes tués à Blois,
» le 27 Décembre 1588, par l'ordre de
» Henri III, le peuple que les prédications
» des Moines avoient rendu furieux, courut
» à Saint-Paul & détruiſit les tombeaux que
» ce Prince avoit fait élever à Quélus, à
» Maugiron & à Saint-Megrin, diſant qu'*il*
» *n'appartenoit pas à ces méchans,*
» *morts en reniant Dieu, & mignons du*
» *tyran, d'avoir ſi beaux monumens*
» *dans l'Egliſe* ».

Dans la Chapelle de Saint-Louis on voit l'épitaphe de *Nicolas Gilles*, Auteur des Annales & Chroniques de France, mort le 10 Juillet 1503.

François Rabelais, mort le 9 Avril 1553 dans la rue des Jardins, a été inhumé dans le cimetiere de cette Paroiſſe au pied d'un grand arbre. D'abord Cordelier, puis Bénédictin, puis Chanoine, puis Curé, il étoit encore Médecin, érudit, ſatyrique, bouffon, & le premier homme de ſon ſiècle pour l'eſprit & les connoiſſances. Il eſt Auteur de *Pentagruel* & de *Gargantua*; le premier eſt une violente diatribe contre les Moines qu'il connoiſſoit par ſa propre expérience, & le second mérita d'être appellé le *Livre*, ou le livre par excellence. La gaieté, l'extravagance, l'érudition, les obscénités & le génie caractérisent ses ouvrages. On a dit de lui que *c'étoit un Philosophe ivre qui n'a écrit que dans le temps de son ivresse*. Gui Patin rapporte que Rabelais dit en mourant, *tirez le rideau, la farce est jouée* (1).

PAVILLON *de la Chartreuse*. Bâtiment fait dans le genre des Fermes Hollandoises, situé fauxbourg du Roule, bâti par feu de Beaujon; c'est une petite maison d'un goût bizare, ornée de statues & entourée de jardins & de bosquets, où l'on voit une Chapelle de *Saint-Nicolas* qui en fait partie; l'architecture & la décoration sont de M. *Girardin*, Architecte. (Voyez *Chapelle Saint-Nicolas, page* 171, I. *Part*.),

SAINTE-PÉLAGIE. Cette maison située rue du Puits-de-l'Hermite, derriere l'Hôpital de la Pitié, fut fondée par *Marie-Boneau*, veuve de *J. J de Beauharnois*

---

(1) La Faculté de Médecine de Montpellier dont il étoit Docteur, & qui lui doit son existence, conserve encore la robe de ce protecteur. Tous les Jeunes Médecins, dit-on, qui prennent le bonnet de Docteur dans cette Université, sont revêtus de cette robe, & lorsqu'on la donne à quelques ignorans, on se rappelle de la Fable de *l'Ane couvert de la peau du Lion*. Cette robe joue fort souvent le rôle de la peau du Lion de la Fable,

de *Miramion* & autres personnes charitables. Elle a pour objet de servir de refuge aux filles & femmes condamnées à une pénitence forcée & à celles qui se condamnent elles-mêmes à une pénitence volontaire ; elles forment deux Communautés qui ne communiquent point entr'elles. La Chapelle qui leur est commune renferme le tombeau & l'épitaphe de la Chanceliere d'Aligre qui est de la main de *Coyzevox*.

PICPUS *ou Picpuces*. Lieu qui a donné son nom singulier aux Moines qui l'habitent. Cette Communauté est une branche de ce grand arbre qu'a planté Saint-François. Son vrai nom est, *les Religieux Pénitens réformés du tiers Ordre de St-François*. (Voyez *les Peres de Nazareth , page 215 II. Partie*). Ces Religieux furent d'abord des Pénitens séculiers & un peu scandaleux ; mais *Vincent Mussart* les réforma en 1594, & ce fut vers 1600 ou 1601 qu'ils s'établirent à Picpus, au même endroit où les Capucins de la rue Saint-Honoré, puis les Jésuites de la Maison Professe, avoient leur premiere demeure. Il n'y avoit alors qu'une petite Chapelle nommée *Notre-Dame-de-Grace* que M. *Emeri de Rochechouart*, Evêque de Sisteron, avoit fait bâtir pour les Capucins. Mais cette Chapelle, par le concours des dévots, se trouva trop petite ; ils firent élever une Eglise bien plus grande, dont Louis XIII posa la premiere pierre le 13 Mars 1611.

Sur les confessionnaux de la nef sont six statues grandes comme nature, parmi lesquelles on remarque un *Ecce Homo* de *Germain Pilon*. Plusieurs personnes illustres ont été inhumées dans cette Eglise. Dans la Chapelle de Saint-Joseph, on lit plusieurs épitaphes de la maison d'*Aumont*.

Dans le réfectoire de ces Peres est un chef-d'œuvre du fameux *le Brun*, c'est le Serpent d'airain dans le désert. L'ignorance de ceux qui le possedent a causé presque l'entier dépérissement de ce beau morceau de peinture. (Voyez *la Description des Environs de Paris*).

PIERRE aux Bœuf, (Saint) en la Cité. On est fort incertain sur la cause de la singuliere dénomination de cette petite Paroisse. Les Historiens ne donnent là-dessus que des conjectures. Cette Eglise n'a rien de remarquable que son ancienneté.

PIERRE-des-Arcis, (Saint) rue de la Vieille-Draperie. C'est une autre petite Paroisse du même temps, c'est-à-dire, du douzieme siecle. L'étymologie de son nom a également embarrassé les Historiens qui n'ont rien déterminé de satisfaisant à cet égard. L'Eglise fut rebâtie en 1424, & le nouveau portail en 1711 sur les desseins de *Lanchenu*.

Sur le maître-autel est un tableau représentant Saint-Pierre guérissant les Boiteux à la porte du Temple, de *Carle Vanloo*; un Lavement des pieds, par le même, & une Cène, par *la Fosse*.

PILIERS *des Halles*. Ce sont des espèces de galeries couvertes garnies de Boutiques de Fripier; sous ces piliers subsiste encore la maison où est né Moliere.

PILORI. C'est ordinairement un poteau au haut duquel est placé l'écusson du Seigneur Haut-Justicier, ainsi qu'une chaîne avec un carcan de fer. Dans cette Capitale on nommoit *Pilori* une tour octogone, composée d'un rez de chaussée & d'un premier étage, au milieu duquel étoit un cercle de fer percé de trous où l'on faisoit passer la tête & les bras des concussionnaires & des banqueroutiers frauduleux: ce cercle se tournoit horisontalement & exposoit de tous côtés les criminels à la vue & aux insultes de la populace; ils y demeuroient ordinairement deux heures pendant trois jours de marché, & toutes les demi-heures on leurs faisoit parcourir le quart de la circonférence du cercle.

C'étoit au pied de la Croix de pierre qui étoit près du Pilori, que les banqueroutiers recevoient des mains du Bourreau le *Bonnet Verd*: cette punition exemplaire qui n'est plus en usage, devoit être plus puissante, plus redoutée que la mort même. Ce Pilori est détruit.

PLACES *Publiques*. *Place Baudoyer*, derriere Saint-Gervais, au commencement de la rue Saint-Antoine ; elle tire son nom d'une porte bâtie sous Philippe-Auguste qui étoit nommée *la porte Baud* ou *Bodoyer*.

Place Dauphine. Cette place dont Henri IV donna le plan & qu'il nomma *place Dauphine* en mémoire de la naissance de son fils Louis XIII, a été bâtie dans l'emplacement de deux petites isles dont l'Abbé de Saint-Germain étoit propriétaire.

Place devant les Barnabites. Devant le Palais & avant d'entrer à l'Eglise des Barnabites, est la place qu'occupoit autrefois la maison du pere de *Jean Chastel*. Ce malheureux âgé de 19 ans, croyant obtenir le pardon de ses péchés en assassinant Henri IV, se glissa le 27 Décembre 1594 dans la chambre où étoit ce Roi à son arrivée de Picardie ; il s'approche & tâche de lui donner à la gorge un coup de couteau ; mais, comme le Roi s'inclinoit pour relever des Seigneurs qui étoient venus le saluer, le coup porta sur la levre supérieure du côté droit, & lui rompit une dent. Le jeune assassin ayant été saisi, le Roi commanda qu'il fut lâché, & dit qu'il lui pardonnoit ; puis apprenant que ce jeune homme étoit disciple des Jésuites & se rappellant des bontés qu'il avoit eues pour ces Peres, il s'écria : *falloit-il donc que les Jésuites fussent convaincus d'être mes ennemis par ma bouche & par mon sang !*

Chastel fut exécuté à la greve, & la maison qu'il habitoit fut rasée ; en sa place fut élevée en 1595 une pyramide à quatre faces sur lesquelles furent gravées en lettres d'or & sur du marbre noir des inscriptions latines, qui contenoient la relation très-détaillée de cet événement. Dix ans après les Jésuites solliciterent la démolition de cette pyramide, à cause des expressions offensantes qui y étoient gravées contre leur société. Le Pere Coton, Confesseur d'Henri IV obtint de lui cette faveur, & voulut même, contre l'avis du Parlement, que ce monument fût abattu pendant le jour, disant tout haut que Henri IV n'étoit point un Roi de ténèbres. Quelques témoins de cette démolition remarquerent que les ouvriers commencerent par mettre à bas la figure de la Justice, comme ne devant pas assister à la destruction d'un monument élevé pour la sûreté du Roi : on fit à ce sujet le quatrain suivant.

<blockquote>
Sire, si vous voulez du tout à l'avenir,
De l'assassin Chastel oter le souvenir,
Otant la pyramide, & l'Arrêt qui le touche,
Qu'on vous remette donc une dent dans la bouche.
</blockquote>

Place de Greve ; elle est tour-à-tour un théâtre de supplices & de réjouissances ; c'est-là qu'on donne la mort aux scélérats, & sur ce même pavé, teint du sang des monstres de la patrie, s'élève des décorations superbes & se donne des fêtes magnifiques : on se livre à la joie au même endroit où l'on a frissonné d'horreur. Le peuple s'accoutume à voir ces deux spectacles avec le même intérêt.

La premiere exécution qui s'y est faite a été celle d'une femme hérétique, *Marguerite Porette*, qui fut brûlée vive en 1310.

Place de Cambrai, située devant le Collége Royal, & aboutissant à la rue Saint-Jacques.

Place du Carrousel, située devant le Château des Tuileries, & ainsi nommée à cause du magnifique *Carrousel* que Louis XIV y donna en 1662 à la Reine sa mere, & à la Reine son épouse.

Place de Gatine, située rue Saint-Denis, attenant Sainte-Opportune ; c'est un emplacement où étoit autrefois la maison d'un riche Marchand, laquelle fut rasée & le Propriétaire pendu par Arrêt du Parlement de l'an 1571, pour avoir tenu chez lui des assemblées de Calvinistes. On y éleva une Croix ornée de bas-reliefs, sculptés par *Jean Gougeon* ; cette Croix fut depuis transportée au cimetiere des Innocents où elle étoit encore en 1786. Quoique ce transport se fît la nuit dans la crainte de quelques séditions de la part des Catholiques, il y eut cependant des mutins qui s'y opposerent ; un d'entreux fut pendu à la fenêtre d'une maison voisine.

Place de l'Estrapade. Ce nom lui vient d'une machine appellée *Estrapade*, qui servoit de punition aux Soldats des Gardes-Françoises.

Place Maubert. (Voyez *Marchés*, pag. 188 & suiv., II. *Partie*).

Place du Puits d'Amour (Voyez *rue de la Grande Truanderie*).

PLACES *décorées de statues. Place d'Henri IV*, située au milieu du Pont-Neuf, dans l'endroit où est élevée la statue équestre de ce grand Roi. C'est le premier monument public en ce genre de la reconnoissance des François envers leurs Souverains. Sur un piedestal de marbre blanc, aux quatre coins duquel sont attachées quatre figures d'Esclaves, s'éleve la statue équestre de bronze qui représente Henri IV. Aux quatre faces du piedestal sont des tables de bronze chargées de longues inscriptions à la gloire de ce Héros. Mais son nom seul suffisoit pour nous rappeller ses vertus.

Le Cheval de bronze, qui n'est pas un modele de perfection, ne fut fait, ni à Paris, ni pour Henri IV. Ferdinand, Grand-Duc de Toscane, le commanda à *Jean Bologne*, éleve de *Michel-Ange* (1), dans le dessein de le surmonter de son effigie ; car alors on ne terminoit pas les statues équestres d'un seul jet. Le Prince & l'Artiste étant mort, Cosme II fit mettre la derniere main au Cheval par *Pietro Tacca*, & l'envoya en présent à Marie de Médicis, veuve d'Henri IV, Régente du Royaume. Le vais-

---

(1) On prétend que ce cheval fut entièrement modelé par *Tacca*, éleve de *Bologne*.

seau sur lequel ce Cheval étoit embarqué vint à échouer sur les côtes de Normandie, près la ville du Havre, & ce Cheval resta un an au fond de la mer ; après en avoir été retiré à grand frais, & transporté à Paris en 1613, Marie de Médicis chargea un nommé *Duprés* de faire la statue du défunt Roi son mari, pour être placée dessus ; *Francheville* exécuta les bas-reliefs & les figures du piedestal, qui est du dessin de *Civoli*. Ce monument ne fut entiérement fini qu'en 1635.

Place Royale. Cette place qui est parfaitement carrée, a été commencée par les ordres de Henri IV. Elle est entourée de bâtimens réguliers, où l'on a pratiqué une galerie couverte dans tout son pourtour. Sous le regne de Louis XIV on fit le parterre composé de pièces de gazon, clos d'une grille de fer. C'est au milieu de ce parterre que s'éleve la statue équestre de Louis XIII, en bronze, posée sur un grand piedestal de marbre blanc.

L'érection de ce monument se fit le 27 Novembre 1639. Le Cheval est de *Daniel Volterre* éleve de *Michel-Ange*. La mort qui suspendit les travaux de cet Artiste, lui empêcha de faire aussi la figure du Roi. *Biard le fils* en fut chargé.

Sur la face qui est du côté de la rue Saint-Antoine, on lit l'inscription suivante.

POUR LA GLORIEUSE ET IMMORTELLE MÉMOIRE DU TRÈS-GRAND,

TRÈS-INVINCIBLE LOUIS LE JUSTE, XIIIe. DU NOM, *Roi de France & de Navarre*, ARMAND, CARDINAL & DUC DE RICHELIEU, *son principal Ministre dans tous ses illustres & généreux desseins, comblé d'honneurs & de bienfaits par un si bon maître & un si généreux Monarque, lui a fait élever cette Statue, pour une marque éternelle de son zéle, de sa fidelité, de sa reconnaissance. 1639.*

Les autres faces de ce piedestal sont encore chargées de très-longues inscriptions Françoises & Latines, où sont consignés les éloges de Louis XIII & de son Ministre le Cardinal de Richelieu.

Place des Victoires. François d'Aubusson, Duc de *la Feuillade*, Pair & Maréchal de France, rempli d'admiration pour les qualités de son Roi, & de reconnoissance pour les bienfaits qu'il en avoit reçu, fit construire la place des Victoires & ériger le monument qui s'éleve au milieu. Cette place est de forme elliptique; les bâtimens qui l'entourent sont réguliers, décorés de pilastres ioniques & bâtis sur les desseins de *Jules-Hardouin Mansard*.

Le monument qui est au milieu de cette place représente la statue pédestre de Louis XIV, posée sur un piedestal de marbre blanc. Ce Prince, revêtu des habits de son sacre, foule aux pieds le Cerbere, pour marquer la triple alliance dont il a si glorieusement triomphé ; une figure ailée, représentant la Victoire, d'une main lui pose sur la tête une couronne de laurier, & de l'autre tient un faisceau de Palmes & d'Oliviers.

Ce groupe, fondu d'un seul jet, est de plomb doré, ainsi que les ornemens qui l'accompagnent. Au-dessous est cette inscription en lettres d'or : *VIRO IMMORTALI*.

Les quatre bas-reliefs qui occupent les faces du piedestal représentent, le premier, la préséance de la France sur l'Espagne en 1662 ; le second, la conquête de la Franche-Comté en 1668 ; le troisieme, le passage du Rhin en 1672, & le quatrieme, la Paix de Nimegue en 1678.

Aux quatre angles du piedestal sont autant de figures de bronze qui désignent les Nations dont la France a triomphé ; elles ont douze pieds de proportion.

Ce monument a 35 pieds de hauteur. Tous les magnifiques ouvrages qui le composent, dessinés & conduits avec le plus grand succès, sont dus aux talens de *Desjardins* ; il fut le premier en France qui entreprit un ouvrage de cette Nature. Voici une des inscriptions de ce piedestal, composée par *Regnier des Marais*, secrétaire perpétuel de l'Académie Françoise.

A LOUIS-LE-GRAND.
Le Pere & le Conducteur des Armées,
toujours heureux.

Après avoir vaincu ses ennemis, protégé ses Alliés, ajouté de très-puissants Peuples à son Empire, assuré les frontieres par des places imprenables, joint l'Océan à la Méditerranée, chassé les Pirates de toutes les mers, réformé les Loix, détruit l'Hérésie, porté, par le bruit de son nom, les Nations les plus barbares, à le révérer des extrémités de la terre, & réglé parfaitement toutes choses au dedans & au dehors, par la grandeur de son courage & de son génie.

FRANÇOIS, VICOMTE D'AUBUSSON, DUC DE LA FEUILLADE, Pair & Maréchal de France, Gouverneur du Dauphiné, & Colonel des Gardes Françoises,
POUR PERPÉTUELLE MÉMOIRE A LA POSTÉRITÉ.

La dédicace de ce riche monument se fit le 28 Mars 1686, avec grande cérémonie.

Pour suffire à son entretien, le Duc de la Feuillade céda & substitua perpétuellement, de mâle en mâle, à ceux de sa Maison, & après l'extinction de sa race, à la ville de Paris, le Duché de la Feuillade, à la charge par les Propriétaires de pourvoir à toutes les réparations nécessaires à ce monument, & de faire redorer tous les vingt-cinq ans le groupe & les ornemens qui l'accompagnent, &c.

Ce Duc, après avoir prouvé son zèle pour la gloire de son Roi, voulut encore lui donner des marques de son attachement; il eut dessein de se faire inhumer dans un caveau pratiqué au-dessous de la statue de Louis XIV. Cette anecdote rapportée par l'Abbé de Choisi, & que M. de Saint-Foix a traité de plaisanterie, est aujourd'hui regardée comme une vérité.

Place de Louis-le-Grand ou *de Vendôme*. M. de Louvois avoit projetté de construire une place magnifique dans cet endroit où étoit auparavant l'Hôtel de Vendôme. L'exécution de ce projet fut seulement commencé. La mort de ce Ministre en suspendit les travaux. La Ville acheta l'emplacement, & fit construire cette place sur les desseins de *Jules-Hardouin Mansard*. Sa forme est un parallélograme dont les angles sont coupés à pans. Elle est décorée de pilastres corinthiens, au-dessous desquels règne une espèce de soubassement à refends, percé de portiques.

Au milieu de cette place est la statue équestre de Louis XIV, fondue en bronze d'un seul jet, par *Jean-Balthasar Keller*, d'après les desseins & modeles de *Girardon*. On assure qu'il y entra 70 miliers de métal, & que vingt hommes assis & rangés des deux côtés d'une table seroient à l'aise dans le ventre du cheval. Cette statue équestre est portée sur un piedestal de marbre blanc de trente pieds de hauteur, & de vingt-quatre pieds de long sur treize de large. Les faces sont chargées d'inscriptions Latines composées par l'Académie des Inscriptions.

Les cartels & les ornemens de bronze qui embellissent ce piedestal, sont dûs au génie de *Coustou le jeune*.

Place de Louis XV. Cette place située

entre les Champs-Elifées & le jardin des Tuileries, forme un octogone entouré de fossés gardés par des baluftrades de pierres, & terminés à chaque côté par des petits pavillons, qui ont pour amortiffement des focles décorés de guirlandes, & deftinés à porter des groupes de figures allégoriques. Cette place compofée de quatre grandes pièces de gazon, eft divifée en quatre parties par le chemin qui conduit du Boulevard à la Seine, & celui qui mene des Tuileries aux Champs-Elifées. C'eft à l'endroit où eft l'interfection du milieu de ces chemins, qu'eft placée la ftatue équeftre en bronze de Louis XV. Quatre figures de bronze repréfentant des Vertus, font placées aux quatre angles du piedeftal, qui eft orné de trophées d'armes, de bas-reliefs & d'infcriptions. Une magnifique baluftrade de marbre blanc nouvellement conftruite, entoure ce monument.

La figure de Louis XV eft vêtue à la Romaine, & couronnée de lauriers, le cheval eft jugé le plus correct & le plus élégant de tous ceux des autres ftatues équeftres de Paris. L'Artifte célèbre, *Edme Bouchardon*, à qui cet ouvrage étoit confié, n'a pu achever que la ftatue équeftre, la mort l'a furpris au milieu de fes travaux (1). M. *Pi-*

---

(1) La Statue équeftre fut tranfportée, le 17 Avril 1763, de la barrierre du fauxbourg du Roule, jufqu'à la place qu'elle occupe. Cette tranflation dura trois jours. En paffant devant la maifon où le cé-

galle fut chargé de l'exécution des quatre Vertus & des bas-reliefs, suivant l'intention de *Bouchardon*, qui en mourant demanda à la Ville l'agrément de l'avoir pour successeur.

Le caractère de ce monument est d'un beau simple & dans le vrai goût antique.

Les deux statues du piédestal qui sont en face des Tuileries, représentent la Force & la Paix; entre ces deux figures est une table de marbre, décorée de deux branches de laurier de bronze doré d'or moulu, où est cette Inscription:

LUDOVICO XV.

OPTIMO PRINCIPI, QUOD AD SCALDIM, MOSAM, RHENUM VICTOR, PACEM ARMIS, PACE ET SUORUM ET EUROPÆ FELICITATEM QUÆSIVIT.

A l'autre bout du piédestal du côté des Champs-Elisées, sont la Prudence & la Justice, & une pareille table portant l'inscription suivante:

HOC PIETATIS PUBLICÆ MONUMENTUM, PRÆFECTUS ET ÆDILES DECREVERUNT, ANNO M.DCC.XLVIII, POSUERUNT, ANNO M.DCC.LXIII.

Le fond de la Place du côté du boulevard, est terminé par deux grandes façades

---

lebre Bouchardon étoit décédé, on fit une décharge de canons pour honorer la mémoire de ce grand Artiste.

de bâtimens de quarante-huit toises de longueur chacune, sur soixante-quinze pieds de hauteur; ces bâtimens, décorés chacun d'un péristile d'ordre corinthien, composé de douze colonnes posées sur un soubassement ouvert en portiques, formant des galeries fermées, sont couronnées de balustrades, de frontons, ornés de figures allégoriques & de trophées.

Entre ces deux bâtimens, est la rue Royale de quinze toises de largeur conduisant aux Boulevards, rue fameuse par le funeste événement arrivé le 30 Mai 1770, sur les neuf heures du soir. Cette nuit consacrée aux fêtes & aux réjouissances publiques à l'occasion du mariage du Dauphin, aujourd'hui Louis XVI, fut pour plusieurs une nuit de supplice, de désolation & de mort. Le hazard, ou peut-être un événement concerté par des filoux fit périr dans cette bagarre un grand nombre de citoyens.

On venoit de tirer un feu d'artifice à la place de Louis XV; la foule qui en sortoit se porta du côté du Boulevard par la rue Royale. Une foule toute aussi nombreuse arrivoit du côté opposé au milieu de cette rue qui n'avoit aucun débouché; il se fit, par le concours de ces deux forces, une si grande presse, qu'on n'entendoit que les cris déchirans de ceux qu'on étouffoit; la rage, le désespoir se mêlerent à cette scène d'horreur; pour comble de maux, une charpente s'écroula, les voitures essayerent de traverser la foule, des hommes furent écrasés, les chevaux égorgés à coups de couteaux, il resta plus de trois cents particuliers morts sur la place.

« J'ai vu, dit M. Mercier, plusieurs per-
» sonnes languir trente mois des suites de
» cette presse épouvantable. Une famille
» entiere disparut. Point de maison qui n'eût
» à pleurer un parent, ou un ami (1) ».

POLICE *de la Ville.* Ce fut sous le Regne de Saint-Louis, que Paris vit s'établir cette Jurisdiction. *Etienne Boileau,* Prevôt de Paris, seconda de tout son pouvoir les sages intentions de son Prince. L'expérience a perfectionné cet établissement. Le changement des tems, l'accroissement prodigieux de la population, l'adoucissement des mœurs, & de fatals événemens ont souvent sollicité des améliorations dans le Code de la Police; le repos & la sureté des Citoyens dépendoient de l'indifférence ou de la sagesse & de la perspicacité des Magistrats, à qui cette Administration étoit confiée;

---

(1) A cette triste nouvelle, M. le Dauphin écrivit le lendemain à M. de Sartine, Lieutenant de Police, la lettre suivante. « J'ai appris les malheurs
» arrivés à Paris à mon occasion : j'en suis pé-
» nétré. On m'apporte ce que le Roi m'envoie tous
» les mois pour mes menus plaisirs, je ne puis
» disposer que de cela, je vous l'envoie pour se-
» courir les malheureux. J'ai pour vous, Mon-
» sieur, beaucoup d'estime ».

des loix sages ont enfin fixé cette Police arbitraire.

Si l'on compare la Police du siecle dernier à celle d'aujourd'hui, on verra combien celle-ci lui est supérieure. La Ville n'étoit point éclairée de lanternes, les rues étoient pleines de boue & fourmilloient de voleurs ; il étoit très-dangereux de sortir la nuit. Une Ordonnance de Police rendue en ce temps-là, montre l'étendue du danger, sans détruire le mal. Afin que les particuliers ne sortissent pas de la Comédie à une heure indue, il fut ordonné aux Comédiens, depuis le jour de la Saint-Martin, jusqu'au 15 Février, de commencer le spectacle à deux heures après midi, & d'en ouvrir la porte à une heure précise, afinque la pièce fût entiérement achevée à 4 heures & demie au plus tard. Le Poëte Boileau, dans sa Satyre VI, après avoir fait les détails des désagrémens des rues de Paris pendant le jour, parle ainsi des dangers qui y naissent avec la nuit :

Les voleurs à l'instant s'emparent de la ville
Le bois le plus funeste & le moins fréquenté
Est, au prix de Paris, un lieu de sureté.

On sait aujourd'hui avec quelle sécurité on peut voyager dans les rues de Paris pendant la nuit. Les vols & les assassinats y sont très-rares, en comparaison des autres Capitales de l'Europe.

POMPES *pour les incendies.* Les Pompiers répartis dans dix-neuf corps-de-gardes, placés dans différens quartiers de cette Ville, portent jour & nuit & au premier avis, les secours nécessaires ; on trouve encore dix-sept dépôts de pompes, où logent au moins deux Gardes-Pompes, plus onze dépôts de voitures chargées de tonneaux remplis d'eau, & prêtes à être attelées ; le dépôt général est rue de la Jussienne.

POMPE *à feu*. (Voyez *eaux de Paris par le moyen de la machine à feu*, I. Partie, page 233, & suivantes).

PONT-AU-CHANGE, ainsi nommé, parce que Louis VII y fixa la demeure de tous Changeurs de Paris. Il étoit autrefois en bois, mais il fut consumé par deux incendies, l'un arrivé le 24 Octobre 1621, l'autre en 1639, & il ne fut achevé que le 20 Octobre 1647.

M. Turgot qui fit faire plusieurs réparations au Quai des Morfondus & à ce Pont, fit tracer en 1738, à son extrémité méridionale un très-beau Méridien qui n'existe plus, calculé par M. *Cassini*. A l'autre extrémité, étoit un monument où l'on voyoit la figure de Louis XIV à l'âge de dix ans, au-dessus étoit une Victoire tenant une couronne de laurier à la main, d'un côté Louis XIII, de l'autre la Reine Anne d'Autriche ; toutes ces figures de bronze sur un fond de marbre noir, furent sculptées

par

tées par *Simon Guillain*. Ce monument avoit été restauré depuis quelques années aux frais des Propriétaires des maisons de ce Pont.

Dans l'Edit d'emprunt de trente millions pour les embellissemens de la Ville, le Roi a affecté la somme de douze cents mille livres à l'acquisition & à la démolition des maisons de ce Pont.

» A l'entrée d'Isabeau de Baviere, femme
» de Charles VI, un Génois fit tendre une
» corde depuis le haut des tours de Notre-
» Dame jusqu'à une des maisons de ce Pont;
» il descendit, en dansant sur cette corde,
» avec un flambeau allumé à chaque main;
» il passa entre les rideaux de taffetas bleu
» à grandes fleurs de lys d'or qui couvroient
» ce Pont; il posa une couronne sur la tête
» d'Isabeau de Baviere, remonta sur sa
» corde & reparut en l'air. La chronique
» ajoute que comme il étoit déjà nuit, cet
» homme fut vu de tout Paris & des envi-
» rons ». (*Essais Hist. sur Paris, par M. de Saint-Foix*).

PONT *au Double*, situé derriere l'Hôtel-Dieu, il n'y passe que des gens à pied. (Voyez *Hôtel-Dieu, pages* 36, 37, II. *Partie*).

PONT *Saint-Charles*. Il n'est point public & sert à l'Hôtel-Dieu, pour communiquer à la salle de Saint-Charles, qui est de l'autre côté de l'eau.

PONT *de Grammont* ou *petit Pont de bois*. Il communique à l'isle Louvier.

PONT DE LA TOURNELLE. Il communique du Quai de la Tournelle à l'isle S. Louis; il est sans maisons dessus, bordé de trottoirs, & composé de six arches solidement bâties.

PONT MARIE. Il sert de communication du Port Saint-Paul à l'isle Saint-Louis. Le 11 Décembre 1614, le Roi & la Reine mere en poserent la premiere pierre. Il fut achevé & couvert de maisons en 1635. Le débordement des eaux arrivé en 1658, en entraînerent deux arches du côté de l'isle avec les maisons qui étoient dessus. Ces deux arches ont été rebâties à la réserve des maisons, & laissent un vuide qui faisoit desirer la destruction des autres.

Ces maisons qui restent sur ce Pont doivent être abattues ainsi que celles qui sont sur le bord de la riviere & qui en dépendent.

PONT NEUF. Ce Pont s'étend sur les deux bras de la Seine, formés par l'isle de la Cité, & communique à l'extrémité de cette Isle; sa largeur est de douze toises, sa longueur de 170; il fut commencé au mois de Mai 1578, & ne fut achevé qu'en 1674. C'est un des plus beaux Ponts de l'Europe. *Jacques Androuet du Cerceau* en fut l'Architecte, & Henri III en posa la premiere pierre; ce pont fut discontinué pendant les troubles de ces temps-là; Henri IV le fit achever sous la direction de *Guillaume Marchand*.

En 1775, on y fit plusieurs réparations; on baissa & rétrécit les trotoirs, ou construisit des boutiques dans les demi-lunes qui s'élevent au-dessus de chaque piles, sur les dessins de M. *Soufflot*: le prix des locations est au profit de l'Académie de Saint-Luc, pour être employé à des pensions destinées aux pauvres veuves des Académiciens. Ces boutiques sont au nombre de vingt, & sont louées chacune 600 livres.

Ce Pont est composé de douze arches, au-dessus desquelles régne une corniche soutenue par des consoles, des têtes de Silvains & de Dryades, ornées de fleurs & de festons dans le goût antique; au milieu s'éleve la statue équestre de Henri IV. (Voyez *place d'Henri IV. page* 277, II. *Partie*).

PONT-NOTREDAME. *Guillaume de Poitiers*, Gouverneur de Paris, en posa la premiere pierre le 28 Mars 1499, selon l'ancien calcul; il fut achevé en 1507. Ce Pont étoit bordé de maisons dans toute sa longueur, qui, quoique régulieres, n'en faisoient pas moins desirer la démolition à cause de l'obscurité qu'elles y répandoient, & parce que laissant un espace trop étroit elles rendoient le passage d'autant plus dangereux qu'il étoit plus fréquenté. Cette démolition tant desirée a été effectuée en 1786.

Ce Pont généralement admiré par sa solidité & la beauté de son Architecture, fut bâti sur les dessins de *Jean Joconde*.

Depuis qu'il est dégagé des maisons qui le

N ij

couvroient en partie; on y a construit des parapets, & de larges trotoirs. Cette utile destruction répand la lumiere & la salubrité dans le voisinage, laisse appercevoir une partie de la méchanique de la pompe bâtie sur piloti au bas de ce Pont, & les voûtes & piles qui anticipent sur la riviere & supportent le quai de Gêvres.

Ce fut sur ce Pont que l'Infanterie Ecclésiastique de la Ligue passa en revue devant le Légat, le 3 Juin 1590. « Capucins, » Minimes, Cordeliers, Jacobins, Car- » mes, Feuillans, tous la robe retroussée, » le capuchon bas, le casque en tête, la » cuirasse sur le dos, l'épée au côté & le » mousquet sur l'épaule, marchoient quatre » à quatre, le révérend Evêque de Senlis » à leur tête avec un esponton: les Curés de » Saint-Jacques-de la Boucherie & de Saint- » Côme, faisoient les fonctions de Sergens- » Majors. Quelques-uns de ces Miliciens, » sans penser que leurs fusils étoient char- » gés à balles, voulurent saluer le Légat, » & tuerent à côté de lui un de ses Aumô- » niers. Son Eminence trouvant qu'il com- » mençoit à faire chaud à cette revue, se » dépêcha de donner sa bénédiction, & s'en » alla ». (*Essais Hist. sur Paris*).

PETIT PONT. Quatre Juifs accusés d'avoir assommé un Juif converti, furent condamnés à avoir le fouet par tous les carrefours de la Ville, quatre Dimanches consécutifs. Après avoir subi la moitié de leur condamnation, ils donnerent, pour fe racheter de l'autre moitié, 18,000 francs d'or ; avec cette fomme on bâtit le Petit Pont, qui fut commencé au mois de Mai 1395, & le Roi Charles VI en pofa la premiere pierre. En 1718 deux bateaux de foin embrâfés, dont on avoit imprudemment coupé les cordes au quai de la Tournelle, vinrent s'arrêter aux arches de ce Pont, le détruifirent, & confumerent les maifons qui étoient deffus. Il a été reconftruit depuis, mais fans maifons.

PONT ROUGE ou *Pont de Bois*. Il communique de la Cité à l'ifle de Saint-Louis ; en le rebâtiffant en 1717, on le peignit en rouge, le nom de cette couleur lui a refté ; il ne fert qu'aux gens à pied, & l'on paie un liard pour le paffage.

PONT ROYAL. Il tient la place d'un ancien Pont de bois qui fut emporté par le dégel de 1684. Louis XIV le fit bâtir à fes frais. Il eft un des plus folides de Paris, & le feul qui traverfe entiérement la riviere. Il eft foutenu par quatre piles & deux culées qui forment cinq arches, dont les ceintres d'un trait hardi & correct, font d'une grande beauté. Les fondations en furent jettées en 1685. *Gabriel le Grand pere* avoit entrepris ce Pont fur les deffins de *Jules-Hardouin Manfard*. L'ouvrage étoit déjà avancé, lorfqu'à une pile du côté du fauxbourg Saint-Germain, on ne put étancher les fources. Alors *François Romain*, frere

Jacobin, qui venoit de mettre la derniere main au Pont de Maëstricht, fut appellé par le Roi au secours des Architectes François, & il eut la gloire d'achever le reste de l'ouvrage.

Sur une des piles de l'arche la plus voisine de la porte des Tuileries, on a tracé une échelle divisée en pieds & pouces, qui marque la hauteur de la riviere.

PONT SAINT-MICHEL. Il est couvert de maisons, & tire son nom de la place Saint-Michel où il conduit, ou bien de la petite Eglise de Saint-Michel, qui est dans l'enclos du Palais. D'abord construit en bois, il fut détruit & reconstruit à plusieurs reprises jusqu'en 1618 qu'on le rebâtit en pierre, & qu'on le couvrit de maisons comme les autres. Ces maisons formoient du côté du Pont-Neuf le coup-d'œil le plus désagréable & le plus mesquin. Conformément à l'Edit du Roi du mois de Septembre 1786, ces maisont qui gênoient la vue & le courant d'air, comme celles des autres Ponts, sont condamnées à être abattues ; ainsi que les maisons attenants au Pont & qui forment les rues d'Hurepoix d'un côté, & de Saint-Louis de l'autre.

PONT DE LOUIS XVI, *en face de la place de Louis XV*. Ce Pont étoit désiré & projeté depuis long-temps. Enfin par Édit du Roi du mois de Septembre 1786, qui permet un emprunt de trente millions destinés aux embellissemens de Paris, Sa Majesté a affecté douze cents mille livres pour les frais à employer la premiere année à la construction de ce Pont, qui commencé en 1787, doit être achevé au bout de quatre ans, sous les dessins & la conduite de M. *Perronet*, premier Ingénieur des Ponts & Chaussées. Ce Pont doit avoir cinq arches d'une construction nouvelle, formées chacune d'une portion d'arc de cercle, & soutenues par des piles peu massives avec des colonnes engagées; les parapets seront composés de balustrades, avec des obélisques qui s'éleveront à l'aplomb des piles. Le quai d'Orsai commencé au bas du Pont Royal, sera continué jusqu'au de là du Pont de Louis XVI.

PONTS & *Chaussées*. Cet utile établissement est peut-être l'unique par la sagesse de son administration; il ne faut point être noble, il ne faut point être protégé, il ne faut point avoir de l'or pour être admis dans le Corps des Ingénieurs des Ponts & Chaussées, mais il faut avoir des talens.

On n'y trouve point de Professeurs titrés, gagés, qui vendent à prix d'argent les qualités de savants. Ce sont les Écoliers eux-mêmes qui enseignent lorsqu'ils en sont en état. Cette instruction réciproque fait naître l'émulation qui produit toujours les talens. Gloire soit à jamais au Sage qui, le premier de son siècle, a mis le talent à l'abri des faveurs & du pouvoir de l'or, qui a

N iv

instruit de jeunes Citoyens à travailler au bonheur des Peuples & à la splendeur du Royaume. M. *Perronet*, Chevalier de l'Ordre du Roi, premier Ingénieur des Ponts & Chaussées de France, est l'Auteur de cette institution. L'École se tient rue de la Perle, au Marais.

PORTS. Les ports les plus considérables de cette Ville sont, le *Port au Bled*, proche la place de Grève; les *Ports aux Bois*, le long du quai Saint-Bernard; le *Port au Vin*, à la Porte Saint-Bernard; & le *Port Saint-Paul*, quai des Célestins, &c.

PORTES. *Porte Saint-Bernard*, ainsi nommée du Collége des Bernardins qui est dans le voisinage ; elle fut construite en 1670, sur les dessins de *Blondel*. Elle est formée de deux arcades, surmontées d'une longue frise au-dessus de laquelle est un entablement qui porte un attique, où se lit, du côté de la Ville cette inscription : *Ludovico Magno abundantia parta. Præf. & Ædil. poni CC. Ann. R. S. H. M. DC. LXXIV.* Le bas-relief représente Louis XIV sous la figure de Mars, offrant à la ville de Paris, qui est à genoux à sa droite, des richesses qui lui sont apportées par des Divinités qui président au commerce & à la navigation.

Du côté du fauxbourg on lit cette inscription : *Ludovici Magni Providentiæ Præf.*

& Ædil. poni CC. Ann. R. S. H. M. DC. LXXIV. Le bas-relief offre le même Roi sous la figure du même Dieu qui tient le gouvernail d'un grand Navire voguant à pleines voiles, & poussé par des Tritons & des Naïades. Ces deux bas-reliefs ainsi que les six Vertus placées sur les piles au-dessus de l'imposte des portes, sont de *Jean-Baptiste Tuby*.

PORTE S. DENIS. La magnificence de son Architecture la met au rang des plus beaux monumens de Paris ; elle a 72 pieds de face, & autant de hauteur : le dessus en est découvert à la maniere des anciens arcs de triomphe. La porte principale est accompagnée de deux pyramides, engagées dans l'épaisseur de l'ouvrage, chargées de trophées d'armes, & terminées par deux globes aux armes de la France. Au bas de ces pyramides sont deux statues colossales, dont l'une représente la Hollande, sous la figure d'une femme consternée, & assise sur un lion mourant, qui tient dans une de ses pattes sept flèches, qui désignent les sept Provinces-Unies. L'autre statue est celle du Rhin, désigné par un fleuve. Ces figures sont du dessin de *le Brun*. Au-dessus est un bas-relief, qui représente le passage du Rhin à Tolhuys. La face de cette porte, du côté du fauxbourg, est également décorée, à l'exception, qu'au lieu de figures au bas des pyramides, il y a deux lions qui les supportent. Le bas-relief est la prise de Maestricht ; on lit dans la frise, des deux côtés, cette inscription, en gros caractere de bronze doré : *LUDOVICO MAGNO.*

L'Architecture de cette porte est du dessin de *François Bondel*, & tous les ornemens de sculpture sont de *Michel* & *François Anguier*.

C'étoit par la porte Saint-Denis, que les Rois & Reines faisoient autrefois leurs entrées (1).

PORTE S. MARTIN. Son architecture est en bossages vermiculés ; elle fut élevée en 1674, sur les dessins de *Pierre Bullet*. Elle est percée de trois ouvertures, & ornée de quatre bas-reliefs. Les deux premiers représentent la prise de Besançon, & la triple alliance ; les deux autres exposent la prise de Limbourg, & la défaite des Allemands, sous la figure d'un aigle, repoussé par le Dieu de la Guerre. Ces ouvrages sont

---

(1) Lorsqu'Isabeau de Baviere fit son entrée à Paris, Charles VI, curieux de la voir, se déguisa avec *Savoisi*, son favori. Ils monterent tous les deux sur le même cheval, le Roi en croupe, & s'avancerent, malgré la presse, pour voir de plus près. Les Sergens frappoient pour faire ranger la populace. *Et en eut le Roi plusieurs horions sur les épaules bien assis*, dit un Historien de ce temslà, *& le soir en présence des Dames & Demoiselles fut la chose récitée, & on commença d'en bien farcer, & le Roi même se farçoit des horions qu'il avoit reçu.*

de *Dujardin*, *Marſy*, le *Hongre* & *le Gros le pere*.

POSTES. *Poſtes aux Chevaux*, établies par le Roi Louis XI, en 1464. L'hôtel eſt ſitué rue Contreſcarpe.

Le bureau de la direction générale eſt rue neuve des Mathurins, chauſſée d'Antin. Dans ce bureau on délivre pendant le jour, & au bureau de la Poſte rue Contreſcarpe, jour & nuit des paſſeports ſans leſquels on ne peut avoir de chevaux.

Poſtes aux Lettres. C'eſt à l'Univerſité qu'on eſt redevable de cette utile invention. Louis XI fut le premier Roi qui fit des Réglemens à ce ſujet.

Le bureau général eſt rue Plâtriere; c'eſt là qu'on affranchit les lettres, que l'on reçoit & que l'on délivre l'argent envoyé, ou qu'on veut envoyer par la Poſte.

Poſte (petite) de Paris. Les lettres ſont portées neuf fois par jour à leurs adreſſes, dans la Ville, & deux fois dans la banlieue. Le port, dans l'intérieur de la Ville, eſt de deux ſous par lettres, & de trois ſous hors des barrieres, dans toute la banlieue: 117 Facteurs font le ſervice journellement.

PRÉMONTRÉS. (*Collége des*) Ce ſont des Chanoines Réguliers de Saint-Auguſtin, inſtitués par Saint Norbert en 1220, à

Prémontré, dans le Diocèse de Laon, d'où cet Ordre a pris son nom.

Cette Maison située rue Hautefeuille, fut établie à Paris en 1252; elle n'est point réformée; aussi les Religieux qui la composent, n'ont point l'intérieur aussi austere que ceux des Maisons réformées. Une propreté recherchée, le luxe même, cachent les apparences d'une regle très-rigide, si elle étoit observée.

L'Eglise a été rebâtie en 1618, & n'a rien de remarquable.

PRÉMONTRÉS *Réformés*. Ces Chanoines Réguliers de *la réforme & de l'étroite Observance*, s'établirent à Paris le 13 Octobre 1662, au carrefour de la Croix-Rouge, sous la protection de la Reine mere, Anne d'Autriche. Leur Eglise fut bâtie en 1719, sur le dessin de *Nicolas Simonet*. La menuiserie du chœur & des stalles est l'ouvrage d'un Frere convers de cette Maison. On voit à droite l'épitaphe du Chevalier Turpin, Seigneur de Crissé, mort en 1684, & d'*Anne de Salles*, son épouse.

Le chœur d'une belle forme, bien éclairé est orné de huit grand tableaux dont les sujets sont tirés de la vie de Jésus-Christ, trois sont peints par *Frontier* & cinq par *Jollain*; la voûte en trompe qui porte le buffet d'orgue est remarquable par sa hardiesse.

PRÉSENTATION. (*Religieuses de la*)
Ce Couvent situé rue des Postes, est un

Prieuré perpétuel de Bénédictines mitigées; il doit son établissement à *Marie Courtin*, veuve de *Nicolas Billard*, Seigneur de *Carouge*. Louis XIV, informé de l'état nécessiteux où se trouvoient ces Religieuses, accorda une Loterie en leur faveur, qui leur a procuré plus d'aisance.

Il y a des pensions de 600 livres.

PRISONS. Il y a dans cette Ville huit principales Prisons.

Hôtel de la Force. Cet Hôtel, après avoir appartenu à plusieurs Princes de la Maison Royale, à plusieurs grands Seigneurs de la Cour, fut possédé par Jacques *de Caumont*, *Duc de la Force*, qui lui a laissé son nom; il le fut encore par des Financiers: enfin depuis quelques années, cette maison vient d'être destinée à renfermer des personnes arrêtées pour dettes & pour délits civils. Ainsi, les égaremens de la jeunesse, l'inconduite ou les malheurs de quelques Citoyens, ne seront plus confondus avec le crime des scélérats; l'opprobre des uns ne souillera plus les autres. L'étendue de cette maison, la salubrité de l'air qu'on respire & la commodité des appartemens en font plutôt un lieu de sûreté qu'une Prison; c'est dans cet Hôtel qu'est le *dépôt des Mendians*.

Conciergerie; cette Prison vient d'offrir l'exemple d'une rébellion bien funeste. Deux jeunes Officiers condamnés à plusieurs années de prison, formerent le complot de se soustraire par la violence, à cette longue captivité. Ils avoient déjà manifesté ce projet d'une maniere vigoureuse, mais sans effet, dans la prison de l'*Abbaye*; transférés dans celle de la Conciergerie, ils firent de nouvelles tentatives pour l'exécuter : munis de trois quarterons de poudre à tirer, de cinq pistolets & de vingt-deux balles, & s'étant associé un troisieme Militaire, qui n'étoit en prison que pour quelques mois, ils attendoient l'instant favorable d'effectuer le projet de leur évasion. Dans cet état, le 28 Septembre 1784, sur les neuf heures du soir, ils tirerent plusieurs coups de pistolets sur deux Guichetiers qui entroient dans leur chambre ; en fuyant, ils eurent la prudence de fermer la porte, & par là ils rendirent la violence des rebelles inutile. De ces deux Guichetiers, l'un fut dangereusement blessé, & l'autre mourut le lendemain matin. Sur-le-champ, les Gardes investissent la prison ; les pompes sont préparées, dans le cas que ces mutins désespérés ne missent le feu à la prison. Depuis long-temps on les sollicitoit inutilement de se rendre, lorsqu'on imagina de diriger vers la fenêtre de la prison, le tuyau d'une pompe. Ces trois mutins alors s'étourdissoient en buvant, sur les suites funestes de leur crime. L'eau s'échappant avec violence, brisa, renversa tout sur son passage, & intimida ces furieux Prisonniers, qui, enfin, sous quelques conditions, consentirent à se rendre. Un Officier de la Garde eut le courage de se présenter à eux pour leur demander leurs armes. Ils les remirent sans peine entre ses mains; & le 4 Octobre suivant, ils furent jugés & condamnés tous les trois à être rompus vifs; ce qui fut exécuté le même jour à la place de Grève (1).

Le Grand Châtelet. (Voyez *cet Article*, pag. 178 & 179, I. *Partie.*).

Prison de l'Abbaye, rue Sainte-Marguerite, particulierement destinée aux Militaires.

Prison pour les Filles débauchées. La prison de Saint-Martin destinée aux filles débauchées ayant été supprimée par Lettres-Patentes du mois d'Avril 1785, l'Hôtel de la Force a servi au même usage en attendant que la nouvelle prison construite exprès pour ces filles, fût achevée.

Cette nouvelle prison est située derriere l'Hôtel de la Force, & a son entrée par la rue Pavée Saint-Antoine. L'architecture est de M. *Desmaisons.*

Prison de la Tournelle, où sont déposés les criminels condamnés aux galeres.

Prison de Saint-Eloi, rue Saint-Paul.

Prison de l'Hôtel-de-Ville, pour les délits qui se commettent sur les ports. La

---

(1) Le frere d'un des suppliciés, n'a pas pu survivre à ce malheur; malgré la vigilance & les consolations de ses amis, il s'est brûlé la cervelle.

plupart des Jurisdictions de cette Ville ont aussi leurs prisons particulieres.

PRIX *de l'Université.* Ils se distribuent le 7 Août dans la salle des Écoles extérieures de la Sorbonne, en présence de MM. du Parlement & du Châtelet.

PROCESSIONS *les plus remarquables.*
Procession du Recteur ; elle se fait tous les trois mois. C'est à cette cérémonie que l'Université étale publiquement toute sa dignité, ses hiérarchies, ses couleurs & ses fourrures différentes. Chacun est à son rang, & il n'est point de Cour où l'étiquette soit si rigoureusement observée.

Cette procession part du Collége de Louis-le-Grand, pour se rendre au lieu de station, indiqué par le Recteur.

Le Recteur est en robe violette, & bonnet carré de même, avec le mantelet Royal & l'escarcelle de velours violet, garnie de glands d'or & galons, accompagné du Doyen de la Faculté de Théologie, & précédé des quatre premiers Appariteurs de la Faculté des Arts, avec leurs masses.

La procession est terminée par les grands Messagers-Jurés, qui sont précédés de leur Clerc ou Héraut, revêtu d'une tunique de velours pourpre, semée de fleurs-de-lys d'or. Ce Héraut est après le Recteur, le personnage le plus brillant & le plus regardé de la bande. Le Peuple qui n'y entend pas malice, préfere souvent la tunique du Héraut à la robe du Recteur.

Procession ou *cérémonie de la montre des Huissiers*. Tous les Officiers de la Cour du Châtelet, depuis MM. les Lieutenants-Civils, jusqu'aux derniers Huissiers, tous montés sur des chevaux, vêtus de leurs robes de Palais, partent, tous les ans, le lendemain de la Trinité, du grand Châtelet, vont chez M. le Chancelier, chez les principaux Magistrats du Parlement, chez M. le Gouverneur de Paris, chez M. le Prévôt de Paris, &c. & enfin à Sainte-Genevieve, & trouvent des collations aux différentes stations qu'ils font. Les Huissiers à Verge & à Cheval, portant à la main des casques & des gantelets, ouvrent & ferment la marche. On n'a que des conjectures sur l'origine de cet usage, que le Peuple appelle *la procession des Diables*.

Procession de la Réduction de Paris. L'assemblée des prétendus Etats convoqués à Paris par le Duc de Mayenne, s'étoit tenue sans succès ; elle fut cependant précédée d'une procession à-peu près aussi importante que celle des Moines ligueurs, qui passerent en revue devant le Légat (1). Les

---

(1) Voilà sur quel ton l'Auteur de l'*Abrégé des Etats de Paris*, &c., parle de cette marche Monastique..... « Puis, suivoient de trois en trois 50 ou » 60 Religieux, tant Cordeliers que Jacobins, » Carmes, Capucins, Minimes, Bons-Hommes,

Seize étoient sans pouvoir. La *Satyre Ménippée*, qui ne fut guere moins utile à Henri IV, dit le Président Henault, que la bataille d'Ivri, en couvrant de ridicule la Ligue expirante, lui avoit porté le dernier coup. Paris ouvrit ses portes à son vainqueur, & reconnut son Roi légitime : ce fut le 22 Mars 1594. C'est en mémoire de cet heureux événement, & pour en rendre graces à Dieu, que tous les ans, à pareil jour, se fait la procession, dite *de la Réduction de Paris*, qui va de Notre-Dame en l'Eglise des Grands-Augustins, & à laquelle assistent les Cours Souveraines en cérémonie.

Ce fut Antoine *Loisel*, savant Jurisconsulte, qui proposa cette procession.

» Feuillans & autres, tous couverts avec leurs capu-
» chons, habits agraffés, armés à l'antique Catho-
» lique, sur le modele des Epitres de Saint-Paul : en-
» tr'autres y avoient six Capucins, ayant chacun
» un morion en tête, & au-dessus une plume de
» coq, revêtus de cottes de mailles, l'épée ceinte
» au côté par-dessus leurs habits, l'un portant
» une lance, l'autre une croix, l'un un épieu,
» l'autre une arquebuse, & l'autre un arbalêtre ; le
» tout rouillé par humilité Catholique. Les autres,
» presque tous avoient des piques qu'ils branloient
» souvent par faute de meilleur passe-temps. Hor-
» mis un Feuillant boiteux, qui armé tout à crud
» faisoit faire place avec une épée à deux mains,
» & une hache d'armes à sa ceinture, son bre-
» viaire pendu par derriere, & le faisoit bon voir
» sur un pied, faisant le moulinet devant les Dames,
» &c..... Et tout cela marchoit en moult & belle
» ordonnance *Catholique apostolique & Romaine* ».

Procession de la Fête-Dieu. Celle de St Sulpice est la plus remarquable, à cause du grand nombre d'Evêques qui la composent.

QUAIS. Les deux quais qui bordent la riviere depuis le Pont-Neuf jusqu'au Pont Royal, sont les deux plus beaux quais de Paris.

Quai de la Mégisserie ou *de la Féraille*, à cause des vieilleries qu'on y vend, est aussi renommé par la vente des fleurs, des plantes & des oiseaux ; c'est là le siége principal de tous les *Recruteurs* & *Racolleurs* de la Ville ; ceux qui ont envie de servir le Roi, trouvent sur ce quai à toute heure du jour, des gens qui les attendent en se promenant, & qui ont même souvent la politesse de prévenir les intentions de jeunes gens.

Quai des Augustins ou *de la Vallée*. C'est sur ce quai que se vend la volaille. C'étoit autrefois un terrein planté de saules, ordinairement inondé l'hiver, & qui servoit de promenade en été.

Quai de Gesvres. Il n'y passe que des gens de pied ; il est couvert & bordé de boutiques des deux côtés.

Suivant l'Edit du Roi, de Septembre 1786, les piles & arcades qui soutiennent ce quai & anticipent sur la riviere, seront détruites, ainsi que les maisons qui bordent la rue de Gesvres. Il sera construit un quai découvert avec parapets & trotoirs qui sera aligné aux quais *Pelletier* & *de la Mégisserie*.

Quai Pelletier; il a pris son nom du Prévôt des Marchands qui le fit construire en 1675 par *Pierre Bullet*, Architecte. Une voussure qui paroît suspendue, & dont le trait est admirable, forme le trotoir; il commence au Pont de Notre-Dame, & finit à la place de Grève.

Quais projettés. Les maisons qui bordent la riviere en face du quai de Gesvres & qui forment la rue de *la Pelleterie*, seront démolies & à leur place on construira un nouveau quai avec un parapet, d'alignement à celui du quai de l'Horloge.

Le quai d'Orsai, au bas du Pont Royal, où aboutira le Pont projetté de la place de Louis XV, sera incessamment continué.

Quai Bignon. Sa construction avoit été ordonnée par Lettres-Patentes du 31 Juin 1767, & l'Edit du Roi du mois de Septembre 1786, prescrit cette construction & la démolition de la rue de la Huchette dont l'emplacement doit former ce quai.

Il y a plusieurs autres quais à Paris moins considérables, & dont la description n'offre rien d'intéressant.

RAPÉE (*la*) C'est un fauxbourg situé sur le bord de la Seine, près de Bercy, principalement habité par des Cabaretiers & Marchands de Vin; ce qui en fait une espèce de Guinguette.

RÉCOLLETS. Les Récollets forment une des quatre branches de l'Ordre Séraphique, & ont le même Général que les Cordeliers. Ils ont pris leur nom de leur réforme qui consiste principalement dans le recueillement ; de *Recollecti, Recueillis*, on a fait *Récollets. Saint-Pierre-de-Latran* fut le principal appui de cette réforme, dont le premier auteur est *Jean Puebli de Ferrare*, qui en construisit le premier Monastere au Mont-Maria l'an 1490.

Ils commencerent à s'établir en France en 1582, & ce ne fut que vers l'an 1600 que des Récollets sortis des Couvents de Montargis & de Nevers, essayerent de s'établir à Paris. *Jacques Cottard*, Marchand Tapissier, & *Anne Gosselin*, sa femme, leur donnerent, le 14 Décembre 1603, une grande maison, cour & jardin qu'ils avoient au fauxbourg Saint-Martin.

Henri IV leur accorda des Lettres-Patentes, & fut aussi leur bienfaiteur de concert avec sa femme *Marie de Médicis*. Cette Reine posa la premiere pierre de l'Eglise qui existe aujourd'hui, & elle fut déclarée fondatrice du Couvent.

L'Eglise située rue du fauxbourg Saint-Denis est décorée de tableaux peints par le *Frere Luc*, très-dévôt Récollet, mais Peintre médiocre.

Plusieurs personnes illustres ont été inhumées dans cette Eglise. *Guichard Faure*, Baron de Thisi, & *Madeleine Brulart*, sa femme, sont enterrés dans la cave qui est sous le maître-autel, avec le titre de bienfaiteurs de cette Communauté.

Françoise de Crequi, femme de *Maximilien de Bethune*, Duc de Sully, morte le 23 Juillet 1657.

Gaston-Jean-Baptiste, Marquis, puis Duc *de Roquelaure*. Le Roi, aussi satisfait de ses services que charmé de ses plaisanteries, le fit Duc & Pair de France. Il mourut en 1683, âgé de 68 ans. C'est à lui qu'on attribue cette foule de bons mots & de bouffonneries ridicules, dont on a fait un recueil sous le titre de *Momus François*, ouvrage digne d'amuser les Laquais.

Antoine-Gaston-Jean-Baptiste, Duc de *Roquelaure*, fils du précédent, mort à Paris en 1738, à 82 ans : il est le dernier de sa maison.

La bibliotheque de cette Maison est très-nombreuse, & très-bien composée pour une bibliotheque de Récollets.

RÉCOLLETES, (voyez *Filles de l'Immaculée-Conception, page* 285, II, *P.*).

RECTEUR. L'ignorance des temps lui a attribué un pouvoir & des droits qu'il ne pourroit pas aujourd'hui faire valoir sans craindre le dernier ridicule. Sa puissance s'étend sur les quatre Facultés, il peut faire cesser à son gré, tous les actes publics, empêcher de donner des leçons, &c. &c. Autrefois rien ne résistoit à la volonté du Recteur ; il est souvent arrivé qu'il a soumis les Rois à son autorité suprême. Aujourd'hui ce Despote est d'une humeur plus traitable, d'ailleurs son règne ne dure que trois mois.

(Voyez II. *Partie, procession du Recteur, pag.* 304, *Mathurins, page* 197, *& Université*).

ROCH. (*Saint*) Il y avoit autrefois dans l'emplacement de l'Eglise de Saint-Roch, un lieu nommé *Gaillon* où étoient deux Chapelles, l'une dite de *Sainte-Suzanne*, l'autre *des Cinq Plaies de Jésus-Christ*. En 1574 l'Official de Paris permit aux habitans du fauxbourg Saint-Honoré d'avoir une Eglise Succursale de la Paroisse de Saint-Germain-l'Auxerrois ; on y bâtit l'Eglise de Saint-Roch. Mais ce quartier s'étant considérablement accru, l'on changea cette Succursale en Paroisse, & cette Eglise, en une plus vaste & plus magnifique.

L'Eglise qui existe aujourd'hui fut commencée, en 1633, par *le Mercier*, premier Architecte du Roi ; elle a été achevée, en 1736, par *Jules Robert de Cotte* ; le portail qui avoit été dessiné par *Robert de Cotte* son pere, est formé des ordres dorique & corinthien ; le premier porte en amortissement deux grouppes de pierre, représentant les quatre Peres de l'Eglise Latine, sculptés par *François* ; le second est surmonté d'un fronton où sont les armes de France. Une Croix accompagnée de deux Anges adorateurs, couronne le tout. Les trophées, candelabres, fleurons, & autres ornemens ont été sculptés par *Montean*.

L'architecture de l'Eglise est dorique. Les trois Chapelles qui sont placées successivement derriere le chœur, donnent à cette Eglise un caractere de singularité qui n'a guere d'exemples, & dont l'effet est presque théâtral; on y trouve quatre décorations différentes, l'une à la suite de l'autre. On voit d'abord l'Eglise proprement dite, ensuite la Chapelle de la Vierge, celle de la Communion, & enfin celle du Calvaire qui termine l'Eglise.

Dans la seconde Chapelle à gauche en entrant, on voit le tombeau de Madame *de la Live*, exécuté d'après les dessins de son mari, par M. *Falconet*; l'inscription qu'on y lit est de M. *de la Live*, qui a exprimé sur le marbre son amour & ses regrets de la maniere suivante : *Eternæ memoriæ Ludovicæ-Elisabeth Chambon, quæ dotibus eximiis conspicua, omnibus flebilis & deplancta, diem supremum obiit, X, Kal. Decembris 1752 ætatis 25. Hunc tumulum in amaritudine animæ suæ, uxoris desideratissimæ, Angelus-Laurentinus la Live de Jully dedit.* Le tableau de *l'Autel* représente *Sainte-Elisabeth*, par le *Lorrain*.

Dans la troisieme Chapelle est une Nativité de *le Moine*.

Près de la sixieme Chapelle, du même côté, on voit un monument qui représente un médaillon attaché à une pyramide, au
pied

pied de laquelle est une colonne tronquée, où se lit une longue épitaphe Latine ; le tout sculpté par M. d'*Huez*. C'est le tombeau de *Pierre-Louis Moreau de Maupertuis*, né à Saint-Malo en 1698, mort à Basle le 27 Juillet 1759 : Militaire, Mathématicien, Philosophe ; également illustre par sa fortune, ses protecteurs, ses querelles avec le Professeur *Koenig* & le célebre *Voltaire*, & par le voyage qu'il fit dans le Nord en 1736, par ordre de Louis XV, pour déterminer la figure de la terre. Il fut le chef & l'auteur de ce périlleux voyage. Bisarre, inquiet, malgré ses succès, il étoit désespéré de n'être pas le premier homme de son siècle.

Dans la sixieme Chapelle est un excellent ouvrage de *Jouvenet*, qui représente le Martyre de Saint-André. On y voit aussi le tombeau d'*André le Nôtre*, Chevalier de l'Ordre de Saint-Michel, Conseiller du Roi, Contrôleur-Général des Bâtimens de Sa Majesté, né à Paris en 1613, mort dans la même Ville en 1700. Il fut le premier qui sut donner aux jardins cette magnificence, cette grace, jusqu'alors inconnue, & dont brillent les Parcs de Versailles, de Trianon, de Chantilly, de Saint-Cloud, &c. Il avoit l'esprit & la noblesse d'un homme de génie (1). Son buste

---

(1) Un jour que *le Nôtre* détailloit à Louis XIV toutes les beautés qui devoient enrichir les Jar-

Partie II.   O

en marbre que l'on voit au-deſſous a été ſculpté par *Coyzevox*.

La derniere Chapelle, du même côté, eſt décorée d'un Saint-François d'Aſſiſe, par *Michel Corneille*.

A l'entrée de la Chapelle de la Vierge eſt le monument du Comte de *Rangoni*; en face eſt celui du Maréchal d'*Asfeld*.

La coupole de cette Chapelle offre un chef-d'œuvre de peinture à freſque, il faut le voir pour en ſentir toutes les beautés. Le ſujet eſt l'Aſſomption de la Vierge. La diſpoſition, l'harmonie, l'exécution, tout ſe réunit pour completter la réputation de ſon Auteur, M. *Pierre*, Chevalier de Saint-Michel & premier Peintre du Roi.

L'autel de cette Chapelle n'eſt pas moins admirable, il repréſente une Annonciation; l'attitude de la Vierge annonce la réſignation & l'humilité. L'Ange qui eſt un peu éloigné montre une Gloire d'où il deſcend, & dont les nuages qui la compoſent s'abaiſſent juſques ſous lui; ce groupe & les

---

dins de Verſailles, ce Prince, à chaque grande pièce dont *le Nôtre* lui marquoit la poſition, & décrivoit les effets, l'interrompoit en lui diſant: *le Nôtre je vous donne vingt mille francs*. Cette magnifique approbation, pluſieurs fois répétée, fâcha cet homme, dont la grande ame étoit auſſi déſintéreſſée que celle de ſon maître étoit généreuſe. Il s'arrêta à la quatrieme interruption, & dit bruſquement au Roi. *Sire, Votre Majeſté n'en ſaura pas davantage, je la ruinerois.* (*Eſſais Hiſt. ſur Paris*).

nuages sont de marbre, & les deux Figures ont huit pieds de proportion. Des deux côtés sont placées les Figures en plomb bronzé de *David* & *d'Isaïe* ; toute cette décoration est due aux desseins de M. *Falconet.*

La Chapelle suivante est celle de la Communion, dont la coupole, moins grande que la précédente, est également par M. *Pierre*, & représente le triomphe de la Religion. On voit sur l'autel deux Anges adorateurs, exécutés par *Paul Slodtz*. M. de Saint-Foix s'est récrié avec raison sur ce que l'objet de l'Adoration est rabaissé de manière à être à peine apperçu, tandis que les deux Anges, d'une grande stature, s'élevent de beaucoup au-dessus du Tabernacle.

Enfin, la derniere Chapelle est celle du Calvaire. L'obscurité du lieu, le peu d'élévation de la voûte, sa construction solide & l'air silencieux qui y regne, pénetrent l'ame d'un sentiment lugubre & religieux. Derriere l'autel s'éleve un rocher où l'on voit, dans une vaste niche, Jésus crucifié, avec une Madeleine au pied de la Croix. Cette niche est éclairée par une ouverture d'en haut qu'on n'apperçoit point, & qui semble donner une lumiere céleste. Les deux figures de cette niche sont sculptées par *Michel Anguier*. Sur le devant sont d'une part, des Soldats couchés, de l'autre des troncs d'arbres & des plantes parmi lesquels paroît le serpent. Au bas de cette espece de montagne où sont deux portes taillées dans le roc, est l'autel de marbre bleu turquin, en forme de tombeau antique; il est orné de deux urnes d'où sort la fumée des parfums; au milieu est le Tabernacle en forme de colonne tronquée sur laquelle sont groupés des instrumens de la Passion; cette décoration est toute entiere de M. *Falconet*.

Dans la premiere Chapelle à gauche, en sortant de la Chapelle de la Vierge, est un tableau d'*Antoine Coypel*, représentant Saint-Louis mourant.

Du même côté en suivant, est la Chapelle où sont inhumées plusieurs personnes de la famille de *Savalete*. On y voit en face de l'autel un monument exécuté par *Challe*, où est gravée cette inscription:

Eternæ Memoriæ Anastasiæ-Joannæ-Theresiæ Savalete, Comitessæ de Broglie de Revel. Quam ingenio, suavitate, veritate desiderabilem omnibus, conjugis amissi desiderium extinxit, amicæ, sorori, frater amicus consecrat, recordamini, desiderate, lugete.

La grille du chœur est un chef-d'œuvre de serrurerie dû aux talens de M. *Doré*, habile Serrurier. Les deux autels placés aux côtés de la grille sont de marbre bleu turquin, au-dessus de l'un est un Christ agonisant, par M. *Falconet*, au-dessus de l'autre est la statue de Saint-Roch, par *Coustou*.

Les deux Chapelles de la croisée ont été décorées sur les dessins de M. *Boullée*. On y voit à chacune deux statues, parmi lesquelles on distingue le Saint-Augustin, par M. *d'Huez*, & le Saint-François de Sale, par M. *Pajou*, & deux tableaux qui ont chacun 22 pieds de haut, celui du côté gauche représente Saint-Denis prêchant la foi en France, il est de M. *Vien*; celui du côté droit, la maladie des Ardens, épidémie dont Paris étoit affligé, & que l'intercession de Sainte-Geneviève fait cesser tout-à-coup, il est peint par M. *Doyen*.

Au premier pilier de la nef, à droite en venant du chœur, est un monument érigé à la mémoire de *Nicolas Ménager*, Conseiller du Roi en ses Conseils, Ambassadeur extraordinaire & Plénipotentiaire; il fut à la fois utile à sa Patrie par l'étendue de son commerce & par les négociations dont la Cour l'avoit chargé: il mourut à Paris le 15 Juillet 1714. Ce monument est l'ouvrage de *Simon Maziere*.

Dans un caveau qui est devant la Chapelle de la Vierge a été inhumée S. A. S. *Marie-Anne de Bourbon*, Princesse de Conti, morte à Paris le 3 du mois de Mai 1739. Elle étoit fille naturelle de Louis XIV & de la Duchesse de la Valiere.

Dans la nef est le tombeau de deux freres, tous deux Sculpteurs habiles, *François* & *Michel Anguier*; le premier est mort le 8 Août 1699; le second le 11 Juillet 1686. On lit sur leur tombe une épitaphe, en vers François qui ne mérite pas d'être transcrite.

Cette Eglise s'honore de renfermer encore les cendres de plusieurs personnes illustres, telles qu'*Antoinette de la Garde*, Marquise DES HOULIERES, célebre par ses Poésies tendres, naïves & ingénieuses, où le badinage & les graces se mêlent naturellement avec l'expression du cœur ; son ame étoit aussi belle que sa figure. Ses *Idylles* sont les meilleures que nous ayons dans notre langue. On lui a reproché d'avoir protégé *Pradon* contre *Racine*. Elle mourut en 1694.

François-Seraphin Regnier DESMARETS ; il se distingua dans la Poësie Françoise, Latine, Italienne, même Espagnole. A l'âge de 15 ans il traduisit en vers burlesques, la *Batrachomyomachie* d'Homere. Le Duc de Crequi, charmé de son esprit, l'emmena à Rome où il composa une Ode Italienne que l'Académie de la *Crusca* de Florence prit pour une production de Pétrarque. On prétend qu'il auroit été Évêque sans sa traduction d'une scène voluptueuse du *Pastor Fido*. A ses rares talens il joignoit un cœur sensible & une probité rigoureuse ; il fut autant aimer les amis qu'il s'étoit choisi, que la vérité quand il l'avoit reconnue. Cet illustre Ecrivain mourut à Paris en 1713, à 81 ans.

Pierre Corneille, un des grands hommes qui illustrent la Nation Françoise. Son génie fut également honoré de l'amitié du *Grand-Condé* & de la jalousie du *Cardinal de Richelieu*. C'étoit un ancien Romain parmi les François. Il n'a dans cette Eglise ni mausolée, ni épitaphe.

RUES *fameuses par quelques événemens ou singularités*.

RUE *Saint-André-des-Arcs*. (Voyez page 43, I. *Partie*).

Rue Saint-Antoine, elle est fameuse par le concours prodigieux de masques qui tous les ans, les derniers jours du Carnaval, attirent un grand nombre de curieux.

Rue de l'Arbre-Sec, en 1505, il y eut dans cette rue une espèce de sédition à l'occasion d'une Marchande que le Curé ne vouloit pas enterrer, parce qu'on refusoit de montrer à lui & à l'Evêque le testament de la défunte. Les Evêques prétendoient avoir ce droit, & défendoient de donner la sépulture à ceux qui mouroient *ab intestat* ou qui n'avoient pas fait un legs à l'Eglise.

Rue de Bétizy, c'est dans la deuxieme maison à gauche, en entrant par la rue de la Monnoie, que l'Amiral Colligni fut tué la nuit de la Saint-Barthelemi; les assassins, après avoir égorgé ses Domestiques, montent & trouvent l'Amiral assis dans un fauteuil & qui s'étoit éveillé au premier bruit: *jeune homme*, dit-il à l'un d'eux, *tu devrois respecter mes cheveux blancs; mais fais ce que tu voudras, tu ne peux m'abréger la vie que de peu de jours*. Il étoit malade & blessé d'un coup d'arquebuse qu'il avoit reçu quelques jours auparavant en revenant du Louvre à pied. Percé de plusieurs coups, il fut jetté par la fenêtre dans la cour, où le Duc de Guise, pour le reconnoître, essuya avec son mouchoir le sang qui lui couvroit le visage, & l'ayant foulé aux pieds : *c'est bien commencé*, dit-il à sa troupe, *allons continuer notre besogne*.

Rue du Petit-Bourbon ; au coin de cette rue & de celle de Tournon étoit l'Hôtel des Ducs de Montpensier. C'étoit-là que les Prédicateurs engageoient le Peuple à aller vénérer la mere de l'infame assassin d'Henri III, de *Jacques Clement*, Jacobin ; laquelle ils qualifioient en chaire de *bienheureuse mere d'un saint Martyr*. Elle étoit venue de son village à Paris pour demander la récompense du crime de son fils. La furieuse Duchesse de Montpensier, sœur des Guises, tués à Blois, demeuroit alors dans cet Hôtel (1), lorsqu'elle eut appris la mort de ses freres, assassinés par ordre du Roi, elle sortit comme une forcenée de sa maison, courant par tout Paris, fondant en larmes, & vomissant toutes sortes d'injures contre le Roi ; « elle fit tant de compassion, dit Sauval, & ému si bien la

---

(1) Dans l'emplacement de cet Hôtel, fameux par des fureurs & des crimes, est une belle maison nouvellement construite, au coin de laquelle est un des plus beaux Cafés de Paris, nommé *le Café des Arts*.

» populace, qu'elle fut en quelque façon le
» flambeau fatal de la Ligue ».

Rue Brifmiche. (Voyez II. *Partie*, *page* 205, *la note*).

Rue du Coq. (ou *paſſage du*) (Voyez II. *Partie*, *la note de la page* 176).

Rue Culture Sainte - Catherine, fameuſe dans l'Hiſtoire par l'aſſaſſinat du Connétable de *Cliſſon*. Le Duc d'Orléans alloit voir ſecrettement une Juive dont il étoit amoureux; *Pierre Craon*, ſon Chambellan, plaiſanta de cette intrigue avec la Ducheſſe d'Orléans, ſa femme. Le Duc piqué le chaſſa honteuſement; *Craon* qui imputoit en partie ſa diſgrace au Connétable *de Cliſſon*, la nuit du 13 au 14 Juin 1391 l'attendit au coin de cette rue, & fondit ſur lui à la tête d'une vingtaine de ſcélérats. Cliſſon, percé de trois coups, tomba de cheval & donna de la tête dans une porte qui s'ouvrit. Le Roi ayant appris cette nouvelle *ſe vêtit d'une Houpelande, on lui bouta ſes ſouliers ès pieds, & il courut à l'endroit où l'on diſoit que ſon Connétable venoit d'être occis. Connétable,* lui dit-il en le voyant baigné dans ſon ſang, *oncques choſes ne fut telle, ni ne ſera ſi fort amendée.* Heureuſement ſes bleſſures ne furent pas dangereuſes. (Voyez *marché du Cimetiere Saint-Jean*, II. *P.* page 190).

Rue Dauphine. Lorſque le Pont-Neuf fut achevé, Henri IV ſentit combien une rue percée en face de ce pont contribueroit à la commodité & à l'embellissement du quartier ; il résolut de la faire exécuter. En conséquence, il députa plusieurs membres du Parlement, le Prévôt des Marchands & les Echevins de la Ville, au Couvent des Augustins afin de convenir avec ces Moines de l'acquisition de quelques maisons, cours & jardins à eux appartenans, dont l'emplacement étoit nécessaire à la rue projettée. Il fut convenu que trente toises en longueur sur cinq & demi de largeur seroit payées trente mille livres, que les matériaux des démolitions resteroient aux Augustins, qu'il seroit fait des voûtes sous ladite rue pour la communication avec la maison des Augustins, & autres constructions, le tout aux frais du Roi.

Les conventions faites, les Augustins députerent auprès d'Henri IV pour l'assurer de leurs soumissions à ses volontés, en même temps ils lui remontrerent que par ces changemens leur Communauté étoit pour toujours privée de jardins. *Ventresingris, leur dit le Roi, l'argent que vous retirerez du revenu des maisons, vaut bien des choux.*

Rue Saint-Denis, c'étoit par cette rue que les Rois & les Reines de France faisoient ordinairement leurs entrées ; dans ces occasions elle étoit décorée de tapisseries & couverte d'étoffes de soie, & de distance en distance on élevoit des théâtres où l'on jouoit des Mysteres. Lorsque la Reine *Isabeau de*

Bavière fit son entrée, on avoit figuré un superbe Paradis, où l'on voyoit des étoiles, & Dieu le Pere, le Fils & le Saint-Esprit, accompagné de petits Anges (1). « Lorsque » la Reine, dit Froissard, passa dans sa li- » tiere découverte, sous la porte de ce Pa- » radis, deux Anges descendirent d'en » haut, tenant en leurs mains une très- » riche Couronne d'or, garnie de pierres » précieuses, & la mirent moult douce- » ment sur le chef de la Reine en chantant » ces vers » :

Dame enclose entre fleurs de lys.
Reine, êtes-vous de Paradis
De France & de tout le pays.
Nous remontons en Paradis.

Rue de la Ferronnerie. Le vendredi 14 Mai 1610, vers les quatre heures après midi, Henri IV alloit à l'Arsenal ; en passant dans cette rue, qui étoit alors malheureusement fort étroite, un embarras de deux charettes fit arrêter son carrosse. Un particulier nommé *Ravaillac* monta sur une des

_____

(1) Lorsque Louis XI fit son entrée en 1461, on lui donna un autre spectacle. *Devant la fontaine du Ponceau,* dit Malingre, *étoient plusieurs belles filles en sirennes, toutes nues, lesquelles en faisant voir leur beau sein, chantoient de petits motets & bergerettes.* Lors de l'entrée de la Reine Anne de Bretagne, on pourvut à tout, on plaça, de distance en distance, des troupes de dix à douze personnes, portant chacune un pot-de-chambre pour les besoins pressans des Dames & Demoiselles du cortège.

raies des roues de derriere, & frappa le Roi de deux coups de couteau, dont il mourut sur le champ; « chose surprenante, dit » L'étoile, nul des Seigneurs qui étoient » dans le carrosse n'a vu frapper le Roi, & si » ce monstre d'enfer eût jetté son couteau on » n'eût su à qui s'en prendre » (1). Henri IV étoit alors occupé à lire une lettre du Comte de Soissons. Au commencement de cette rue, en face de celle de la lingerie, on voit le buste de ce Roi, au bas duquel on lit l'inscription suivante, sur une table de marbre noir :

HENRICI MAGNI recreat præsentia cives,
Quos illi æterno fœdere junxit amor.

Rue de la Harpe. C'étoit dans cette rue & en face de la rue Percée, que demeuroit le Pâtissier *Mignot* que Boileau a rendu célebre par plusieurs vers de sa Satyre III :

.....Mignot, c'est tout dire, & dans le monde entier,
Jamais empoisonneur ne sut mieux son métier.

Mignot irrité contre le Satyrique, s'en plaignit sérieusement & demanda justice au Lieutenant-Criminel, qui traita la chose de

---

(1) Le Duc d'Epernon qui étoit alors dans le carrosse du Roi, fut violemment soupçonné d'être l'Auteur de ce crime. La Reine demanda a *Jaupitre*, Valet-de-Chambre d'Henri IV, si la chemise du Roi avoit beaucoup de sang. Ce Domestique lui répondit qu'elle étoit toute ensanglantée. *Je le crois bien*, répliqua-t-elle froidement, *car le Roi étoit fort sanguin.*

plaisanterie. Mignot, toujours courroucé, imagina un autre moyen de vengeance; il se ligua avec l'*Abbé Cotin*, & lui fit faire une satyre qu'il fit imprimer à ses dépens. Comme il avoit la réputation de vendre les meilleurs biscuits de Paris, il les enveloppoit avec la satyre de l'*Abbé Cotin*, &, grace au débit des biscuits, la satyre de *Cotin* devint publique.

Rue des Marmouzets. C'est une tradition très-accréditée chez le peuple, qu'il demeuroit dans cette rue un Pâtissier qui faisoit d'excellens pâtés avec la chair des particuliers, que son voisin le Barbier égorgeoit dans sa boutique, au lieu de leur faire la barbe. La maison qu'habitoient ces scélérats fut rasée. Leurs crimes furent découverts de la maniere suivante: un Plaideur allant de bon matin chez son Rapporteur entra dans la boutique d'un Barbier Juif, pour s'y faire raser; le Barbier, avec son rasoir, lui coupe la gorge, & le corps tombe dans la cave, par une trape faite en bascule. L'épouse du Plaideur ne le voyant pas revenir, va chez le Rapporteur, & en passant dans la rue des Marmouzets elle trouve le chien de son mari qui la caresse, & ne veut point la suivre. Les soupçons naissent, s'accroissent, le Commissaire vient, fait les perquisitions, & trouve dans la cave le particulier fraîchement assassiné au milieu d'un tas d'ossemens humains.

Rue aux Ours. Au milieu de cette rue, au coin de la rue *Salle-au-Comte* est une statue de la Vierge, enfermée dans une grille de fer, sous le nom de *Notre-Dame de la Carole*, qui est devenue fameuse par l'aventure suivante : un Soldat sortant du cabaret où il avoit perdu son argent au jeu, de désespoir se jetta à coups de couteau, sur cette statue de pierre & la blessa jusqu'au sang. Suivant certains Historiens modernes, ce fait est très-apocriphe : je pense de même qu'il faut avoir une foi bien exercée, bien robuste, & une raison bien soumise pour y croire. Cependant tous les ans en mémoire de ce miracle, on brûloit une figure de paille devant cette même statue, & aujourd'hui même on promene dans les rues de Paris, tous les troisiemes de Juillet, une figure bien gigantesque, bien ridicule & bien amusante pour le peuple (1). Que répondre à cela ? Rien du tout, si ce n'est que l'aventure s'est passée le 30 de Juillet 1418, temps où les miracles n'étoient pas aussi rares qu'aujourd'hui.

Rue Quincampoix, fameuse à jamais par le Bureau d'où sortoit ces papiers nommés *Billets de Banque*. Une foule prodigieuse se précipitoit pour y changer son or en papier. Que de révolutions dans les fortunes ne causa pas le sisteme de *Law*, auteur de cette Banque. « Le Bossu qui prêtoit
» sa bosse aux Agioteurs en forme de pu-

---

(1) Des Médecins m'ont assuré que la vue de cette figure effrayante avoit fait plusieurs fois avorter des femmes enceintes.

» pitre, s'enrichissoit en peu de jours; le
» Laquais achetoit l'équipage de son Maî-
» tre ; le démon de la cupidité faisoit sortir
» le Philosophe de sa retraite, & on le
» voyoit se mêler à la foule des joueurs, &
» négocier un papier idéal... quand le rêve
» fut fini, il ne resta de toutes ces richesses
» imaginaires que des feuilles de papier,
» & l'auteur même de ce système alla mou-
» rir de misere à Venise, après avoir pos-
» sédé le mobilier d'un Monarque ». (*Tableau de Paris*, Tome III, page 63.

Rue du Roi de Sicile. Au coin de cette rue & de celle des Juifs, est un bas-relief qui conserve la mémoire d'un sacrilége commis contre une statue de la Vierge que l'on mutila ; François premier vint en grande cérémonie en placer une d'argent, on la vola ; on en mit une de bois, on la brisa ; enfin une de marbre qui ne reçut aucun outrage des Hérétiques, parce qu'elle est grillée & éclairée d'une lanterne. (Voyez *Hôtel de Savoisi*, II. Partie, page 85).

Rue Royale. (Voyez *Place de Louis XV*, II. Partie, page 285).

Rue Tire-Boudin, anciennement Tire-V... « Marie Stuard, femme de François II,
» passant dans cette rue, en demanda le
» nom; il n'étoit pas honnête à prononcer ;
» on en changea la derniere syllabe, & ce
» changement a subsisté. De toutes les rues
» affectées aux femmes publiques, celle-ci
» & la rue Brisemiche étoient les mieux

» fournies ». (V. *Saint-Merri*, II. Partie, page 205 & *Filles publiques*, I. Partie, page 301, & suivantes).

Rue de la Grande & petite Truanderie; à l'endroit où se réunissent ces deux rues, est une petite place nommée *Place du Puits d'Amour*. Une jeune fille appellée *Agnès Hellebic*, d'une famille distinguée, se voyant trompée & abandonnée par son amant, de désespoir se précipita dans un puits, situé au milieu de cette place & s'y noya; environ trois cents ans après, un jeune homme désespéré des rigueurs de sa maîtresse, s'y jetta; mais avec tant de bonheur qu'il ne se blessa point; sensible à cet excès d'amour, son amante lui fait aussi-tôt descendre une corde, & le conjure de remonter en lui promettant qu'à l'avenir il n'auroit plus de reproche à lui faire. Il fut si content d'être secourue par sa maîtresse qu'il voulut marquer sa reconnoissance envers ce puits, & il le fit rebâtir à neuf. Sauval dit que de son temps on lisoit encore sur la mardelle, en lettres gothiques & mal gravées.

L'Amour m'a refait
En 1525 tout à-fait.

Les Amants s'y donnoient des rendez-vous tous les soirs; on y chantoit, on y dansoi, &, comme sur un Autel, on y juroit de s'aimer toujours; les Prédicateurs & les dévôts, gens fâcheux, ennemis des amours & des plaisirs, vinrent troubler ces galantes assemblées.

Rue Trousse-Vache. Le Cardinal de Lorraine, revenant du Concile de Trente, voulut faire une espèce d'entrée dans Paris, accompagné de plusieurs gens armés ; le Maréchal de Montmorency, alors Gouverneur de cette Capitale, lui envoya dire qu'il ne le souffriroit pas ; le Cardinal répondit avec hauteur & continua sa marche ; Montmorency le rencontra vis-à-vis des Charniers des Innocens, fit main-basse sur son escorte, & son Eminence se sauva dans l'arriere-boutique d'un Marchand de cette rue, où elle resta cachée, jusqu'à la nuit, sous le lit d'une servante. (*Ess. Historiques sur Paris*).

SALLE *des antiques*. (Voyez *Louvre*, II. *Partie*, page 174).

SALLON *des Arts*. (Voyez *sociétés*, page 346, II. *Partie*).

SALLON *de la Correspondance*. Aucun établissement ne promettoit un succès plus brillant que celui-ci. Rassembler dans plusieurs salles qui se communiquent les ouvrages des Savants, des Littérateurs, des Méchaniciens, des Graveurs, des Peintres, &c. anciens & modernes, exposer aux jugemens du Public les productions des jeunes Artistes, dont les talens n'ont souvent besoin que d'être mis en lumiere pour être perfectionnés ; donner un nouvel agrément à ses assemblées en y joignant des concerts exécutés par des virtuoses des deux sexes ; publier dans une feuille hebdomadaire les découvertes des Savans de l'Europe, sous le titre de *Nouvelles de la République des Sciences & des Arts*, & en même temps la notice des objets exposés au Sallon ; enfin donner gratuitement un rendez-vous aux Amateurs de tous les genres & des deux sexes, & leur offrir toutes les semaines un nouvel aliment à leur curiosité; voilà le but intéressant de cet établissement, qui n'a pas encore acquis toute la consistance dont il auroit besoin.

M. *de la Blancherie*, Agent-Général de cette correspondance, en a jetté les premiers fondemens en 1777. Son zele actif a souvent été contrarié par une foule d'obstacles qui ont suspendu plus d'une fois le cours de son Journal & de ses séances publiques. Enfin en 1785 & au commencement de 1786, l'établissement d'un comité composé de Savans & Gens de Lettres connus, d'un Conseil d'Administration rempli de personnes puissantes & respectables, donnoit un nouveau lustre à la *Correspondance-Générale des Sciences & des Arts*, & sembloit lui assurer une consistance invariable. Cependant au mois d'Avril 1786, on a vu la plupart des personnes qui formoient le Conseil d'Administration, & tous les Auteurs qui composoient le comité, se retirer dans le même temps de leur propre volonté, & notifier leur retraite dans le Mercure. Les causes qui ont produit cette révolution ne sont point assez intéressantes pour en instruire le public. Je dirai seulement que malgré cet échec considérable, l'établissement subsiste encore. Tous les jeudis à cinq heures du soir le sallon est ouvert, & il ne suffit pour y avoir son entrée que d'être présenté par une personne déjà admise.

Ce sallon est situé rue Saint-André-des-Arcs, Hôtel de Villayer.

SALLON *des Echecs*, voyez *société du sallon des Echecs*, (II. *P.*, page 345).

SALLON *du Louvre*. Tous les deux ans, depuis le 25 Août jusqu'au 25 du mois suivant, les Membres de l'Académie Royale de Sculpture & de Peinture, exposent dans ce sallon les nouvelles productions de leurs talens. Ce jour de jugement arrivé, le Public s'y porte en foule. C'est-là qu'il faut voir ceux qui admirent tout, ceux qui n'admirent rien, & les prétendus connoisseurs qui prononcent hautement sur les beautés & les défauts qu'ils croyent reconnoître ; leur ton imposant ne laisse pas que d'entraîner souvent l'opinion de ceux qui les écoutent. « Un Badaud, dit M. Mercier,
» prend un personnage de la fable, pour
» un Saint du Paradis; *Typhon* pour *Gargantua*, *Carron* pour *Saint-Pierre*,
» un *Satyre* pour un *Démon*, & comme le
» dit l'Auteur du Poëme des Fastes, *l'Arche de Noë* pour le *Coche d'Auxerre* ».
Huit jours après l'ouverture du sallon commence le débordement des Brochures de

tous les tons, qui inondent les portiques du Louvre; ce sont des critiques quelquefois justes, semées de bons mots & d'épigrammes, où le plus ordinairement le mérite est jugé par l'ignorance, & la médiocrité par la flatterie.

SALPÉTRIERE, (voyez ci-devant *Hôpital de la Salpétriere*, II. *Partie, page* 41).

SAMARITAINE. C'est un Gouvernement bâti sur pilotis, renfermant une Pompe, dont les eaux sont distribuées au Louvre, aux Tuileries & au Palais-Royal, & qui fournit 60 pouces d'eau par minute. (Voyez *fontaine de la Samaritaine*, I. *Partie, page* 309).

SAUVEUR. (*Saint*) Cette Eglise Paroissiale étoit originairement nommée *la Chapelle de la Tour*, à cause d'une Tour carrée qui la joignoit, & qui ne fut abattue qu'en 1778. Elle fut érigée en Paroisse dans le treizieme siècle, & sous le regne de François premier elle fut reconstruite à moitié; on y fit depuis plusieurs réparations, mais l'Eglise ne fut pas achevée.

Quatre anciens Acteurs comiques, les plus fameux de leur temps, ont été enterrés dans cette Eglise, savoir:

Henri-le-Grand, dit Turlupin; jamais homme, n'a dit-on, mieux composé ni mieux conduit la farce que ce Comique.

Hugues Guéru, surnommé *Gaultier-*

Garguille. Il étoit si dispos que son corps lui obéissoit comme il vouloit, il jouoit les Vieillards de farce.

Bertrand Harduin de Saint-Jacques, dit *Guillot Gorju*, remplaça Gaultier Garguille ; comme il avoit étudié en Médecine, son personnage ordinaire étoit de contrefaire les Médecins ridicules, il avoit la mémoire si heureuse qu'il nommoit tous les simples, toutes les drogues des Apothicaires & tous les instrumens de Chirurgie, avec une volubilité incroyable.

Raimond Poisson, qui a excellé dans le comique : il est l'inventeur du rôle de *Crispin*, il est Auteur de plusieurs Comédies très-gaies, comme l'étoit son caractère. C'étoit le pere de *Paul Poisson* qui hérita du beau naturel de son pere, de son bredouillement & de ses bottines. C'est au dernier que M. *Préville* a succédé.

Cette Eglise renferme aussi les cendres de quelques gens de lettres tels que :

Jacques Vergier, Auteur de plusieurs Poésies dont on a dernièrement donné une nouvelle Edition en petit format. « C'étoit, » dit le Poète Rousseau, un Philosophe, » homme de société, ayant beaucoup d'a- » grément dans l'esprit, sans aucun mélange » de misantropie ni d'amertume ». Il a fait des Contes, des Odes, des Chansons de table, &c. Il fut assassiné d'un coup de pistolet dans la rue du Bout-du-Monde, à Paris, en revenant de souper chez un de ses amis, le 23 Août 1720 (1).

Guillaume Colletet, mauvais Poète, dont Boileau a immortalisé le nom; le Cardinal de Richelieu, à qui il faisoit lecture d'une de ses pièces, charmé d'une tirade qui commençoit par ce vers :

La canne s'humectant dans la bourbe de l'eau.

Lui fit présent de 600 livres pour six mauvais vers; sur quoi notre Poète fit ce distique connu.

Armand, qui pour six vers m'as donné six cents livres,
Que ne puis-je à ce prix te vendre tous mes livres.

L'Archevêque de Paris lui envoya un Apollon d'argent pour son Hymne sur l'Immaculée Conception. Cependant Colletet mourut presque misérable après avoir épousé *Claudine*, sa servante.

Cette Eglise démolie depuis quelques années, se reconstruit maintenant sur les desseins de M. *Poyet*.

SEMINAIRES. *Séminaire Anglois*, rue des Postes, pour servir de retraite aux Prêtres, aux Ecoliers, &c. Catholiques, obligés de sortir d'Angleterre, d'Ecosse ou d'Irlande.

---

(1) Il fut pris pour le Poète *la Grange-Chancel*, Auteur des *Philippiques*, & fut la victime de l'erreur de l'homme chargé de cette expédition, qui tua un Poète pour un autre.

Séminaire des Bons-Enfans ou de la *Mission*, rue Saint-Victor, en faveur des jeunes Ecclésiastiques.

Séminaire des Ecossois ou *Collége*, rue des Fossés Saint-Victor. On voit dans la Chapelle une urne de bronze doré, où est renfermée la cervelle de Jacques II, Roi d'Angleterre, mort à Saint-Germain-en-Laye le 16 Septembre 1701. Ce monument d'un très-bon goût, est dû au ciseau de M. *Garnier*, Sculpteur, & à la reconnoissance & au zele du Duc de Perth, Gouverneur de Jacques III. L'Epitaphe est attendrissante ; nous ne pouvons la transcrire ici à cause de sa longueur, nous la regrettons à cause de sa beauté.

Séminaires des Clercs Irlandois, rue du Cheval-Verd. Son but est de former à l'état Ecclésiastique de jeunes Irlandois pour les mettre en état de faire des missions dans leur Patrie.

Séminaire des Prêtres Irlandois ou *Collége des Lombards*, rue des Carmes. Sur l'Autel de la Chapelle est une belle Assomption de *Jaurat*.

Séminaire des Missions étrangeres, rue du Bacq. Il est destiné aux personnes qui ont la vocation & les capacités de prêcher la Mission chez les infideles.

Séminaire du Saint-Esprit, rue des Postes. Son but est encore l'instruction de ceux qui se destinent aux Missions ; la façade est du dessin de M. *Chalgrin*. Le bas-relief qui eft au-deffus de la porte de la Chapelle, eft de M. *Duret*. L'extérieur eft bien décoré. Dans la falle des exercices eft une belle Affomption, par M. *Adam le Cadet*.

Séminaire de Laon. (Voyez *Communauté de Laon*, I. *Partie*, *page* 206).

Séminaire de Saint-Louis, à l'entrée de la rue d'Enfer, place Saint-Michel: on voit dans la Chapelle plufieurs tableaux de *Jaurat*.

Séminaire de Saint-Magloire, rue St-Jacques, près l'Eglife de Saint-Jacques-du-haut-Pas ; c'eft le premier Séminaire établi non-feulement à Paris, mais en France.

Séminaire Saint-Marcel, rue Mouffetard ; dans le réfectoire eft un beau tableau de Saint-Jérôme.

Séminaire de Saint-Nicolas-du-Chardonnet, rue Saint-Victor.

Séminaire de Saint-Sulpice, rue du Vieux-Colombier ; dans la Chapelle eft une belle Affomption de la Vierge, par *le Brun*, ainfi qu'une Pentecôte, où ce Peintre s'eft repréfenté dans un coin du tableau. Au-deffus de la porte eft une defcente de Croix, par *Hallé* ; une Nativité de la Vierge, une Purification, & les Prophêtes Ifaïe & Ezéchiel, par *Reftout* ; ainfi que plufieurs autres tableaux.

Dans la Chapelle de la petite Communauté, cul-de-fac Férou, eft une belle Préfentation au Temple, peinte par *le Sueur*.

Séminaire des Trente-Trois ou *de la Sainte-Famille* ;

Sainte-Famille; son nom vient de ce que le nombre des Séminaristes est fixé à trente-trois, pour honorer les trente-trois années que Jésus-Christ a passées sur la terre.

SÉPULCRE. (*Eglise Collégiale du*) Des Pélerins, à leur retour de Jérusalem, fonderent cette Eglise, en l'honneur du Saint-Sépulcre de cette Ville, qu'ils venoient de visiter; il s'y forma une Confrairie, autorisée par Lettres-Patentes de 1329.

Au-dessus de la porte du cloître, est une figure de Jésus-Christ, fort estimée, par *Jean Champagne*, éleve de *Bernin*.

Dans la quatrieme Chapelle, à gauche, est un Saint-Jérôme dans le désert, par *la Hyre*, qui a peint aussi deux paysages, ornés de figures, qui sont aux deux côtés.

Le maître-autel est orné de sculptures & de figures en bois, dont l'ensemble est d'un bel effet; au milieu est un tableau de la Résurrection de Notre Seigneur, peint par *le Brun*. Le Ministre Colbert, Protecteur de cette Eglise, y est représenté, tenant un bout du linceul. Le devant de l'autel est orné d'une Descente de Croix, peinte sur bois; tableau ancien & fort estimé.

Dans une Chapelle à droite du Chœur est un grand Crucifix, où Notre Seigneur est revêtu des habits de Grand-Sacrificateur, à l'imitation de la figure qu'on voit à Lucques.

SEVERIN. (*Saint*) De deux Saints-Se-
II. *Partie.*   P

verins qui ont demeuré à Paris, on ne fait pas lequel est le Fondateur de cette Eglise : on ignore l'époque de sa construction : on sait seulement que l'agrandissement qu'on avoit été obligé de faire à cette Eglise fut achevé en 1495. En 1684, on fit des réparations considérables dans le chœur, dont on changea la décoration, & principalement celle du maître-autel. Il est orné de huit colonnes de marbre d'ordre composite, qui soutiennent un demi-dôme, enrichi de plusieurs ornemens de bronze doré. Cette magnifique décoration, du dessin de *le Brun*, fut exécutée par *Tuby*.

Dans une Chapelle près la petite porte qui conduit dans la rue Saint-Severin, est un Saint-Joseph & une Sainte-Genevieve, par *Champagne*, qui a peint également le tableau de la Cène qui est dans la Chapelle du Saint-Sacrement.

Dans la Chapelle de Saint-Michel, on voit ce Saint peint par *Monnet*.

Dans la Chapelle de Saint-Pierre, est un beau tableau de Saint-Pierre dans les fers, délivré par un Ange, peint par *Boffe*. Les Marguilliers en furent si contens, qu'ils donnerent à ce Peintre le double de la somme convenue. Cette Eglise renferme les cendres de plusieurs personnes célèbres, telles qu'*Etienne Pasquier*, dont on voit le buste en marbre dans la Chapelle du cimetiere; Avocat au Parlement de Paris, Orateur, Historien, Poète, il plut dans tous ces genres; satyrique la plume à la main, il étoit doux & bienfaisant dans la société, & fut un grand ennemi des Jésuites de son temps. Il mourut en 1615, âgé de 87 ans.

Scevole & *Louis de Sainte-Marthe*, freres jumeaux, fils de *Gaucher de Sainte-Marthe*, également unis par le sang, l'amitié & les inclinations; ils furent tous les deux Historiographes de France, & toute leur vie ils travaillerent de concert aux mêmes ouvrages, dont le plus considérable est *Gallia Christiana*, en 4 vol. *in-fol.*

Louis Morery, Auteur du fameux *Dictionnaire Historique*, mourut d'un excès de travail, âgé de 38 ans, le 10 Juillet 1680.

Eustache le Noble, convaincu d'être faussaire, fut condamné à faire amende honorable dans la Chambre du Châtelet, & à un bannissement de neuf ans; il passa une partie de sa vie dans les prisons, une autre dans la débauche & dans les travaux de la Littérature, où il montra beaucoup de facilité : il mourut dans la misere en 1771, à 68 ans. Il fut enterré à Saint-Severin par charité, lui qui avoit fait gagner plus de cent mille écus à ses Imprimeurs.

Louis Ellies du Pin, Docteur de Sorbonne. Il fut Ecrivain vrai, impartial; il blessa des Grands qui le persécuterent, des rivaux qui l'accuserent d'héréfie. Toujours paisible au milieu des persécutions, il mourut regretté de ses amis & du Public, en 1719, âgé de 62 ans. Le principal ouvrage de ce laborieux Ecrivain, est la *Bibliotheque des Auteurs Ecclésiastiques*, en 58 vol. *in-8*.

Sur la porte du passage qui mene du cimetiere à la rue de la Parcheminerie, on lit ces vers, le chef-d'œuvre des jeux de mots :

 Passant, pense-tu pas passer par ce passage
  Où pensant j'ai passé ;
 Si tu n'y pense pas, passant tu n'es pas sage,
 Car en n'y pensant pas tu te verras passé.

On voyoit au milieu de ce cimetiere un tombeau élevé, sur lequel étoit la figure d'un homme couché, érigé en mémoire d'un jeune Seigneur étranger, qui étoit venu exprès à Paris pour faire ses études en l'Université, & qui y mourut à l'âge de 23 ans. Il étoit élu Gouverneur & Satrape de la Cité d'*Emda*.

Le jour de Saint-Jean de l'année 1587, *Jean Prevost*, Curé de cette Paroisse, de l'avis des ligueurs & de quelques *pédants de Sorbonne*, dit l'Etoile, plaça dans ce cimetiere un tableau inventé par Madame de Montpensier. Il représentoit, continue le même Historien, « plusieurs étranges inhumanités exercées par la Reine d'Angleterre, contre les bons Catholiques, & ce, pour animer le Peuple à la guerre contre les Huguenots ; de fait, alloit ce sot Peu-

» ple de Paris, voir tous les jours ce ta-
» bleau, & en le voyant, crioit qu'il fal-
» loit exterminer tous ces méchans politi-
» ques & Hérétiques ». Ce tableau resta en place jusqu'au 9 Juillet suivant, jour où il fut secrettement enlevé par ordre du Roi.

Après la journée des barricades, les Ligueurs s'emparerent de ce tableau & le placerent à Notre Dame, où il resta jusqu'à l'entrée d'Henri IV à Paris.

SOCIÉTÉS. *Société Royale d'Agriculture.* Elle est composée de quatre Bureaux établis à Meaux, Beauvais, Sens & Paris ; elle a pour Secrétaire perpétuel M. *de Palerme*, demeurant rue Montmartre, vis-à-vis celle de la Jussienne. Elle est autorisée par Arrêt du Conseil d'Etat du Roi, du premier Mars 1761.

SOCIÉTÉ *Royale de Médecine.* Quelques mésintelligences entre les Médecins de la Faculté de Paris, ont, à ce qu'on dit, donné lieu à cette Société, qui ne prit d'abord que le simple titre de *Société pour l'Epizootie* ; elle fut établie par Arrêt du Conseil d'Avril 1776, & confirmée par Lettres-Patentes du premier Septembre 1778. M. *Vicq d'Azir*, à son retour des provinces Méridionales, où le Gouvernement l'avoit envoyé pour détruire l'épizootie qui y régnoit, fut nommé Secrétaire perpétuel de cette association, qui prenant plus de consistance, reçut le titre qu'elle porte aujourd'hui.

Cette Société a beaucoup d'analogie avec la *Chambre Royale de Médecine*, qui n'eut dans le dernier siècle qu'une existence éphémere; elle tient ses assemblées au Louvre, dans la salle d'Audience du Ministre de Paris, tous les mardis & vendredis, & deux fois l'an le premier mardi de carême, & le premier mardi après la Saint-Louis; elle tient des séances publiques où sont distribués des prix. Plusieurs Membres de cette Société sont de la Faculté de Médecine.

SOCIÉTÉ, *ou* MAISON PHILANTROPIQUE; elle est composée de Citoyens choisis dans les rangs les plus honorables de l'Etat. Son zele ne se borne pas à soulager certaines classes de malheureux pour lesquels il n'existe point d'établissement particulier, & qui ont échappé à la vigilance des autres associations secourables; mais, comme le titre de Philantrope le désigne assez, elle s'occupe encore à chercher les moyens d'être utile à l'humanité en général. C'est en exécutant des projets si louables, qu'elle est parvenue à répandre par-tout le goût de la bienfaisance qu'on ne célébroit ci-devant que dans les livres, & qu'en conséquence quelques hommes frivoles se plaisoit à ridiculiser. On devra à cette Compagnie respectable l'avantage précieux d'avoir anéanti ce monstre destructeur de l'humanité, cet égoïsme qui parmi nous avoit en si peu de temps fait de si grands progrès. L'institution fondée par cette Société pour l'instruction des enfans aveugles chez M. *Hauy*, interprète du Roi, rue Notre-Dame des Victoires, procure non-seulement aux pauvres affligés de la vue des moyens de subsistance, mais encore aux riches privés du même sens, des talens agréables qui peuvent les consoler du tort de la nature. La foule de citoyens & d'étrangers que la curiosité attire à cette école, n'en sort que pénétrée d'admiration pour l'habileté du Maître & des Eleves. (Voyez *institutions des enfans aveugles nés*, II. *Partie*, page 144).

Cette Société fut commencée en 1780 par quelques citoyens animés d'un zele aussi ardent qu'opiniâtre. Ses secours étoient alors fort bornés; mais à peine fut elle connue que les personnes les plus distinguées par leur naissance, leur rang & leurs talens, se sont empressées de coopérer à ses travaux, & ses progrès ont été si rapides, que cette Société qui en 1783 ne soulageoit que douze ouvriers octogénaires, assure en 1787 des secours à plus de mille infortunés, tels que les ouvriers octogénaires, les enfans aveugles, les pauvres femmes ayant cinq enfans vivans & enceintes de leur sixieme, les pauvres veuves ou veufs chargés de six enfans.

Pour participer à ses bienfaits, il faut

certifier d'un domicile de trois ans dans l'enceinte de Paris, être ouvrier, pauvre & irréprochable. La sagesse éclairée, l'intégrité & l'humanité qui président à la distribution de ses secours, lui ont acquis justement la confiance publique, & ces citoyens sont devenus les dépositaires & les dispensateurs des aumônes des ames bienfaisantes.

Il s'est établi à cet exemple, dans presque toutes les grandes villes du Royaume des maisons Philantropiques, dont plusieurs ont adopté les réglemens de celle de Paris. Un Seigneur de la Cour, avec plusieurs autres citoyens, vient d'en former une entièrement semblable à Versailles, sous les yeux même du Roi, & cette maison est affiliée à celle de Paris. Monseigneur le Duc d'Orléans en a fondé aussi une à Orléans, en la dotant de 16000 livres de revenu. En sorte que les secours multipliés, que la foule des infortunés tirent de ces associations, auxquelles ils doivent leur subsistance, ont fait dire avec raison que si ces Sociétés venoient à se dissoudre, cet événement seroit regardé par la Nation comme une véritable calamité publique.

Ce qui assure à la maison de Paris, une existence à jamais solide, c'est que tous les membres, dont le nombre n'est pas limité, de quelque rang & de quelque condition qu'ils soient, sont entr'eux de la plus parfaite égalité. Ce doit être un spectacle bien touchant de voir d'illustres Prélats, des

Princes, des Seigneurs déposer leurs dignités pour se ressouvenir qu'ils sont hommes, & pour soulager leurs semblables malheureux.

Cette Société s'assemble tous les seconds & quatriemes vendredis de chaque mois, dans une des salles de MM. les Chevaliers des Ordres du Roi, au Couvent des Grands-Augustins, Quai de la Vallée. Elle est administrée par un comité qui tient ses séances tous les mardis, & par des Officiers qui sont élus tous les ans à la pluralité des voix. Ces Officiers sont, un Président, deux vice-Présidents, un Secrétaire & un Trésorier.

SOCIÉTÉ *Olympique*. Cette Société établie au Palais-Royal N°. 65, est composée d'un nombre illimité de personnes distinguées.

Il faut être majeur, il faut encore être affilié à quelques loges de Franc-Maçonnerie pour y être admis; des Commissaires veillent au maintient des statuts, & les élections se font par la voix du scrutin.

La lecture des papiers publics François & Étrangers, les concerts dans lesquels on a entendu des personnes de qualité des deux sexes chanter ou jouer de quelques instrumens, sont les avantages les plus apparens de cette association, qui possede au second étage, une loge *de Franc-Maçonnerie*.

SOCIÉTÉ *du sallon des Echecs*. Ce sallon est situé au Palais-Royal, au-dessus du Café de Foy. L'on ne peut y être admis qu'avec l'agrément unanime de tous les membres, on n'y joue point d'autres jeux que celui des échecs.

SOCIÉTÉ ou *assemblée Militaire*, rue de Beaujolois, presqu'en face de la descente de la rue Vivienne, & dont les salles donnent sur le jardin du Palais-Royal. Cette assemblée est composée d'Officiers titrés.

LA SOCIÉTÉ dite le *Club*, rue Beaujolois, près les petits Comédiens de Monseigneur de Beaujolois. Les salles d'assemblées donnent sur le jardin du Palais-Royal. On y peut être admis sans avoir été présenté par un membre, & sans avoir les suffrages de toute la Société. On n'y joue point.

SOCIÉTÉ *du Sallon*, sur le Boulevard dans le bâtiment adossé au théâtre Italien; personne ne peut y être admis avant l'âge de majorité; le nombre des membres n'est point limité; la contribution annuelle est de 120 livres. Ce sallon est ouvert tous les jours depuis neuf heures du matin jusqu'à onze heures du soir; les jeux de hasard y sont absolument interdits; on y trouve des papiers publics.

SOCIÉTÉ appellée *Club ou sallon des Arts*. Cette Société composée de gens de Lettres, d'Artistes & d'Amateurs, dont le nombre n'est point limité, tient ses assemblés dans les bâtimens neufs du Palais-Royal, au-dessus du Café du Caveau; la contribution annuelle est de 72 livres. On y trouve tous les papiers nouvelles; on y fait des lectures, de la musique; on y expose dans une galerie faite exprès, les ouvrages des Artistes; les élections se font par la voie du scrutin.

SOCIÉTÉ *des Colons*. Pour être admis à cette Société il faut prouver qu'on est possesseur d'une habitation aux isles de l'Amérique; les assemblées se tiennent an Palais-Royal, N°. 171; la contribution annuelle est de 96 liv.

SŒURS *de la Charité*. La Maison de cette sage Institution est située fauxbourg Saint-Denis, vis-à-vis Saint-Lazare. Quand il arriveroit que l'on détruisît toutes les Communautés de Religieuses, on conserveroit celle-ci; parce qu'elle est la plus utile, & par conséquent la plus respectable. Ces Sœurs cherchent les malheureux pour les soulager, & dirigent sur eux les libéralités des riches. Elles ont hérité de tout le zele de leur Fondateur, *Saint-Vincent de Paule*. « Ces Sœurs de la Charité, dit M.
» Mercier, mettent dans un jour touchant,
» le triomphe de la Religion. L'humanité
» souffrante, misérable, dénuée, trouve,
» par leur ministere, des secours, des re-
» medes & des consolations. Eh! quelle dif-
» férence d'une Sœur livrée à ces honora-
» bles & utiles fonctions, à celles qui,
» dans une retraite inaccessible, passent
» une vie entiere à chanter au chœur des

» cantiques stériles & inintelligibles à elles-
» mêmes »!

SORBONNE. *Robert Sorbon*, Chapelain du Roi Saint-Louis, ayant éprouvé la difficulté qu'il y a de devenir Docteur sans fortune, voulut applanir les routes qui menoient à ce grade éminent, en établissant une Société d'Ecclésiastiques Séculiers, qui vivroient en commun, & qui, tranquilles sur les besoins de la vie, ne seroient occupés que du soin d'étudier & d'enseigner gratuitement. *La pauvreté étoit l'attribut de la Maison de Sorbonne*, dit Crevier. Mais d'une si grande humilité, il ne reste que ce titre: *Pauperrima Domus*, qu'elle prend encore dans les actes publics (1).

Cette Maison s'est toujours distinguée par ses censures & ses décrets marqués au coin du plus zélé catholicisme. L'histoire est pleine de traits qui en fournissent la preuve. Il y avoit autrefois des Docteurs, des Bacheliers, des Boursiers & non Boursiers, & de pauvres Etudians; il y en a même encore aujourd'hui, & qui sont qualifiés de *Docteurs* ou *Bacheliers de la Maison de Sorbonne*. Cette Maison est gouvernée par un *Proviseur* ou *Prieur* qui est élu chaque

---

(1) La Sorbonne avoit autrefois le titre de *Communauté des pauvres Maîtres*, & les Docteurs prenoient toujours la qualité de *Pauperes Magistri*. *Pauvres Maîtres!*

année le 31 Décembre, & qui est pris parmi les Bacheliers alors en licence. On appelle *Senieur* de la Société, le plus ancien Docteur *Socius*; & *Senieur* de la Maison, le plus ancien Docteur résidant dans la Maison. Les appartemens sont occupés par les Docteurs *Socius*, & par les Bacheliers en licence.

La Sorbonne se divise en Ecoles intérieures & extérieures ; les premieres se tiennent dans le bâtiment attenant à l'Eglise ; les secondes en sont séparées, & ont leur entrée par la place : les unes & les autres, ainsi que l'Eglise, sont des effets de la libéralité du Cardinal de Richelieu, qui, maudit par tant de citoyens, voulut au moins faire bénir son nom par des Docteurs de Sorbonne. Ce Cardinal avoit étudié la Théologie dans ce Collége, il en étoit le Proviseur ; voyant que tous les bâtimens tomboient en ruine, il entreprit de les faire rebâtir de fond en comble. Le devis fut proposé à la Faculté assemblée le 20 Juin 1626, approuvé par le Cardinal le 30 Juillet suivant, & l'on nomma des Docteurs pour veiller sur les travaux.

L'Eglise fut commencée en 1635, sur les desseins de l'Architecte *le Mercier*, & ne fut achevée qu'en 1653. Le portail extérieur est formé de deux ordres d'architecture ; le premier de colonnes corinthiennes, faisant avant-corps au rez-de-chaussée, & le second de pilastres composites, avec quatre niches, où sont des statues de marbre, faites par *Guillain*. Le cadran qui est au-dessus, marque les phases de la lune : le dôme, qui a été nouvellement restauré, est accompagné de quatre campanilles, qui le font pyramider. Un globe doré, surmonté d'une croix, sert d'amortissement.

L'intérieur, décoré de l'ordre corinthien, sans socle ni piedestal, est d'un bel effet ; le pavé est tout de marbre : les douze Apôtres, les Evangélistes & des Anges de grandeur naturelle, sont placés dans deux rangs de niches, l'un sur l'autre. Toutes ces statues, faites de pierre de Tonnerre, ont été sculptées, pour la plupart, par *Berthelot & Guillain*.

Six colonnes corinthiennes, de marbre de Rance, dont les bases & chapiteaux sont de bronze doré, décorent le maître-autel, qui est du dessin de *le Brun*.

Un grand Crucifix de marbre blanc, sur un fond de marbre noir, sert de tableau ; c'est le dernier ouvrage de *Michel Anguier* : la Vierge qui l'accompagne est de *le Comte*, & le Saint-Jean est de *Cadene*. Sur le fronton sont deux Anges, sculptés par *Arcis & Vancleve*. La tribune offre une Gloire céleste, peinte par *le Brun*.

Le monument que l'on voit au milieu du chœur, est l'objet le plus remarquable de cette Eglise, & un des plus précieux ouvrages de sculpture de cette Ville ; c'est le chef-d'œuvre du célebre *Girardon* ; sur un tombeau de forme antique est représenté le Cardinal, fondateur de cette Eglise, à demi couché, sa main droite sur son cœur, sa gauche tenant ses Ouvrages de piété; la Religion le soutient, & la Science personnifiée pleure à ses pieds, dans l'attitude du plus vif désespoir (1). Grand Ministre, adroit politique, sacrifiant tout à son ambition, implacable dans sa colere, dont les effets étoient cruels & atroces; il abaissa les Grands par système, & protégea les Lettres par vanité. Amateur sans goût, il confondoit *Corneille* avec *Colletet*.

Les quatre Peres de l'Eglise Latine dans des ronds placés entre les arcs doubleaux, qui soutiennent le dôme, sont peints à fresque, par *Philippe de Champagne*.

La Chapelle de la Vierge est décorée d'un fond d'architecture de marbre blanc & de colonnes de marbre de Rance: au milieu est une Vierge en marbre, tenant l'Enfant Jésus; ouvrage de *Desjardins*.

Les piliers qui soutiennent le dôme, sont chargés de petites Chapelles, dont les deux plus proches du grand portail ont chacune un petit tableau, de *Noël-Nicolas Coypel*.

---

(1) La sœur de ce M. de Thou à qui le Cardinal avoit fait trancher la tête, en voyant ce Tombeau, disoit: *Domine, si fuisses hic, frater meus non esset mortuus.* Monseigneur, si vous eussiez été là, mon frere ne seroit pas mort.

La Maison de Sorbonne est bâtie très-régulièrement. La salle des Actes est ornée de plusieurs tableaux précieux ; tels que les Portraits des Papes, ceux de Louis XIV, Louis XV & Louis XVI, &c. ainsi qu'un Crucifix de *le Brun*.

La Bibliotheque est une des plus considérables de Paris : elle est composée d'environ 60,000 volumes & 5000 manuscrits, entre plusieurs Portraits, on y remarque celui du fameux *Erasme*. Quoique cette Bibliotheque ne soit pas publique, les curieux & les savans y ont un accès facile.

SPECTACLES. Paris renferme des Spectacles pour tous les goûts & pour toutes les classes des citoyens ; depuis l'Opéra jusqu'au Spectacle des Associés, tous ont leurs partisans & leurs admirateurs.

L'Opéra, la *Comédie Françoise*, la *Comédie Italienne* & le *Concert Spirituel* ; voilà les principaux Spectacles de la Capitale. (Voyez *Opéra*, page 235, II. Partie, & *Comédie Françoise*, *Comédie Italienne*, pages 196, & 199, I. Partie, & ci après *Théâtres*. Les autres Spectacles sont : les *Grands Danseurs*, l'*Ambigu-Comique*, les *Variétés Amusantes*, les *Associés*, les *petits Comédiens de S. A. S. Monseigneur le Comte de Beaujolois*, les *Ombres Chinoises*, la

Spectacle des sieurs *Astley*, le *Combat du Taureau*, &c.

Les Grands Danseurs du Roi, dirigés par le sieur *Nicolet*, sont remarquables par les tours de force, de souplesse, la danse de corde, les sauts, &c. par des petites Pieces, des Pantomimes, &c.; c'est le premier des Spectacles du Boulevard, non par son agrément, mais par son ancienneté.

L'*Ambigu-Comique*, dirigé par le sieur *Audinot*; c'est un Spectacle très-agréable, dont les décorations sont charmantes : les Pantomimes qu'on y voit sont du plus grand effet. En général, ce qu'on appelle *Spectacle*, est dirigé avec une attention singuliere, avec un goût exquis, presque sans exemple dans les grands Théâtres. Autrefois tous les Acteurs étoient des enfans ; ce qui a fait dire à M. l'Abbé de Lille ce joli vers :

Chez Audinot, l'enfance attire la vieillesse.

Variétés Amusantes. Ce Théâtre, par quelques Pieces, par quelques Acteurs d'un genre original, & sur tout par l'engouement universel qu'a produit cette originalité, s'est d'abord distingué des autres spectacles forains. Sa situation au Palais-Royal, & la protection du Prince, viennent encore d'ajouter à sa considération. Malgré ces avantages, l'ambition qui dirige ce spectacle n'a pas été satisfaite, elle a secoué le joug tyrannique des Comédiens François, a repoussé victorieusement leurs attaques & a obtenu le privilége de donner dans plusieurs genres, des Pieces même en trois actes. Ce n'est pas tout; les Variétés Amusantes, pour s'élever au point de rivaliser un jour avec le Théâtre François, vont avoir au Palais-Royal dans l'emplacement de la galerie, une vaste & superbe salle construite sur les dessins de M. *Louis* (1). Cette rivalité, si jamais elle avoit lieu, pourroit tourner à l'avantage de l'Art Dramatique.

Les petits Comédiens de S. A. S. Monseigneur le Comte de Beaujolois. Ce Théâtre, placé dans l'encognure des nouveaux bâtimens du jardin du Palais-Royal, fut ouvert pour la premiere fois le 23 Octobre 1784. Les Acteurs de ce Spectacle étoient dans le commencement des Acteurs de bois. On y introduisit ensuite de jeunes enfans, de la hauteur de ces marionettes, & qui figuroient avec elles. Puis les marionettes disparurent, & des Acteurs en nature succéderent à des Acteurs postiches. Enfin aux petits enfans, se sont joints de plus grands enfans qui représentent de petites Comédies & de petits Opéras-Comiques de la maniere suivante : un Acteur qu'on voit sur la scene gesticule sans parler. Un autre placé dans la coulisse, parle ou chante pour lui, sans être vu. Le beau du

---

(1) La premiere ouverture de cette Salle est garantie au plus tard pour le jour de Pâques de l'année 1788.

jeu, c'est l'accord parfait entre les mouvemens de l'un & la parole ou le chant de l'autre. Cet accord se rencontre souvent à ce Spectacle, jusqu'à faire une illusion complette, & persuader aux Spectateurs que celui qui gesticule parle & chante aussi.

On joue encore sur ce Théâtre, de petites Comédies où l'Auteur parle, & se sert de sa voix comme de ses bras. L'orchestre est bien monté, la musique est souvent bonne, on y voit quelques jolies Pieces.

La salle du Théâtre n'a rien de remarquable, & pouvoit être décorée avec plus de goût, le foyer & la salle qui l'avoisine ornés d'arabesques, sont fort agréables.

Le Spectacle des Associés; c'est le Spectacle du Peuple. Le prix des entrées, la décoration du Théâtre, sont d'accord avec les talens des Acteurs. On a sûrement vu ou entendu M. *Visage*, qui en étoit Directeur, & qui donnoit avec le même succès, la Farce & la Tragédie (1).

AMPHITHÉATRE *Equestre, d'Asley, pere & fils.* Ce Spectacle situé grande

---

(1) Feu M. *Visage*, jouoit le rôle de *Beverley*; dans l'instant qu'il crioit d'une voix enrouée ces mots: *nature tu frémis!* le verre qui contenoit le prétendu poison, se casse dans ses robustes mains, la liqueur tombe; mais M. *Visage* ne perd pas la tête, il fait couler dans le creux de sa main le poison répandu sur la table, & l'avale avec toute l'intrépidité dramatique, aux grands applaudissemens des Spectateurs.

rue du Fauxbourg du Temple, est ouvert à différentes époques de l'année.

La Salle forme un cirque de soixante-quatre pieds de diamètre, elle a deux rangs de loges, & elle est éclairée par deux mille lampes.

Ce Spectacle est aussi curieux que varié, on y voit des exercices de chevaux, de chiens & d'autres animaux, des ombres Angloises, des Sauteurs & Voltigeurs de cordes, &c. mais ce qui surprend, c'est la docilité & l'instruction des chevaux, & l'adresse des Ecuyers.

Quoique ces exercices ne soient pas nouveaux, ils ne sont pas moins interressant à voir. Sous les regnes d'Henri III, de Louis XIII, on a vu à Paris de pareils Spectacles, & il y a environ 12 ou 15 ans que le nommé *Price*, Anglois, exécutoit en Province avec beaucoup de grâce & d'adresse, les mêmes tours avec des chevaux tout aussi instruits.

Le Cabinet du sieur Curtius est encore un Spectacle digne de la curiosité des honnêtes gens. On y voit des figures en cire coloriée, qui sont des imitations frappantes de la Nature. On y voit les figures de tous les personnages célebres dans tous les rangs, depuis *Voltaire* jusqu'à M. *Déduit* qui fait des couplets & qui les chante dans les Cafés des Boulevards.

Le Combat du Taureau, sur le chemin de Pantin. Spectacle digne des bouchers, cependant toujours rempli d'une foule d'Amateurs, & sur-tout de femmes d'un certain rang, qui se font une fête d'aller voir le *Taureau mis à mort* par la fureur des chiens.

Les Ombres Chinoises, Spectacle d'enfans, qui ne laisse pas que d'amuser un grand nombre de Parisiens ; il est situé au Palais-Royal.

SULPICE. (*Saint*) L'Histoire de cette vaste Eglise feroit un gros volume ; nous éviterons donc à nos Lecteurs le récit des projets mal conçus, à demi exécutés, des querelles des uns, de la friponnerie de quelques autres, & des bienfaits de plusieurs.

L'Eglise que l'on voit aujourd'hui, commencée en 1655, sur les dessins de Louis *le Veau*, fut continuée sur ceux de Daniel *Guittard*, jusqu'en 1678, que les travaux furent suspendus ; ils reprirent en 1718, & *Oppenord* fut chargé de les diriger.

Les dessins du portail, fournis par *Servandoni*, n'ont pas entierement été exécutés. Les campaniles furent élevées sur une forme différente, qui vient encore d'être changée par M. *Chalgrin*. Ces différens changemens n'ont rien produit de fort heureux. Ces campaniles paroîtront toujours étrangeres au portail, & auront toujours l'air de jolis belveders, placés sur un Temple d'une architecture noble & imposante.

Ce portail à 64 toises de face, il est formé de deux ordres, le dorique & l'ionique au-dessus, composant en tout 68 colonnes. Si l'on en sépare les deux campaniles, c'est un superbe morceau d'architecture.

Les deux Chapelles qui sont au deux extrémités du porche, sont destinées, l'une pour le Baptistaire, l'autre pour le Sanctuaire du Saint-Viatique.

Un péristile d'ordre composite, soutient la tribune où est placé l'orgue qui est un des plus complets de l'Europe; il a été fait par M. *Cliquot*, célebre Facteur; il est touché par M. *Séjan*, le dessin du buffet est de M. *Chalgrin*, & la sculpture a été exécutée par M. *Duret*.

Les deux portails de la croisée sont décorés de plusieurs statues, par *Desmont*. La premiere pierre du maître-autel fut posée avec grande cérémonie par le Nonce, au nom du Pape Clément XIII, le 21 Août 1732, & il fut consacré à Dieu en l'honneur de Saint-Pierre & de Saint-Sulpice, par *Jean-Joseph Languet*, Archevêque de Sens, frere de M. *Languet*, alors Curé de cette Paroisse. Cet autel isolé est de marbre bleu turquin, & a la forme d'un tombeau; ses ornemens sont de bronze doré d'or moulu. Le tabernacle, enrichi de pierreries, représente l'Arche d'alliance, le Propiciatoire est soutenu par deux Anges adorateurs; cet autel est du dessin d'*Oppenord*; au-dessus est suspendu un baldaquin doré, sculpté par les freres *Slodtz*, qui produit un très-mauvais effet. Le métal dont il paroît être, le rend lourd, & au premier coup d'œil fait appréhender sa chûte.

A l'entrée du chœur sont deux Anges de bronze doré, grands comme nature, exécutés sur les modeles de *Bouchardon* qui a aussi sculpté en partie les statues, en pierre de Tonnerre, plus grandes que nature, de Jésus-Christ, de la Vierge & des douze Apôtres qui sont placées sur des culs-de-lampes adaptés aux pilastres de l'intérieur du chœur.

Au milieu de la croisée est tracée, sur le pavé, par *Henri Sully*, une Méridienne au vrai nord-sud. Les rayons du Soleil passant par l'ouverture d'une plaque de laiton placée au côté occidental de la fenêtre méridionale de la croisée, forment sur le pavé une image lumineuse d'environ 10 pouces & demi de long, dont le mouvement est d'occident à l'orient. L'heure du vrai midi est lorsque cette image est partagée également par la ligne méridienne. A son extrémité est un grand obélisque de marbre blanc, sur lequel cette ligne se prolonge verticalement : cet obélisque, surmonté d'un globe doré, a son piestestal chargé d'inscriptions.

Les bénitiers de la croisée sont très-curieux. Ce sont des urnes sépulchrales de granit venues d'Egypte. Ces précieux monumens de l'antiquité payenne, sont aujourd'hui consacrés au vrai Dieu.

Les bénitiers qui se trouvent en entrant par le grand portail ne sont pas moins curieux ; ce sont deux coquilles, dont la République de Venise fit présent à François premier ; elles font montées fur un rocher de marbre, exécuté par M. *Pigalle*.

Le rond-point de cette Eglife eft terminé par la Chapelle de la Vierge, qui eft très-richement ornée fur les deffins de *Servandoni* ; la coupole, peinte à frefque par *le Moine*, repréfente l'Affomption de la Vierge. Elle fut endommagée par l'incendie de la foire de Saint-Germain, & a été réparée par M. *Callet*. Cette peinture eft d'un très-bel effet. Dans une niche qui fait faillie du côté de la rue Garenciere, eft une ftatue de la Vierge en marbre, de fept pieds de proportion exécutée par M. *Pigalle*. La Gloire, ainfi que les autres ftatues en ftuc, font de M. *Mouchy*. Les quatre tableaux placés dans les paneaux font peints par *Carle Vanloo* ; toute cette fuperbe Chapelle eft incruftée de marbre de différentes couleurs, & rehauffée d'ornemens de bronze doré en or moulu. Sa nouvelle architecture eft de M. *Wailly*.

Dans la premiere Chapelle, à côté de la grande facriftie, eft une Nativité, & un concert d'Anges, peints par *la Foffe* ; dans la troifieme une Ste-Genevieve, par *Hallé* ; dans la Chapelle des mariages on voit au plafond deux Anges, par *Hallé* ; une Nativité, par *Carle Vanloo* ; une Préfentation au Temple, par M. *Pierre* ; le Sauveur qui fait venir les enfans pour les bénir, par *Hallé* ; Notre Seigneur au milieu

tion, par *Hallé*, & une Vierge à genoux, par *Monnier*; un tombeau antique qui sert de lavoir, & une Vierge en marbre qu'on dit des premiers temps de *Michel-Ange*.

Dans la quatrieme Chapelle à droite de la nef, est un petit modele de la peinture du dôme de la Chapelle de la Vierge, & sur l'autel on voit les Vendeurs chassés du Temple.

Dans la suivante, est le superbe mausolée de *Jean-Baptiste Languet de Gergy*, Curé de cette Paroisse, mort en 1750. L'immortalité d'une main écarte le voile, dont la mort alloit couvrir ce digne Pasteur, de l'autre elle tient le plan de cette Eglise. La figure du Curé, en habits sacerdotaux, est représentée à genoux les yeux tournés vers le maître-autel, comme pour offrir à Dieu l'édifice du Temple qu'il a fait construire. La figure de la Mort est de bronze, les deux autres sont de marbre, & ont six pieds de proportion; elles sont élevées sur un sarcophage de marbre verd antique, dont le piedestal présente une table, sur laquelle est gravée l'épitaphe: au-dessus du piedestal, les Génies de la Religion & de la Charité, groupent, avec un cartel, où sont les armes du défunt. La composition de ce tombeau est de *Michel-Ange Slodtz*, qui, le premier en France, a tenté le mélange des marbres, du bronze & de la dorure.

Dans la quatrieme Chapelle, à gauche,

Partie II. Q

derriere l'œuvre, on voit un Saint-François & un Saint-Nicolas, par M. *Pierre*.

Près de la troisieme Chapelle, du côté de la grande sacristie, est le tombeau de la Duchesse de Lauraguais, par *Bouchardon*.

Au troisieme pilier, à droite, en sortant de la Chapelle de la Vierge, est un petit monument, élevé à la mémoire de l'*Abbé de Marolles*, exécuté par *Mello*.

Dans la grande sacristie, on voit un lavoir tout incrusté de marbre, dont la cuvette est un ancien tombeau de marbre d'Egypte, d'un grand prix. On y conserve une statue de la Vierge, d'argent, & de grandeur naturelle, qui a été modelée par *Bouchardon*.

A l'entrée de l'Eglise, est le tombeau de M. *Bezenval*, Colonel du Régiment des Gardes-Suisses, par *Meissonnier*.

Les Hommes célebres qui ont été inhumés dans cette Eglise, sont *Claude Dupuy*, Conseiller au Parlement, disciple de *Turnebe* & de *Cujas*; *Pierre Michon*, dit l'*Abbé Bourdelot* : le Pape lui permit d'exercer la Médecine gratuitement ; il est mort en 1685 ; *François Blondel*, Professeur Royal de Mathématiques & d'Architecture, Membre de l'Académie des Sciences, Directeur-Général de celle d'Architecture, Maréchal-de-Camp & Conseiller d'Etat, mourut en 1686, à 68 ans ; *Gaston-Jean Zumbo*, né à Siracuse l'an 1656, & mort à Paris en 1701, Sculpteur, qui s'est distingué dans les figures de cire coloriées au naturel; *Roger de Piles*, Peintre estimé, doué d'un goût exquis: il a composé un *Abrégé de la Vie des Peintres*, & plusieurs autres Ouvrages sur son Art; *Elisabeth-Sophie Cheron*, née à Paris en 1648, Erudite, Peintre, Poète: elle eut une place à l'Académie de *Ricovrati* de Padoue, sous le nom de la Muse *Erato*; elle traduisit les Psaumes & les Cantiques sacrés en vers François, & composa le joli Poëme *des Cerises*. *Le Brun*, admirateur des talens de cette Muse universelle, la présenta à l'Académie de Peinture, qui la reçut au nombre de ses Membres, avec une distinction marquée. Un bon ton de couleur, un goût de dessin exquis, une entente de l'harmonie, des draperies bien jettées, se trouvoient réunis dans cette illustre Artiste; tant de talens étoient rehaussés par les qualités les plus estimables du cœur (1).

Jean Jouvenet, un des meilleurs Peintres de l'Ecole Françoise, né à Rouen en 1644, & mort à Paris en 1717. Son dessin est correct & savant, une pratique facile &

---

(1) Une Dame très-coquette dont elle avoit tiré le portrait, lui en demandoit cinq copies. *Eh! bon Dieu!* dit quelqu'un à Mademoiselle Cheron, *pourquoi cette femme multiplie-t-elle tant son portrait?* Cette célebre fille répondit par ce verset des Pseaumes: *Quoniam multiplicatæ sunt iniquitates ejus*, parce que ses iniquités sont multipliées.

prompte se remarque dans tout ce qu'il a fait, avec une intelligence de couleurs locales, un beau choix d'atitudes, des draperies bien jettées & du meilleur goût. Cet Artiste ne fut jamais en Italie; étant devenu paralytique de la main droite, il peignit de la main gauche avec beaucoup de facilité; témoin le tableau du *Magnificat*, qui est dans le chœur de Notre-Dame (1).

Etienne Baluze, né à Tulle en 1630, mort à Paris en 1718. Le Roi érigea en sa faveur une chaire de Droit Canon au Collége Royal. Il a composé une foule d'Ouvrages volumineux & pleins d'érudition, & en a commencé beaucoup d'autres.

TEMPLE. (*le*) Cette Maison étoit le chef-lieu de l'ordre des Templiers, qui fut détruit par décret du concile de Vienne, le 22 Mars 1313. Le Roi Philippe-le-Bel, & le Pape Clément V, à l'aide d'un Dominicain, eurent bien-tôt fait massacrer & brûler la plus grande partie des Chevaliers de cet Ordre : on les accusoit de magie & d'une

---

(1) Jouvenet eut un procès avec les Religieux de Saint-Martin, qui refusoient de recevoir les Tableaux qu'ils lui avoient commandé, sous prétexte que ce Peintre ne traitoit pas assez la vie de Saint-Benoît. Jouvenet répondit à ces Religieux, en présence des Juges : *Que voulez-vous que je fisse dans une grande composition de trente sacs de charbon tels que ceux que vous portez?* Les Juges sourirent, & Jouvenet gagna sa cause.

foule d'horreurs très-invraisemblables (1). Les Chevaliers de Saint-Jean de Jérusalem furent mis en possession de tous les biens des Templiers. La maison du Temple devint alors la maison Provinciale du Grand-Prieuré de France. Le terrain qu'elle occupe est renfermé de hautes murailles à creneaux, qui ont été abattues en partie. Voy. *Grand-Prieuré de France*, (II. P., p. 26).

Le corps-de-logis qui est au fond de cette cour, a été bâti par *Jacques Souvré*, Grand-Prieur de France. Une partie du terrein de cet enclos est remplie de maisons, habitées par des Marchands & Artisans, qui jouissent de la franchise. La grosse Tour, flanquée de quatre tourelles, a été bâtie par *Frere Hubert*, Trésorier des Templiers, qui mourut en 1222 : cette forteresse est regardée comme un des plus solides bâtimens du Royaume.

L'Eglise est gothique, & a été, dit-on, bâtie sur le modele de celle de Saint-Jean de Jérusalem.

---

(1) On les accusoit d'adorer une tête de bois doré qui avoit une grande barbe, ainsi que le Diable qui leur apparoissoit, pendant qu'ils tenoient Chapitre, sous la figure d'un chat, & qui répondoit avec bonté aux uns & aux autres, & qu'ensuite plusieurs démons arrivoient sous des formes de femmes, & que chacun des freres s'accommodoit fort bien d'un de ces démons féminins, &c &c. Je ne parle pas d'une foule d'autres imputations ridicules, criminelles ou dégoûtantes.

Le maître-autel nouvellement construit en forme de tombeau antique, est accompagné d'une balustrade de fer poli, le rond-point est décoré d'une Nativité, peinte par *M. Suvée*. On voit dans le chœur un mausolée de marbre noir, sculpté par *Michel Bourdin* : c'est celui d'*Amador de la Porte*, Grand-Prieur, mort en 1640.

Dans la Chapelle du Saint-Nom de Jésus, est un cénothaphe ou tombeau vuide de *Philippe de Villiers de l'Isle-Adam*, Grand-Maître de l'Ordre de Saint-Jean de Jérusalem, mort à Malte en 1534 : plusieurs autres Grands-Prieurs ont leurs épitaphes dans cette Eglise. Dans la nef est un tableau de *Philippe de Champagne*, représentant les Pélerins d'Emmaüs.

THÉATINS. Leur Maison, située sur le quai de ce nom, est la seule qu'il y ait en France de cet Ordre. Si ces Religieux s'en tiennent à la lettre de leur regle, ils ne peuvent posséder en propre ni fonds, ni pensions; il ne leur est pas même permis de demander l'aumône, ni d'avoir un Quêteur : cependant, on a remarqué que la Providence ne les abandonne jamais; car, à voir leur cuisine & leur table, on les croiroit fondées sur de gros revenus.

Ces Religieux furent institués en 1524, par *Saint-Gaëtan* & *Saint-Pierre-Caraffe*, Evêque de *Chieti* ou *Théate*, dans le Royaume de Naples, d'où ils ont pris le nom de *Théatins*. Ils vinrent s'établir à Paris, sous le ministere du Cardinal Mazarin qui fit choix d'un de ces Peres pour diriger sa conscience, & qui les établit sur le quai Malaquais le 26 Mai 1642, dans une maison qu'il avoit acquise 54,080 liv. En mourant, ce Cardinal légua à ces Peres la somme de 300,000 livres, pour la construction d'une Eglise. Le Pere *Camille Guarini*, Théatin, qui passoit dans l'Ordre pour un grand Architecte, arriva de Rome pour construire cette nouvelle Eglise : mais ce Religieux ne calcula, ni les moyens de ses Confreres, ni le peu d'espace de l'emplacement. Il commença suivant ses desseins, une Eglise beaucoup trop grande ; aussi ne fut-elle pas achevée. Le portail sur le quai a été construit par les libéralités de feu Monseigneur le Dauphin, pere de Sa Majesté Louis XVI, sur les desseins de M. *des Maisons*.

L'intérieur de cette Eglise ne fait pas honneur au goût du Moine qui l'a construite, l'architecture en est toute contournée.

On voit derriere le maître-autel un grand tableau carré, peint par *Restout*, représentant la Piscine.

Le cœur du Cardinal Mazarin repose dans cette Eglise, qui renferme aussi les cendres de plusieurs hommes distingués ; tels que *Pompée Varesi*, Nonce du Pape, mort en 1678 ; *Edme Boursault*, Auteur de plusieurs Comédies qui ont resté au Théâtre, telles qu'*Esope à la Cour*, *Esope à la Ville*, le *Mercure Galant*, &c. & de plusieurs autres Ouvrages de Littérature (1). Il ne fit point d'étude, & ne sut jamais le Latin; son esprit, sa facilité & ses lectures, lui en tinrent lieu: il mourut en 1701.

THÉATRE *François*. Un porche, composé de huit colonnes doriques, couronné d'une balustrale, auquel cinq rues vont aboutir, forme la principale décoration extérieure de cet édifice, qui est très-avantageusement placé. Il communique par deux arcades à deux maisons latérales; du reste, il est entiérement isolé. Une galerie couverte, éclairée de portiques, regne dans son pourtour. Les gens de l'Art admirent la beauté des profils, mais se plaignent du défaut de caractere & de la trop grande simplicité de ce monument, dont la décoration sévere est plutôt convenable à un bâtiment de pure utilité, qu'à un lieu consacré au plaisir & aux délassemens des Citoyens: rien n'annonce *Melpomene*, rien n'annonce *Thalie*, rien n'annonce *le Théâtre Fran-*

___

(1) Il faisoit une Gazette qui amusoit beaucoup Louis XIV; mais s'étant permis quelques traits un peu trop véritables contre les Franciscains en général, & les Capucins en particulier, ces Moines alors en crédit lui firent supprimer sa gazette & une pension de 2000 livres que le Roi lui faisoit, & l'auroient fait renfermer à la Bastille, sans les puissantes protections de l'Auteur.

fois, que la table mesquine où ces mots sont gravés.

Le vestibule, décoré de colonnes toscanes, offre la figure en marbre de *Voltaire*. Cet homme immortel est représenté en vieillard décrépit, assis dans un fauteuil. M. *Houdon*, qui l'a sculptée, a conservé dans les traits du visage l'expression du *ridicule*, que ce grand homme savoit manier avec tant d'art.

Deux vastes escaliers, à droite & à gauche, conduisent au premier étage ; c'est là qu'on voit un second vestibule, qu'on a métamorphosé en foyer, qui étoit avant placé sur le côté gauche, dans une pièce très-étroite. Une Critique imprimée dans le temps, démontroit plusieurs inconvéniens qu'on n'avoit pas prévus dans la construction de cette salle. La petitesse du premier foyer ne devoit pas échapper à l'Auteur de cette Critique, « Dans le foyer, dit-il, » sont les bustes de nos fameux Auteurs Dra- » matiques : cette précieuse collection sem- » ble s'indigner d'être si mal logée ; la pièce » est très-étroite : heureusement que la gé- » nération actuelle n'annonce pas dans la » carriere du Théâtre une grande quantité » de bons Ecrivains, il n'y auroit pas place » pour eux ; & c'est justement ce qu'il ne » falloit pas prévoir ». Le vestibule où l'on a logé plus au large les bustes des Auteurs, ne ressemble en rien à un foyer ; il faut y voir la cheminée, il faut y voir du feu pour

Q v

y croire. Ces buftes font : Celui de *Moliere*, qui a la place d'honneur, de *Piron*, de *Voltaire*, de *Crébillon*, de *Racine*, de *Corneille*, de *Regnard*, de *Deftouches*, de *Dufrefny* & de *la Fontaine*, &c.

La falle eft ronde ; on conçoit facilement que cette forme toute belle qu'elle eft, ne permet pas à toutes les loges d'être également favorables aux fpectateurs ; il en eft où le rayon vifuel ne peut atteindre qu'à une moitié du Théâtre, d'autres où il n'eft abfolument poffible que de voir l'avant-fcène.

Cette falle fe termine par douze arceaux, dont les vouffures font décorées des douze fignes du Zodiaque, attributs peu convenables à la fcène Françoife, & qui ont donné matiere à une foule d'Epigrammes : tels maris fe font piqués d'être fous le figne du *Capricorne*, & telles femmes ont paru déplacées fous celui de la *Vierge*, &c.

Les jambages de ces arceaux au-deffus de l'avant-fcene, offrent deux porte-à-faux bien marqués, on a voulu faire oublier ce défaut de goût, en plaçant aux deux côtés des Monftres Marins ailés qui fupportent des feftons ; mais ces Monftres amphibies font eux-mêmes des objets défagréables ; ils femblent collés contre le mur, ou fe fupporter en l'air par leur propre vertu. Dans l'arcade du milieu qui eft au-deffus de l'avant-fcène, font nichées fort à l'étroit les deux Mufes du Théâtre, *Melpomene* & *Thalie*. Les attitudes peu gracieufes de ces figures, annoncent qu'elles ne sont gueres à leur aise ; la position de Thalie est celle d'une personne qui se soulage par une incongruité que l'on ne peut gueres exprimer avec décence : Thalie semble pousser la plaisanterie un peu loin.

La plupart des inconvéniens de cette salle, naissent de la forme ronde qui, très-agréable dans un sallon, est très-désavantageuse pour une salle de Spectacle. Au surplus, on doit des éloges aux Architectes M. *de Wailly* & *de Peyre l'aîné*, d'avoir surmonté avec autant de succès, le nombre d'obstacles qu'offroit cette forme, & d'avoir avec une docilité exemplaire, fait depuis plusieurs changemens que le bon goût nécessitoit.

Le Spectacle des François est le premier de la Nation, ses priviléges s'étendent sur tous les Spectacles Forains, dont les nouvelles Pièces sont soumises à sa censure. M. le Lieutenant de Police a bien voulu accorder au Comité de ce Théâtre la faculté de lire toutes les nouvelles Pièces de ces Spectacles, non pour en empêcher la représentation lorsqu'elles sont trop bonnes, comme c'est l'opinion générale, mais seulement pour réclamer les plagiats que l'on pourroit faire sur les Pièces qui lui appartiennent ; ce Comité ne doit pas même se permettre aucunes ratures sur les Pièces manuscrites, ni les garder plus de huit jours (1). (Voyez

---

(1 S'il existoit parmi nous un *Moliere*, un

Comédie Françoise, I. Partie, p. 196).
THÉATRE Italien. Le nouveau Théatre des Italiens situé dans l'ancien emplacement de l'Hôtel de Choiseul, est élevé sur les desseins de M. *Heurtier*, Architecte du Roi.

La façade de cet édifice au lieu de se présenter avantageusement du côté du Boulevard, est cachée dans un cul-de-sac. Rien ne peut excuser cette ridicule disposition. On étoit maître du terrein & l'on pouvoit laisser entre le Boulevard & le Théâtre un espace vaste & commode qui eût fait valoir l'architecture, dont la perspective en contrastant avec les arbres du Boulevard, eût offert de loin le spectacle le plus agréable & le plus riant. J'avois attribué, dans ma premiere Edition, la cause de la disposition de cet édifice, à une puérile vanité, à la crainte ridicule de voir ce Théâtre assimilié aux spectacles des Boulevards, & c'étoit alors l'opinion la plus commune. M. L. D. B. en rendant compte de ma Description de Paris dans le Journal de Nancy, m'a

---

Corneille inconnu, par quel moyen pourroit-il parvenir à mettre ses talens au grand jour? Que de refus, que d'humiliations à supporter! que de courses à faire! que de temps à attendre avant qu'il pût seulement faire lire sa pièce, & la faire accepter de MM. les Comédiens François! l'expérience a fait dire à un Auteur comique, que *lorsqu'on a composé une bonne pièce, on n'a fait que la moitié de l'ouvrage.*

appris que je m'étois trompé ; voici ces expressions : « La raison puissante de l'intérêt « a seule déterminé le Propriétaire du terrein, qui s'étoit chargé de bâtir la nouvelle Salle, à la construire ainsi. Si l'on » eut tourné la façade du côté des Boulevards, alors le bâtiment qui se trouve vis-à-vis, & qu'on appelle *le Pâté*, n'auroit point rapporté comme à présent 40,000 livres par an ; les autres maisons de la place n'auroient pas été louées, non plus aussi avantageusement ; la maison adossée au Théâtre est d'un loyer considérable. Voilà ce que M. D. auroit pu » dire ; & cette facilité que la Ville ou le « Gouvernement a eu de se prêter aux vues « intéressées d'un Particulier en crédit, » lorsqu'il s'agissoit d'un monument public, » auroit pu lui *fournir des réflexions* » *beaucoup plus intéressantes* que celles » qu'il s'est permis contre de *pauvres diables* qui n'en pouvoient mais ».

Que ce soit la morgue où l'intérêt qui ait commandé cette disposition désavantageuse, l'une de ces deux causes ne doit pas *fournir des réflexions beaucoup plus intéressantes* que l'autre.

Il est seulement intéressant de faire connoître l'erreur d'une opinion accréditée, de déclarer *les pauvres diables*, dont parle M. L. D. B. innocens de cette faute, & de laisser aux Lecteurs la liberté de faire leurs réflexions sur les coupables.

Un péristile de huit colonnes ioniques

d'une très-grande proportion, décore la façade de ce Théâtre, & porte un attique un peu lourd. Dans la frise, on lit ces mots en caracteres de bronze, *Théâtre Italien*, cette inscription est le seul attribut qui caractérise cet édifice.

La distribution intérieure mérite des éloges, elle est bien supérieure à celle du Théâtre François. Le foyer est vaste & avantageusement placé, les loges des Acteurs ont à tous les étages des corridors particuliers, qui tous menent au Théâtre, de sorte que les Acteurs tout costumés, ne sont point exposés à la vue du Public, comme ils le sont aux François.

La forme de la Salle est un ovale. Le plafond est orné d'un grand tableau peint par M. *Renou*, qui représente Apollon, au milieu des Muses, recevant sa lyre des mains de l'Amour.

Les changemens qui ont été faits à cette Salle, sont fort heureux. La suppression de la corniche, du rideau retroussé, de la Renommée dorée, le changement de la couleur du fond, l'augmentation considérable des places aux quatriemes, &c. font honneur au génie de M. de *Wailly*, à qui le Public en est redevable. On a fait aussi un nouveau rideau qui brille par la crudité des couleurs, mais non par la disposition de l'ensemble & la correction des figures.

La variété de ce Spectacle, le travail des Acteurs, leur empressement à donner fréquemment des nouveautés, le rendent aujourd'hui le plus agréable & le plus constamment suivi de tous les Spectacles. (Voyez *Comédie Italienne*, I. *Partie*, p. 199).

THÉATRE de *l'Opéra*. (Voyez *Opéra*, II. *Partie*, page 235).

THÉATRES des *Boulevards*. (Voyez *Spectacles*, II. *Partie*, pages 352 & suiv.).

THERMES. (*Palais des*) C'est le seul monument qui reste à Paris de l'architecture des Romains; il est situé rue de la Harpe, du même côté & plus bas que la rue des Mathurins, au fond d'une cour à l'enseigne de la Croix de Fer. On y voit une grande salle couverte d'une voûte très-élevée, au-dessus de laquelle est un jardin qui communique à l'*Hôtel de Clugny*. (Voyez II. *P.*, page 178).

On pense que ce Palais fut bâti, sur le modele des *Bains de Dioclétien* à Rome, par l'Empereur Julien qui commandoit dans les Gaules en 357, & qui fut proclamé Empereur à Paris. Son parc & ses jardins occupoient une grande étendue de terrein, & ce fut la demeure ordinaire des Rois de la premiere Race. On a trouvé en 1544 les restes d'un aquéduc qui avoit servi à conduire les eaux d'Arcueil dans ce Palais. Charlemagne y relégua ses deux filles accusées d'une conduite peu réguliere.

TOURNELLE. (*Le château de la*) Le bienfaisant *Vincent de Paule*, obtint du Roi en 1632 ce Château, pour loger les Galériens. Il est situé proche la porte Saint-Bernard, & au bas du Pont de la Tournelle. Les Galériens y sont détenus jusqu'à leur départ pour les lieux de leur destination. Ce Château étoit autrefois une tour que Philippe-Auguste, en faisant faire l'enceinte de Paris, fit bâtir avec celle de *Loriot*, qui étoit située à la pointe de l'isle Saint-Louis, & celle de *Billi* qui étoit près les Célestins. Deux grosses chaînes de fer aboutissantes à ces trois tours, & portées sur des bateaux de distance en distance, traversoient les deux bras de la riviere, & fermoient l'entrée de la Ville de ce côté-là.

TRÉSOR *des Chartres*. Il renferme les titres de la Couronne, les Diplômes de nos Rois, les Traités de Paix ou d'Alliances, les Ventes & Echanges, &c. Il est placé à la Chancellerie du Palais. M. le Procureur-Général en est le Garde (1). (Voyez *Palais de Justice*, II. *Partie, page* 264).

TRÉSOR-ROYAL. C'est ce que les

---

(1) Guillaume le Breton, dans son Poëme Latin, sur Philippe Auguste, rapporte que ce Prince ayant été surpris dans une ambuscade, que Richard, Roi d'Angleterre lui avoit dressé entre Blois & Freteval, perdit en cette rencontre tous ses équipages, & même le Chartier de France. C'étoit l'ancien usage à la guerre de porter ces titres précieux. Cet évenement donna lieu à l'établissement du trésor des **Chartres**.

Romains appelloient *Ærarium Populi*, & ce que les François nommoient autrefois l'*Epargne*. On y apporte toutes les recettes, tant générales que particulieres, & on y paye toutes les pensions & gratifications que le Roi fait, ou en deniers comptans, ou en assignations sur les Fermiers des Provinces. (Voyez *Bureau du Trésor-Royal*, I. *Partie*, *page* 97).

THUILERIES. (V. *Jardins*, II. *P.*, *p.* 114 & suivantes ; *Palais*, II. *P.*, *p.* 255).

UNIVERSITÉ. Au milieu des ténèbres de l'ignorance, cette association de Grammairiens, Dialecticiens, Théologiens, formoit l'unique foyer des connoissances humaines, & brilloit d'un éclat qui éblouissoit les Peuples & les Rois. Elle sut profiter de cet aveuglement universel pour fonder son autorité, s'arroger des titres fastueux, & s'approprier un pouvoir excessif. Ses caprices devinrent des loix, ses décrets, des oracles, qui soumirent souvent les Loix de l'Etat, & les volontés du Souverain (1).

_____

(1) Quand le Roi essayoit de résister aux desirs de cette Société, on le menaçoit de faire fermer toutes les Ecoles ; alors le Roi étoit obligé de se soumettre. *Guillaume Rochefort*, Chancelier de France, ayant voulu diminuer les priviléges de l'Université, le Roi fut obligé de les rétablir, parce que *Jean Cave*, qui étoit alors Recteur, avoit défendu aux Professeurs de donner des leçons, aux Prédicateurs de prêcher, & aux Médecins de visiter les malades. (Voyez *Mathurins*, pages 197 & 198, II. *Partie*).

Les lumieres qui vont toujours en croissant, la raison qui, malgré l'antiquité des prérogatives, sait réduire chaque chose à sa juste valeur, ont un peu obscurci la gloire de l'*Université*, & l'ont remise à sa place.

L'Université qui se flatte d'avoir Charlemagne pour Fondateur, & d'être qualifiée de la *Fille aînée des Rois*, est composée des quatre Facultés de *Théologie*, des *Droits Canons & Civils*, de *Médecine* & des *Arts*; elle est gouvernée par un Chef nommé *Recteur*. (Voyez *Recteur*, II. *Partie*, *page* 310) Il préside au Tribunal de l'Université, séant le premier Samedi de chaque mois au Collége de Louis-le-Grand, où sont placés le Greffe & les Archives.

L'instruction des Colléges de l'Université n'étoit point gratuite; ce ne fut qu'en 1719 que M. le Duc d'Orléans, Régent, frappé des inconvéniens d'une rétribution qui excluoit les gens peu fortunés du sanctuaire des connoissances, accorda le vingt-huitieme effectif du prix du Bail général des Postes & Messageries de France, dont l'Université étoit l'inventrice & la propriétaire.

Les Armes de l'Université sont une main qui paroît descendre du Ciel, & qui tient un Livre de fleurs de lys d'or, sur un fond d'azur. (Voyez *Procession du Recteur*, II. *Partie*, *page* 304).

URSULINES *de la rue Saint-Jacques.*
La bienheureuse *Angele* assembla en 1537, dans la ville de Bresse en Lombardie,

des filles & des femmes vertueuses, elle les mit sous la protection de Sainte-Ursule, & les occupa à instruire les jeunes filles, à visiter les malades, & à consoler les affligés dans les Prisons & dans les Hôpitaux. Le Pape Paul III confirma cet établissement, & permit en 1612 d'ériger en Corps de Religion ces Filles, qui auparavant n'étoient que séculieres; on les cloîtra, on changea le but de la premiere Institution, & en devenant contemplatives, elles cesserent d'être aussi utiles à la société.

Madame *de Sainte-Beuve*, Veuve d'un Conseiller au Parlement, fonda cette Maison. L'Eglise est petite; mais assez bien décorée, sur l'Autel qui est orné de colonnes de marbre de Dinan, est une Annonciation peinte par *Van-Mol*, éleve de *Rubens*. A gauche du Maître-Autel est un Tableau qui représente *Sainte-Angele* instruisant des enfans, par M. *Robin*, Peintre du Roi.

Les Pensions d'éducation sont de 5 à 600 livres.

URSULINES *Sainte-Avoye*. On n'est point d'accord sur l'origine de ces Religieuses. En 1303, on les appelloit *les Pauvres Veuves de la rue du Temple*; la Fondatrice des Ursulines leur proposa 1000 liv. de rente, si elles vouloient embrasser la Religion, & suivre les Constitutions des Religieuses de Sainte-Ursule, ce qu'elles accepterent avec empressement. Leur Eglise qui est très-petite, est au premier étage.

Les pensions d'éducation sont de 500 livres.

VAL-DE-GRACE. (Voyez *Abbaye du Val-de-Grace*, I. *Partie*, page 23).

VISITATION. (*rue Saint-Antoine*) Saint-François de Sales est l'Instituteur des *Filles de la Visitation*, ainsi appellées, parce qu'elles s'occupoient à visiter les malades & les pauvres, en l'honneur de la visite que la Sainte-Vierge fit à Sainte-Elisabeth. Elles étoient utiles à la société par leurs bonnes-œuvres. Un Archevêque de Lyon, M. *Denis de Marquemont*, plus pieux que Philosophe, priva les malheureux du secours de ces officieuses filles : il les ferma dans un Cloître, & elles ne furent plus utiles qu'à elles-mêmes. Le Pape Paul V confirma cette Congrégation.

Jeanne-Françoise Fremiot, Dame *de Chantal*, Fondatrice, & premiere Supérieure de cet Ordre, accompagnée de trois Religieuses, vint à Paris, le 6 Avril 1619, à la sollicitation de Saint-François de Sales. Après avoir changé plusieurs fois de demeure, elles se fixerent enfin dans l'emplacement d'une maison qu'elles acheterent rue Saint-Antoine, à laquelle elles réunirent l'Hôtel de Coffé, qui étoit voisin. Le Commandeur *de Sillery*, ami de Madame de Chantal, donna une somme considérable pour bâtir l'Eglise, dont il posa la premiere pierre.

François Mansard fut l'Architecte de cette Eglise ; le nom de cet Artiste sert de recommandation à cet Edifice qui a été construit, dit-on, sur le modele de Notre-Dame de la Rotonde à Rome.

Le Sanctuaire est orné des quatre Evangélistes, peints par *Perrier*, & d'une Assomption dans la lanterne au-dessus du Maître-Autel, les autres tableaux sont de *François*; toute la sculpture de l'Autel est de *le Pautre*.

C'est dans cette Eglise, que fut inhumé *André Frémiot*, Archevêque de Bourges, frere de Madame de Chantal, Fondatrice de cet Ordre, mort le 13 Mai 1641. On y voit aussi l'Epitaphe de Messire *François Fouquet*, Conseiller au Parlement de Paris, Ambassadeur de Sa Majesté vers les Suisses, mort en 1640. C'est encore dans ce même endroit où repose les restes du fameux Surintendant des Finances, *Nicolas Fouquet*, mort dans la Forteresse de Pignerol en 1680, prison où il étoit détenu, pour avoir, à l'exemple du Cardinal Mazarin, son prédécesseur, abusé des richesses de l'Etat; mais, comme l'a dit un homme d'esprit, *il n'appartient pas à tout le monde de faire les mêmes fautes*.

VISITATION *du Fauxbourg Saint-Jacques*. La Maison de la rue Saint-Antoine ne suffisant pas à la foule des Aspirantes, ces Religieuses firent bâtir une Maison au Fauxbourg Saint-Jacques, dans l'emplacement de trois Maisons qu'elles avoient achetées. Une partie des bâtimens de cette Maison vient d'être reconstruite, & l'Eglise l'a été entiérement. Elle forme une petite rotonde; le tableau de l'Autel qui représente Saint-François de Sales, est du fameux *le Brun*; dans un des bas-côtés à droite, est une Visitation, par M. *Suvée*, & à gauche, est un mauvais tableau des Sacrés Cœurs.

VISITATION *rue du Bacq*. Cette Communauté fut établie pour recevoir la surabondance des sujets qui se présentoient dans les autres. Le 30 Octobre 1775, la Reine vint poser la premiere pierre de la nouvelle Eglise de ce Monastere, élevée sur les dessins de M. *Hélin*, Architecte. En face de la porte d'entrée, est un tableau peint par *Hallé*, représentant N. S. au Jardin des Olives. Sur le Maître-Autel est une Visitation, par *Philippe de Champagne*; les deux autres Chapelles sont ornées chacune d'une Statue bronzée, par M. *Bridan*, Sculpteur du Roi.

Les Pensions sont de 600 livres.

VISITATION *de Sainte-Marie à Chaillot*. Ce Couvent a été fondé par Henriette-Marie de France, Fille d'Henri IV, Reine d'Angleterre, & veuve de Charles Premier. L'Eglise fut rebâtie à neuf en 1704, sur les Dessins de M. *Gabriel*, Architecte, aux dépens de *Nicolas Fremond*, Garde du Trésor-Royal, & de *Genevieve Damond*, sa femme, dont on voit l'Epitaphe à droite en entrant.

Dans le Chœur de cette Eglise, reposent les cœurs d'*Henriette-Marie* de France,

Fondatrice de cette Maison, de son fils *Jacques Stuard II* du nom, Roi de la Grande-Bretagne, & de *Louise-Marie Stuard*, fille de ce Prince, morte au Château de Saint-Germain-en-Laye, le 7 Mai 1718.

On admire la serrurerie de la grande porte de cette Eglise.

Dans la Chapelle de Saint-François de Sales, est un tableau de *Restout*, représentant Madame de Chantal, & ses Religieuses invoquant ce Saint.

WAUX-HALL *d'hiver.* (Voyez *Panthéon, II. Partie, page* 265).

WAUX-HALL *d'été.* Ce nouveau Waux-Hall, situé sur le boulevard du Temple, a été construit en 1785, sur les dessins de M. *Mellan.* L'intérieur offre un salon pour la danse, de forme ovale, de 72 pieds de long, sur 56 de large, deux rangs de gradins s'élevent autour, forment une galerie circulaire de 9 pieds de largeur, & servent d'assises aux colonnes ioniques qui décorent cette salle, & supportent la galerie supérieure. Ces colonnes de marbre feint ont leur chapiteaux & bases dorés. La galerie basse est décorée de glaces & d'arabesques; la galerie haute, de tableaux, représentant des paysages, & des sujets tirés de la fable. Des cariatides à l'applomb des colonnes soutiennent le plafond qui représente autour une balustrade feinte, & un ciel où l'on voit le lever de Vénus, accompagnée des grâces & des amours. Cette salle est éclairée par trente-six lustres.

Au-dessous est un café représentant un souterrain antique & ruiné. La façade qui donne sur le jardin, offre une colonnade gothique, soutenant une terrasse qui communique à la galerie supérieure. Le jardin, quoique fort petit, est dessiné dans le genre Anglois : pour en faire disparoître la clôture & en accroître à l'œil l'étendue, on a peint tout autour des perspectives.

En face de la colonnade, est un emplacement destiné aux fêtes & feux d'artifice. Toute la décoration de ce Waux-Hall est de M. *Munich.*

YVES (*Saint*), *rue Saint-Jacques.* Saint-Yves est le Patron des Praticiens, & devroit leur servir de modele, par son désintéressement & son zele à défendre la cause des malheureux. C'est sous son invocation, que fut construite cette Chapelle, dont la premiere pierre fut posée par le Roi *Jean*, fils de Philippe de Valois, le 30 Mai 1352. Elle appartient à une Confrairie composée d'Avocats, Procureurs, &c. les deux statues qu'on voit sur le portail, représentent *Jean VI, Duc de Bretagne,* & *Jeanne de France,* sa femme, fille de Charles VI. L'Eglise n'offre rien de remarquable. Parmi plusieurs Epitaphes de Procureurs & Avocats, on en voit une qui est placée à la renverse; ce qui prouve un mépris pour le défunt, ou bien l'indifférence des Administrateurs.

FIN.

SUPPLÉMENT.

BARTHÉLEMY. (Saint, I. *Partie*, *page 66*). Au mois d'Avril 1787, il tomba quelques pierres de la voûte de cette Eglise, ce qui annonçoit un prochain écroulement. On s'empressa d'enlever les objets les plus précieux; quelques minutes après qu'on les eut retirés, la voûte s'écroula entiérement. Depuis ce temps-là, l'administration des Sacremens & l'Office Divin se font dans l'Eglise des Barnabites, qui est voisine.

SAINTE-CHAPELLE. (I. *Partie*, p. 164). Le Roi, par Arrêt de son Conseil-d'Etat, du 11 Mars 1787, pensant qu'il seroit utile de supprimer les Chapitres & Colléges de Chapelains des Saintes-Chapelles du Royaume, a cru devoir auparavant mettre en séquestre les biens & droits des Chapitres ou Collége à supprimer, notamment ceux des Saintes-Chapelles du Palais à Paris, & de Vincennes. En conséquence, Sa Majesté a ordonné qu'on apposât les scellés sur les titres, papiers & effets, tant du Chapitre de la Sainte-Chapelle de Paris, que de celle de Vincennes; néanmoins qu'on y continuât le Service Divin, jusqu'à ce qu'il en seroit autrement ordonné, &c.

JARDIN *du Palais Royal.* (II. Partie, pages 121, &c.) *Le Cirque* dont on a commencé la construction au mois d'Avril 1787, & pendant l'impression de cet Ouvrage, n'a pu y être décrit que dans ce Supplément. Je vais en parler, d'après les desseins qu'on m'a communiqué, comme s'il étoit construit.

Le plan de ce bâtiment, placé au milieu du jardin, est un long parallélograme, dont les extrémités sont circulaires. Il offre, au milieu, une arène, & tout au tour des galeries.

Une partie de ce Cirque est pratiquée sous terre, jusqu'à la profondeur de treize pieds trois pouces; l'autre partie s'élève au-dessus du sol du Jardin, à la hauteur de neuf pieds huit pouces, & forme au rez-de-chaussée une galerie couverte.

Le pourtour de cette élévation est décoré, extérieurement, de soixante-douze colonnes ioniques, revêtues, ainsi que toute la maçonnerie, de treillages. Entre ces colonnes, placées à égale distance, sont alternativement, une croisée qui éclaire la galerie du rez-de-chaussée, & un buste élevé sur une gaîne dont la blancheur contraste avantageusement avec le vert du treillage qui lui sert de fond. Ces bustes, au nombre de soixante-douze, représentent les grands hommes de la France, & sur chacune des gaînes qui les supportent, est une inscription Françoise.

Les croisées des faces latérales correspondent entre elles, & avec les portiques qui entourent le Jardin, en laissent voir à travers toute la largeur ; &, par l'effet magique de cette transparence, elles dédommagent suffisamment de ce que la masse de cet édifice peut dérober à l'œil de celui qui se promene. Toute cette ordonnance, à la fois magnifique & champêtre, est couronnée par une balustrade qui borde une terrasse chargée d'arbustes & de fleurs.

Quatre avant-corps, deux circulaires aux extrémités, deux rectilignes au milieu des deux faces latérales, laissent entre eux quatre intervales extérieurs qui sont occupés par autant de canaux pleins d'eau vive, de six pieds & demi de large.

Chacun de ces quatre avant-corps est décoré de treillages, de douze colonnes ioniques, de bustes, de vases & percé de trois portiques pour communiquer dans l'intérieur, ce qui forme en totalité douze entrées.

Le portique du milieu de chacun de ces avant-corps, sert d'entrée à un vestibule, à droite & à gauche duquel sont deux escaliers par où l'on descend aux galeries souterraines & à l'arène. Les portiques des deux côtés menent chacun à un vestibule particulier, qui communique à la galerie du rez-de-chaussée, & à un escalier que l'on monte pour arriver sur la terrasse qui est au-dessus de cette galerie.

Au-dessous des quatre entrées principales, sont quatre grandes salles décorées de bossages, d'une cheminée avec une glace qui répète toute l'arène.

L'intérieur de cette arène est sablé & reçoit le jour par en haut. Elle est décorée de soixante-douze colonnes doriques, canelées, & entourée d'une premiere galerie tournante, qui communique par des portiques à une seconde galerie, construite positivement au-dessous des canaux du Jardin, & destinée à des dégagemens & à la circulation du public.

Ces soixante-douze colonnes portent une voussure qui s'avance tout au tour, au-dessus de l'arène, en couvre une partie par une saillie de 16 pieds, & laisse dans toute la longueur une ouverture de dix-huit pieds six pouces. Cette ouverture est remplie par des vîtraux, à travers lesquels le jour pénétre dans l'arène.

Au-dessus de l'entablement dorique, cette voussure est percée tout au tour, de soixante-douze arcades, qui communiquent dans la galerie du rez-de-chaussée, & offrent un rang de balcons en balustres. On voit plus haut un second rang de balustres qui borde la terrasse & couronne le plafond transparent.

Cette arène, longue de trois cents pieds,

large de cinquante, est consacrée à des exercices équestres, & aux fêtes qu'il plaira au Prince d'y donner.

On a pratiqué une route souterraine qui commence à la partie des bâtimens, habitée par Monseigneur le Duc d'Orléans, & qui vient par une pente douce & tournante, aboutir à l'arêne, de maniere que ce Prince peut y arriver en voiture.

Cette nouvelle construction, dont M. *Louis* a fourni les dessins, doit être achevée entierement en 1788; sans nuir à l'effet du Jardin, elle lui donnera pour ainsi dire plus d'étendue, en triplant, par la profondeur, la surface du terrein que ce bâtiment occupe, y ajoutera un nouvel intérêt par la nouveauté de cet édifice, par l'agrément de sa décoration, & par les contrastes piquans que feront éprouver des promenades souterraines, avec celles dont on pourra jouir dans la galerie du rez-de-chaussée, dans le Jardin, & sur la terrasse, qui chargée d'arbustes verdoyans, ou fleuris, rappellera à l'imagination les Jardins fameux de Babylone.

PALAIS ROYAL. *Nouvelle Salle des Variétés.* Elle se construit sur les dessins de M. *Louis*, sa facade offre douze colonnes doriques, surmontées d'autant de pilastres corinthiens, couronnés de leur entablement. Tout au tour de cet édifice, est une galerie couverte, & non interrompue, qui communiquera avec la galerie prolongée du Palais. (Voyez *Palais Royal*, II. *Partie*, page 254).

On entrera dans cette Sale, du côté de la rue de Richelieu, par un vestibule, d'un plan élyptique, entouré de trois rangs de colonnes doriques & détachées, celles qui formeront le centre, seront acouplées. Le parterre sera au-dessus de ce vestibule. Cette salle doit être achevée en 1789.

SALLE *de Vente*, à l'article de l'Hôtel de Bullion, j'ai parlé des Salles de Vente; mais pendant l'impression de cet Ouvrage, on a construit une nouvelle Salle consacrée aux ventes publiques de Tableaux & autres productions des Arts.

Elle est située rue de Cléry, à l'ancien Hôtel de Lubert, & a été construite sur les dessins & sous la conduite de M. *Raimond*, Architecte du Roi.

On entre par un vestibule à droite duquel sont deux pieces destinées, l'une aux porteurs & l'autre aux Domestiques. Un grand escalier de neuf pieds de large, conduit à la Salle, dont la longueur est de 43 pieds, & la largeur de 31, sans y comprendre des armoires & corridors de 4 pieds 6 pouces de profondeur, au-dessus desquels sont des galeries tournantes avec des escaliers particuliers. La hauteur est de 20 pieds, sans la corniche, & sans l'élévation des voussures & du comble, par l'ouverture duquel le jour pénetre dans cette Salle, à travers des vitraux.

Ces Salles de Vente font à la fois intéressantes pour les Amateurs & pour les Artistes ; c'est là, que successivement passent la plupart des Tableaux qui existent chez les particuliers de la Capitale.

SÉMINAIRE *des Missions Etrangères*, (II. *Partie*, page 335) rue du Bacq. L'Eglise supérieure de cette Communauté est fort jolie, & nouvellement décorée. On y voit trois Tableaux; celui du maître-Autel, est une Adoration des Mages, par *Carle Vanloo*, celui de la Chapelle à droite de la nef, est une Sainte-Famille, par *Restout*, & le troisieme, à gauche, est une Vierge, peinte par *André Bardon*.

F I N.

www.ingramcontent.com/pod-product-compliance
Lightning Source LLC
Chambersburg PA
CBHW071657300426
44115CB00010B/1241